伊能図大全

第5巻

伊能中図・伊能小図

渡辺一郎 監修

河出書房新社

目次

はじめに 3

中図 5

北海道・東北 中図全図 6
関東・甲信越 中図全図 7
近畿・中四国 中図全図 8
九州 中図全図 9
北海道・東北 中図索引図 10
関東・甲信越 中図索引図 11
近畿・中四国 中図索引図 12
九州 中図索引図 13

第1図 北海道東部

色丹島 14
国後島北部 15
知床・国後島中部 16
標津・国後島南部 18
網走 20
阿寒・道東広域図 22
紋別 24
根室・厚岸 26
阿寒岳 28
釧路・十勝川河口 30
広尾 32
襟裳岬 33

第2図 北海道西部

枝幸 34
頓別・樺太南端 35
稚内・利尻 36
天塩 38
天売・焼尻 39
北海道北部広域図 40
留萌 42
石狩 43
積丹・小樽 44
長万部・岩内 46
浦河・門別 48
苫小牧 50
室蘭 52
恵山 53
瀬棚・奥尻島 54
函館・江差 56
北海道南部広域図 58

第3図 東北

松前・三厩 60
大間 62
津軽海峡広域図 64
青森 66
八戸 68
宮古 70
釜石・花巻 72
盛岡 74
南部駒ヶ岳 75
気仙沼・一関 76
仙台 78
相馬・福島 80
鰺ヶ沢・油川 82
能代・弘前 84
秋田 86
本荘 88
新庄・酒田 90
山形 92
米沢 94
粟島 96
村上 97
新潟 98
佐渡 99
佐渡・越後広域図 100

第4図 関東

郡山 102
いわき 104
会津若松 105
白河 106
日立・宇都宮 108
銚子 110
九十九里 111
柏崎 112
長岡 113
湯沢 114
軽井沢 116
甲府 117
高崎・富岡 118
埼玉 120
東京・横浜・千葉 122
鎌倉・館山 124
富士山 126
伊豆 128
関東広域図 130
大島・新島 132
神津島 133
三宅島・御蔵島 134
八丈島 135
伊豆諸島北部広域図 136
伊豆諸島南部広域図 137

第5図 中部・近畿

糸魚川 138
富山・金沢 140
能登 142
福井 144
長野 146
北陸広域図 148
松本・諏訪 150
木曽駒ヶ岳 151
高山 152
木曽福島 154
郡上八幡 156
名古屋 158
浜松 160
豊橋・津・伊勢 162
中京・東海広域図 164
四日市・彦根 166
伊賀上野 167
尾鷲 168
勝浦・田辺 170
小浜 172
京都・大津 174
奈良 176
吉野 177
大阪 178
和泉 179

第6図 中四国

豊岡・鳥取 180
姫路 182
明石 184
徳島・和歌山 186
米子・倉吉 188
松江 190
隠岐 191
岡山 192
高松・福山 194
新居浜 196
室戸岬 198
高知 200
宇和島 201
土佐清水 202
出雲 204
山陰広域図 206
三次 208
尾道・三原 210
浜田 212
広島 213
松山 214

第7図 九州北部

萩・津和野 216
山口・宇部 218
下関 220
伊予灘広域図 221
福岡・小倉 222
中津・宇佐 224
大分 226
延岡 228
佐賀・久留米 230
熊本 232
佐世保・平戸 234
長崎 236
壱岐 238
対馬 239
厳原 240
対馬海峡広域図 241
五島 242
福江 243

第8図 九州南部

日向 244
宮崎・桜島 246
鹿屋 248
人吉・天草 250
鹿児島・甑島 252
枕崎 254
鷹島 255
佐多岬・黒島・硫黄島 256
種子島 258
屋久島 259
トカラ列島 260
大隅諸島広域図 261

小図 263

東日本 小図全図 264
西日本 小図全図 265
東日本 小図索引図 266
西日本 小図索引図 267

第1図 北海道

国後 268
稚内 269
網走・釧路 270
宗谷 272
石狩 274
十勝・日高 276
渡島 278

第2図 東日本

青森 280
秋田・岩手 282
山形・宮城 284
飛島・粟島 286
新潟・佐渡 287
北関東 288
南関東 290
伊豆諸島 292
八丈島 293
北陸 294
中部 296
東海 298
若狭 300
近畿 301
紀伊 302

第3図 西日本

紀伊水道 303
山陰 304
瀬戸内 306
島根 308
高知 310
愛媛 311
北部九州 312
中部九州 314
南部九州 316
大隅諸島 318
対馬 320
五島 321

第5巻　伊能中図・伊能小図

はじめに

渡辺一郎

伊能大図は縮尺三万六〇〇〇分の一で、一町を一分、一里を三寸六分に表現されたが、伊能中図は一里を六分、伊能小図では三分に表現した。伊能忠敬の江戸滞在中の日記には、六分図、三分図という表現が出てくるから、当時はそう呼ばれていたらしい。

第一次測量では大図と小図だけが制作され、中図は作られなかった。中図は第二次測量で初めて制作され、担当若年寄の堀田摂津守に提出されたことが『測量日記』に記されている。おそらくは第一次測量後の提出図で、大図は大きすぎ、小図は小さすぎるという話が出て、試作されたのではなかろうか。

手頃だったのだろう。結果的に、現在も残っている伊能図は、中図が多い。最終版伊能中図完全揃いは、東京国立博物館、日本写真印刷株式会社、成田山仏教図書館に所蔵されており、部分的なものが東京大学、北海道大学に、また未完成の図が天理大学図書館に所蔵されている。

東京国立博物館の中図は、伊能測量当時、老中首座だった吉田藩主（明治以後、豊橋藩）松平信明の末裔の大河内家に伝えられた。戦後、東京国立博物館で開かれた伊能忠敬展に展示され、引き続き寄付されて現在では国指定重要文化財となっている。筆者が最初に見学した際は八枚重ね巻きにして木箱に収容され、日本学士院長の菊池大麓博士から理化学研究所所長の大河内正敏博士に宛てた借用証まで同梱されていたのを記憶している。

針穴が残る副本で国指定重要文化財であることと、美観などを考えると、代表的な伊能中図としてふさわしい。しかし記入内容をよく見ると、天測地点の記号☆がまったくなく、経緯線が狭い部分には描かれておらず、地名表記は比較的少ないなど、要路への謹呈を意識して美しく仕上げられたような気がしている。

本巻に収載した日本写真印刷株式会社蔵の伊能中図は、筆者がフランスで発見したもので、針突法の針穴があり、天測地点☆を含めて地図合印が全部揃っていて、地名表記も多く、中図としての完成度が高い図である。ただ、フランスに渡った経緯がまったく不明で、手がかりがつかめていないのが残念である。筆者の推測では、幕末に徳川政権に雇われていたフランスの軍事顧問団ブリュネ大尉が戊辰戦争の際、脱走して榎本武揚とともに函館に立て籠り、敗戦となって帰国したとき榎本から渡されたのではないかと思われる。

榎本の父は箱田良助といい、伊能測量隊の優秀な内弟子隊員だった。英国に渡った伊能小図は幕府軍艦方の旧蔵品だったことが分かっており、伊能中図が軍艦方にあってもおかしくはない。榎本は海軍副総裁だったから、函館に伊能図を持ち出した可能性は充分あると思う。

伊能大図と伊能中・小図の大きな違いは縮尺の違いもさることながら、地図合印と呼ばれた地図記号が利用され、望見法の目標となる山岳、岬、島嶼などの方位線が書き込まれていることである。大図では居城の姿が絵画として描かれたが中小図では□記号となり、同様に神社は鳥居、お寺は△で表現し、天測地☆、郡界●、などとし、地図の面積が狭くなっても、地名などの表記が大きく減らないよう配慮された。現代図に一歩近づいたともいうことができる。

そのなかで望見法の目標として各地から測定された方位を朱の方位線として記入したことは、伊能中図、小図において大変特徴的である。望見法の目的は地上測量の補正であった。例えば各地からよく見える富士山の方位を測って、測量データに基づいて描かれた測量下図上の富士山の方位と照合することで誤差を修正した。

望見法の活用については、忠敬より約百年前の徳川吉宗の時代に、将軍が地理天文に特別な関心を持ち、国絵図の上の江戸から富士山、筑波山の方位と、実際の方位を突き合わさせたところ、まったく合わなかった。そこで合致するように国絵図を修正させる作業が行なわれたという。また、正確な地図を作るには天体観測を併用すべきであると、この頃から言われていた。

これらの故事を忠敬は知っていたらしく、地上を丁寧に測量するとともに、目標として使える山岳、岬、島嶼などの方位を執拗に測り、また天体観測を約一四〇〇か所も行なって（佐久間達夫）、緯度を測り地図に反映したという。ただ、方位線は地図作りのための補助線であって完成した地図には用がない。本来は書きこまなくてよいものであるが、忠敬はあえて記入した。彼自身の趣旨説明の記録は見つかっていないが、自分たちはここまでやったという実績を示すためと、地図に美観と特徴を添えるために記入したと思われている。
　望見法のために約六万か所で方位が測られ、『山島方位記』六七冊に記入されて伊能忠敬記念館に現存している。ただごとでない努力である。本巻の伊能中図では、富士山への方位線は三九本描かれており、書き込まれた方位は観測地からの方位である。描かれたのは三九本であるが、山島方位記によると、富士山は二七四個所から測られたという（佐久間達夫）。全部は書けないので、代表的なものだけが描かれたのであろう。本巻では地図の内容を見やすい形で分載するため、長大な方位線が分断されていることを御容赦願いたい。ただ、広域図を各地に配して、方位線の広がりを一望できるようにしている。
　伊能小図は、中図と同じ描画方式で内容を簡略化したものである。例えば中図では○○村と書くところを、単に○○と地名のみとし、村や町の呼称を省略している。
　最終版伊能小図については、一九九六年頃までは、神戸市立博物館の南波コレクションの中に北海道図と西日本図の伝存が知られており、旧福山藩主の阿部家に北海道図があることが分かっているほか、幕末に英国の測量船隊に渡された伊能小図が英国海事博物館に保管されている（英国小図）ことも知られていたが、現物は見た者がほとんどいなかった。
　筆者が英国小図の存在を確認し、写真撮影を行なったのが、同図の日本への紹介の始まりだった。伊能忠敬研究会の努力で、一九九八年に開催された江戸東京博物館の「伊能忠敬展」に英国小図が一時里帰りする。これを契機に東京都立中央図書館に東日本と西日本の小図が伝存することが判明した。そして、二〇〇二年には東京国立博物館において、九州国立博物館設置のための所蔵品整理の途上で、伊能小図三図完全揃いが発見された。「日本国図」という名前で整理されていたため、分からなかったという。本巻には東京国立博物館蔵の伊能小図（以下、東博小図という）を収載する。
　本図は、天文方高橋景保から昌平坂学問所に寄贈された副本で、針突法による複製の際の針穴も鮮明に残っている。神戸市立博物館の小図（神戸小図）は大名家の旧蔵品と思われるが伝来は不明。東京都立中央図書館の小図は、阿部伊勢守正弘が執政のとき天文方に命じて複写させたものと、大槻如電の注記のある美しい図であるが、針穴はなく写本である。英国小図は幕府軍艦方の所蔵図が渡されたことが記録から明らかであるが、針穴はなく写本だった。
　結局、現存する伊能小図は、東博小図以外はすべて写本である。ただ、小図には二系統があるらしく、東博小図と英国小図は彩色方法が同じであるが、共通して天測地を示す☆印が見られない。一方、神戸小図、東京都立中央図書館小図では国名を短冊状の赤ベタ枠内に記し、天測地の☆印が記されているが、どちらが正本だったかは上呈本が失われているので決め手がない。
　本巻掲載の東博小図は痛みが激しく、読みにくい部分が多いが、準公式な幕府提出品として全伊能図のなかでも高い位置にある。熟覧をお願いしたい。

本巻収録図の地図凡例
- ○ 宿駅
- ☆ 天測点
- ⚓ 湊
- ⛩ 神社
- △ 寺・寺院
- □ 居城
- ● 郡界

伊能中図

北海道・東北 中図全図

関東・甲信越 中図全図

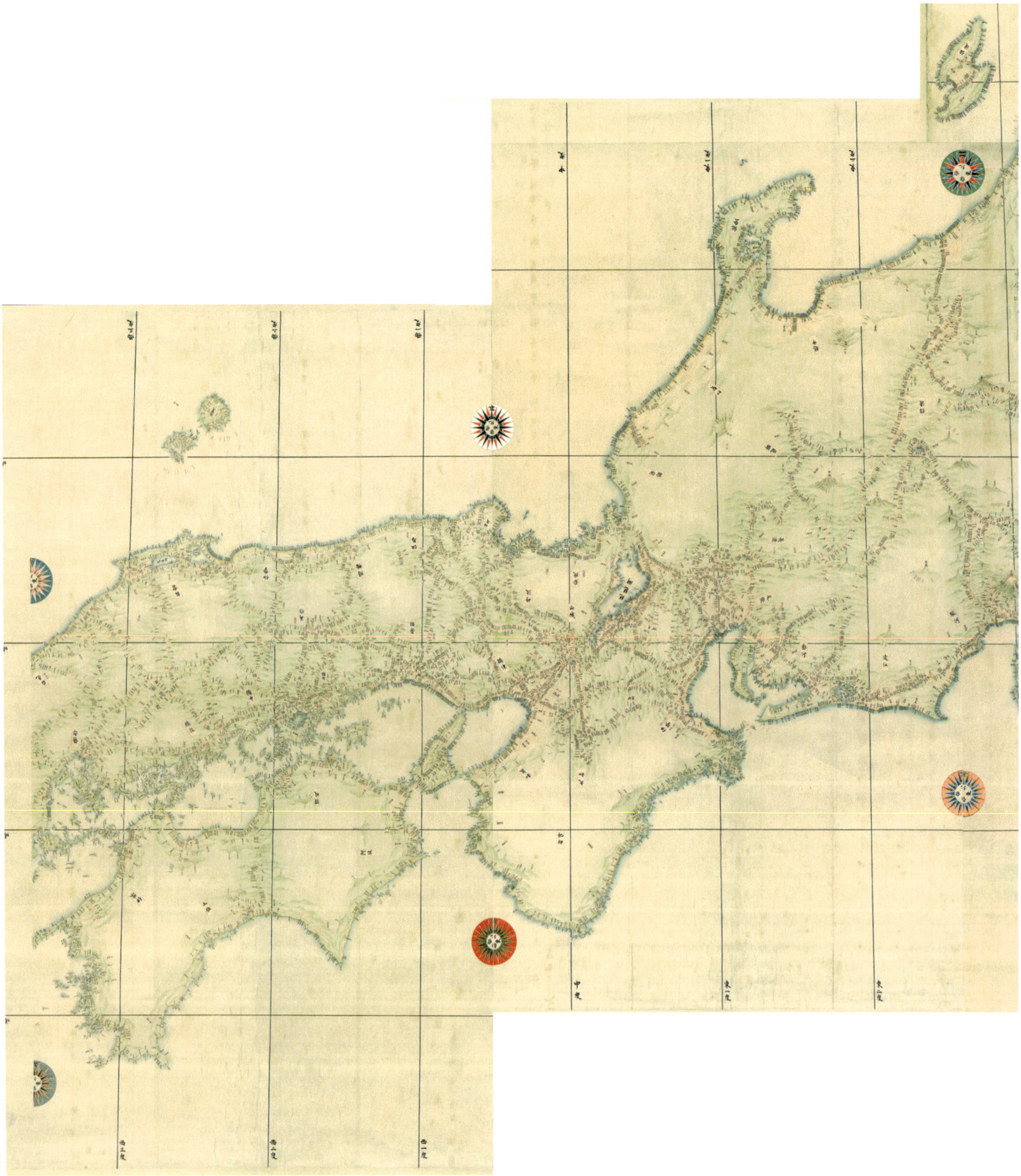

近畿・中四国 中図全図

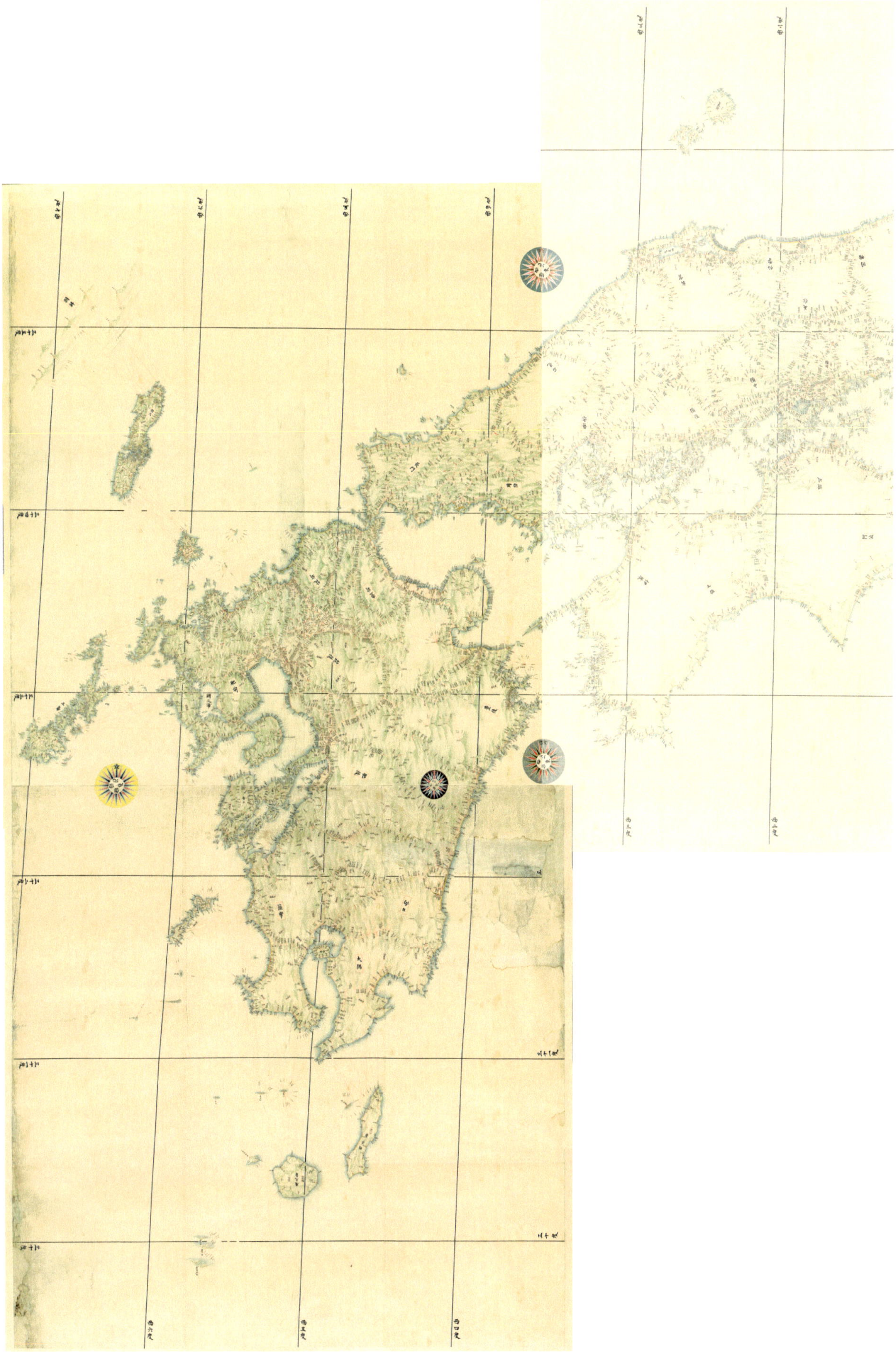

009　九州 中図全図

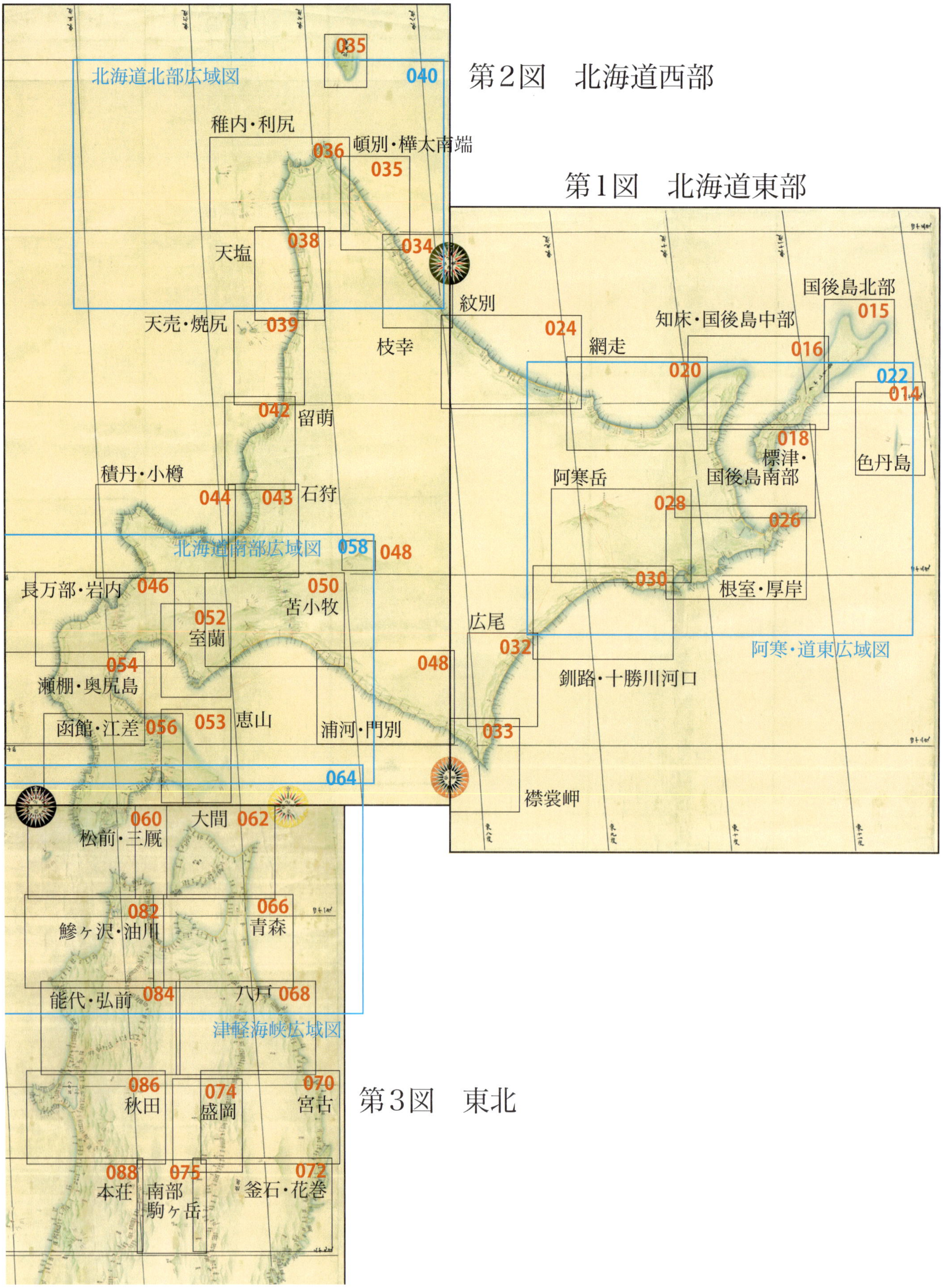

赤色の数字はページ数を表わす。

北海道・東北 中図索引図

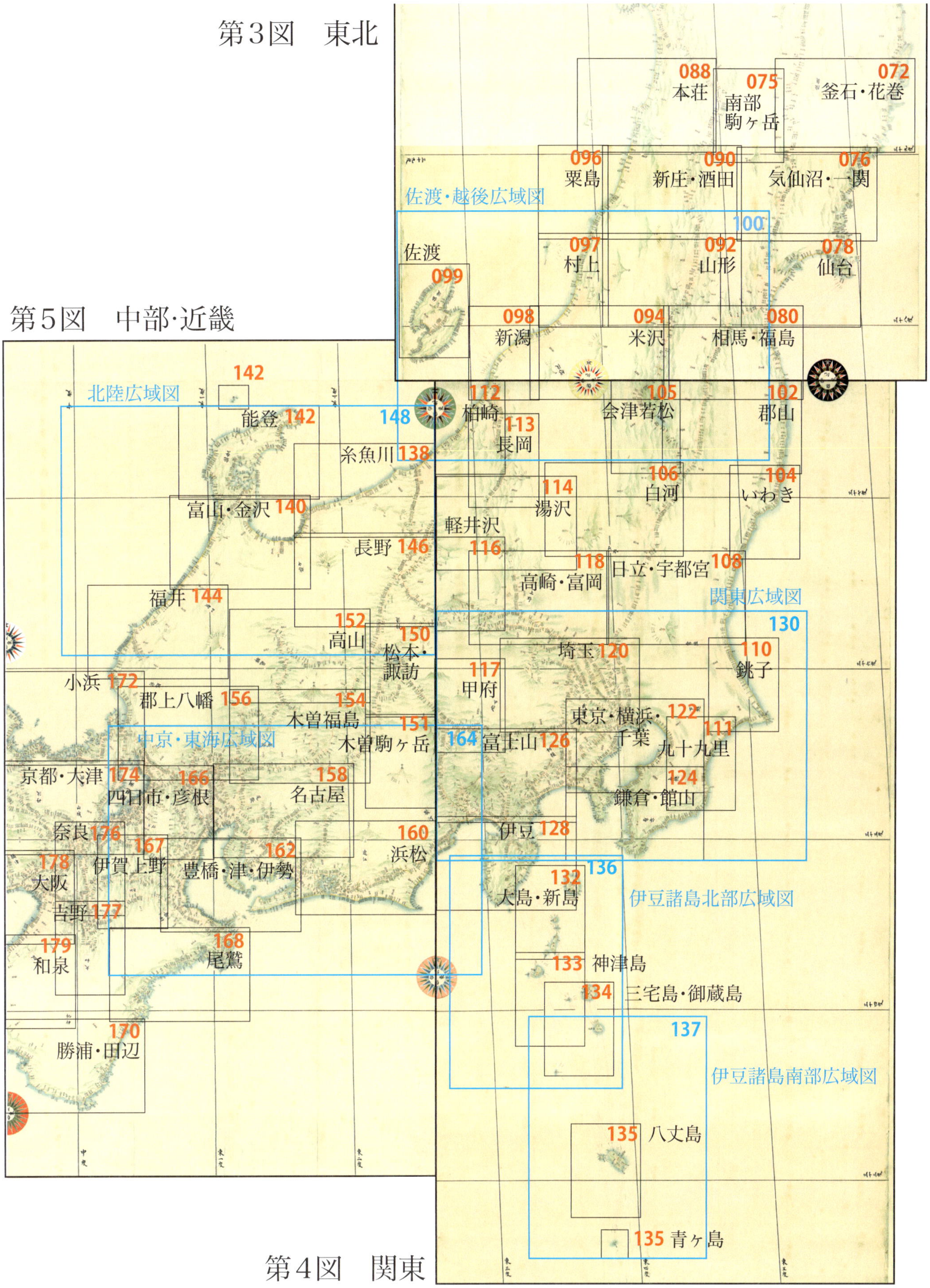

第3図　東北
第5図　中部・近畿
第4図　関東
088 本荘
075 南部駒ヶ岳
072 釜石・花巻
096 粟島
090 新庄・酒田
076 気仙沼・一関
佐渡・越後広域図
100
佐渡
099
097 村上
092 山形
078 仙台
098 新潟
094 米沢
080 相馬・福島
142
北陸広域図
能登 142
148
112 柏崎
113 長岡
105 会津若松
102 郡山
糸魚川 138
富山・金沢 140
114 湯沢
106 白河
104 いわき
軽井沢
長野 146
116
118 高崎・富岡
日立・宇都宮 108
関東広域図
130
福井 144
152 高山
150 松本・諏訪
埼玉 120
110 銚子
117 甲府
小浜 172
郡上八幡 156
154 木曽福島
東京・横浜・千葉 122
中京・東海広域図
151 木曽駒ヶ岳
164 富士山 126
111 九十九里
京都・大津 174
166 四日市・彦根
158 名古屋
124 鎌倉・館山
奈良 176
伊豆 128
178 大阪
167 伊賀上野
162 豊橋・津・伊勢
160 浜松
136
132 大島・新島
伊豆諸島北部広域図
吉野 177
179 和泉
168 尾鷲
133 神津島
134 三宅島・御蔵島
137
170 勝浦・田辺
伊豆諸島南部広域図
135 八丈島
135 青ヶ島

関東・甲信越 中図索引図

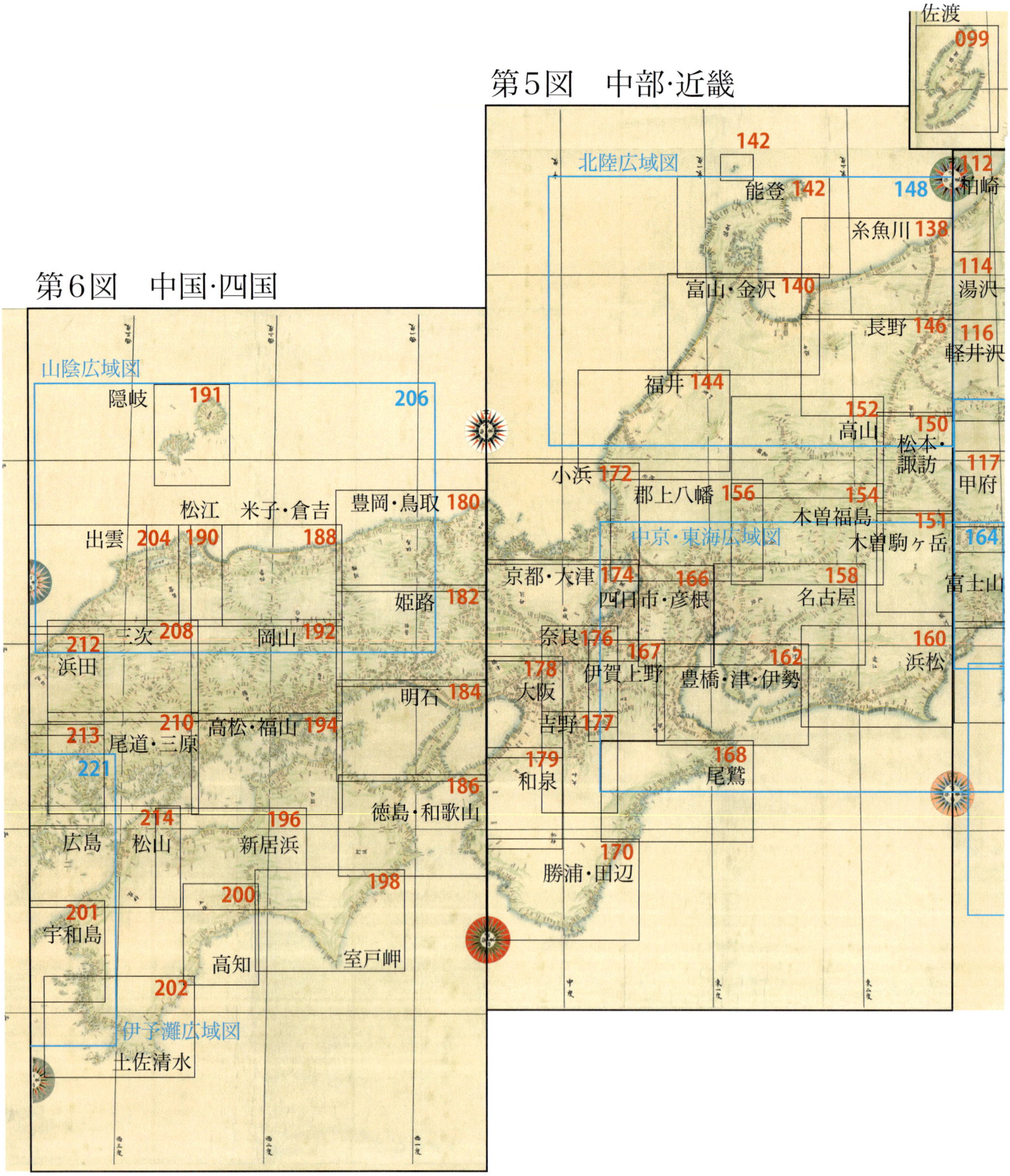

佐渡 099
第5図 中部・近畿
北陸広域図 148
142
能登 142
112 柏崎
糸魚川 138
114 湯沢
富山・金沢 140
長野 146
116 軽井沢
福井 144
152 高山
150 松本・諏訪
117 甲府
小浜 172
郡上八幡 156
154 木曽福島
151 木曽駒ヶ岳
中京・東海広域図 164
京都・大津 174
166 四日市・彦根
158 名古屋
富士山
奈良 176
167 伊賀上野
162 豊橋・津・伊勢
160 浜松
178 大阪
吉野 177
179 和泉
168 尾鷲
170 勝浦・田辺
第6図 中国・四国
山陰広域図 206
隠岐 191
松江 米子・倉吉
豊岡・鳥取 180
出雲 204 190
188
姫路 182
三次 208
岡山 192
212 浜田
明石 184
210
高松・福山 194
213 尾道・三原
221
186
徳島・和歌山
214
196
広島 松山 新居浜
198
200
201 宇和島
高知
室戸岬
202
伊予灘広域図
土佐清水

近畿・中四国 中図索引図

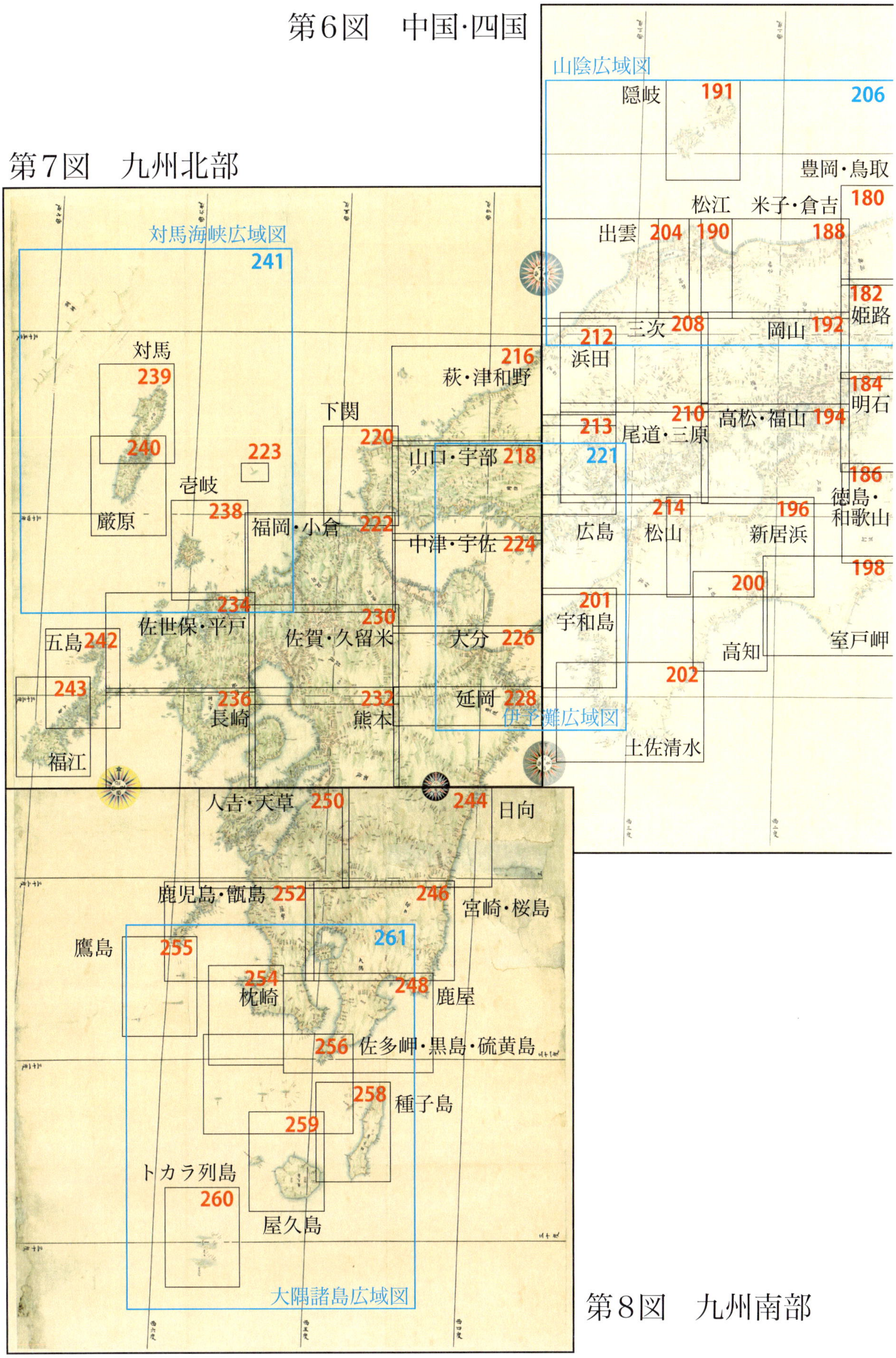
第6図　中国・四国
山陰広域図
隠岐 191
206
豊岡・鳥取
松江　米子・倉吉 180
出雲 204 190
188
182 姫路
三次 208
岡山 192
212 浜田
216 萩・津和野
184 明石
213 尾道・三原 210
高松・福山 194
221
186 徳島・和歌山
214 松山
196 新居浜
広島
198
200
201 宇和島
高知
室戸岬
202
伊予灘広域図
土佐清水
第7図　九州北部
対馬海峡広域図
241
対馬 239
240
厳原
223
壱岐
238
下関
220
山口・宇部 218
福岡・小倉 222
中津・宇佐 224
234
佐世保・平戸
230
佐賀・久留米
大分 226
五島 242
243
福江
236
長崎
232
熊本
延岡 228
人吉・天草 250
244 日向
鹿児島・甑島 252
246
宮崎・桜島
鷹島
255
261
254
枕崎
248
鹿屋
256 佐多岬・黒島・硫黄島
258
種子島
259
トカラ列島
260
屋久島
大隅諸島広域図
第8図　九州南部

九州 中図索引図

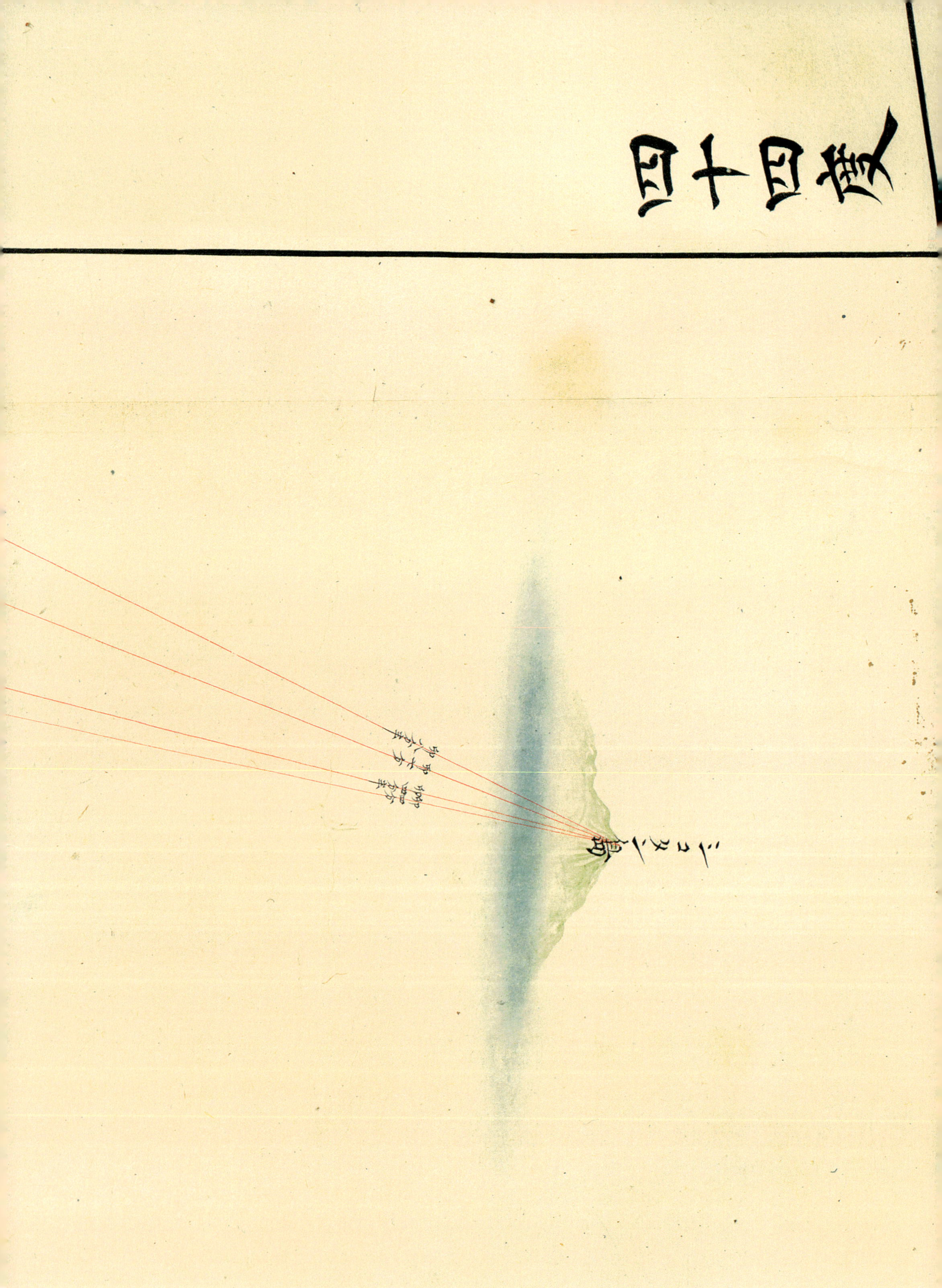

第1図　色丹島

第1図　国後島北部

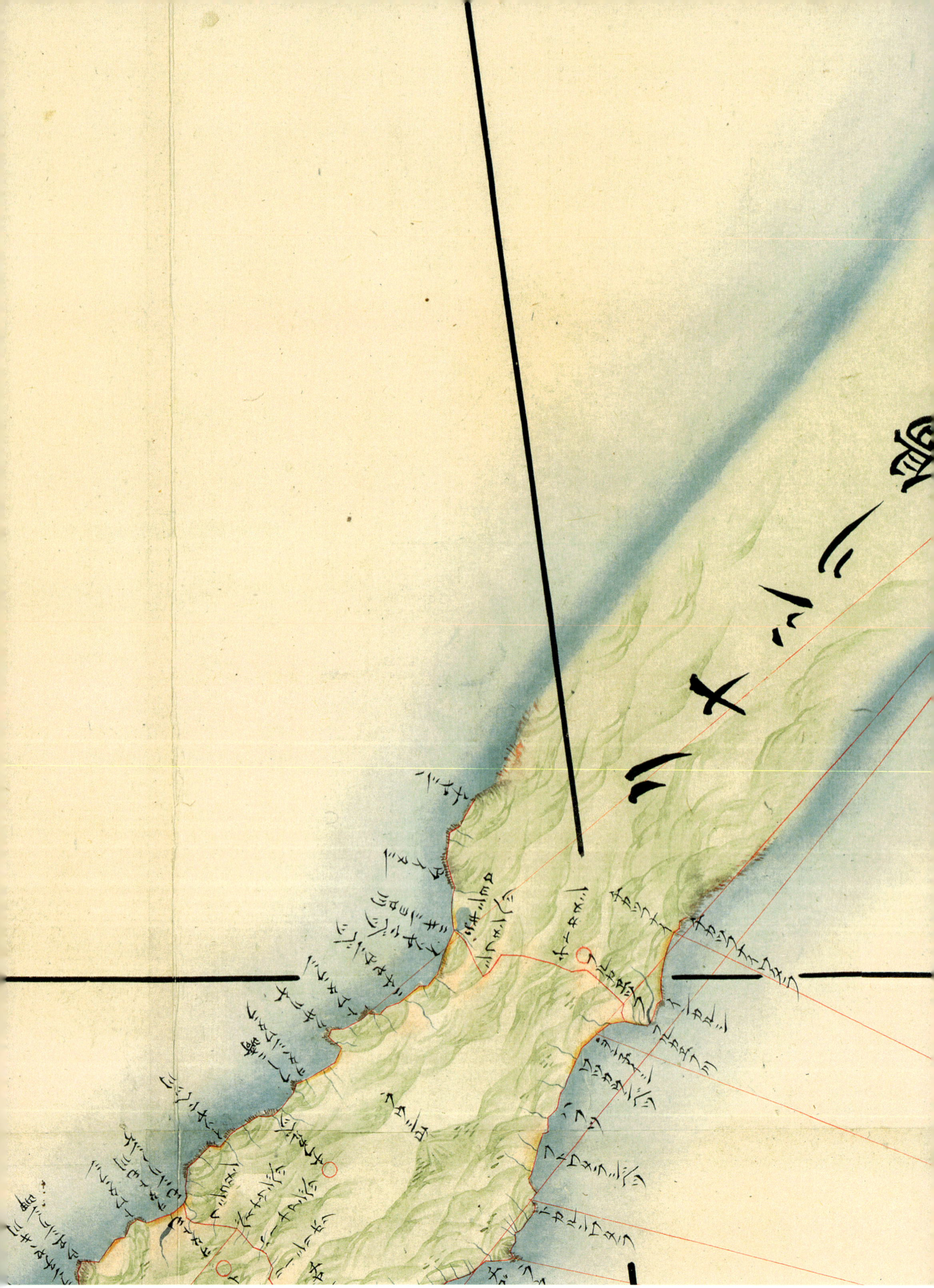

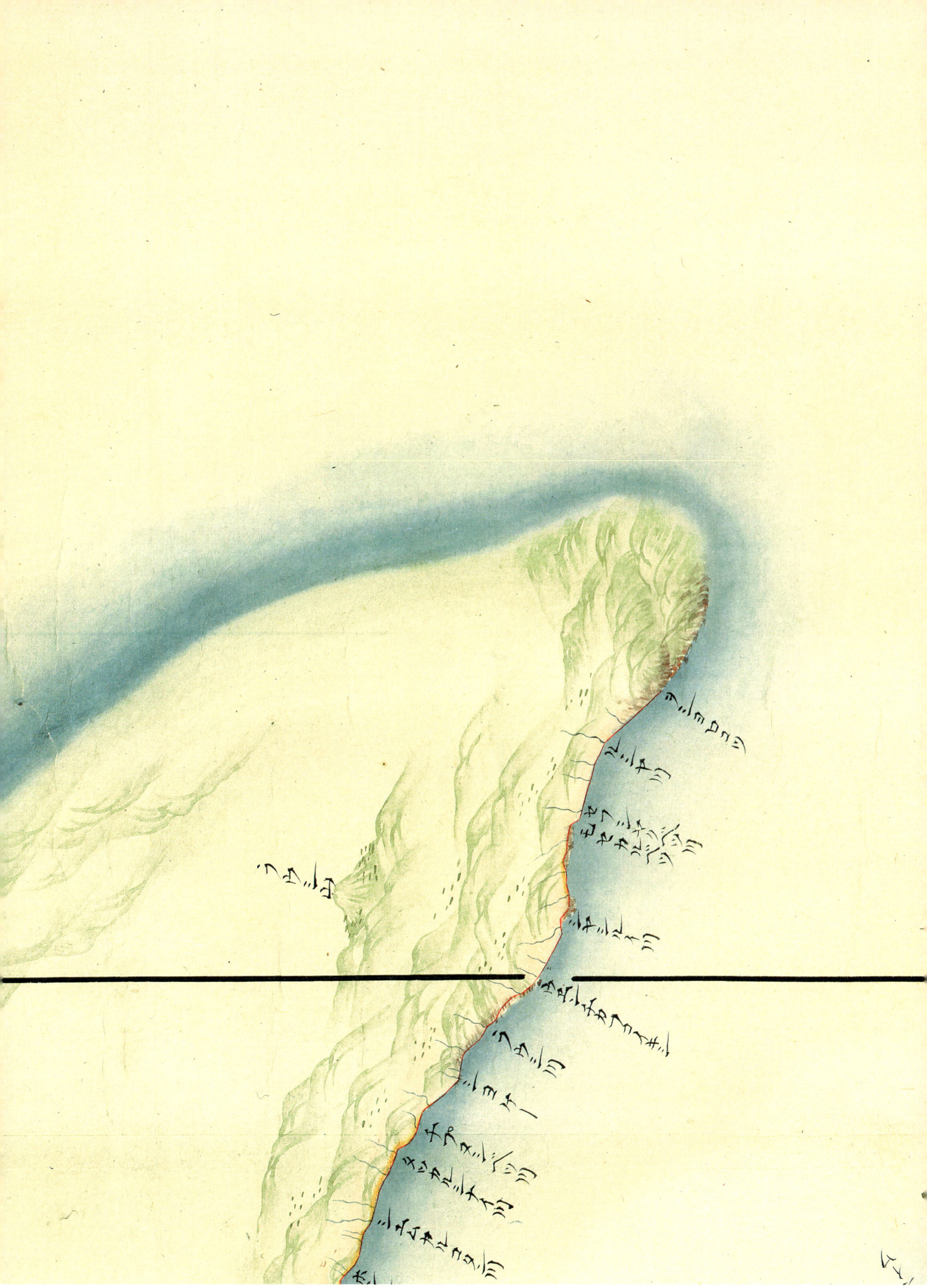

第1図　知床・国後島中部

ウルチ
センベコタン
ノテト岬
ウエンコタン川
ケラムイ岬

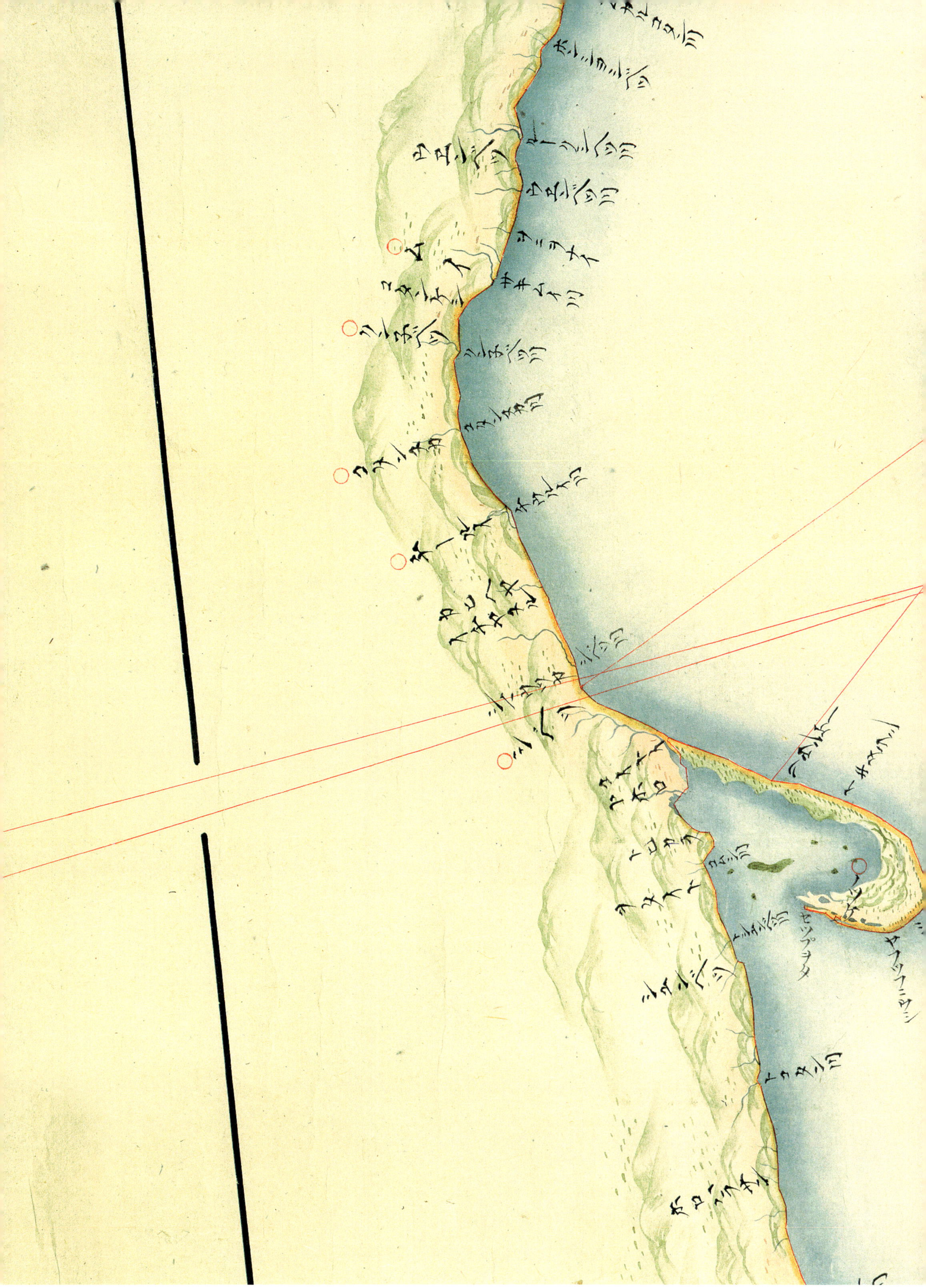

第1図　標津・国後島南部

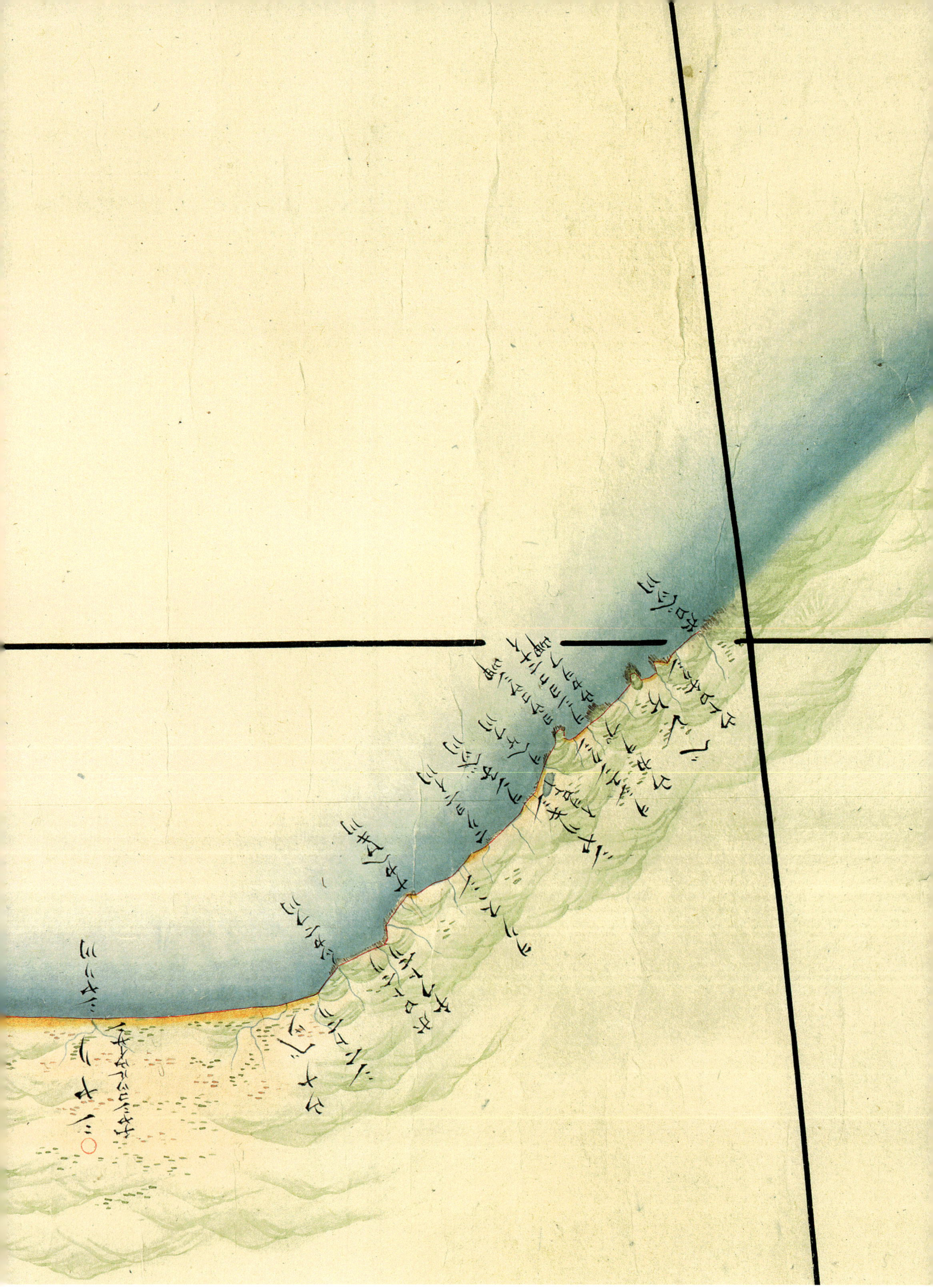

024 020 016 018

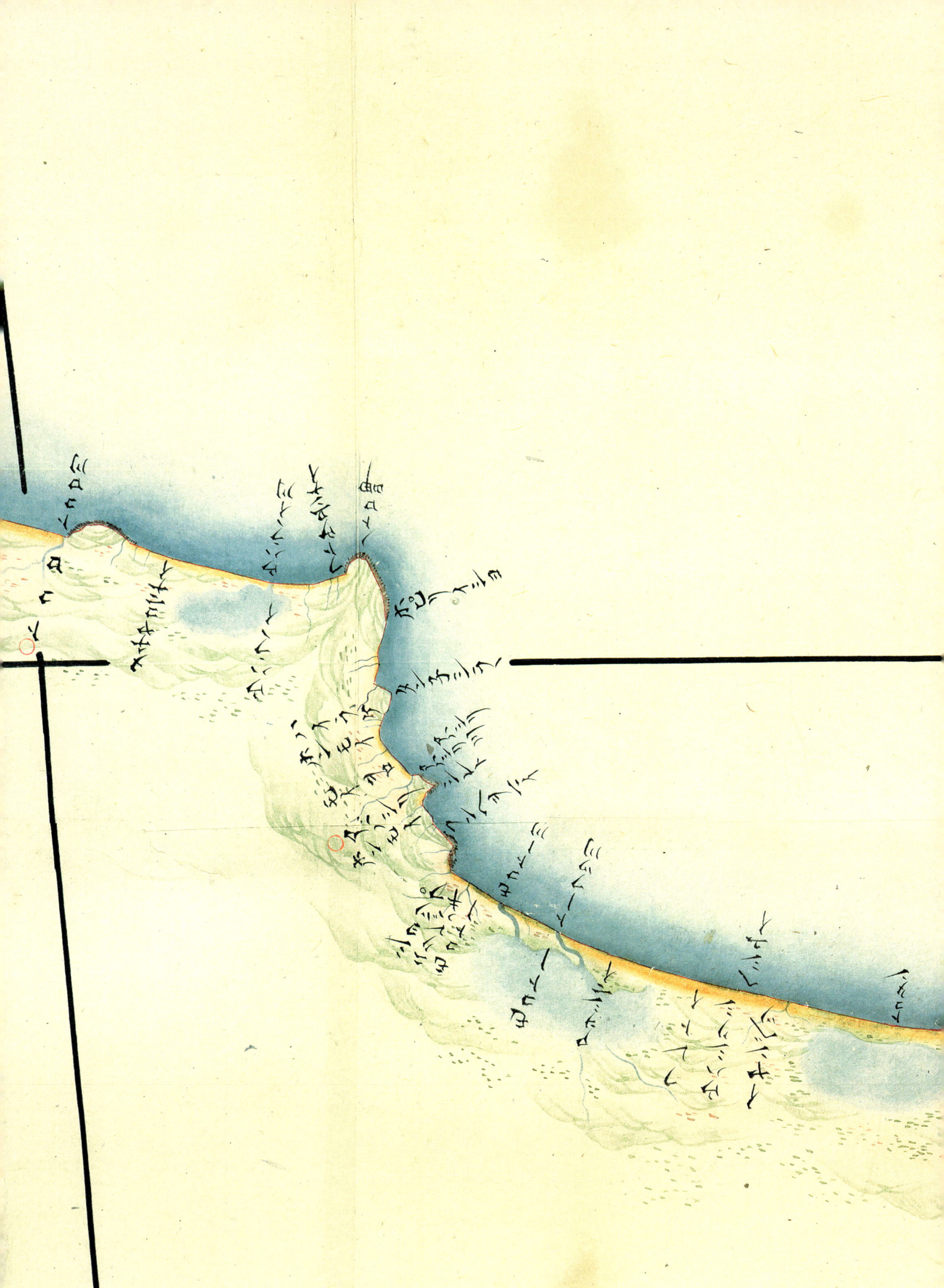

第1図　網走

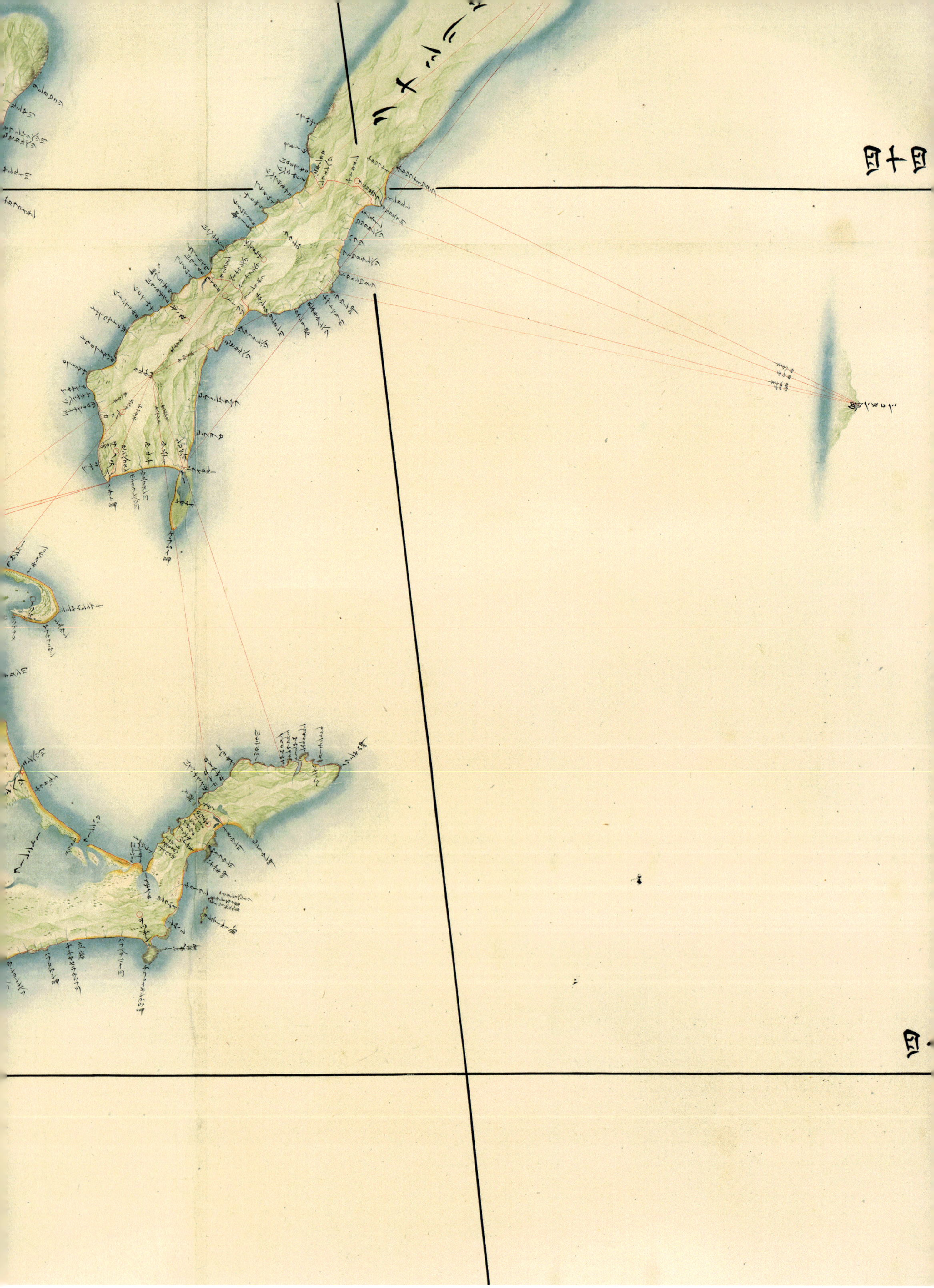

第1図　阿寒・道東広域図

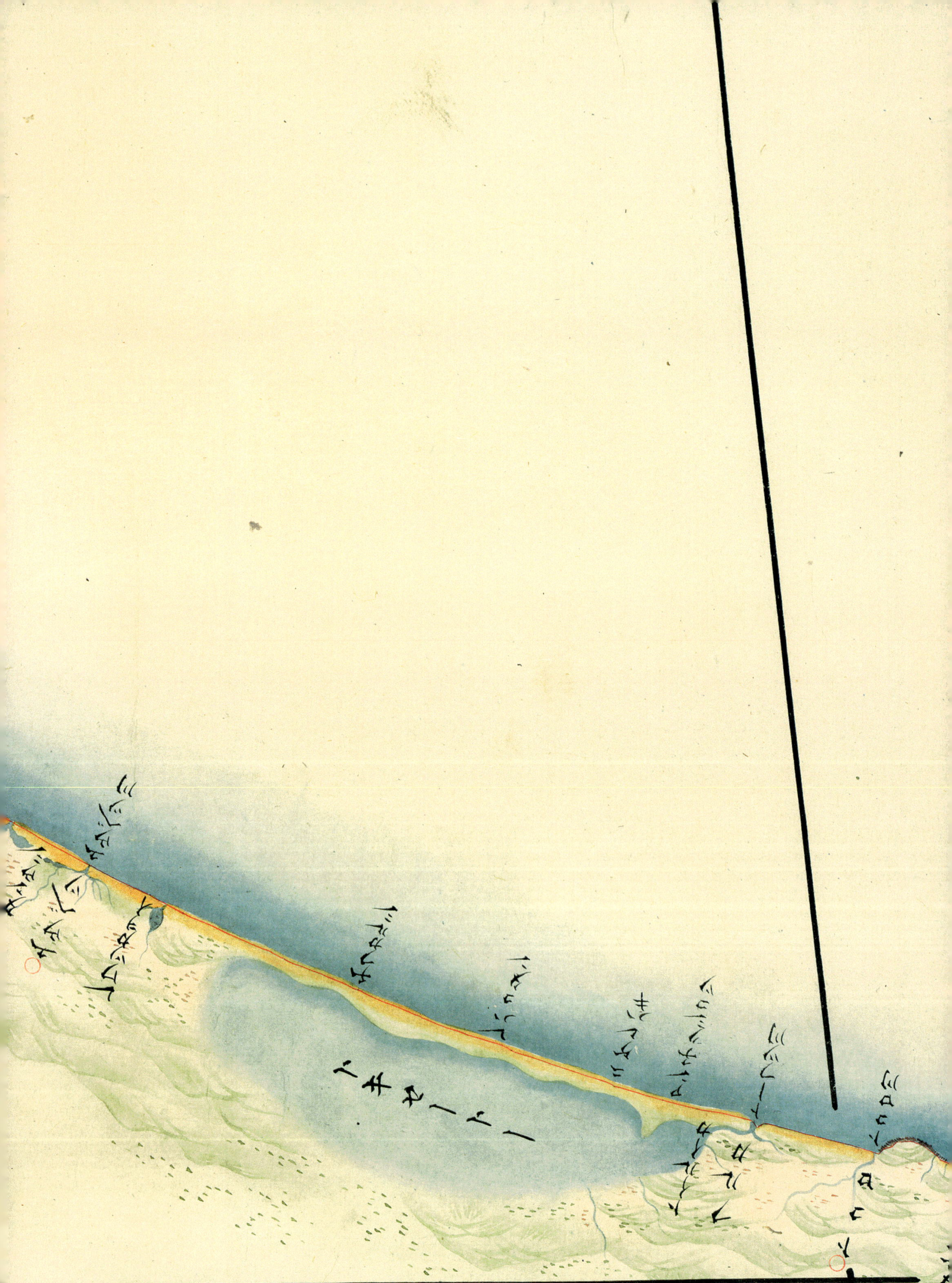

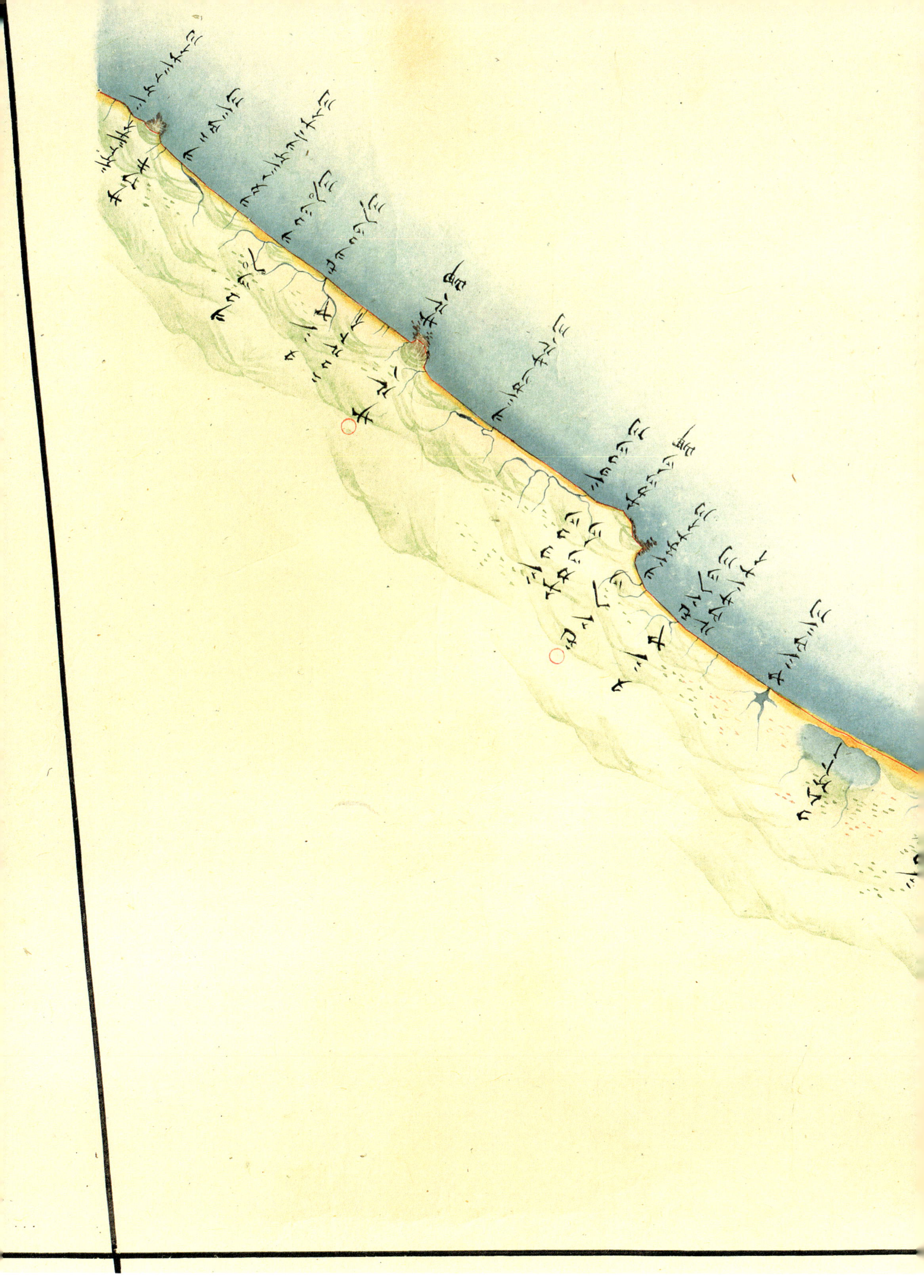

第1図　紋別

ハラタサシ岬
チナヤセラウツナ川
立岩
バラベツ二イ川
チリコイキシ小山岬

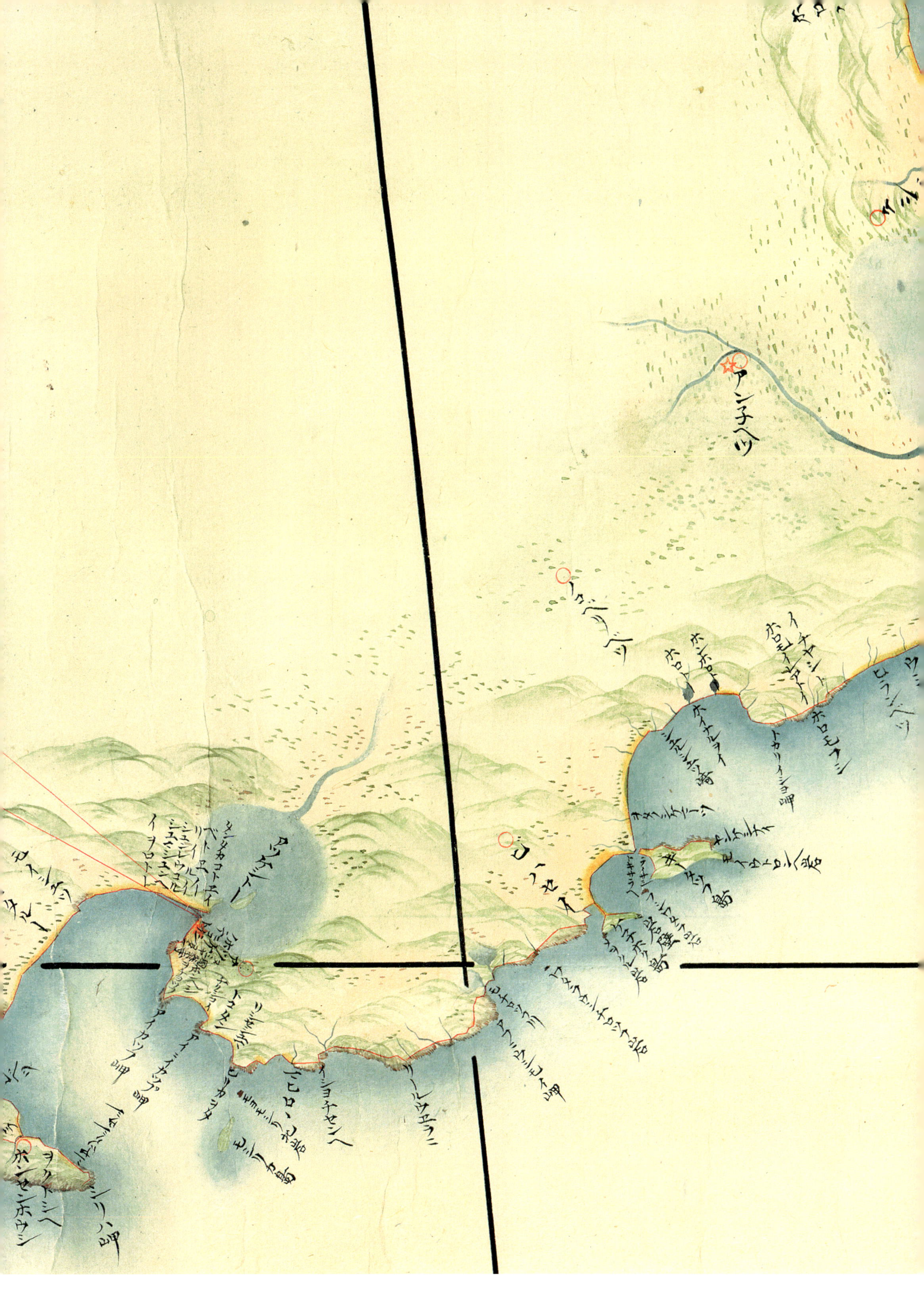

第1図　根室・厚岸

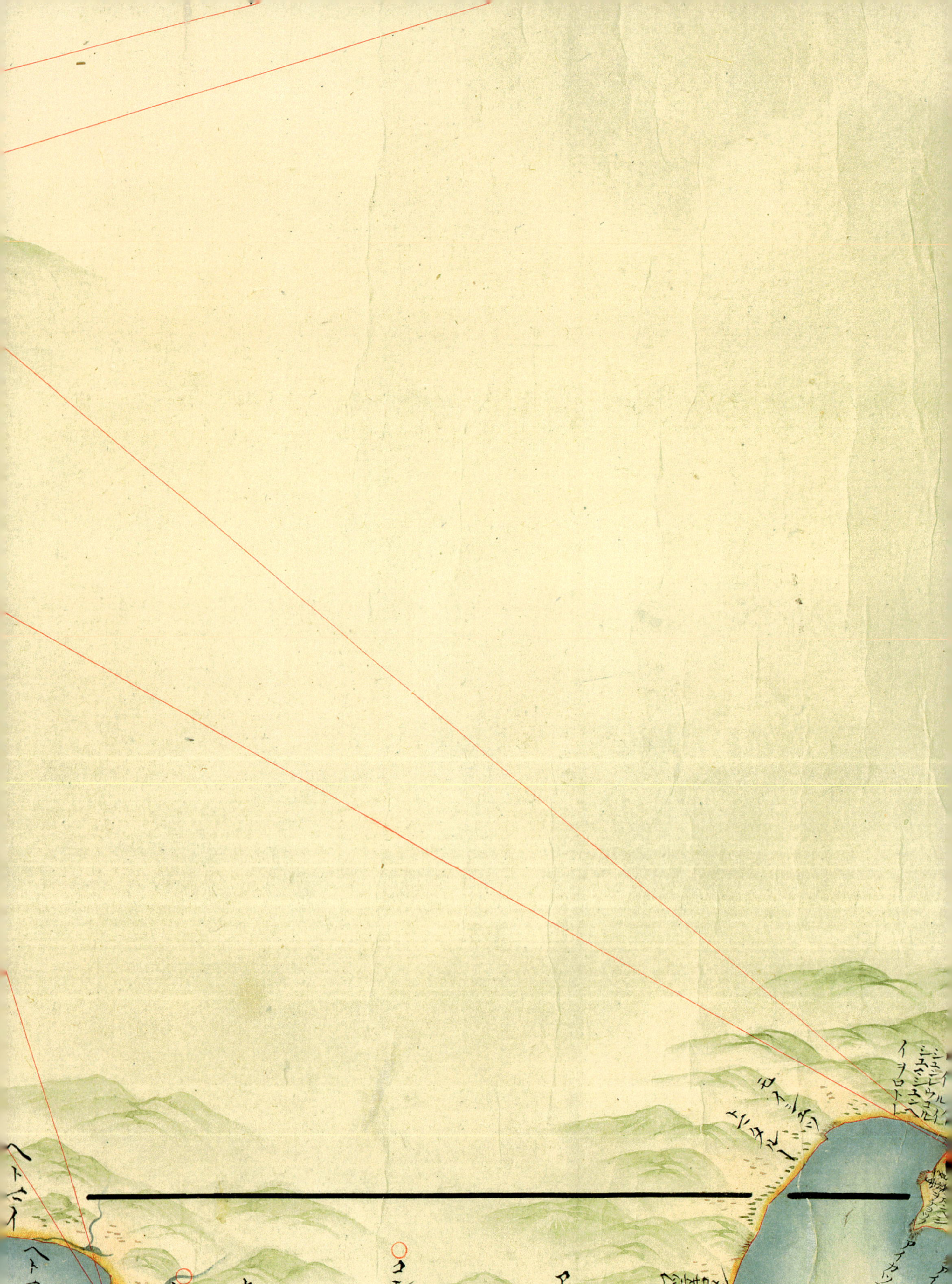
アイカップ岬

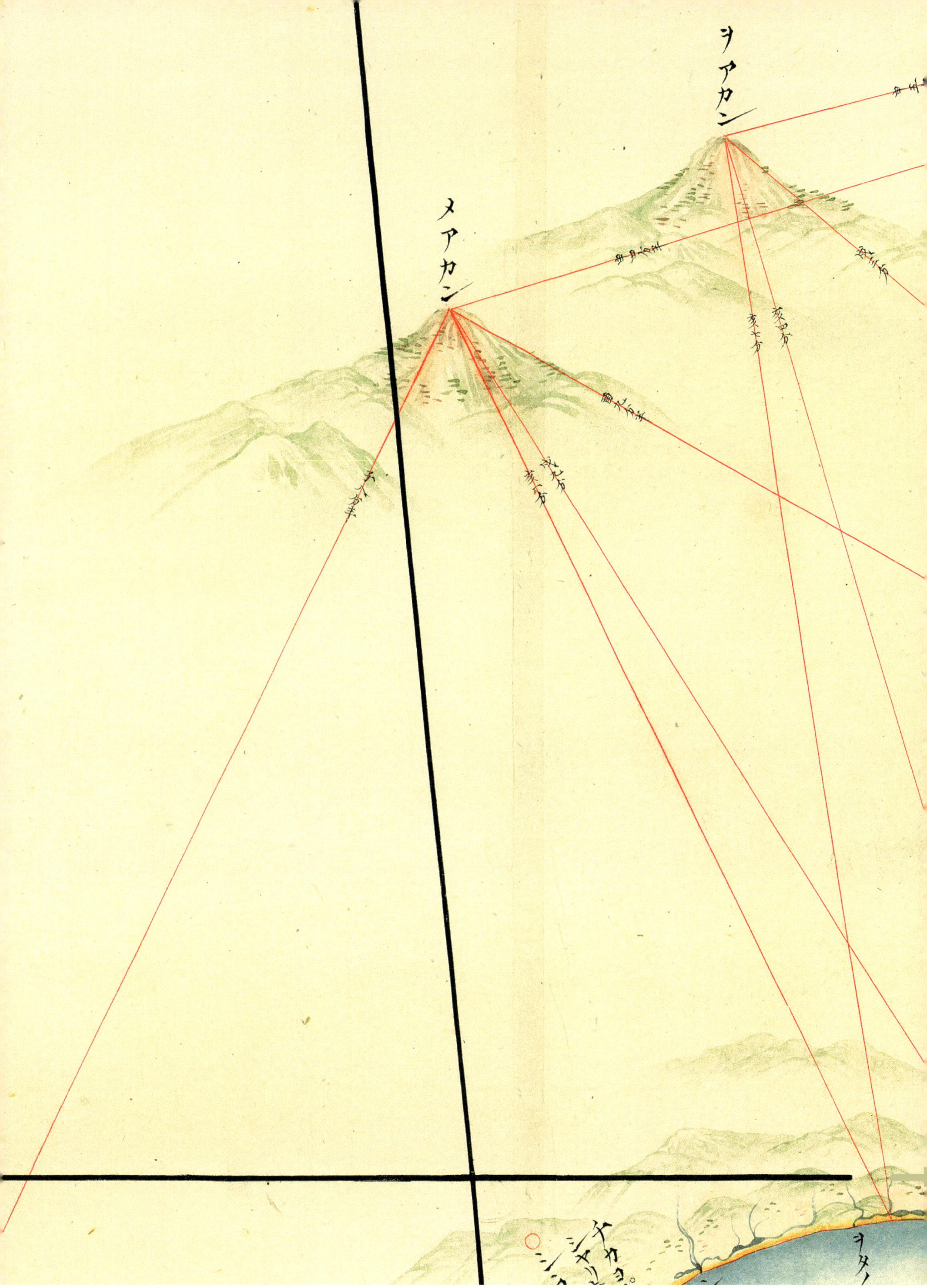

 第1図 阿寒岳

ヘトマイ
ヘトマイ川
コンフムイ
アトヲカ
チロベツ
カツラヨイ
ヲコツナイ
トウブツ
シヨンテケ
ヲタクハシ

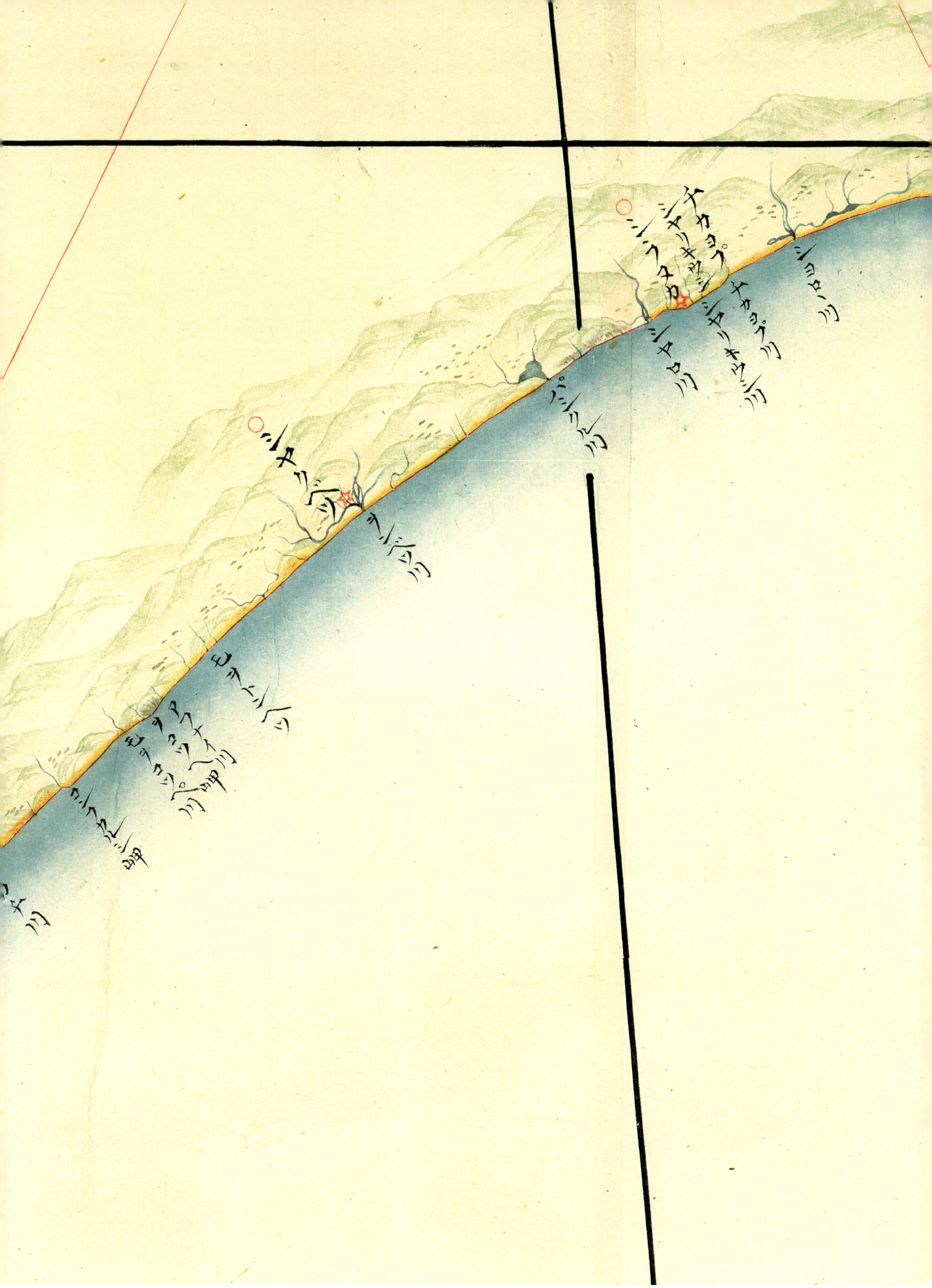

第1図　釧路・十勝川河口

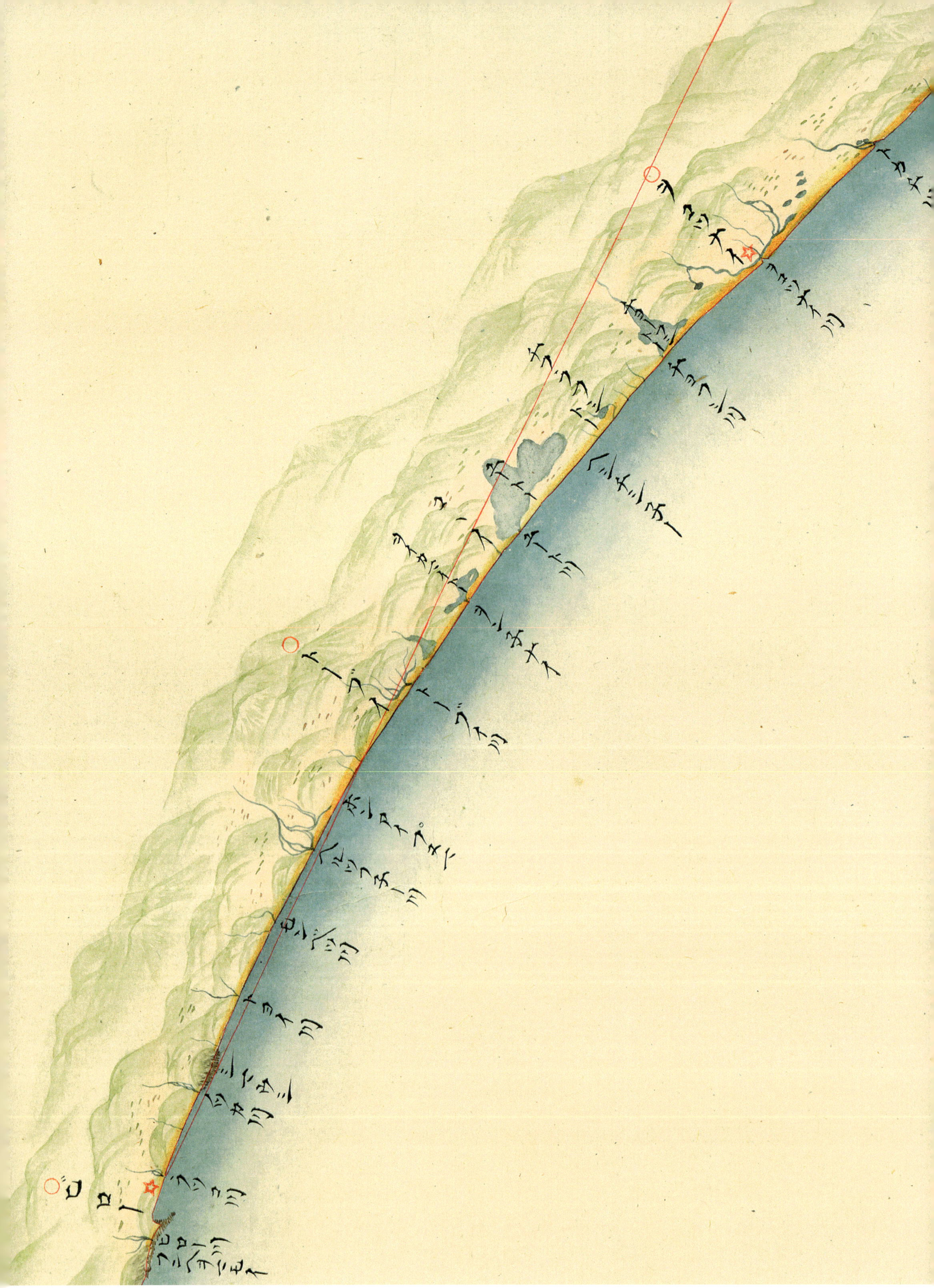

第1図　広尾

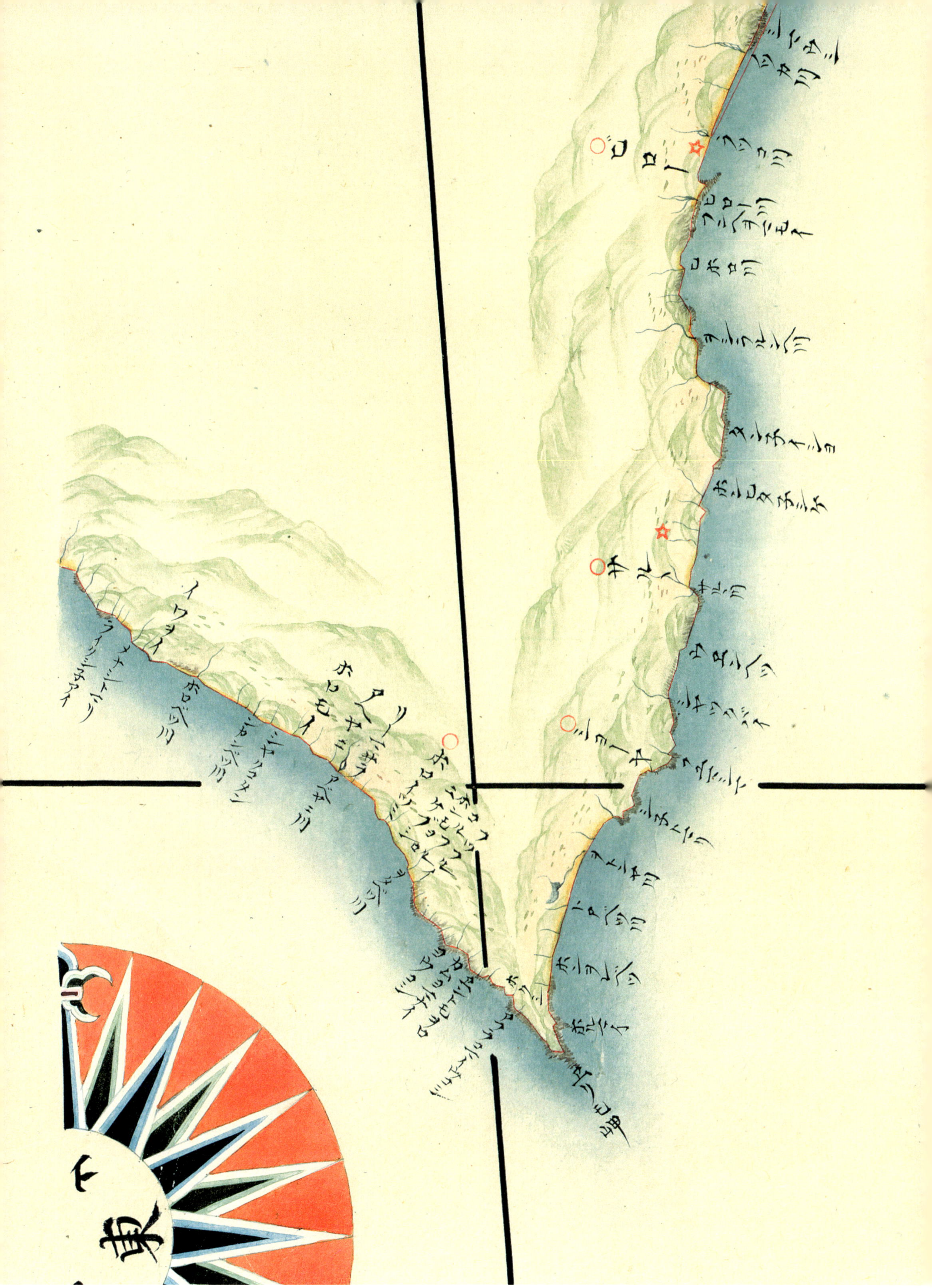

第1図　襟裳岬

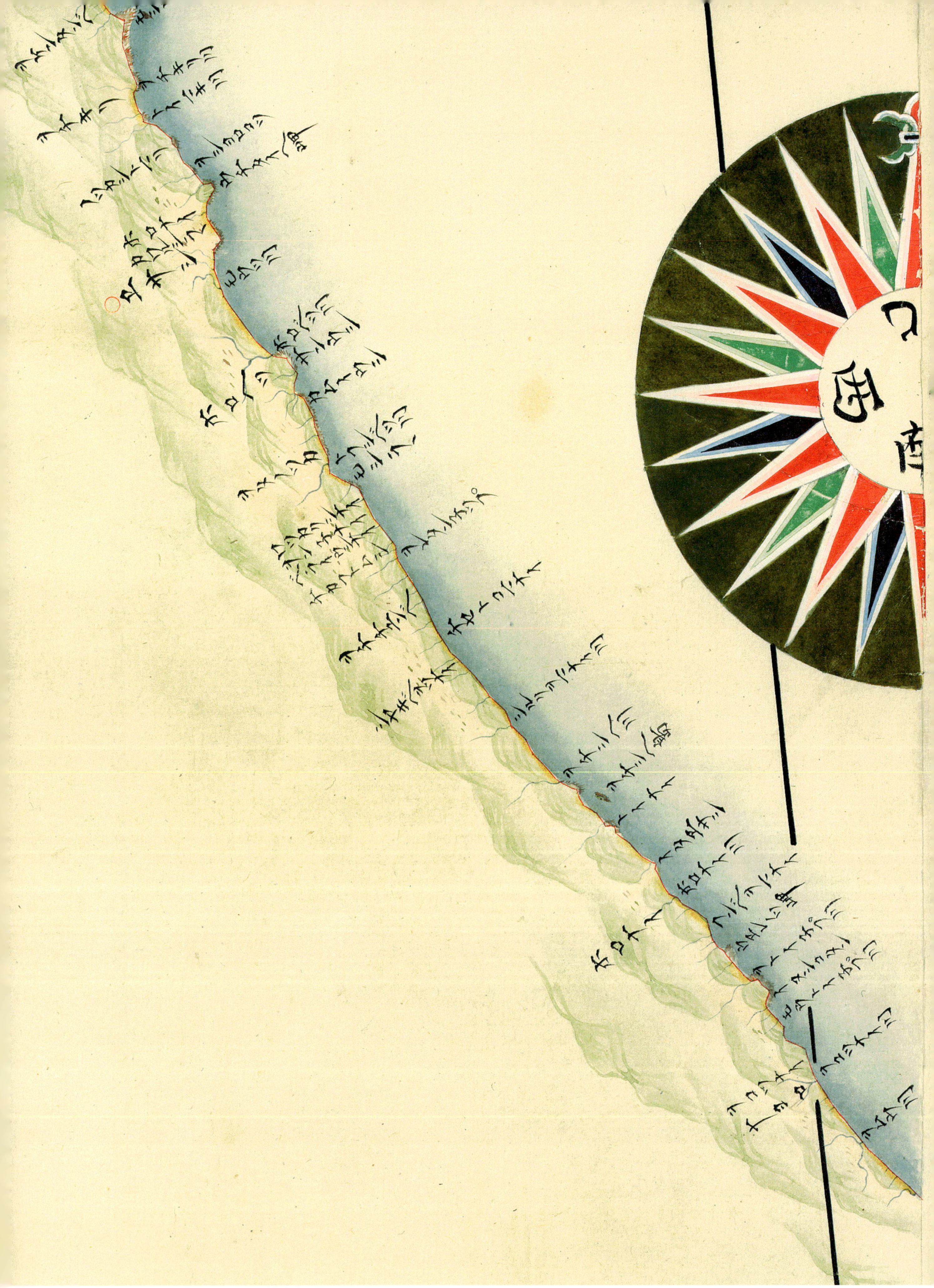

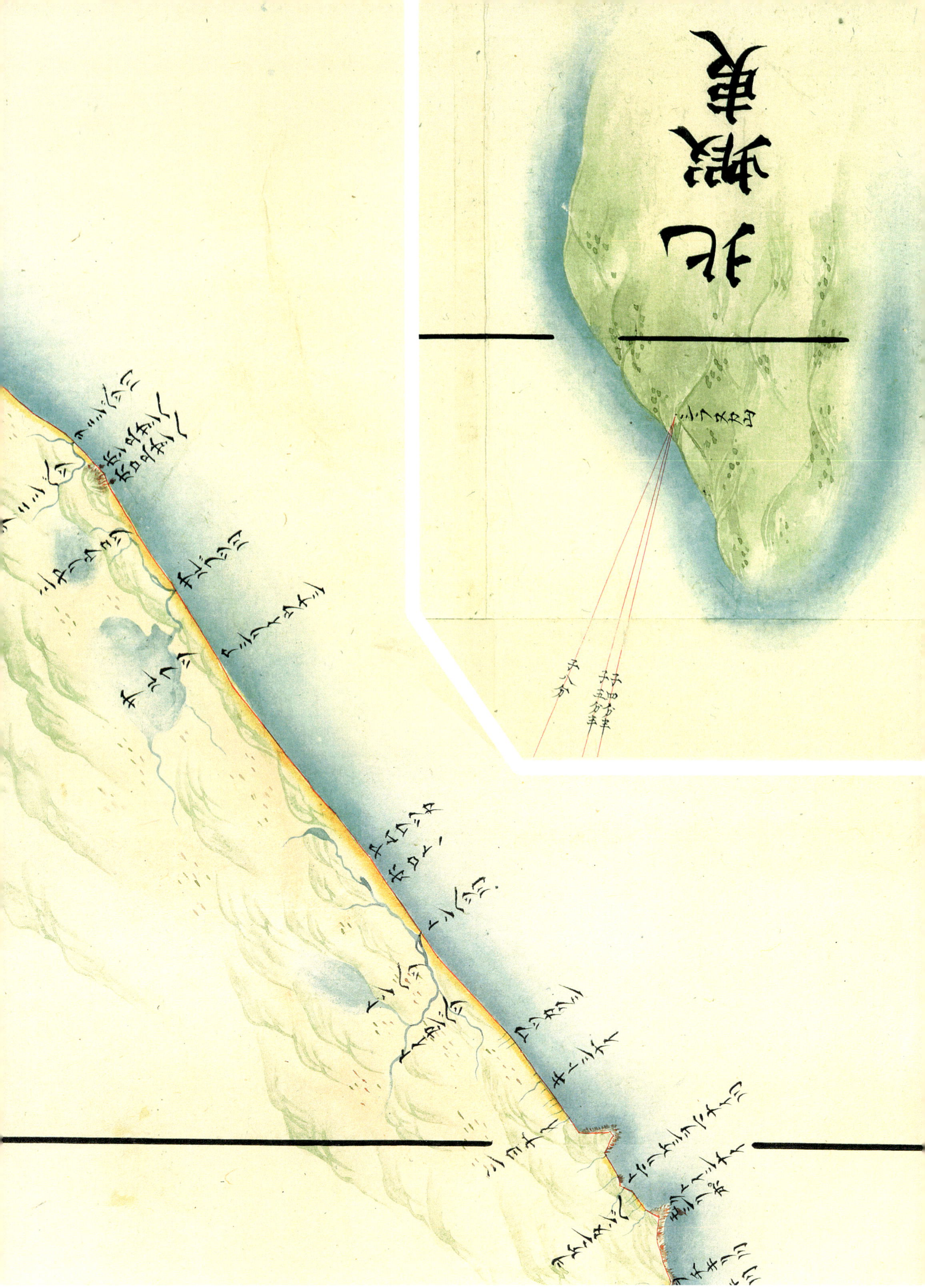

第2図　頓別・樺太南端

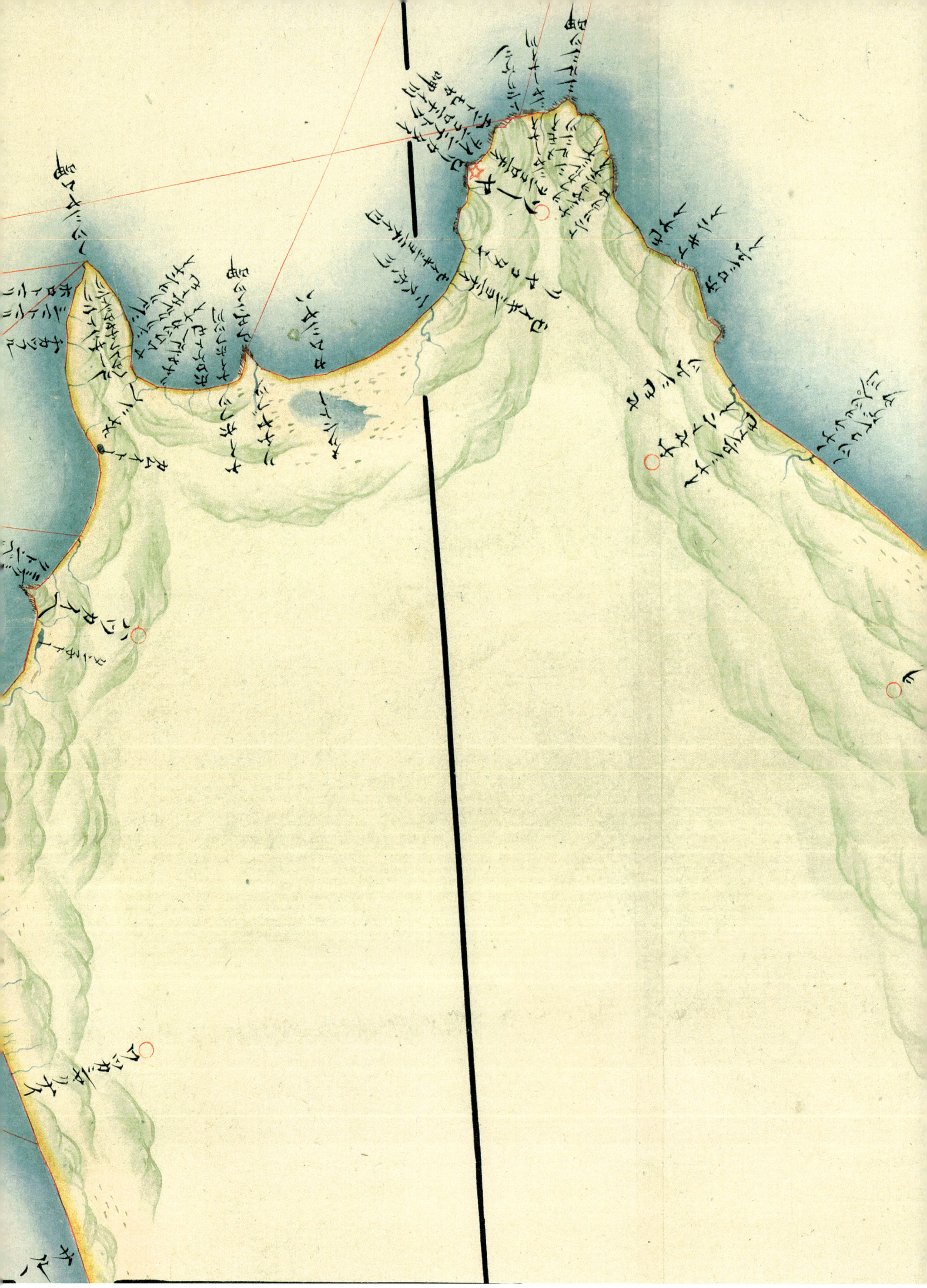

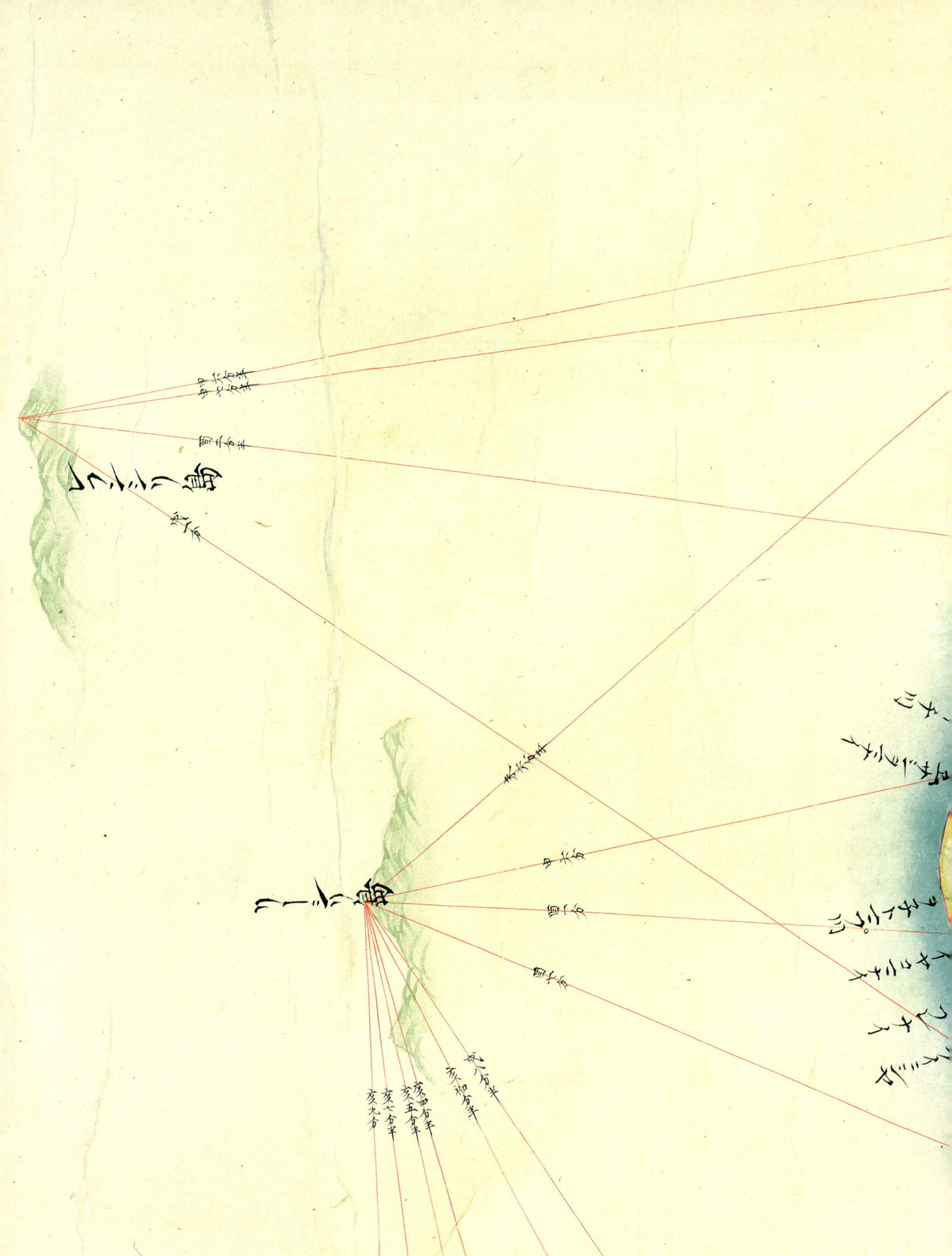

 第2図　稚内・利尻

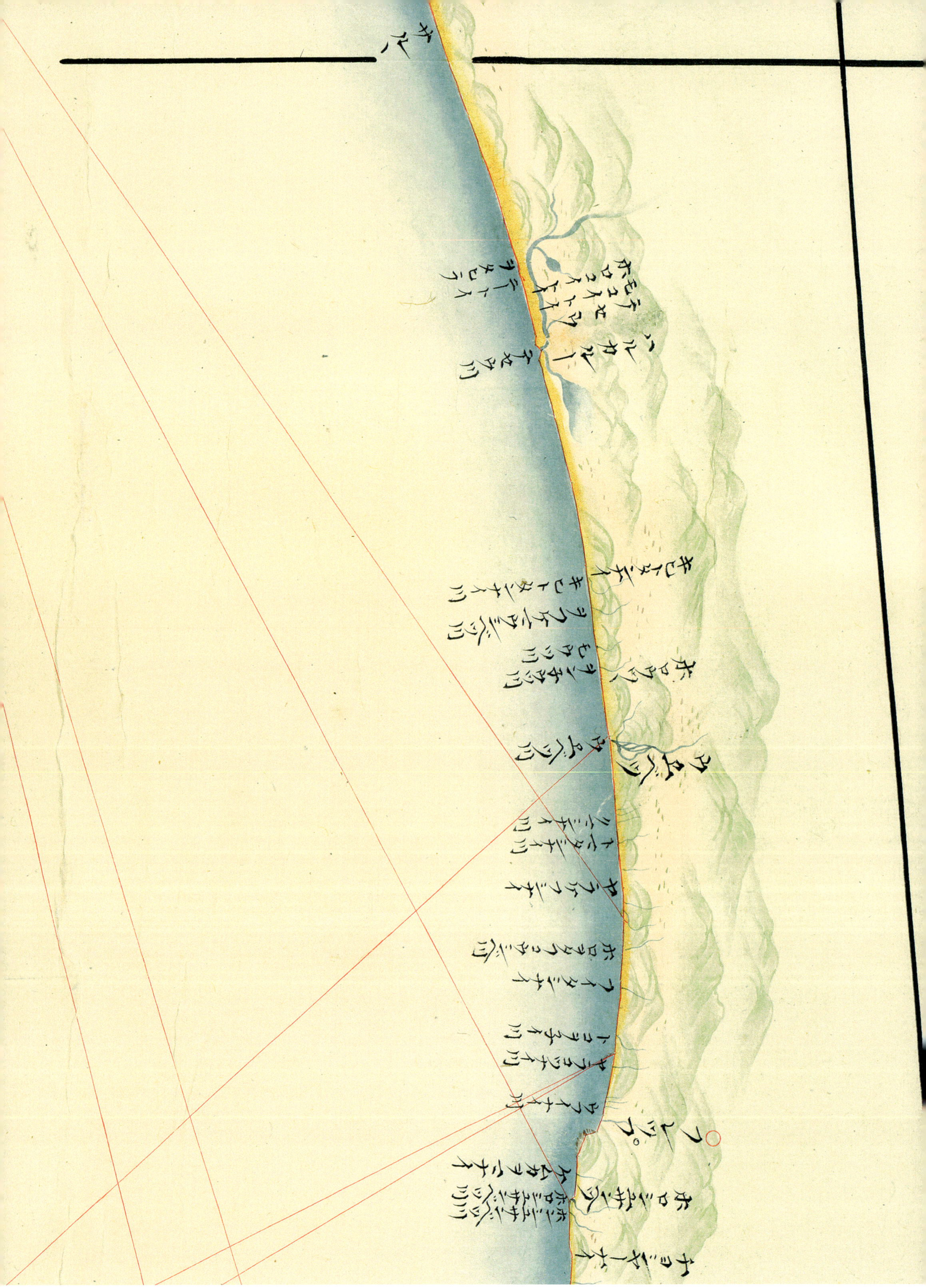

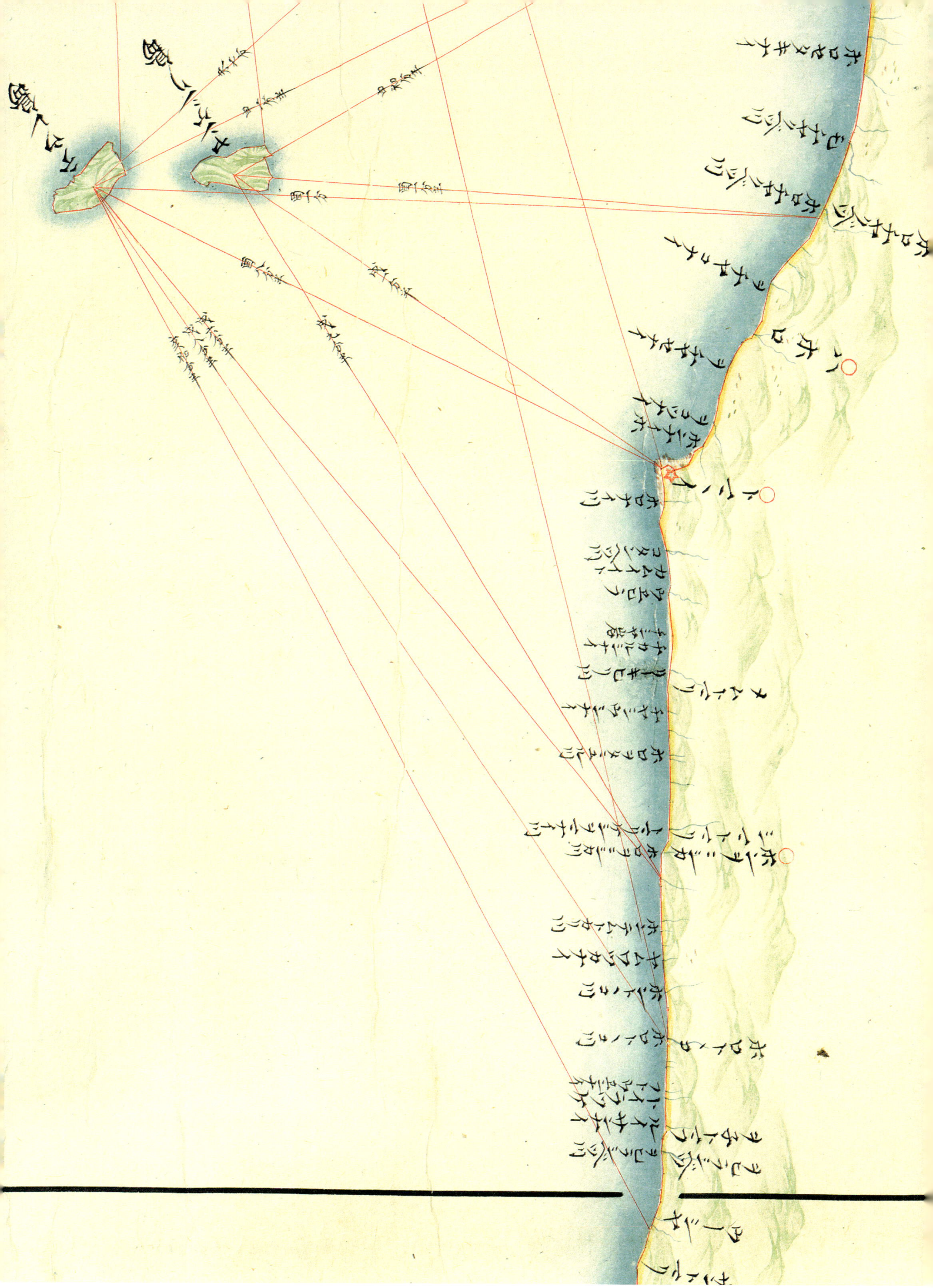

第2図　天売・焼尻

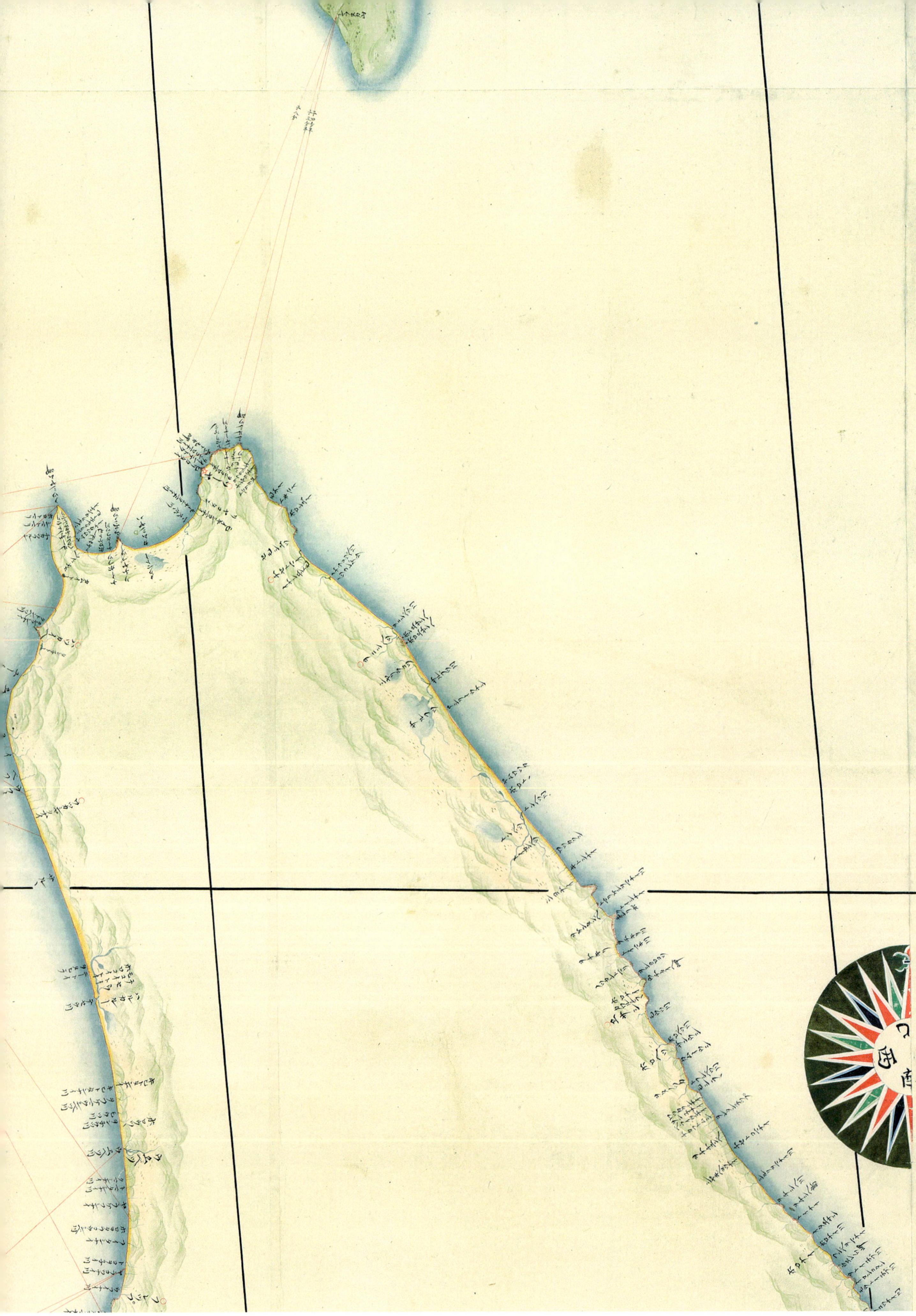
西

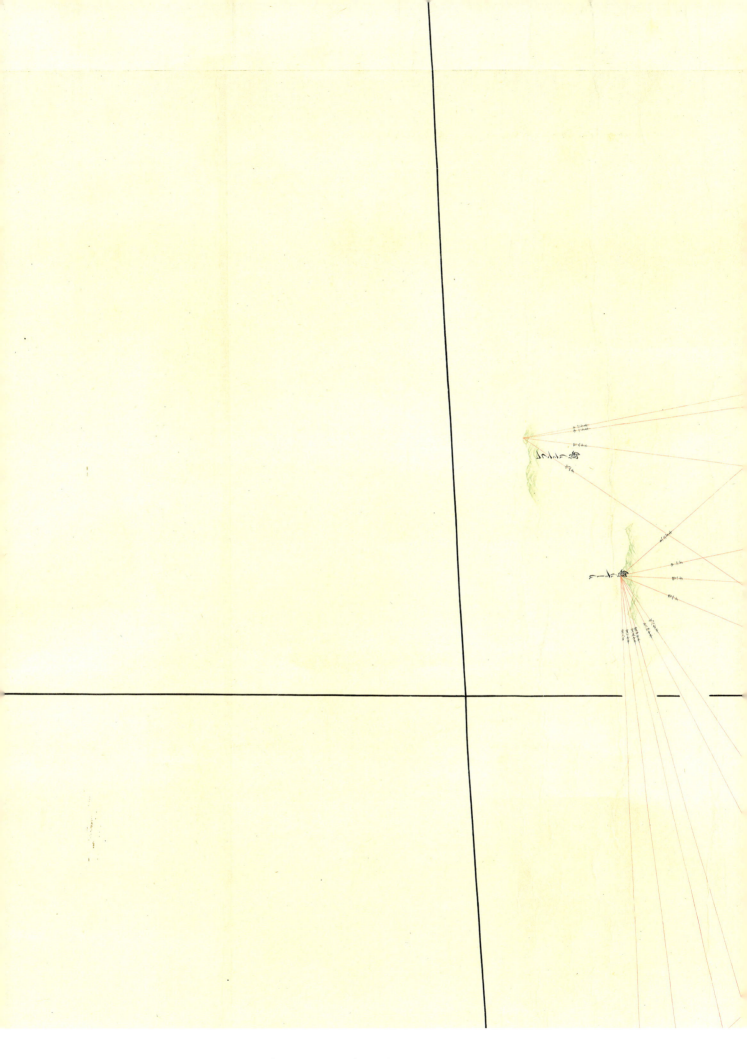

第2図　北海道北部広域図

古川

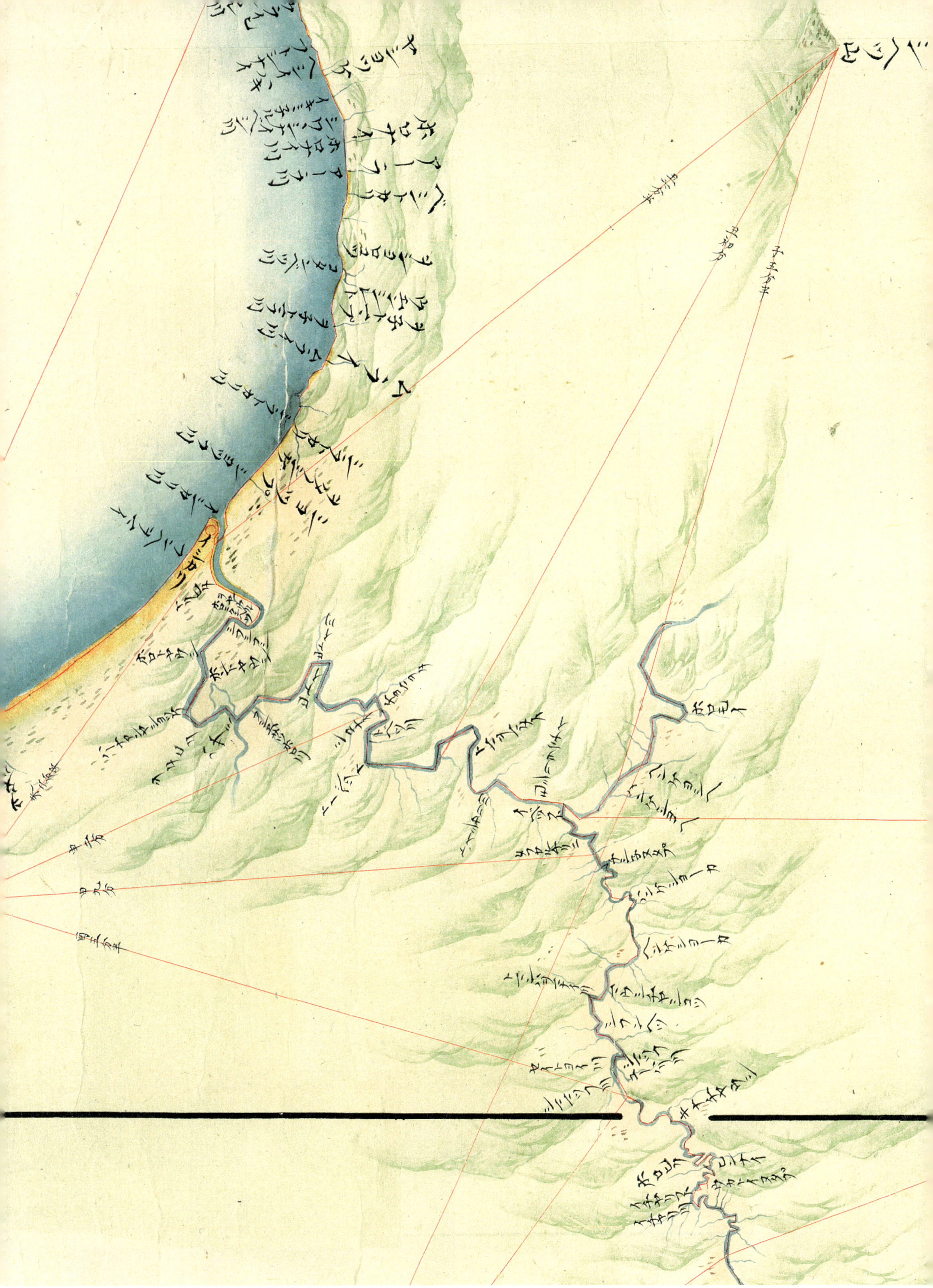

第2図　石狩

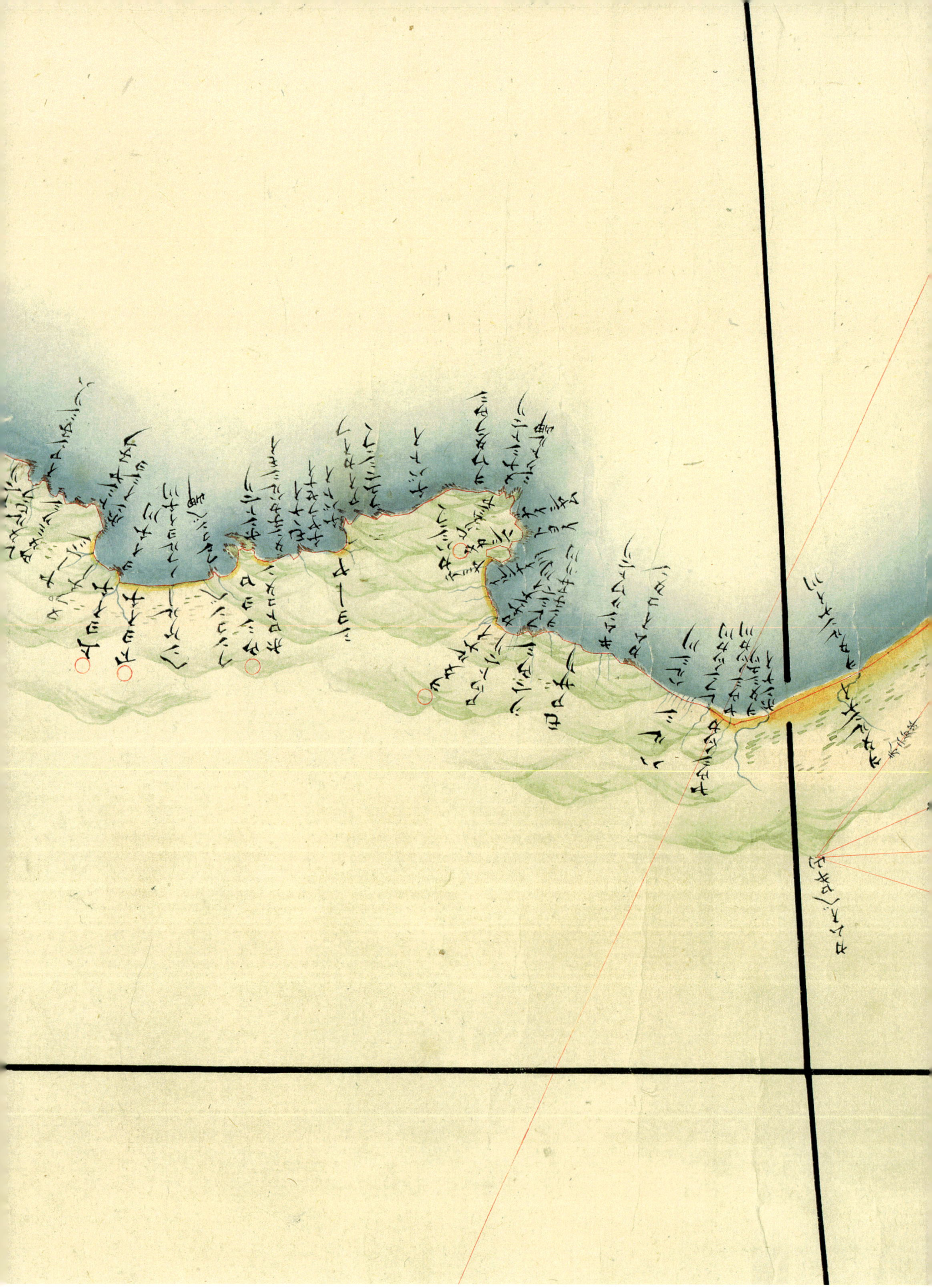

第2図　積丹・小樽

044
046
052
054

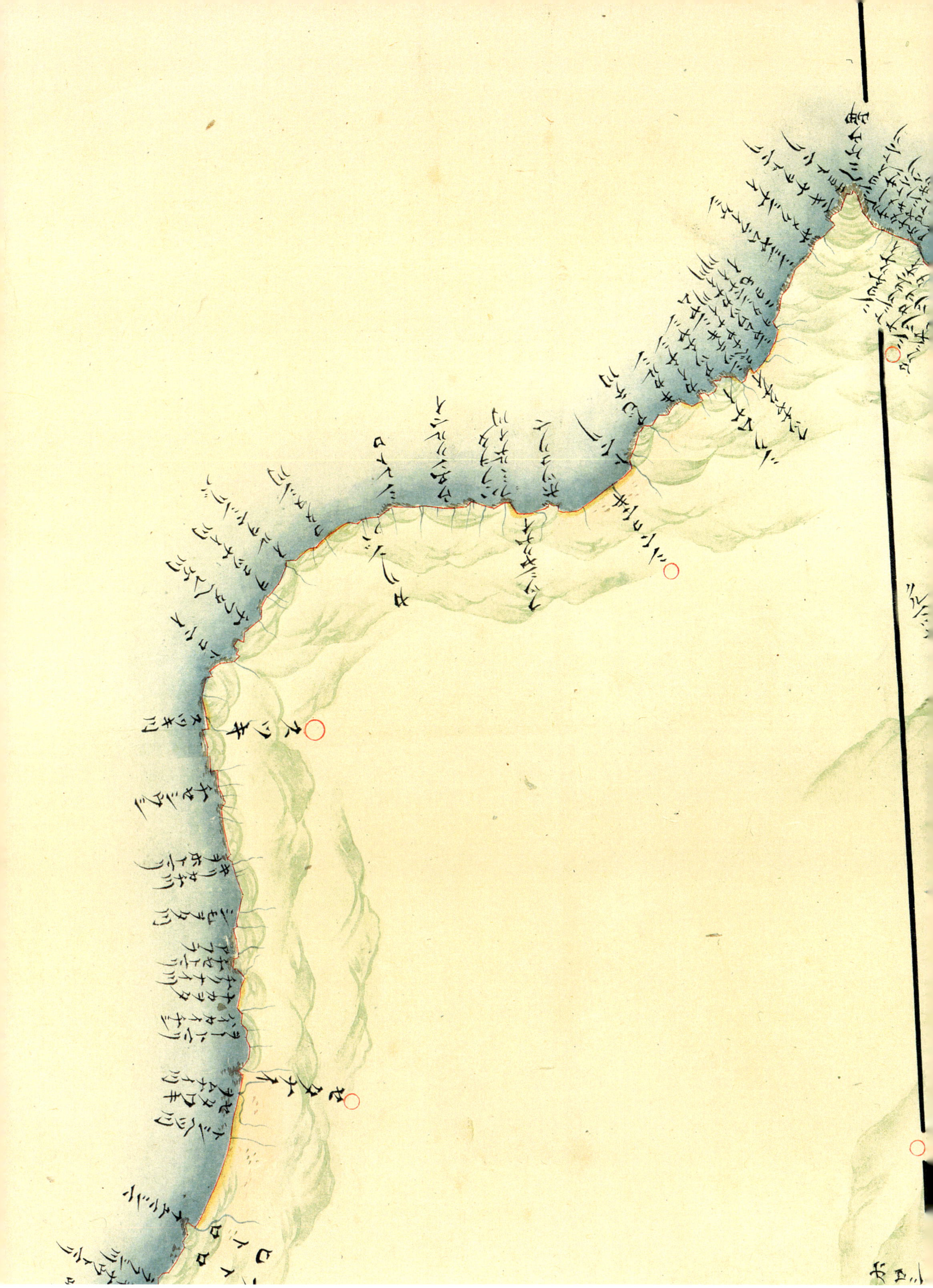

第2図　長万部・岩内

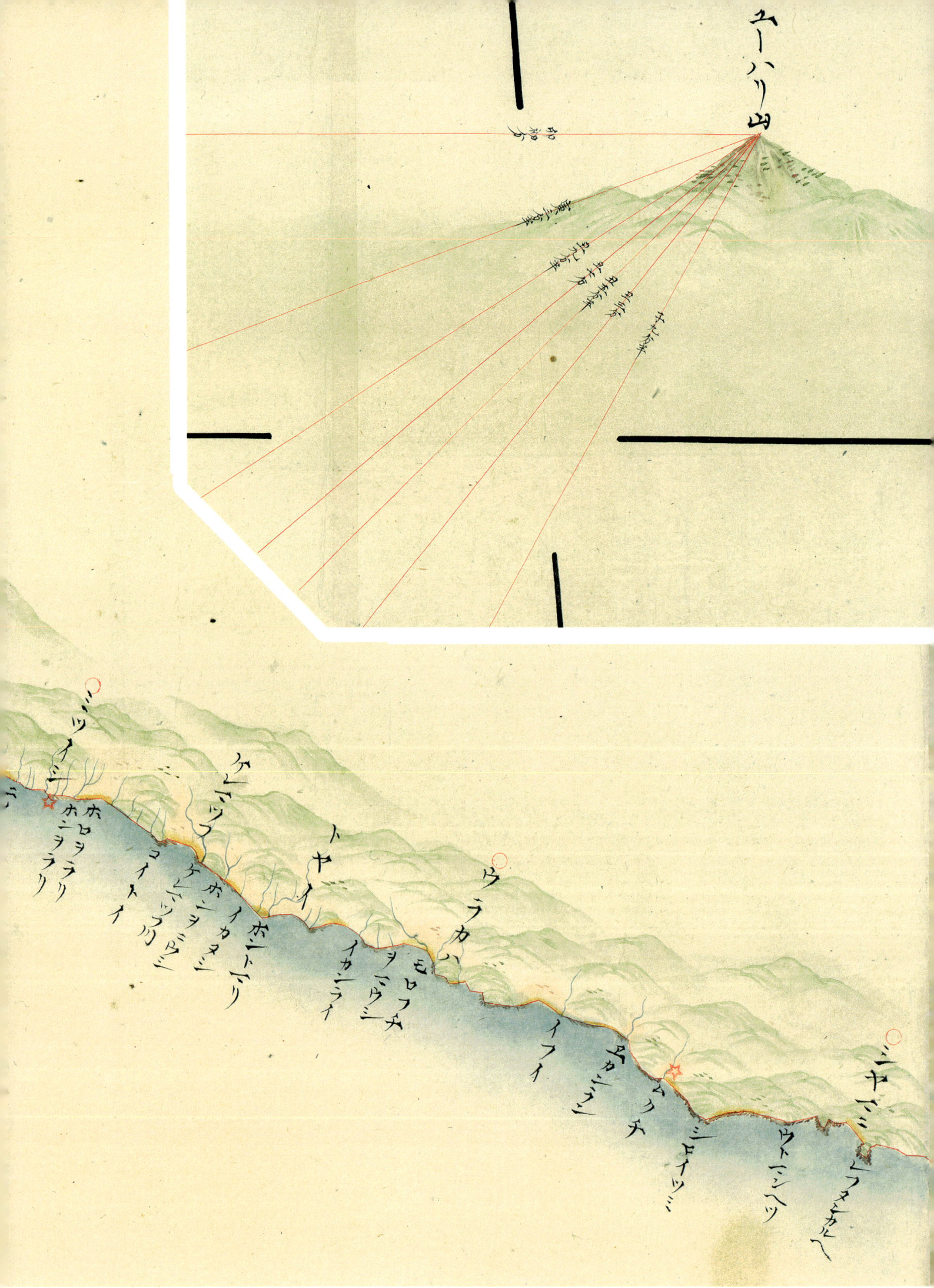
ユーハリ山
ミツイシ
ホロヲラリ
ホンヲラリ
ケレニツフ
コイトイ
ケレニツフ川
ホンヲミウシ
イカタシ
ホントマリ
トヤイ
イカンライ
ヲニウシ
モロフチ
ウラカハ
イフイ
ヒカシラン
ムクチ
シロイツミ
ウトニンヘツ
ミヤコミ
レフヌカレヘ

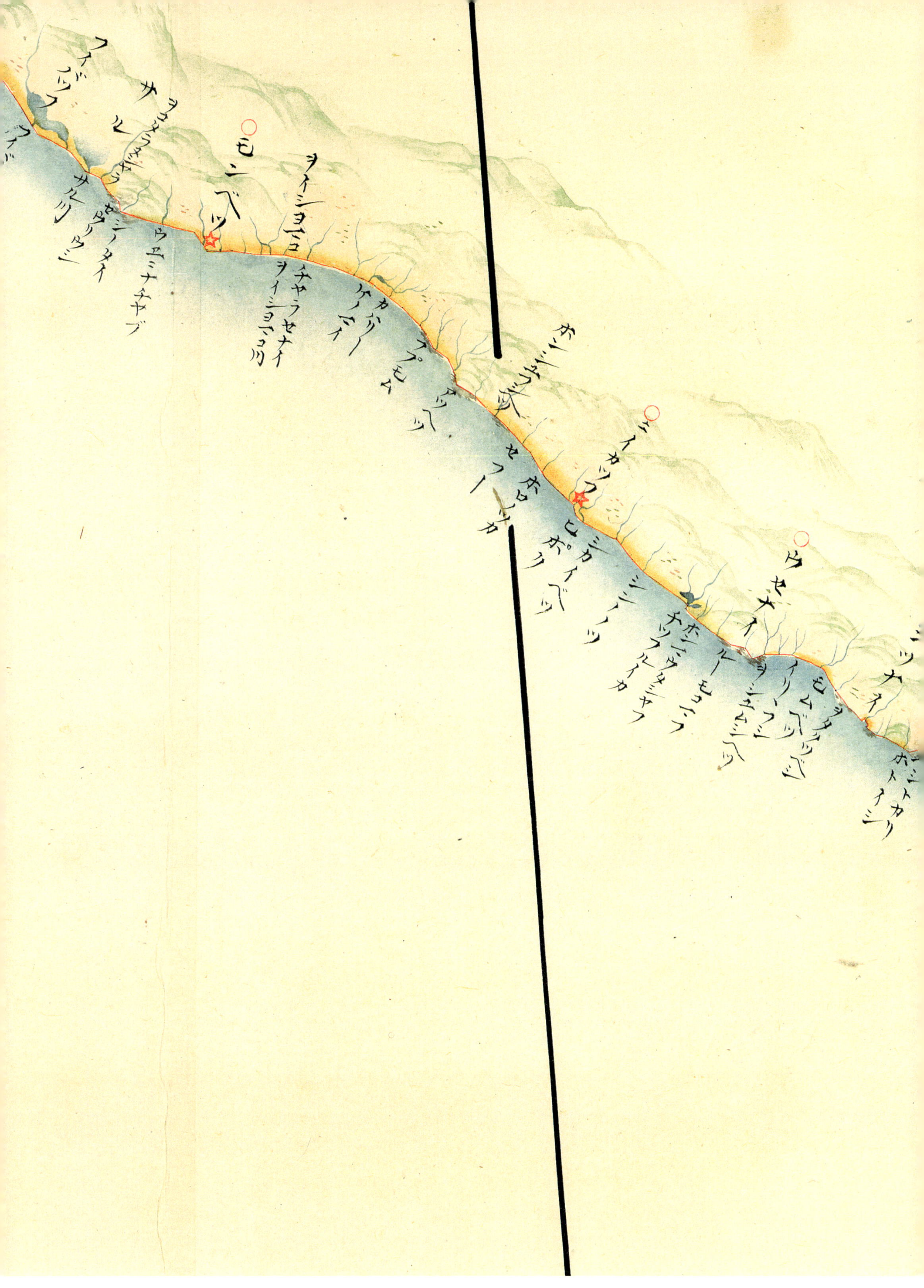

第2図　浦河・門別

044 043 050 052 048

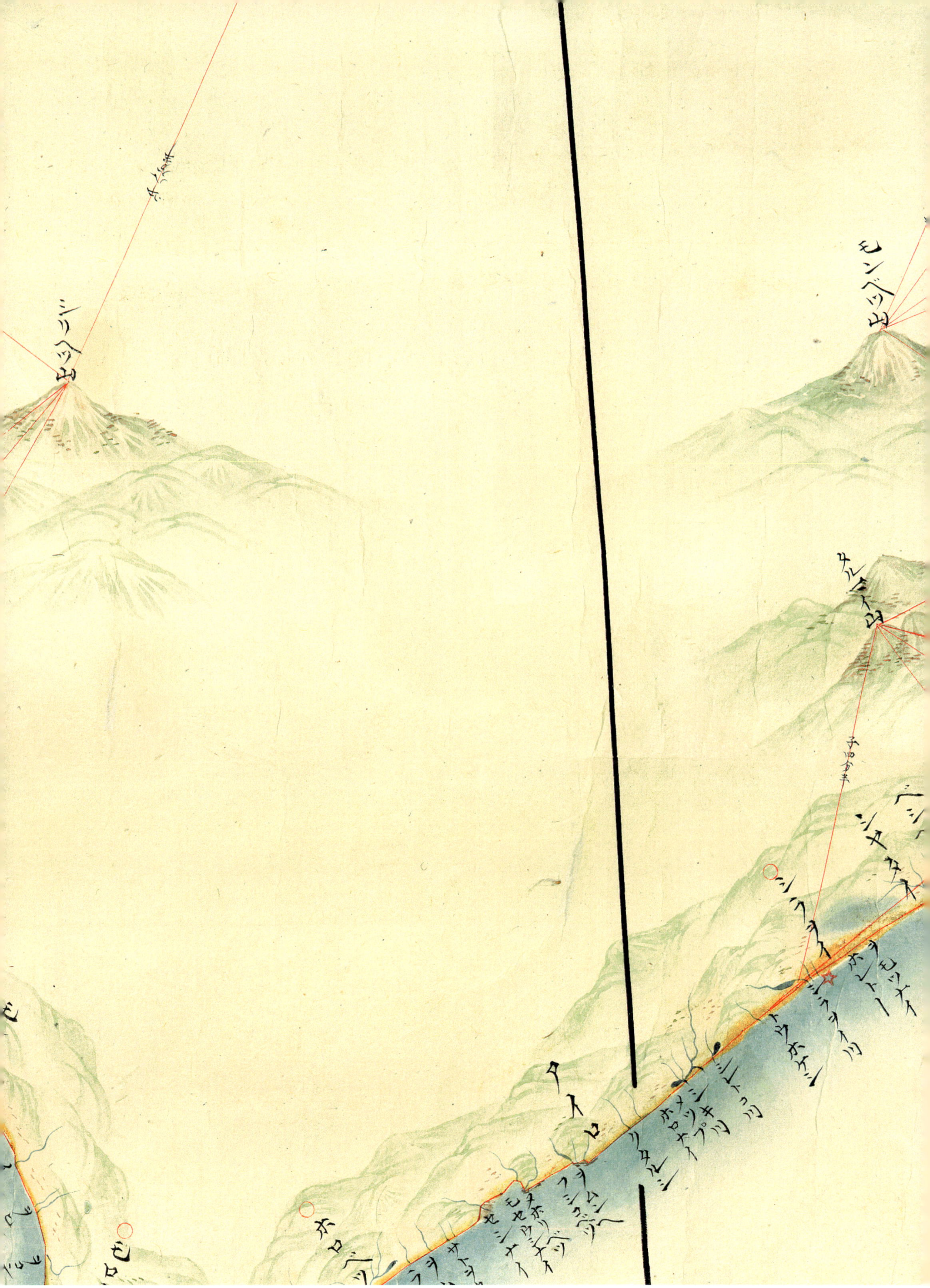

 第2図　苫小牧

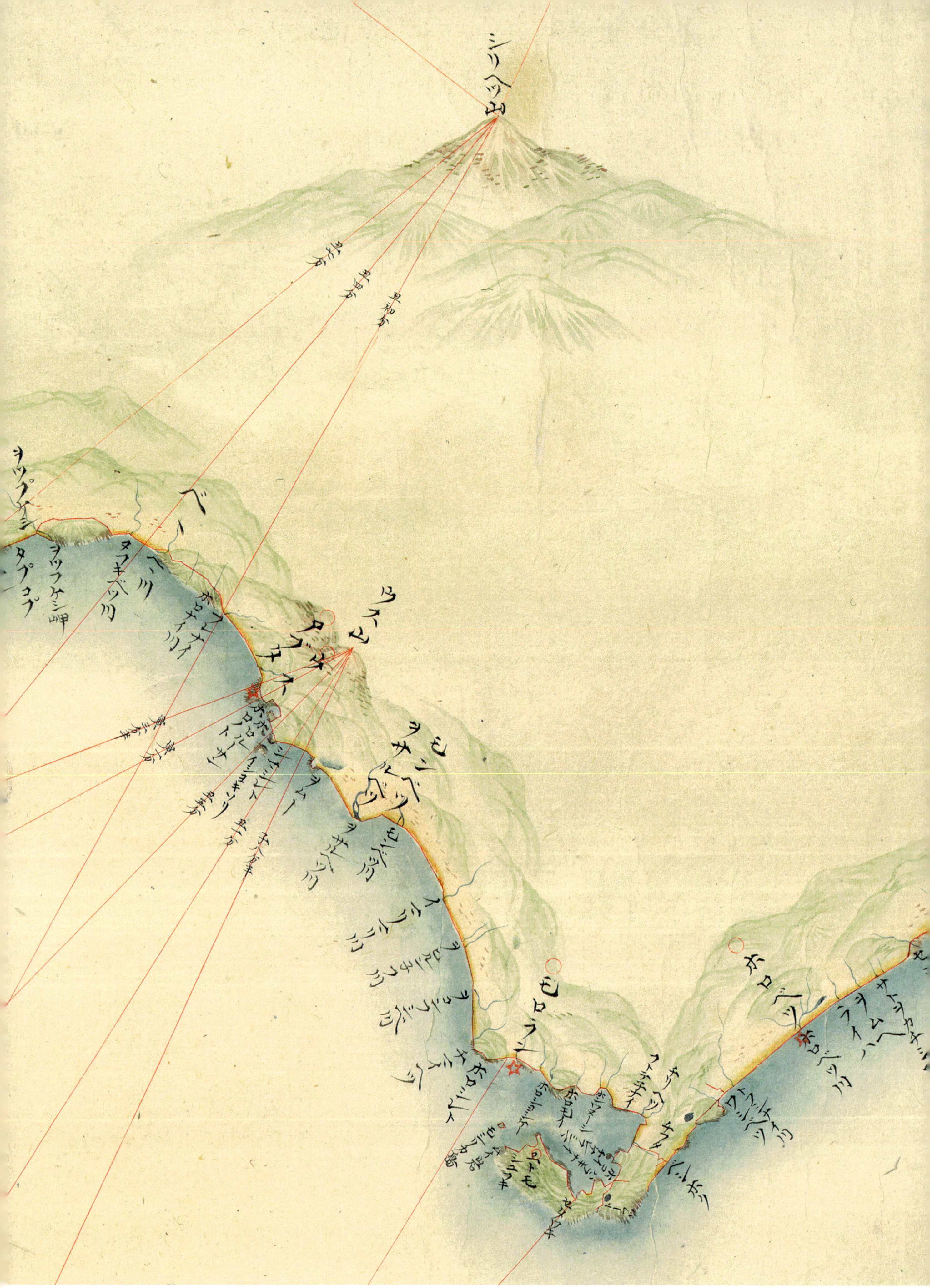

第2図　室蘭

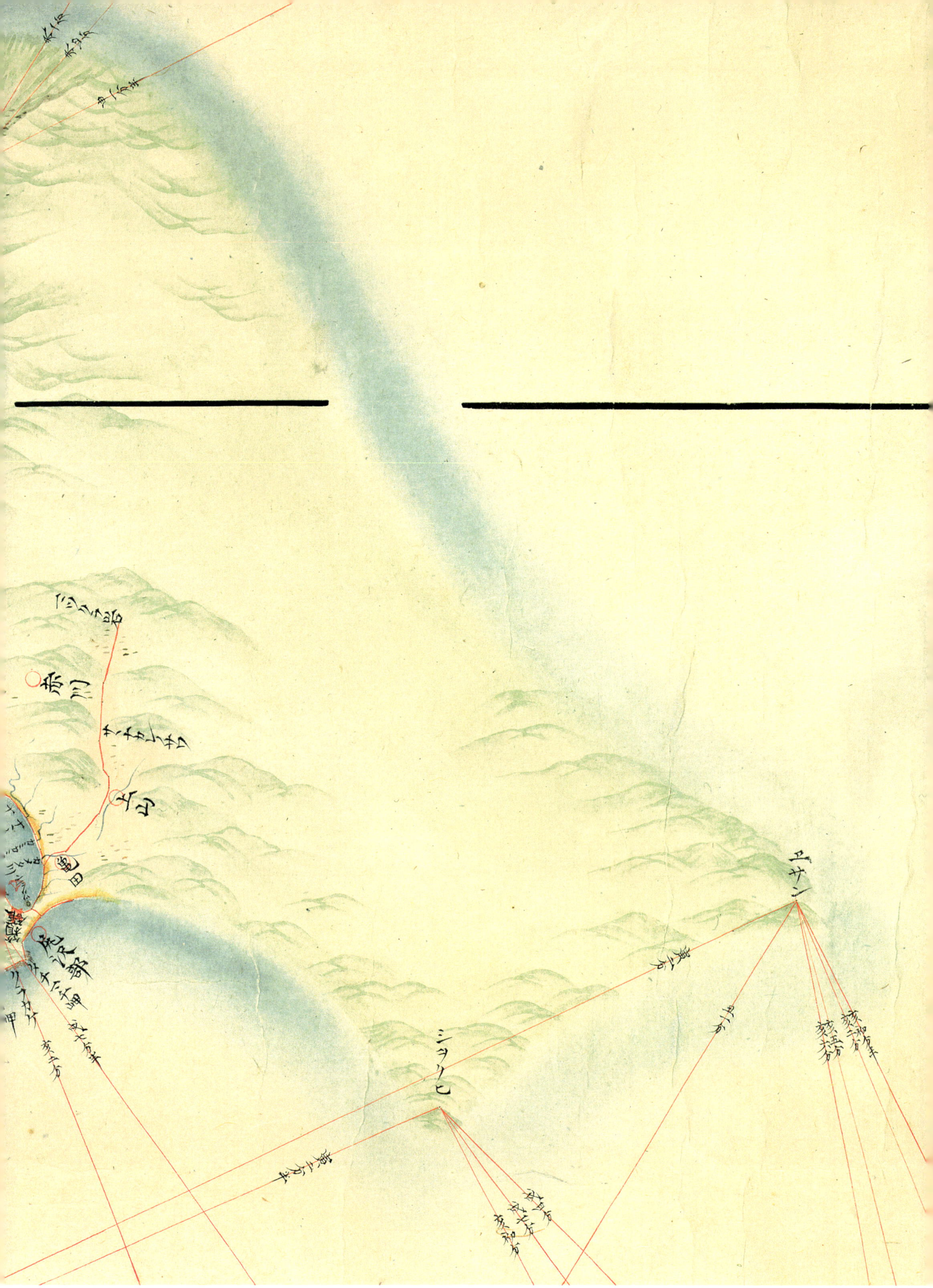

第2図　恵山

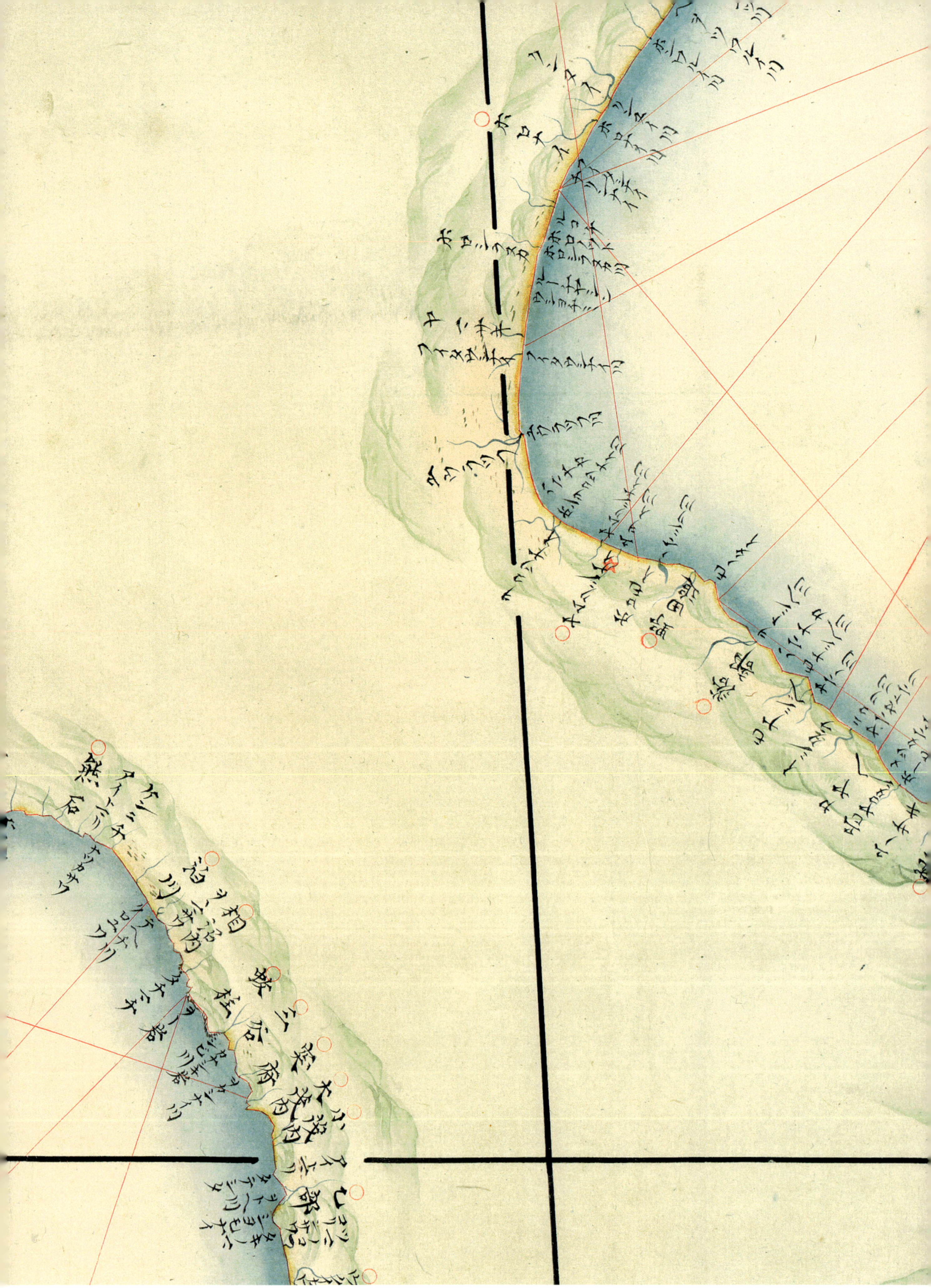

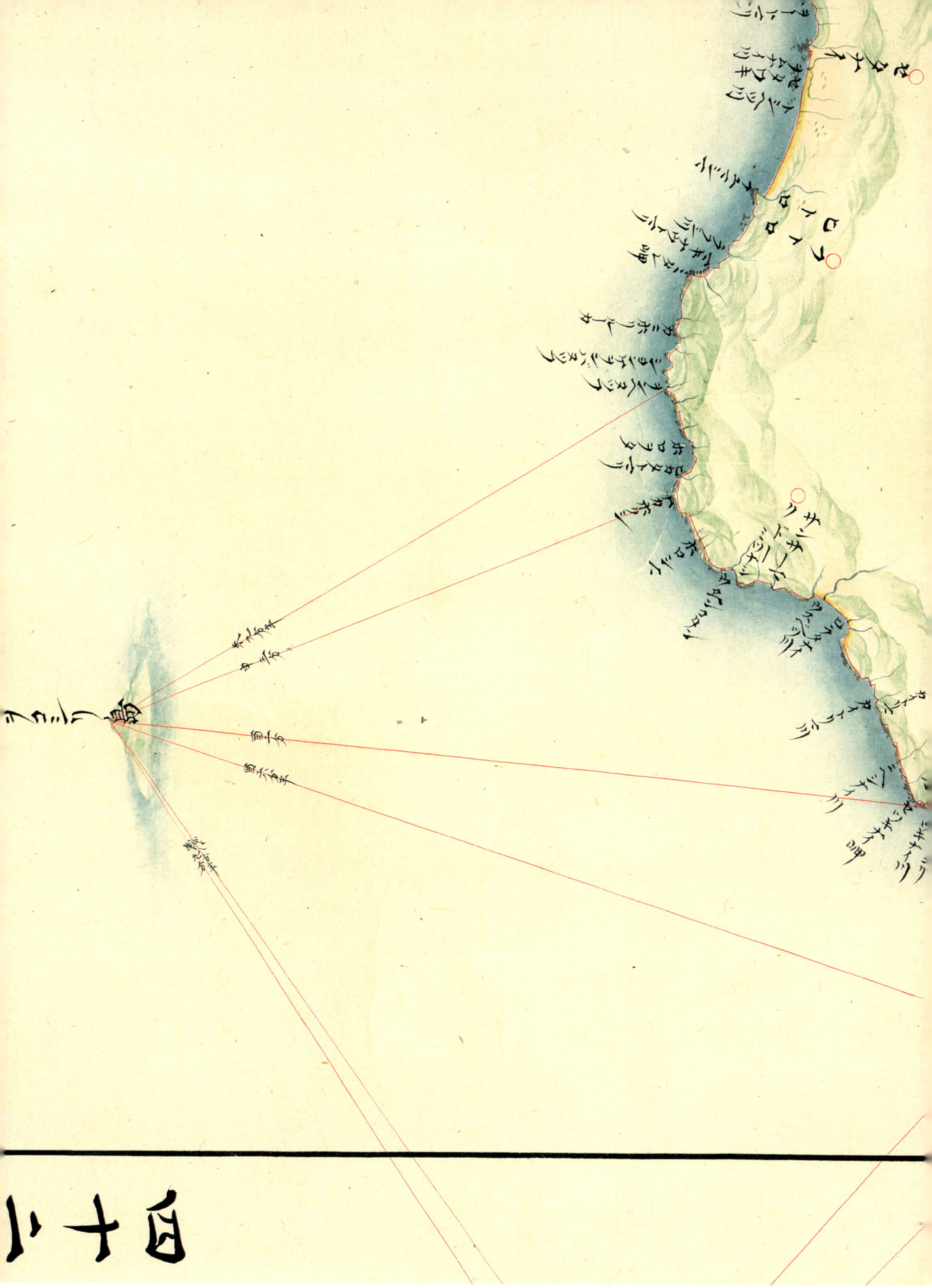

第2図　瀬棚・奥尻島

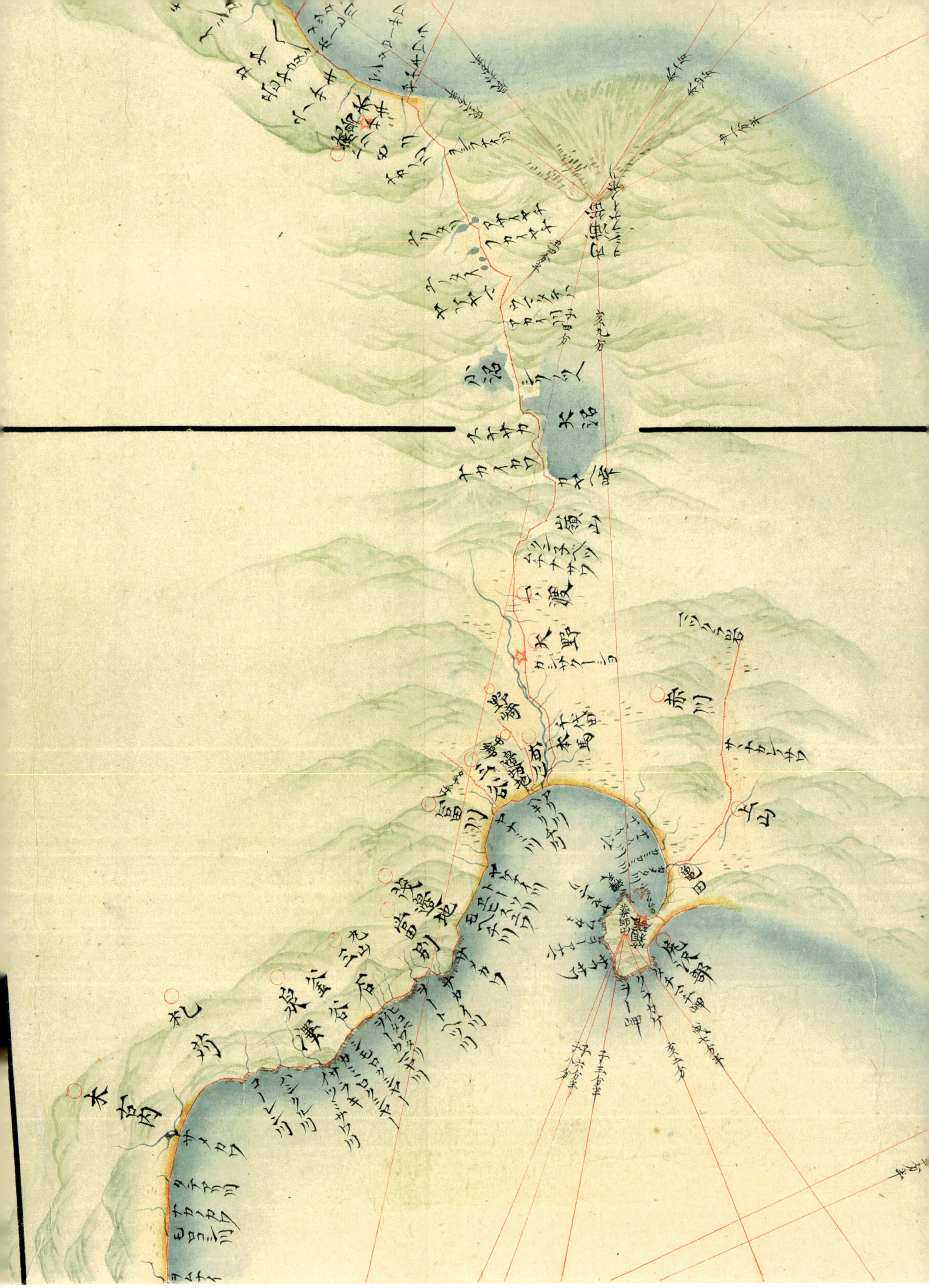

054
053
056
060
061

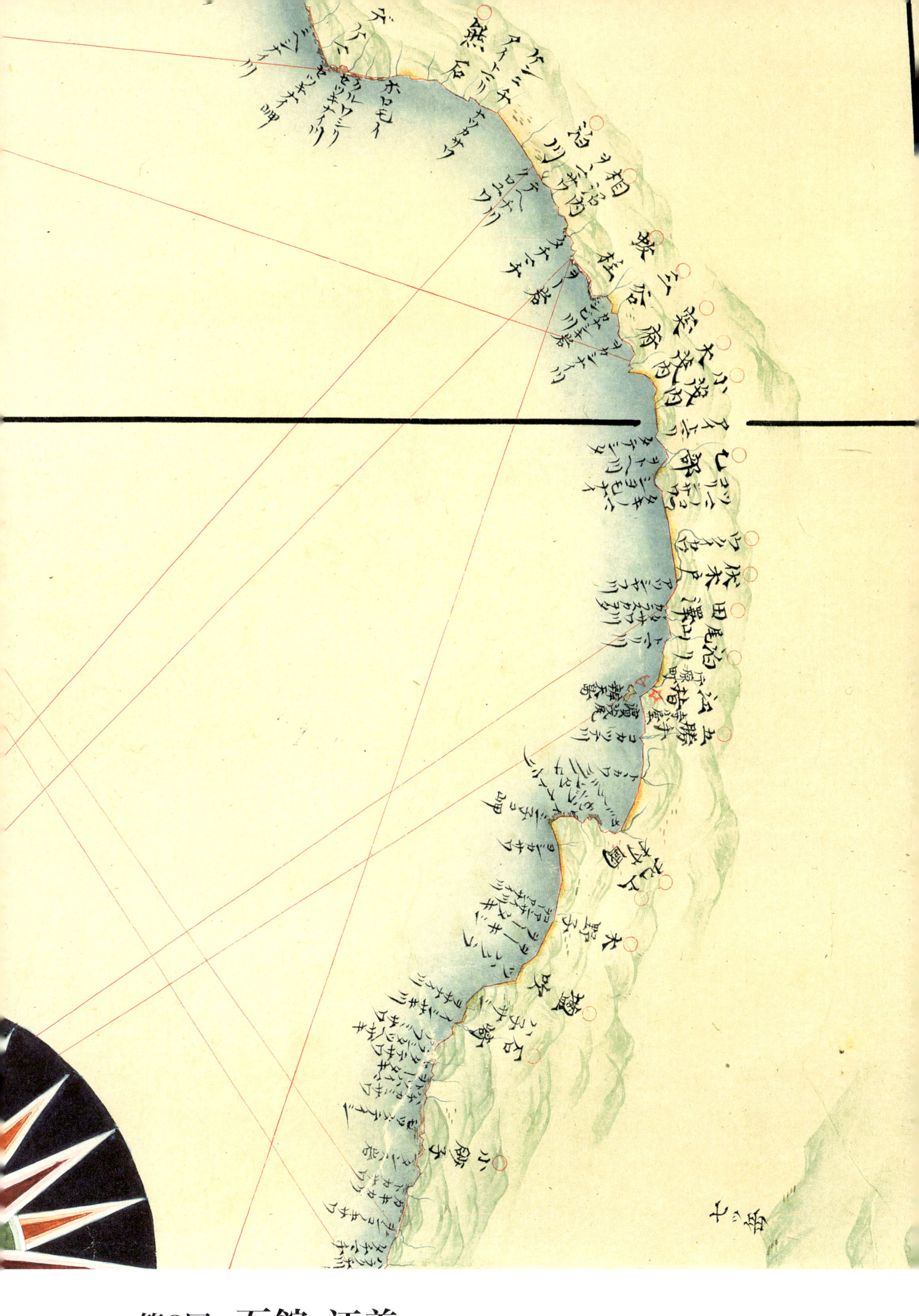

第2図　函館・江差

ユーハリ山

第2図　北海道南部広域図

056
060 062
082 066

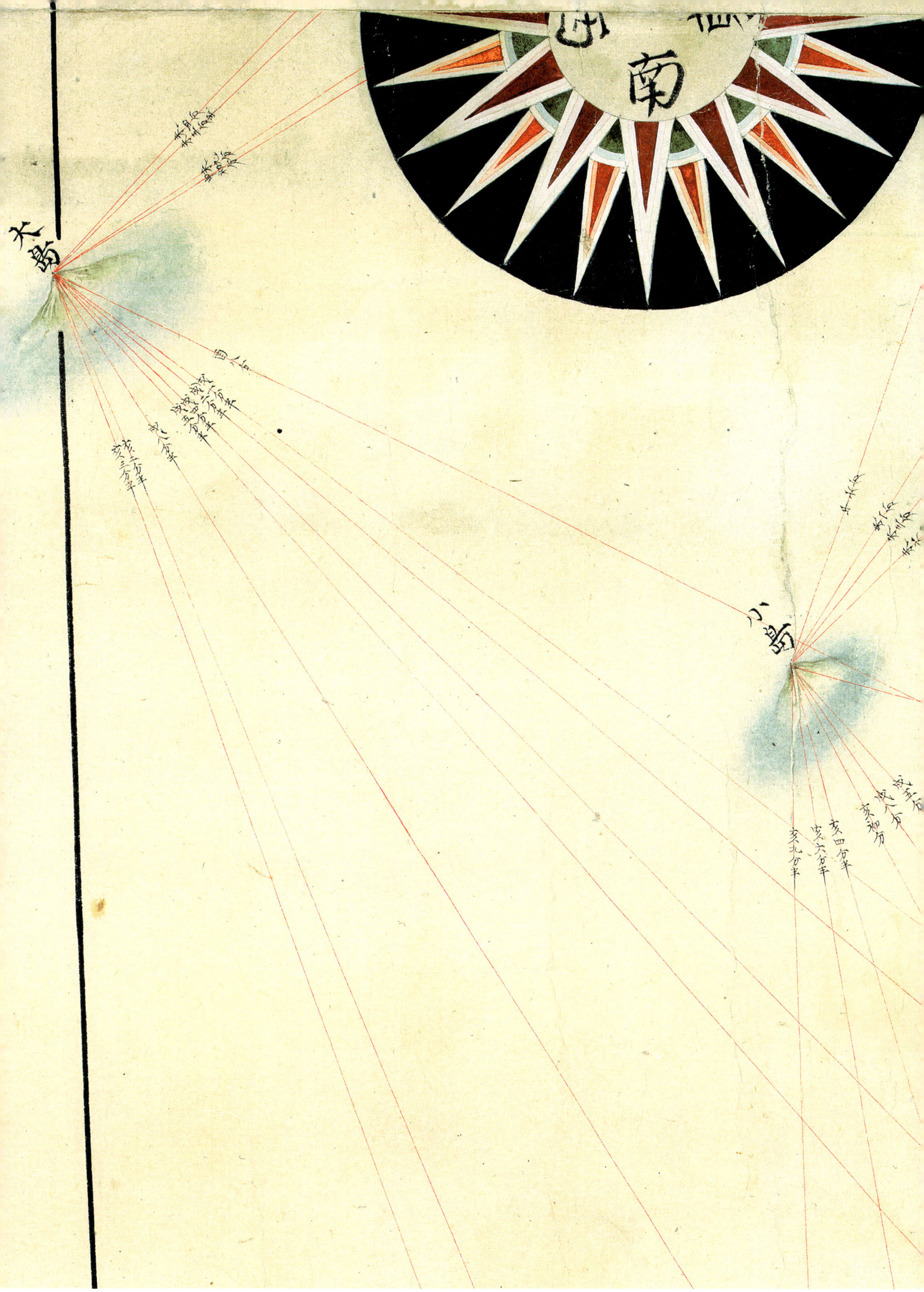

第3図　松前・三厩

尾谷村
尾駮村
横浜村
小田野沢村
川内村
川内村戸沢
川内村田ノ沢
川内村蔦澤
海老村

第3図　大間

四十一度

第3図　津軽海峡広域図

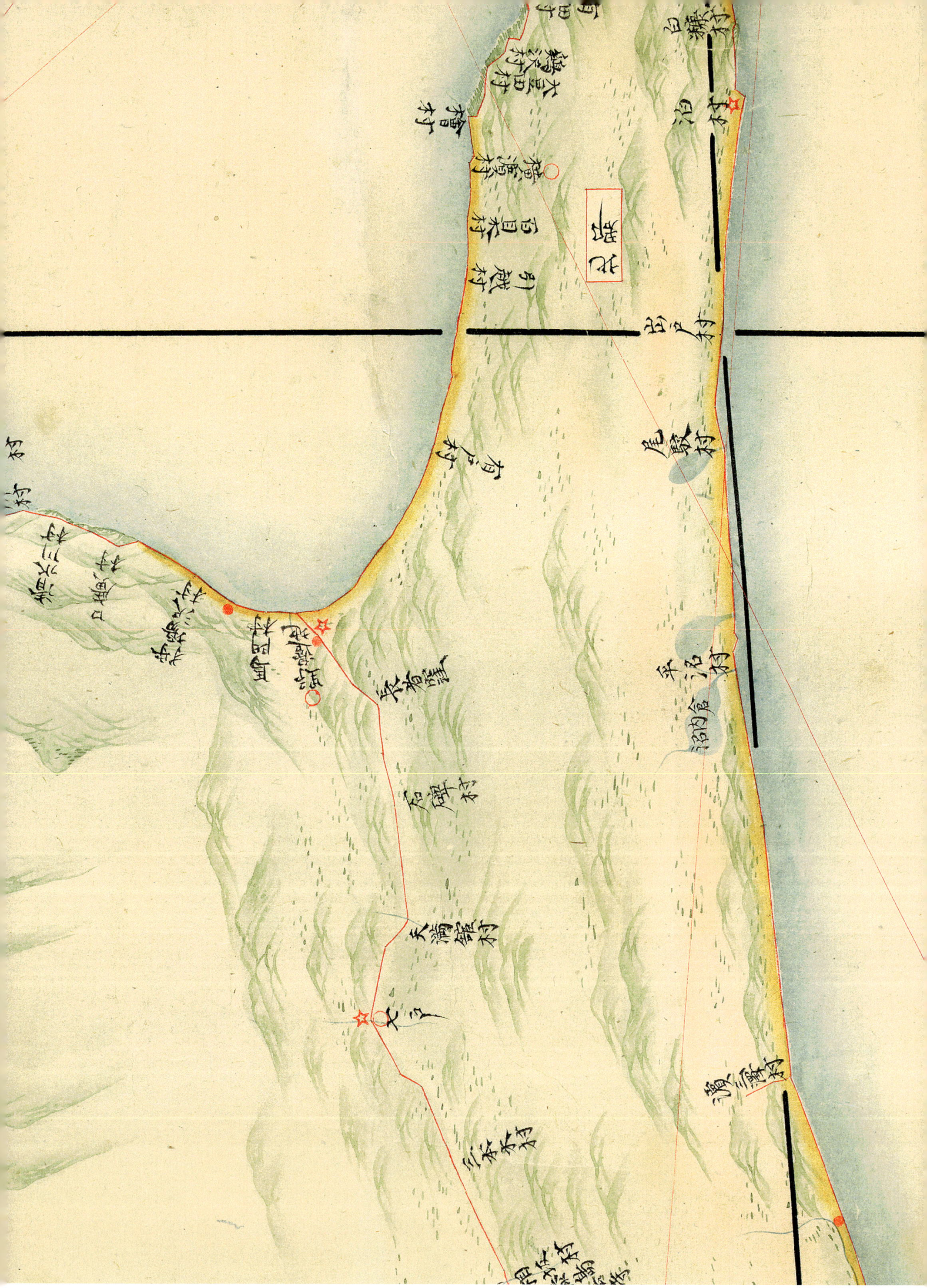

060 062
082 066
084 068

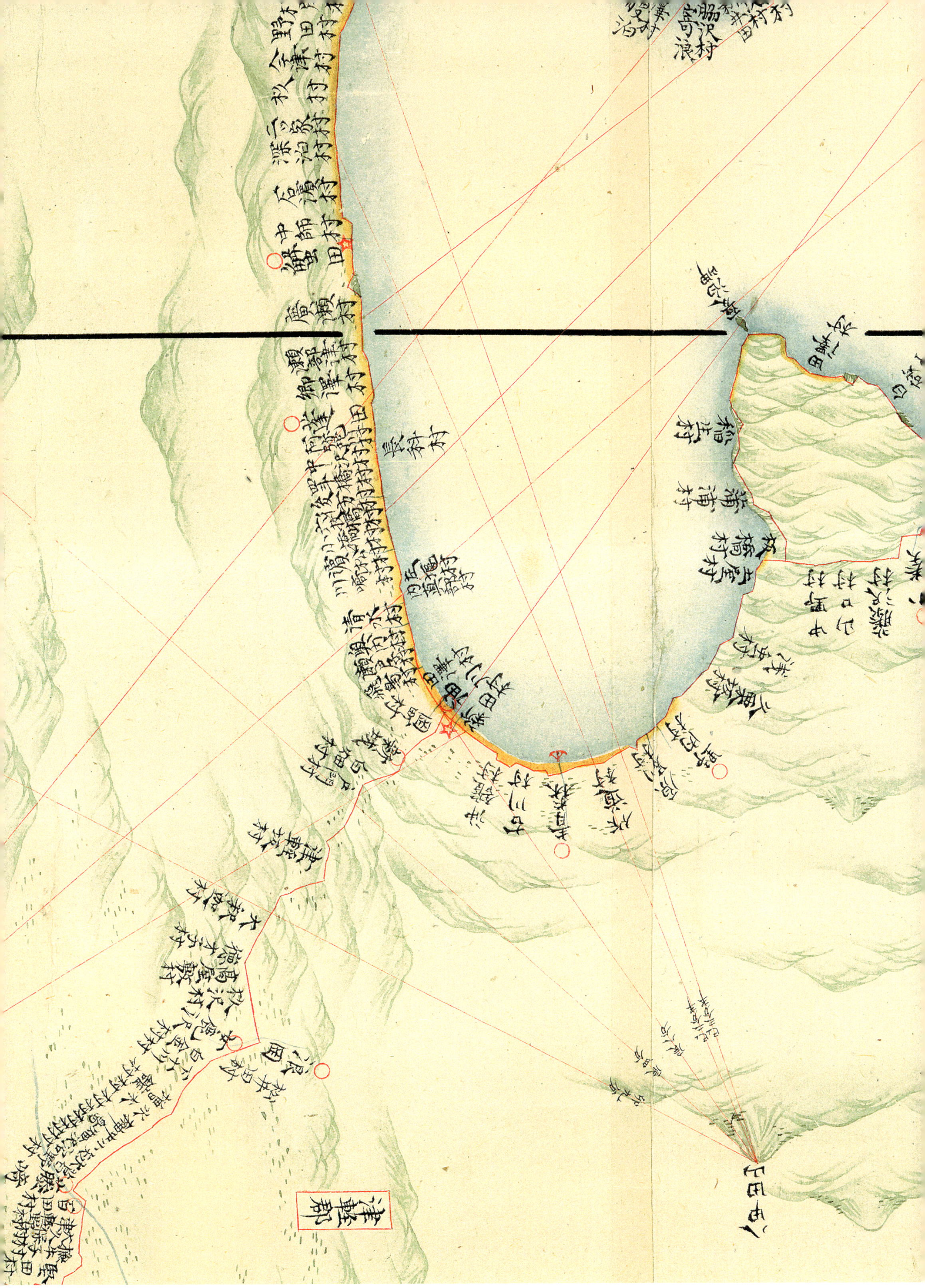

第3図　青森

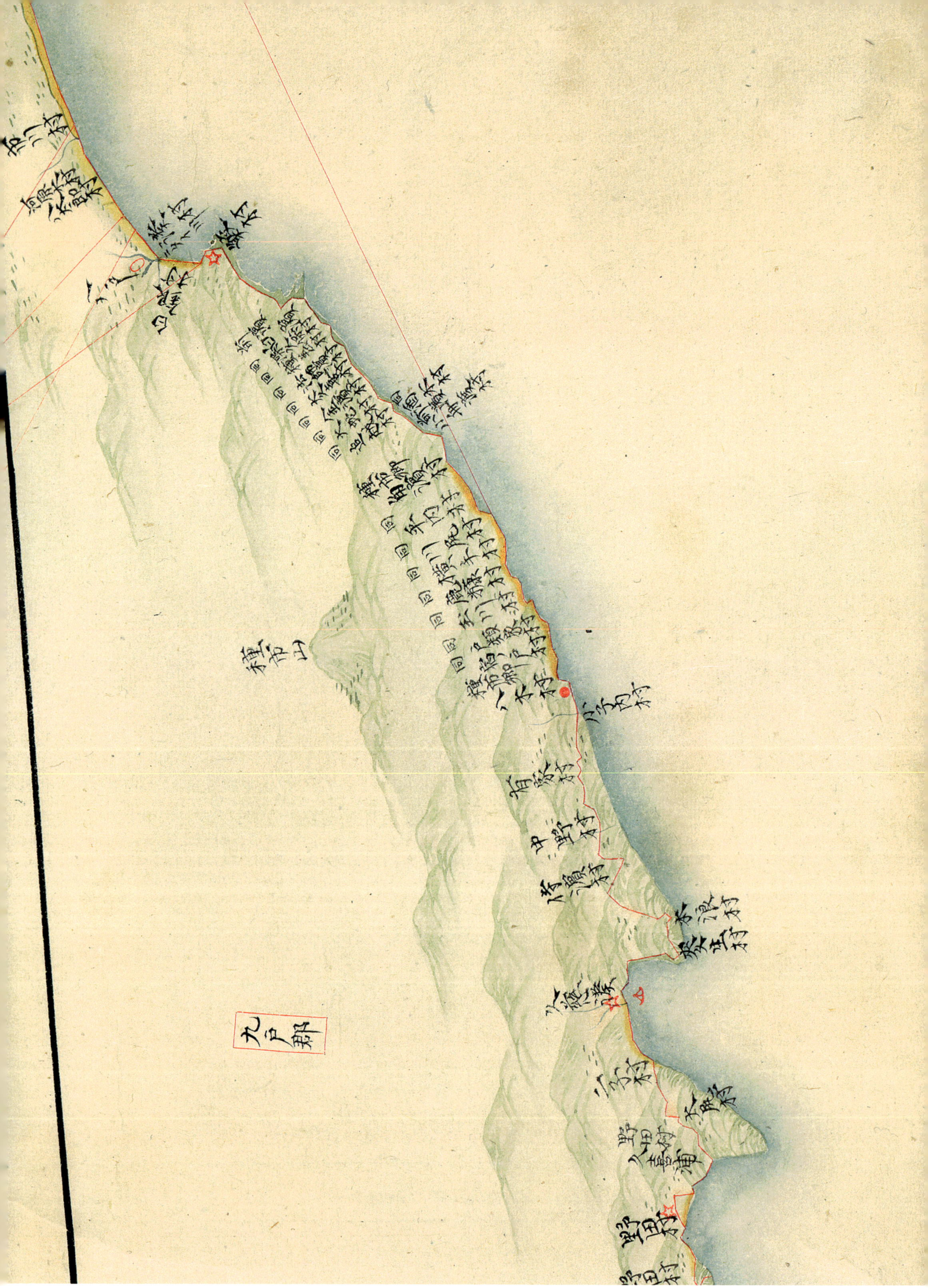

066
084 068
070

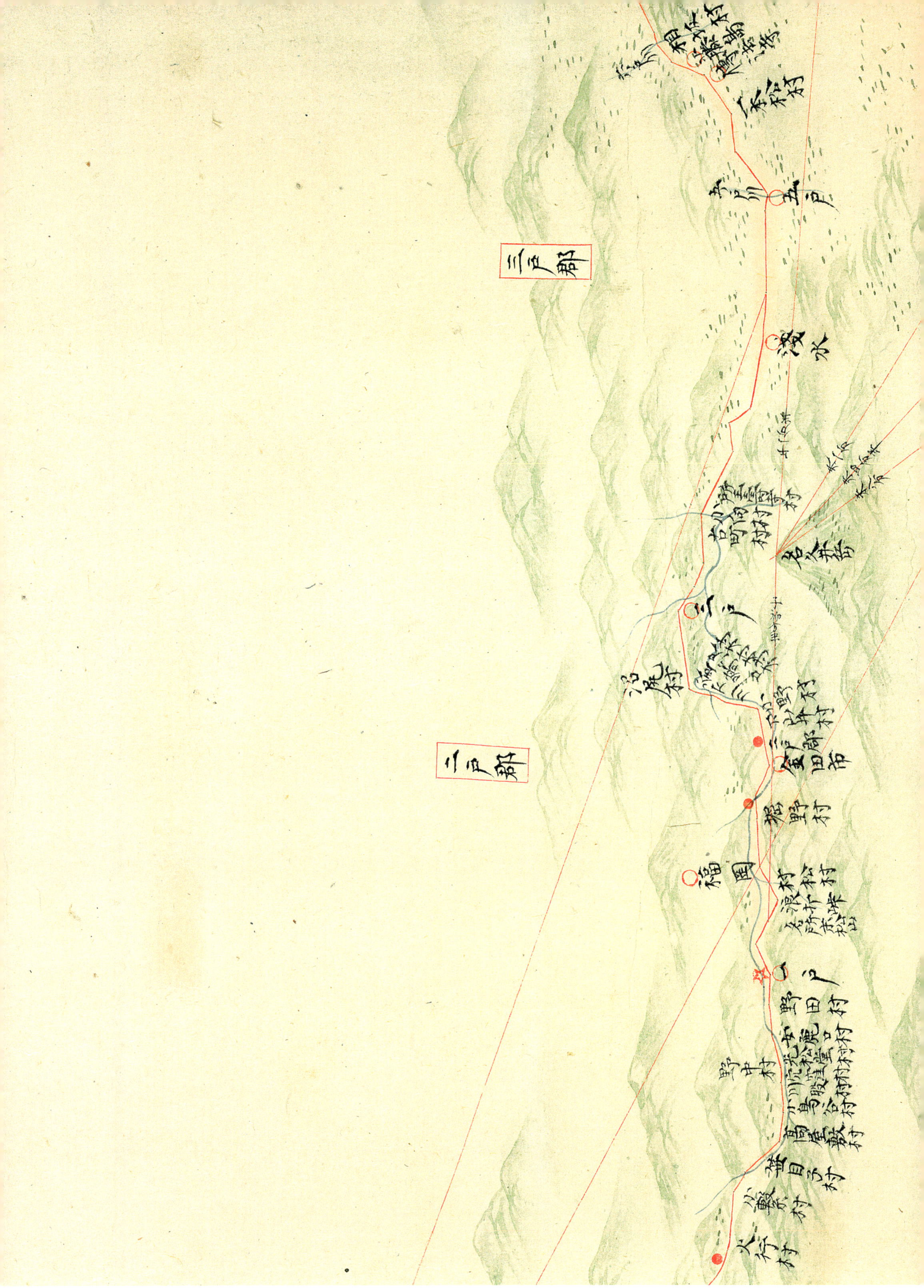

 第3図　八戸

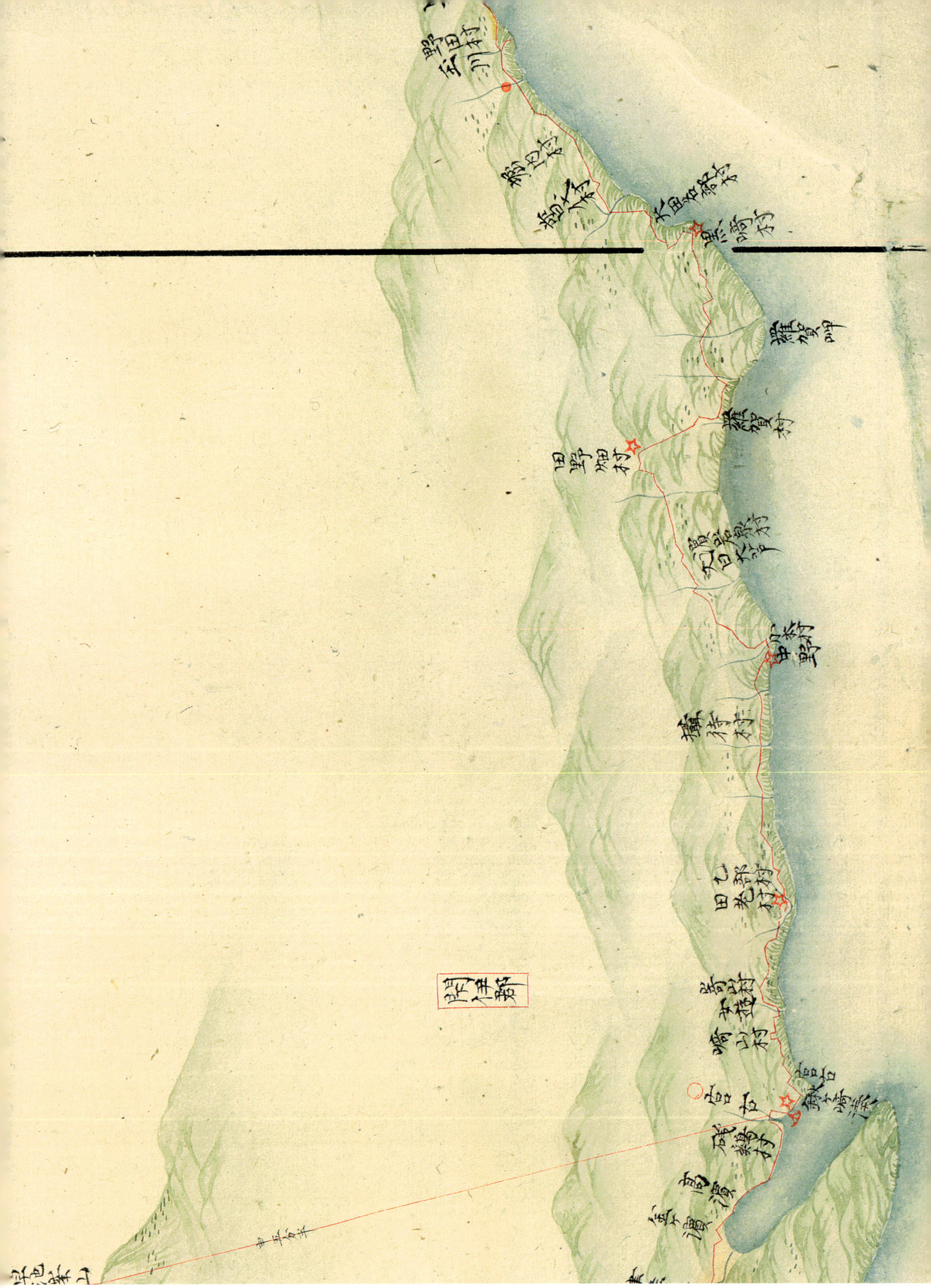

野田村
玉川
堀内村
普代村
大田名部村
黒崎村
羅賀岬
羅賀村
田野畑村
小本村
中野村
摂待村
乙部村
田老村
崎山村
宮古
鍬ヶ崎湊
磯鶏村
高浜
金浜
閉伊郡

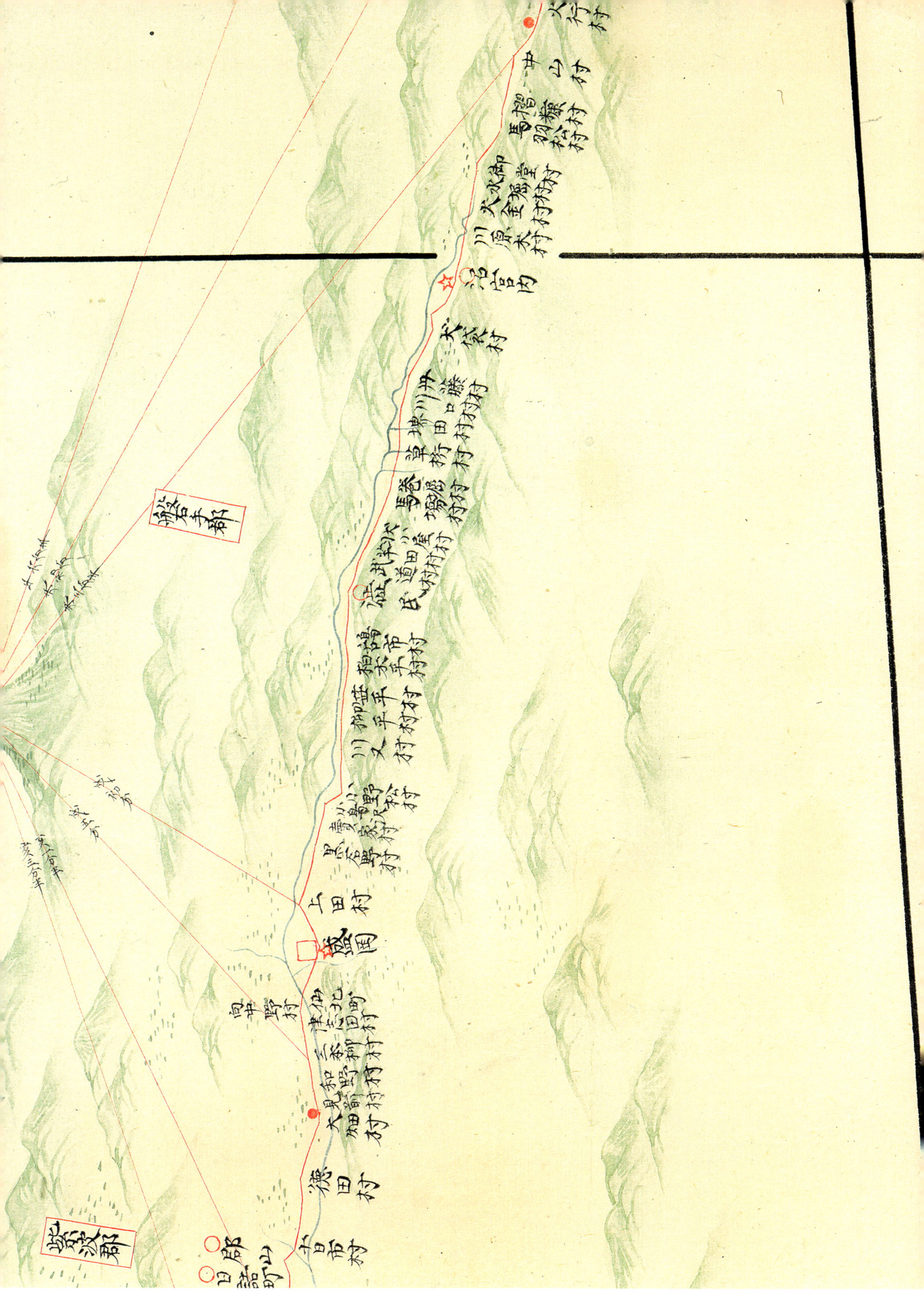

第3図　宮古

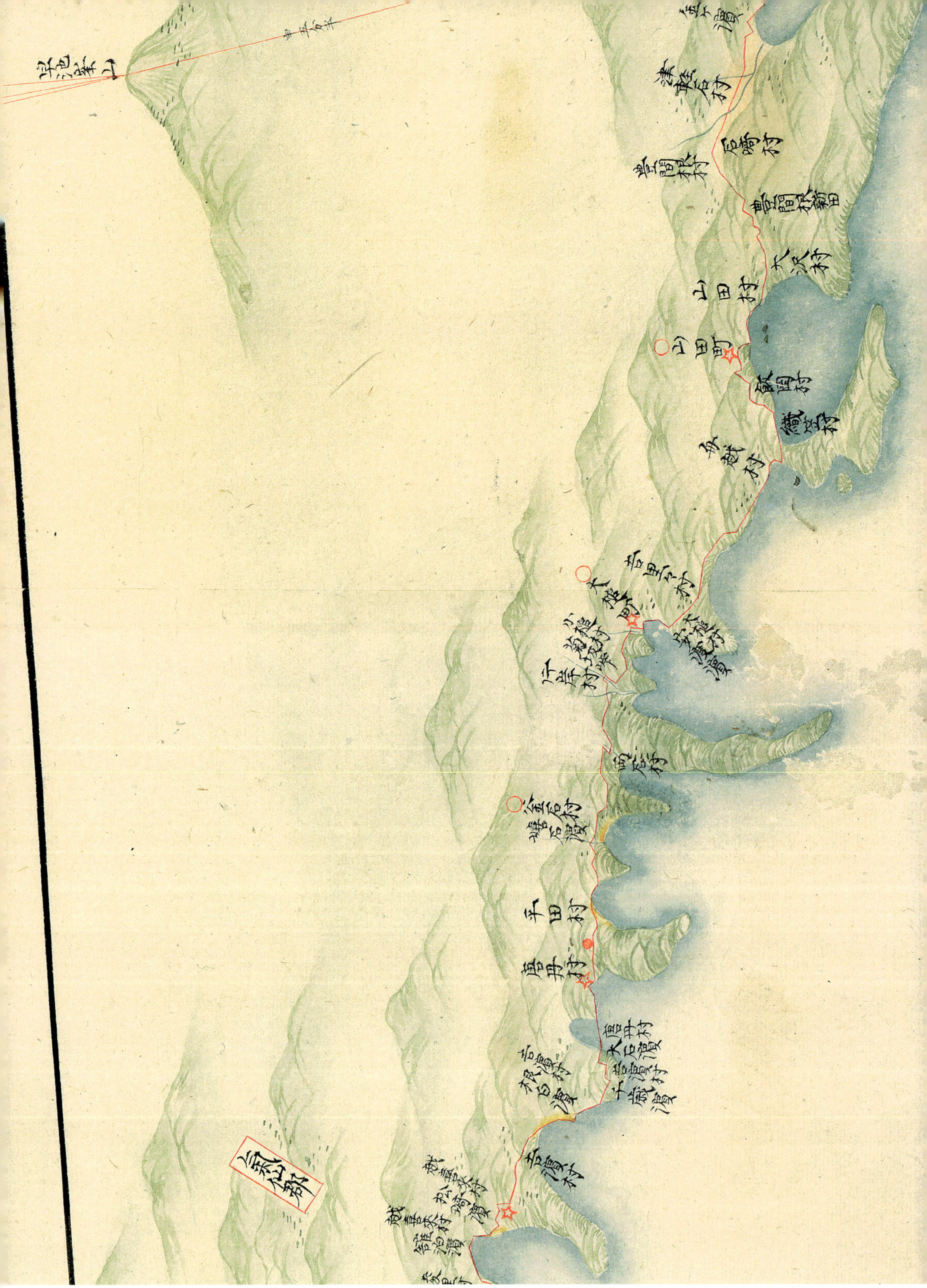

早池峯山
津軽石村
豊間根村
豊間根新田
大沢村
山田村
山田町
飯岡村
織笠村
船越村
吉里吉里村
大槌町
両石村
平田村

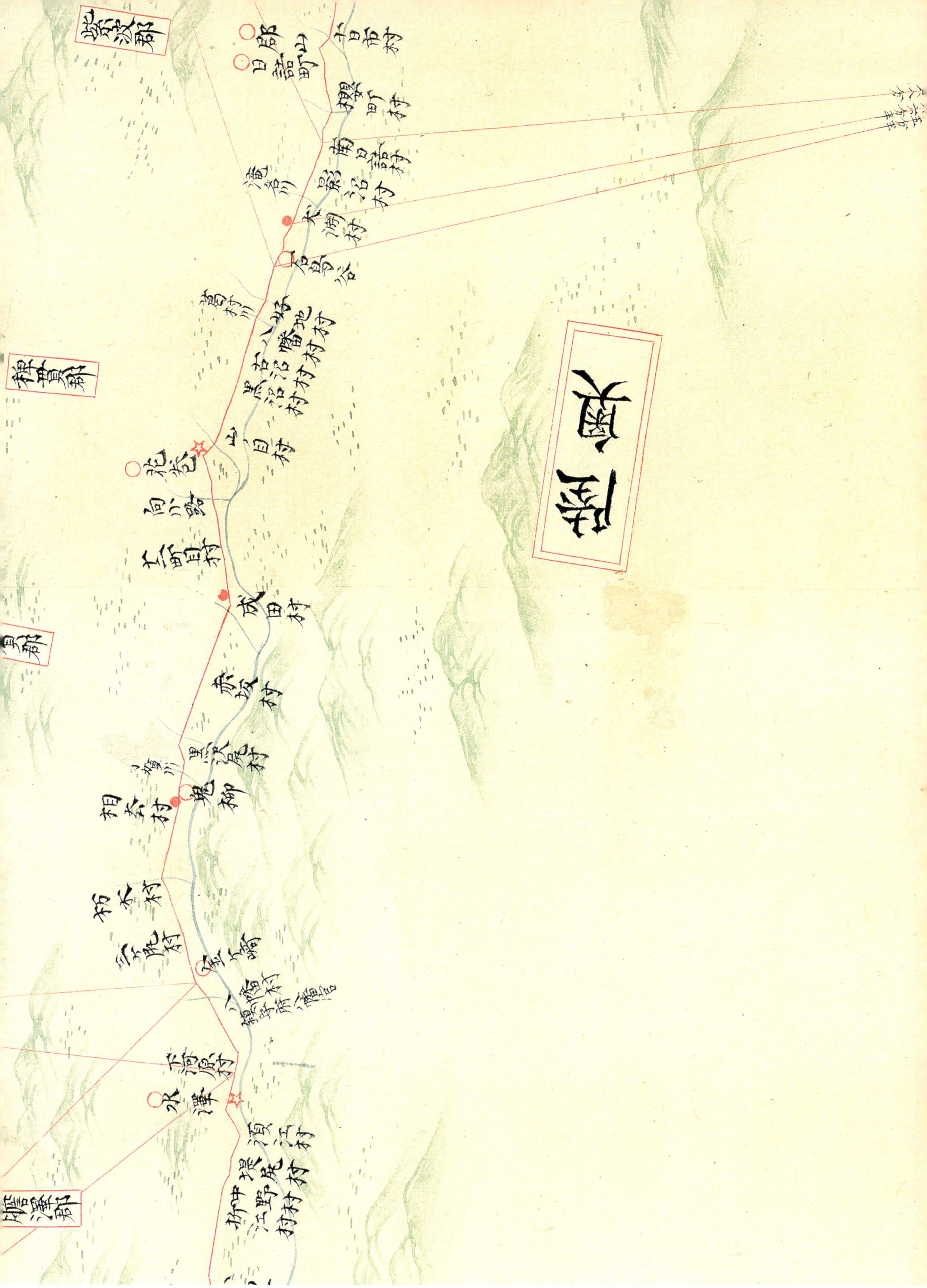

第3図　釜石・花巻

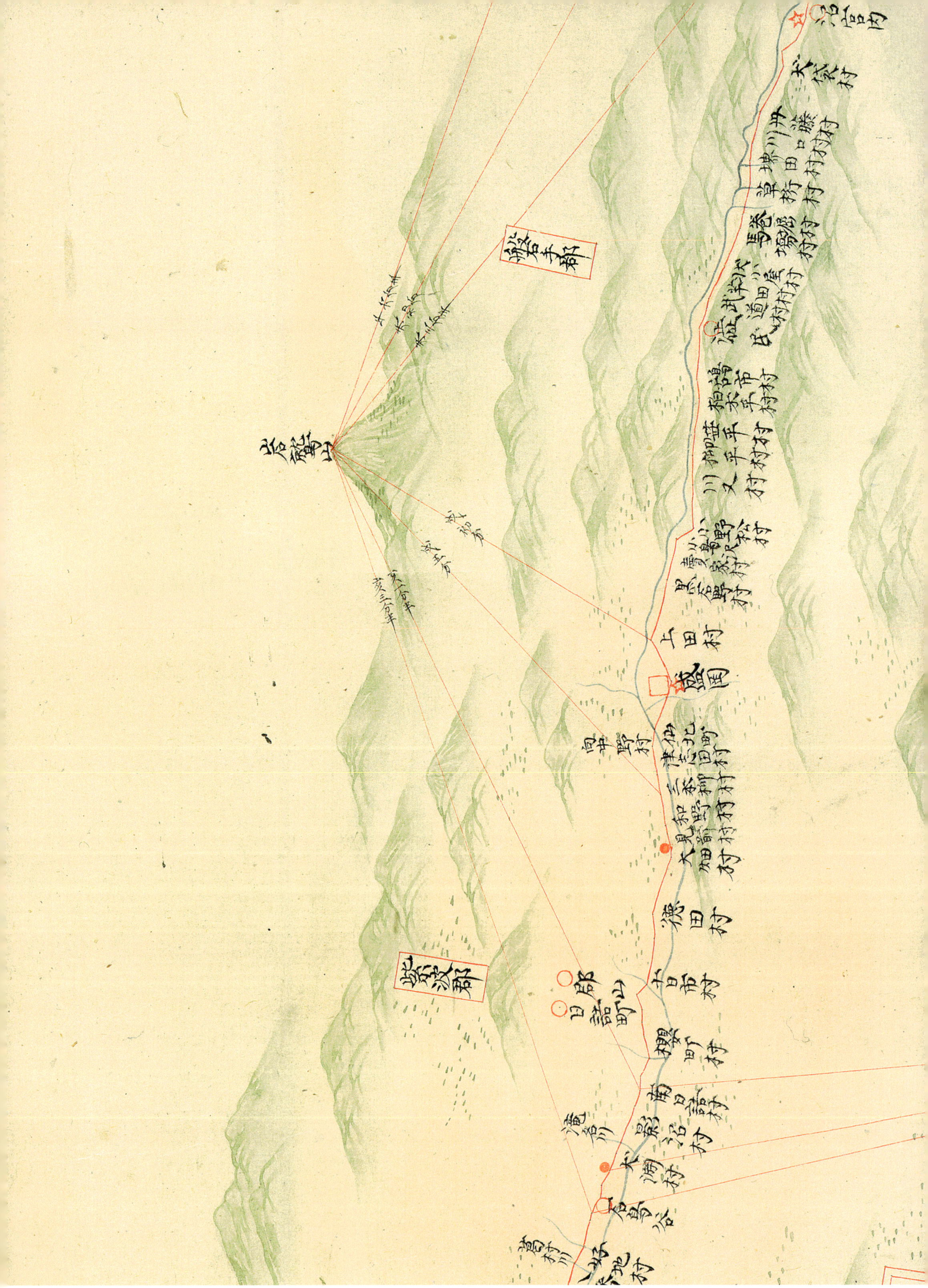

第3図　盛岡

第3図　南部駒ヶ岳

086 074 088 075 072 090 076

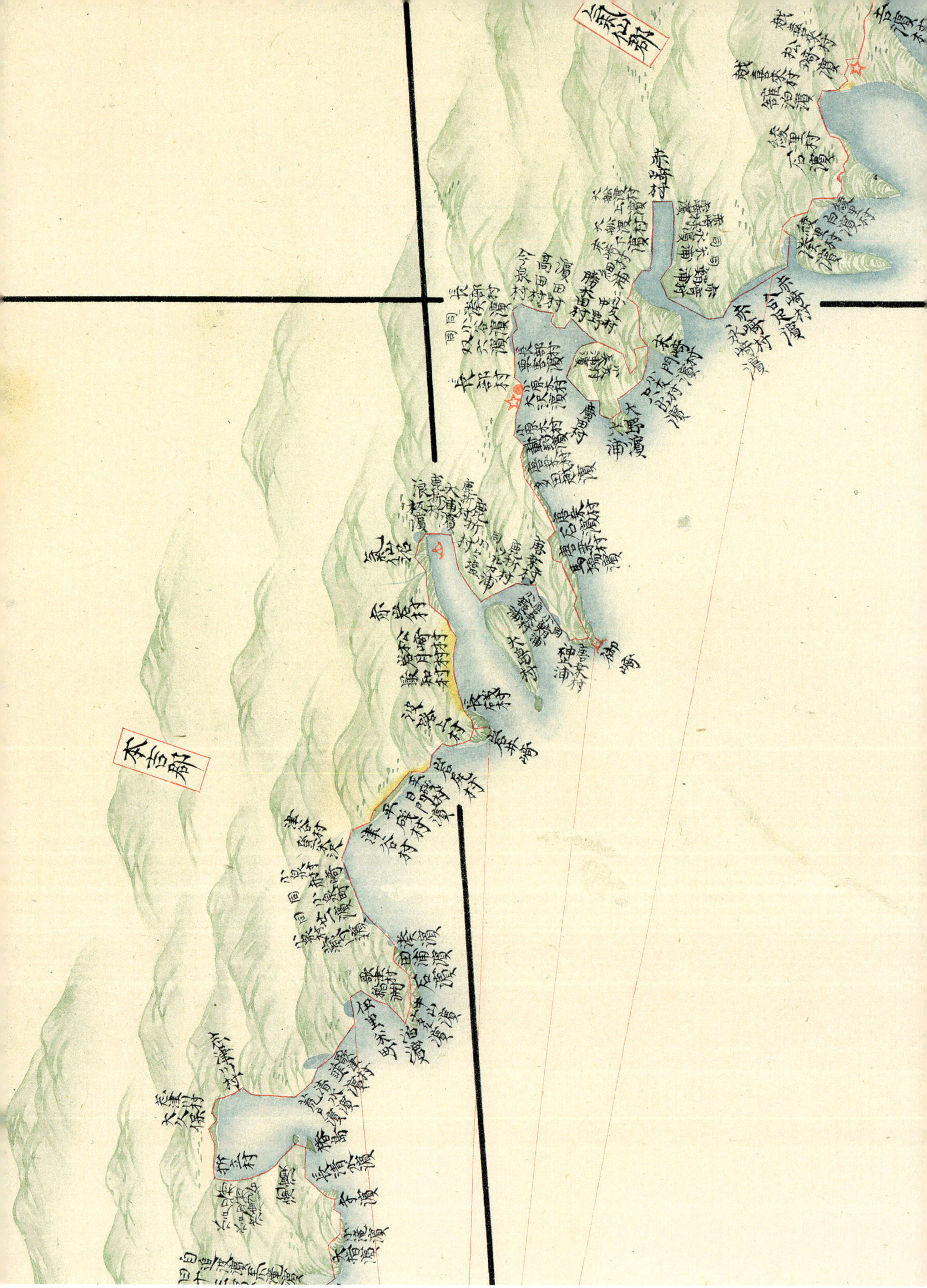
気仙郡
本吉郡
長部村
御崎
岩井崎

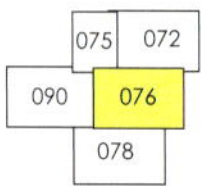
075
072
090
076
078

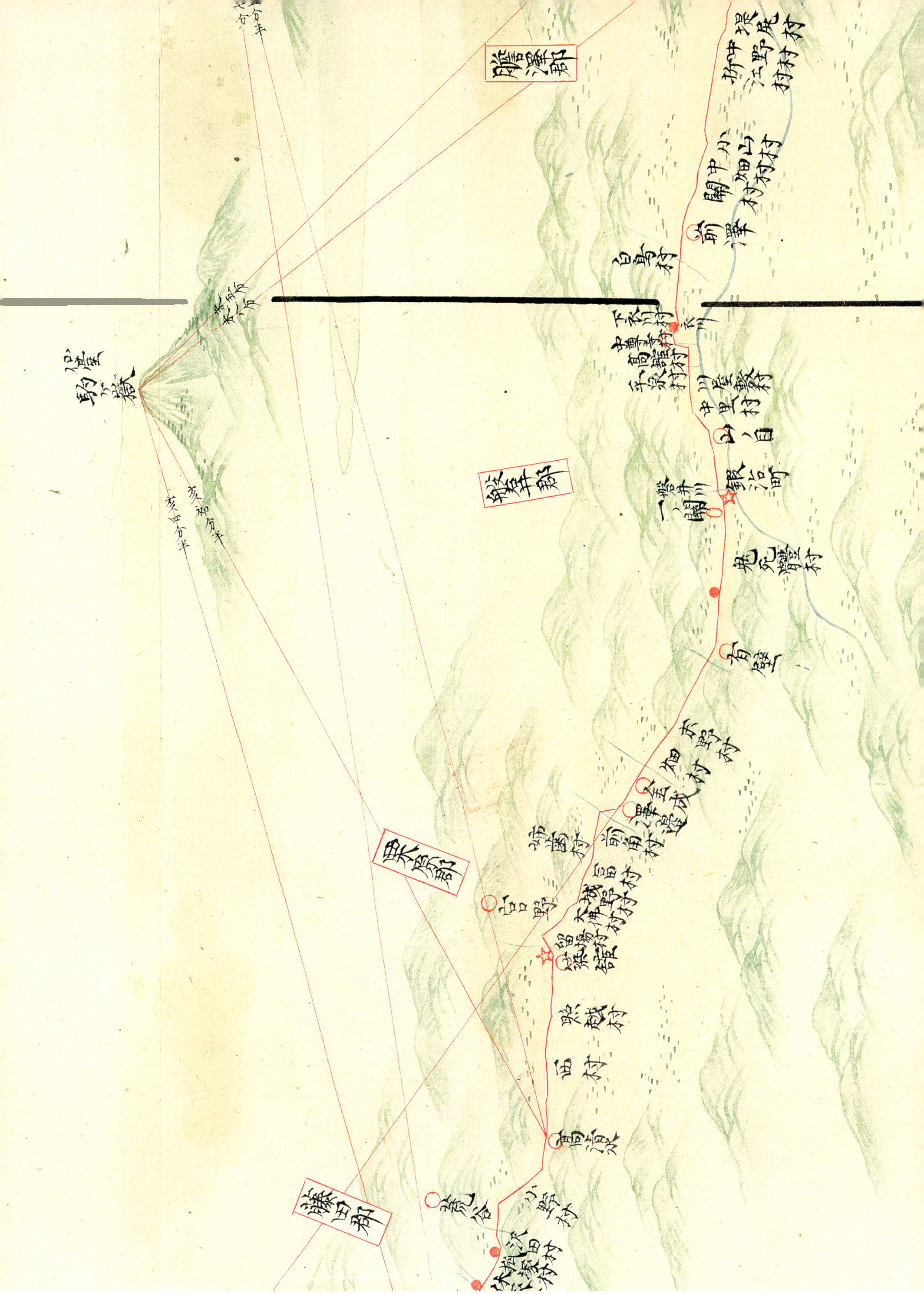

第3図　気仙沼・一関

桃生郡
牡鹿郡
大曲村
矢本村
定川
北上川
大原濱
小網倉濱
田代島
長渡濱
金花山

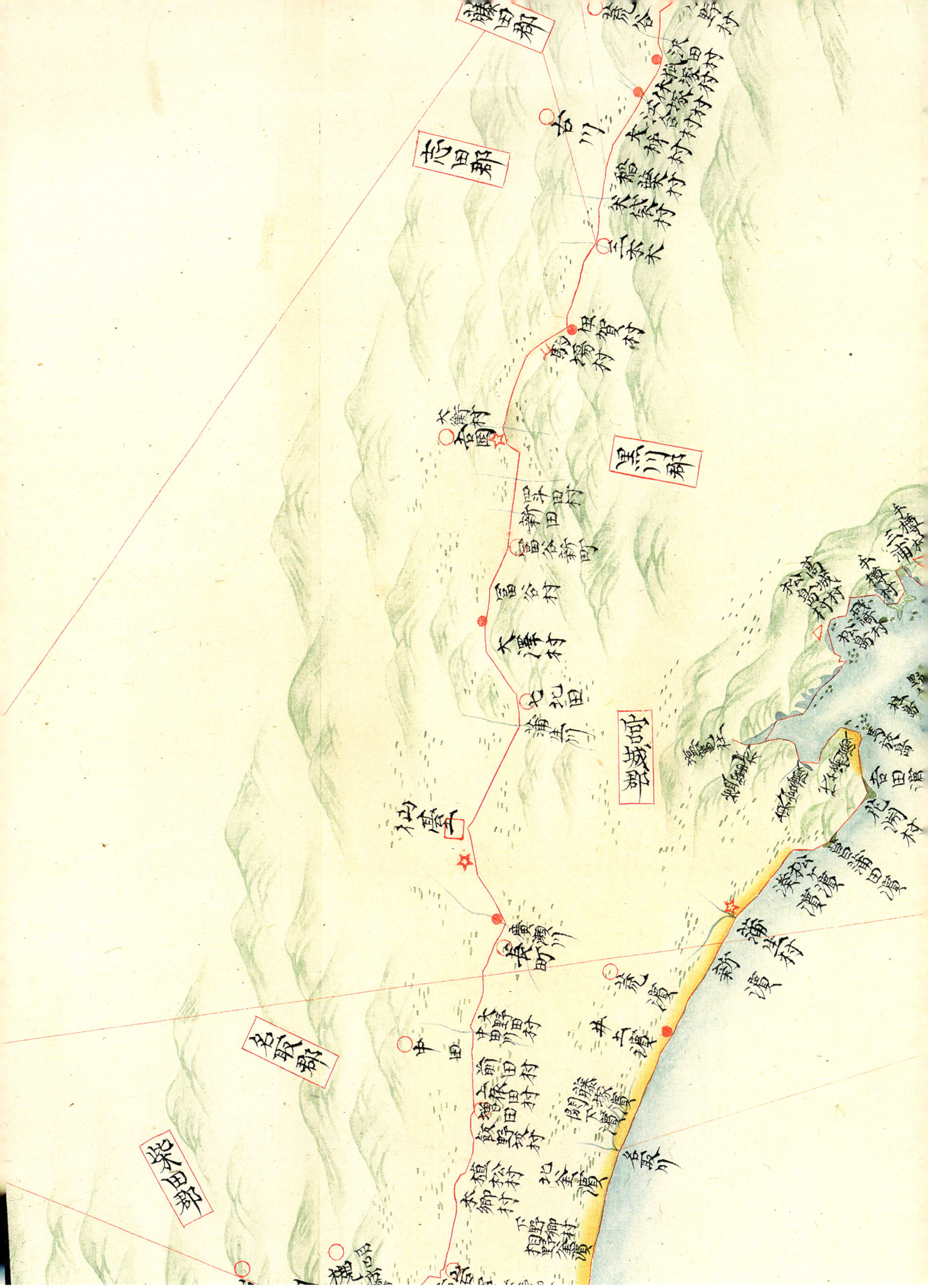

第3図　仙台

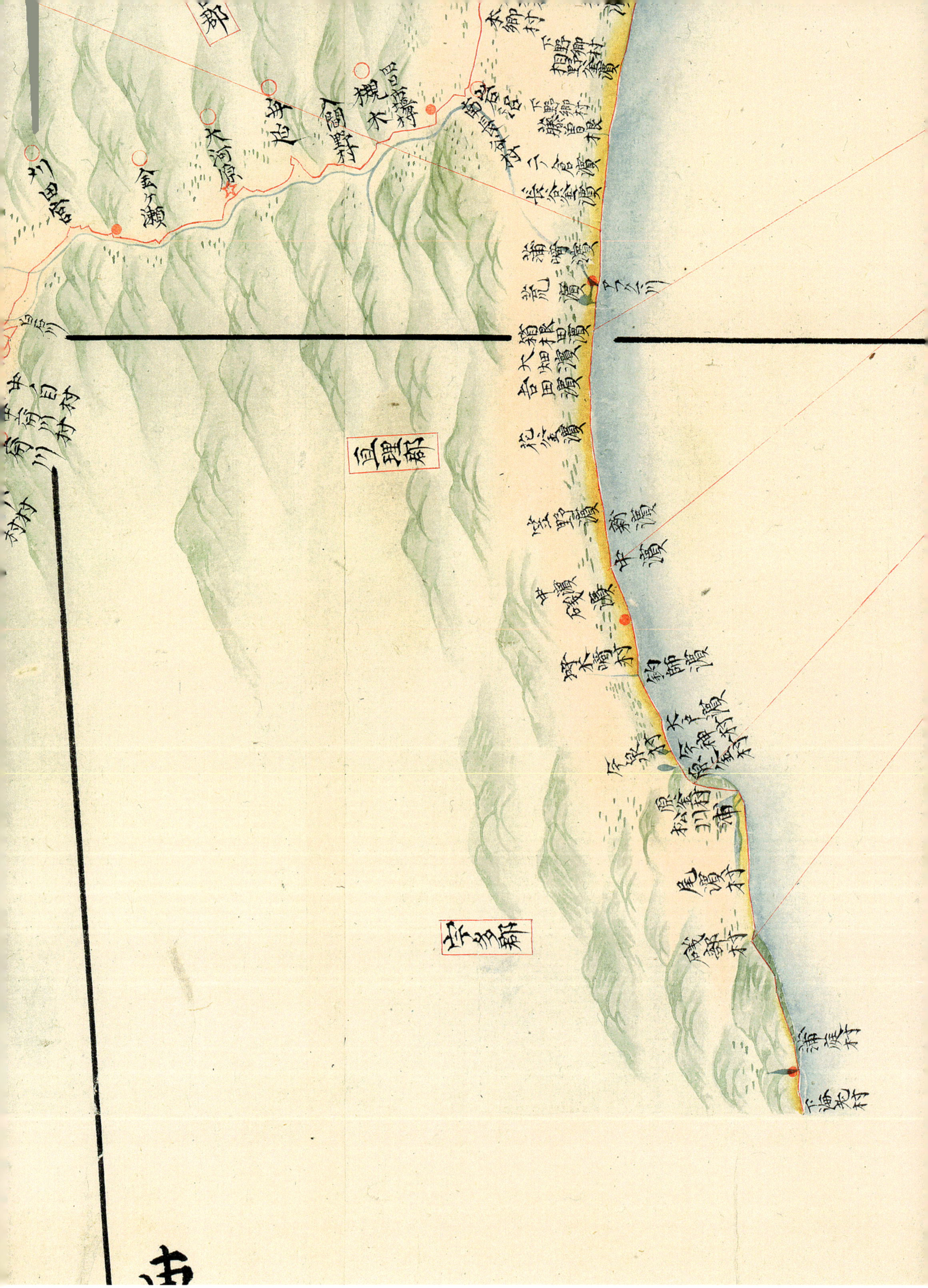
亘理郡
宇多郡
長瀞濱
荒濱
花釜濱
笠野濱
新濱
中濱
釣師濱
原釜村
尾濱村
磯部村

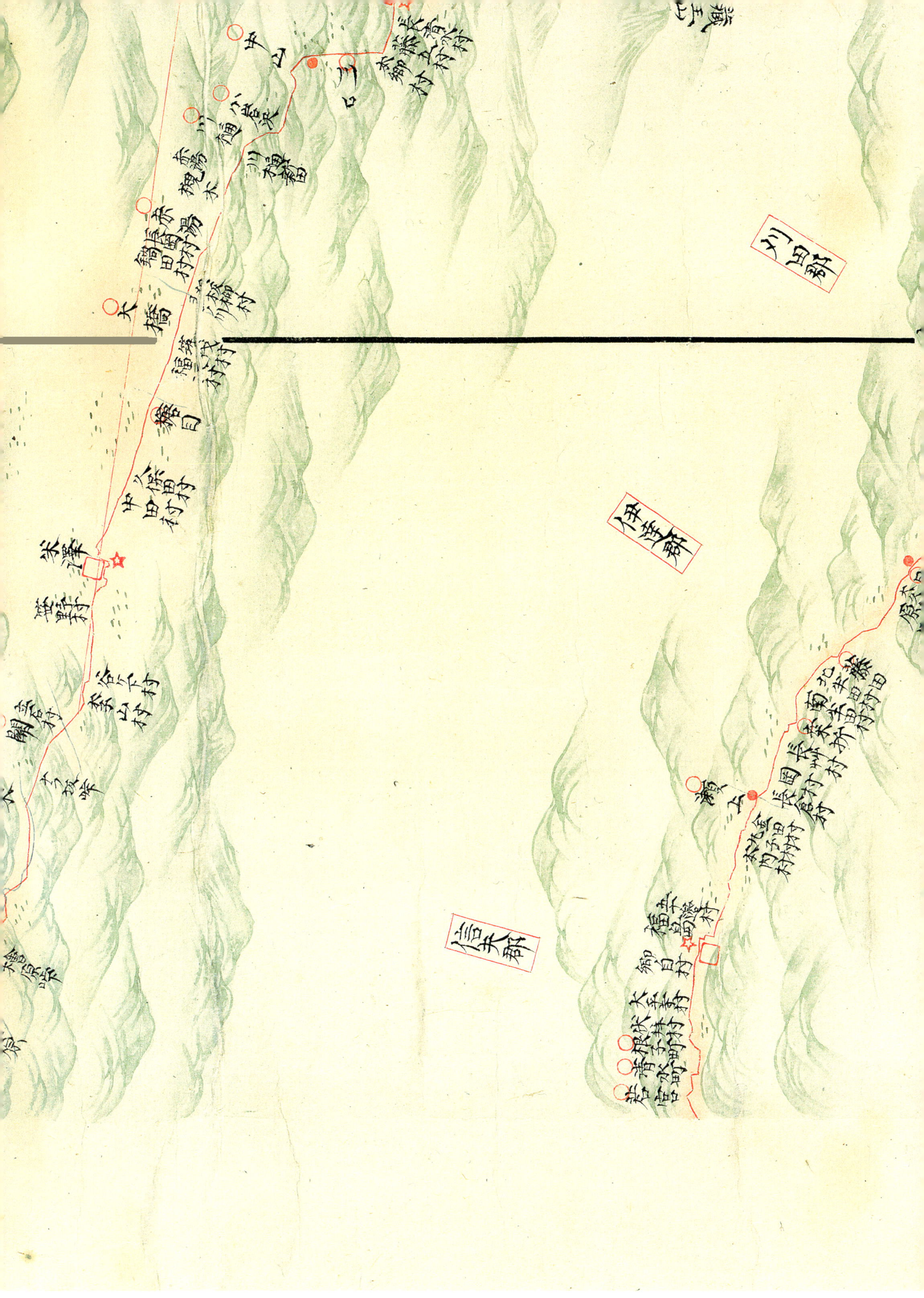

第3図　相馬・福島

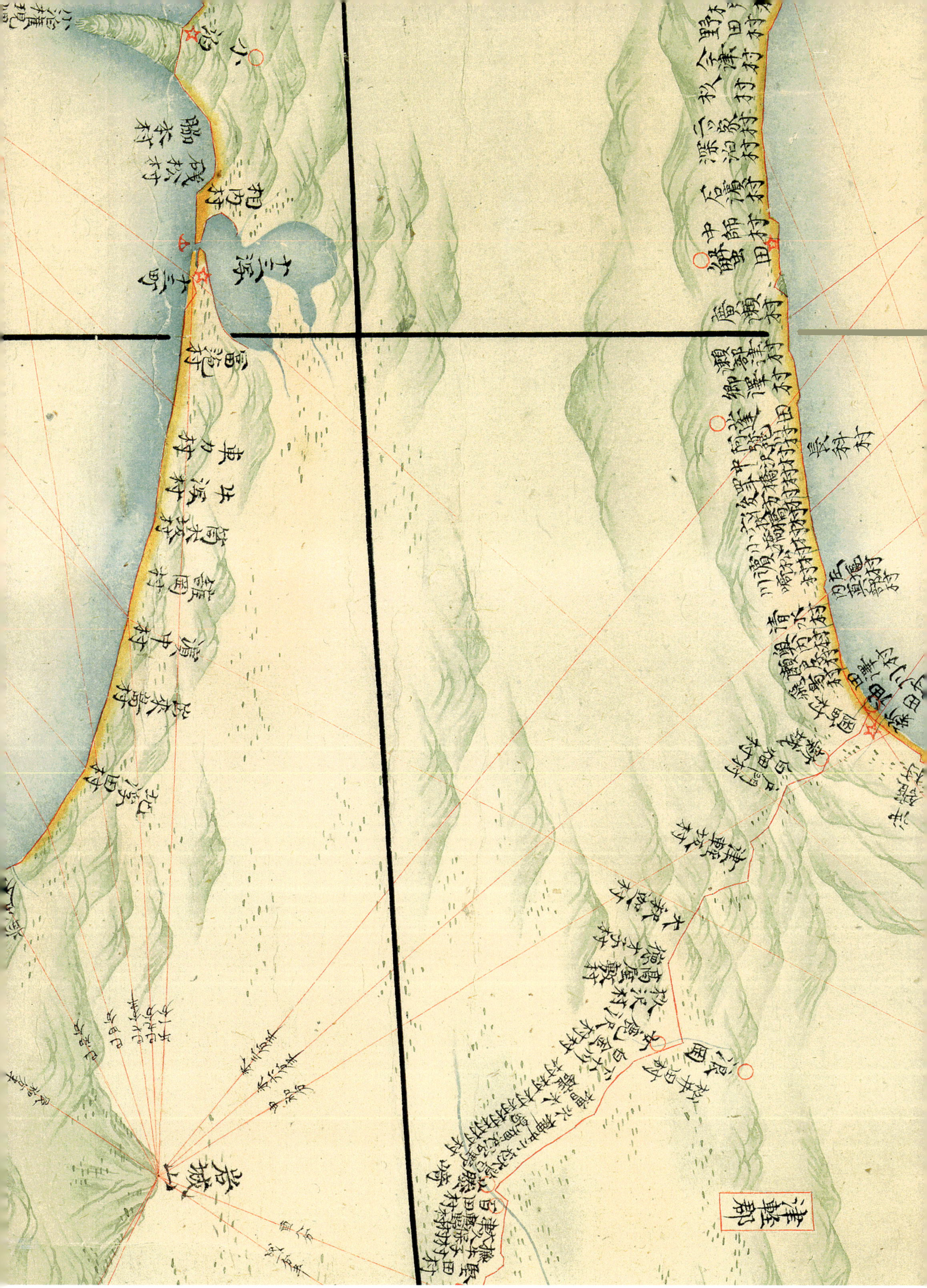

060 062
082 066
084 068

第3図　鯵ヶ沢・油川

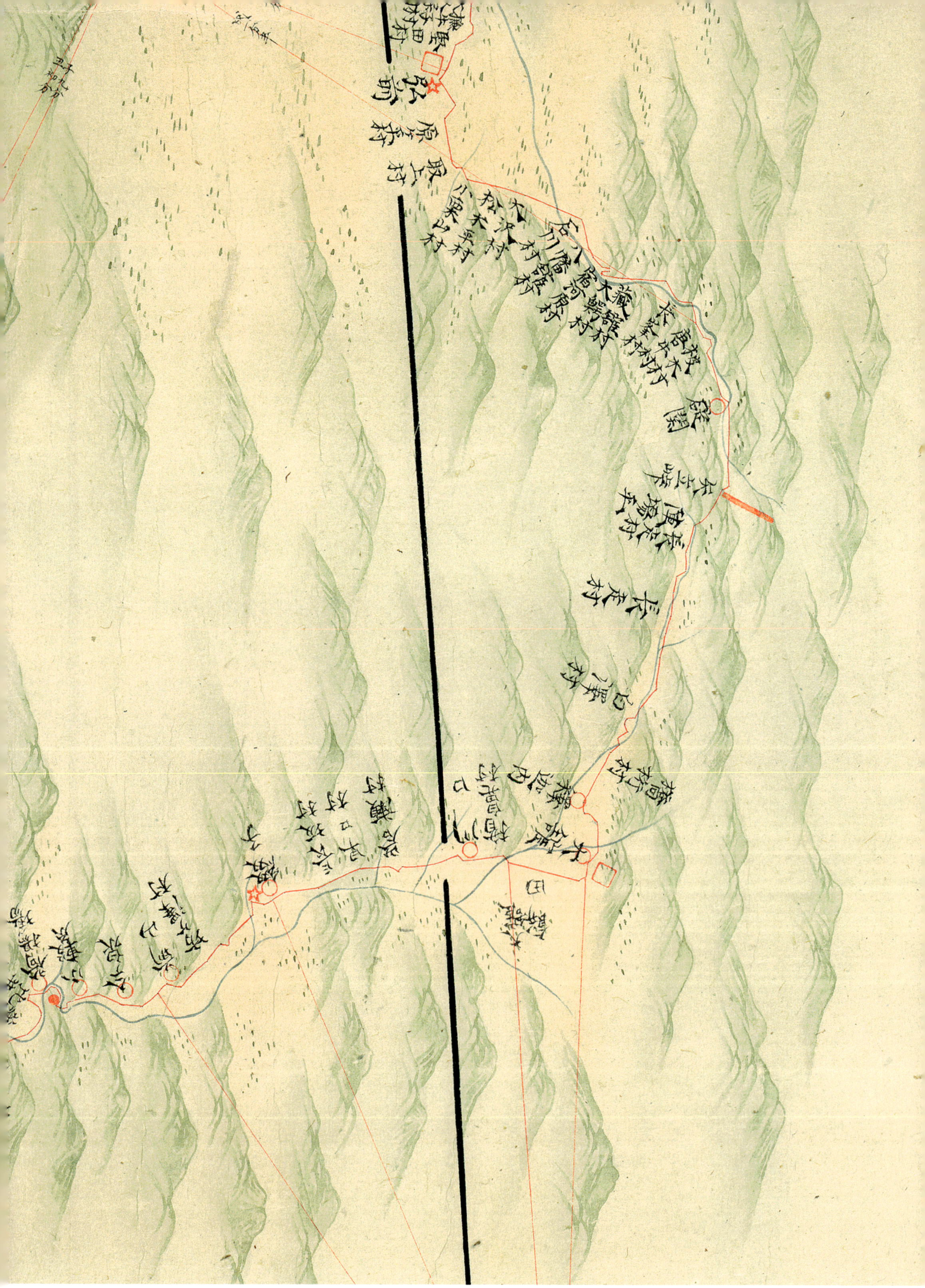

弘前
原ヶ平村
取上村
碇関
長走村
白澤村
大鰐

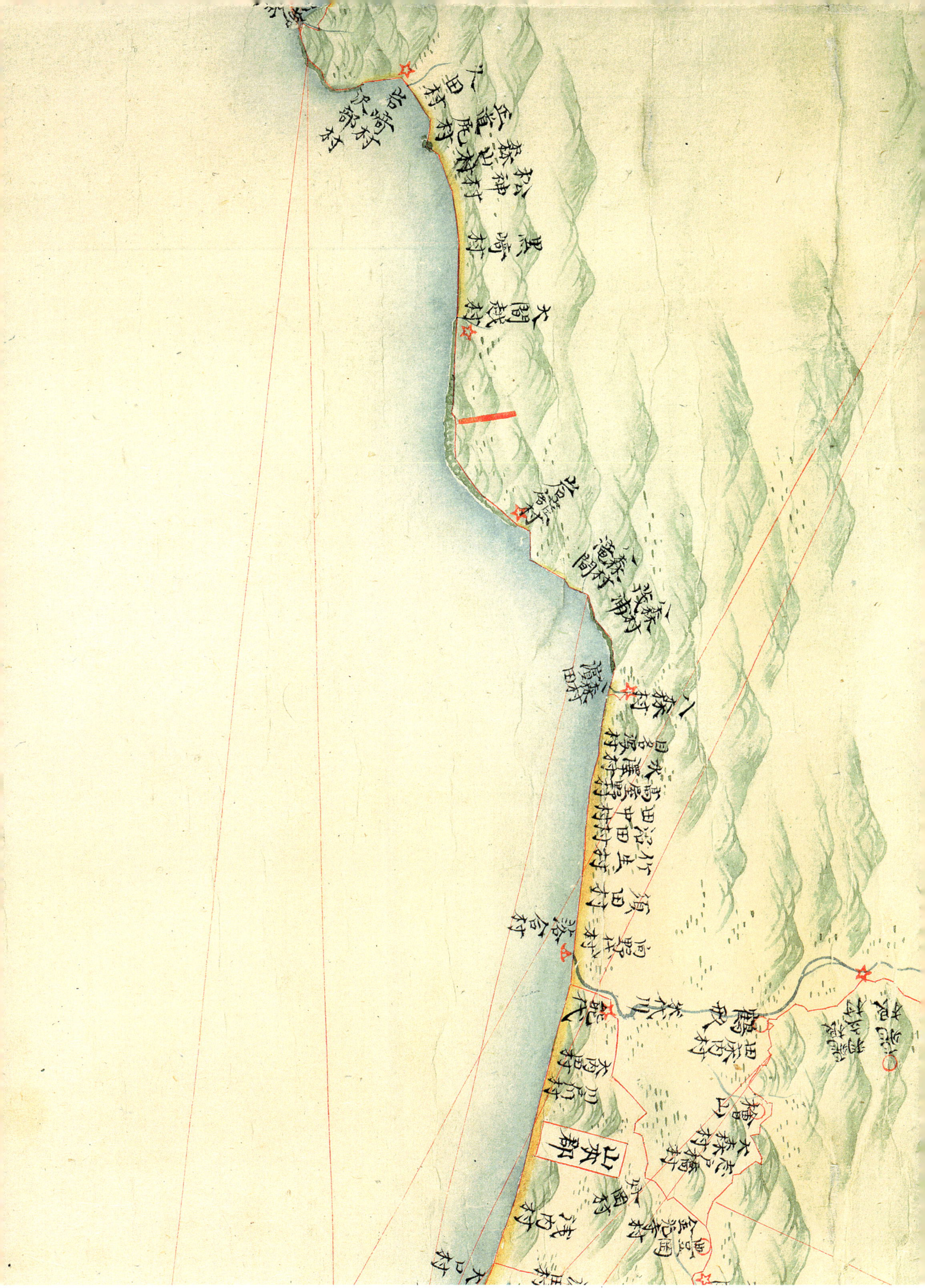

第3図　**能代・弘前**

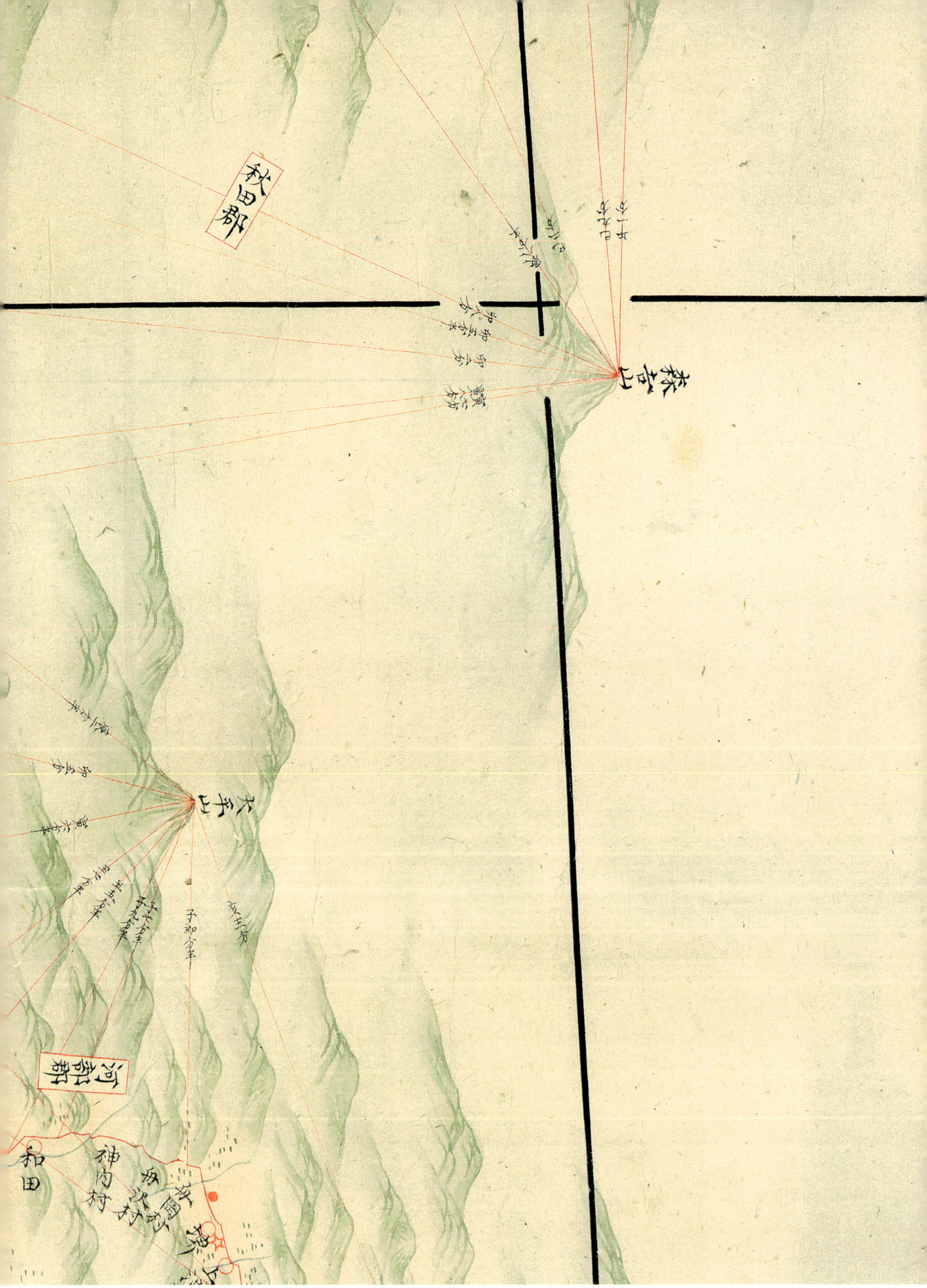
秋田郡
森吉山
太平山
河辺郡
和田
神内村

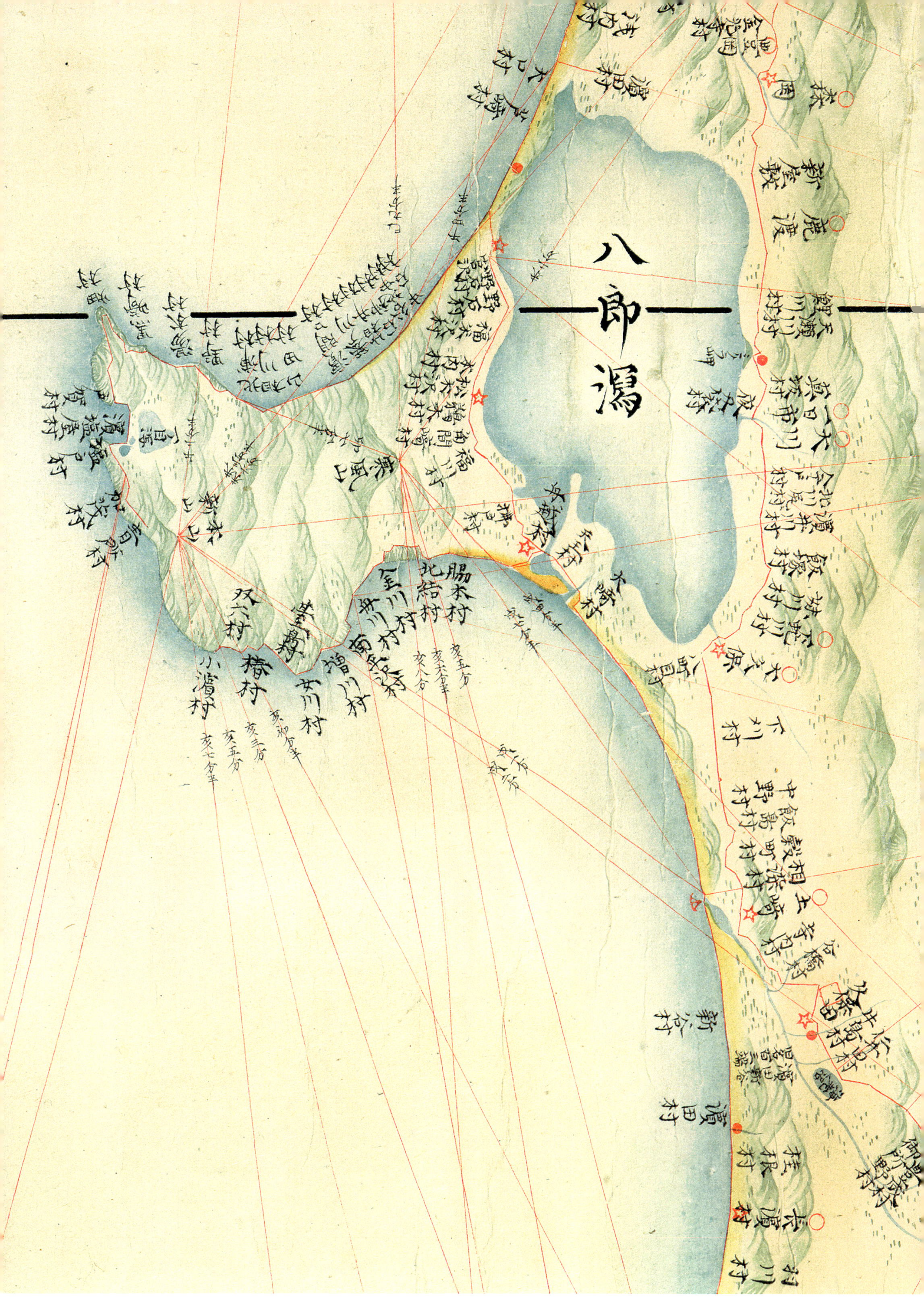

第3図　秋田

086
088 075
096 090

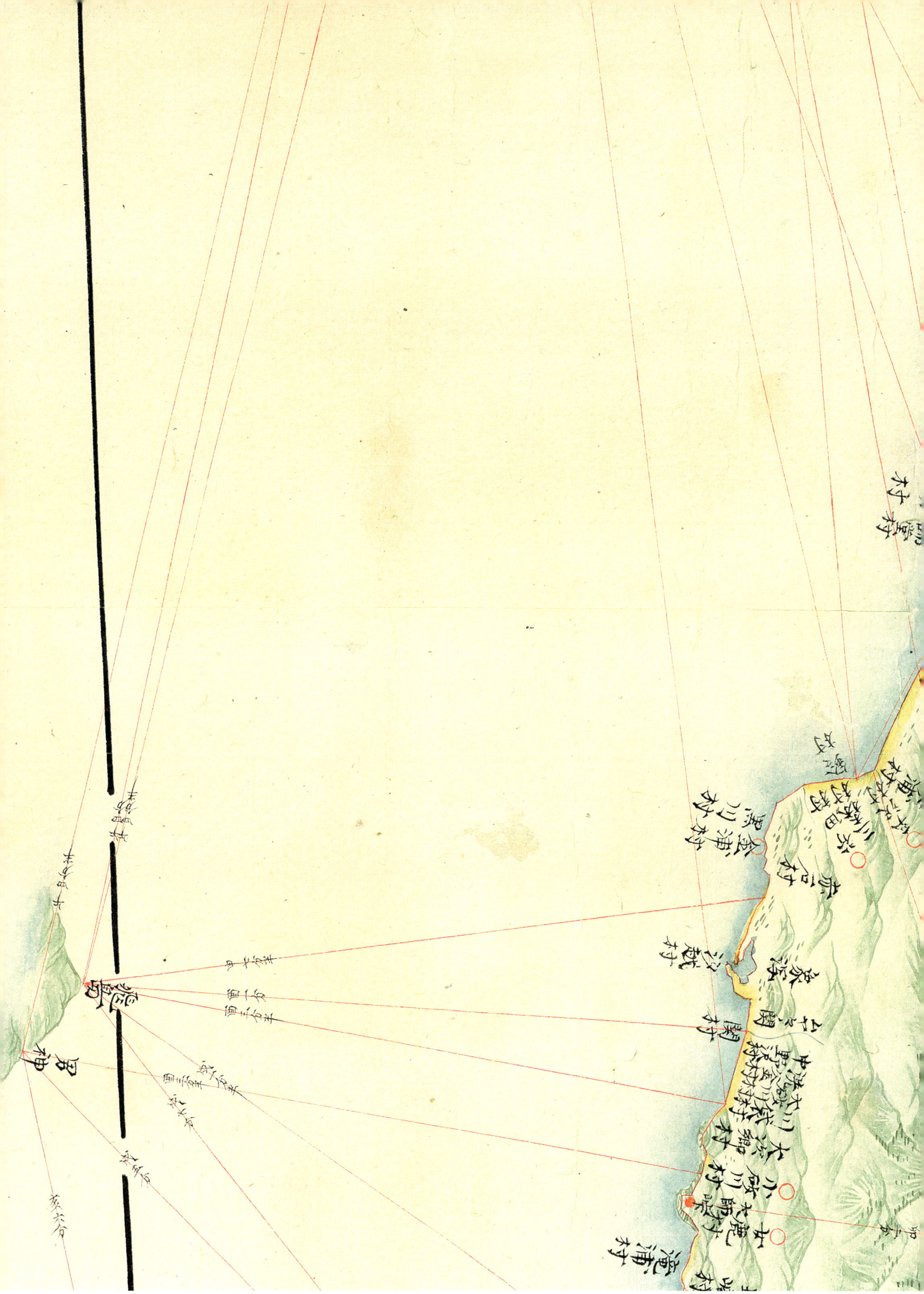

第3図　本荘

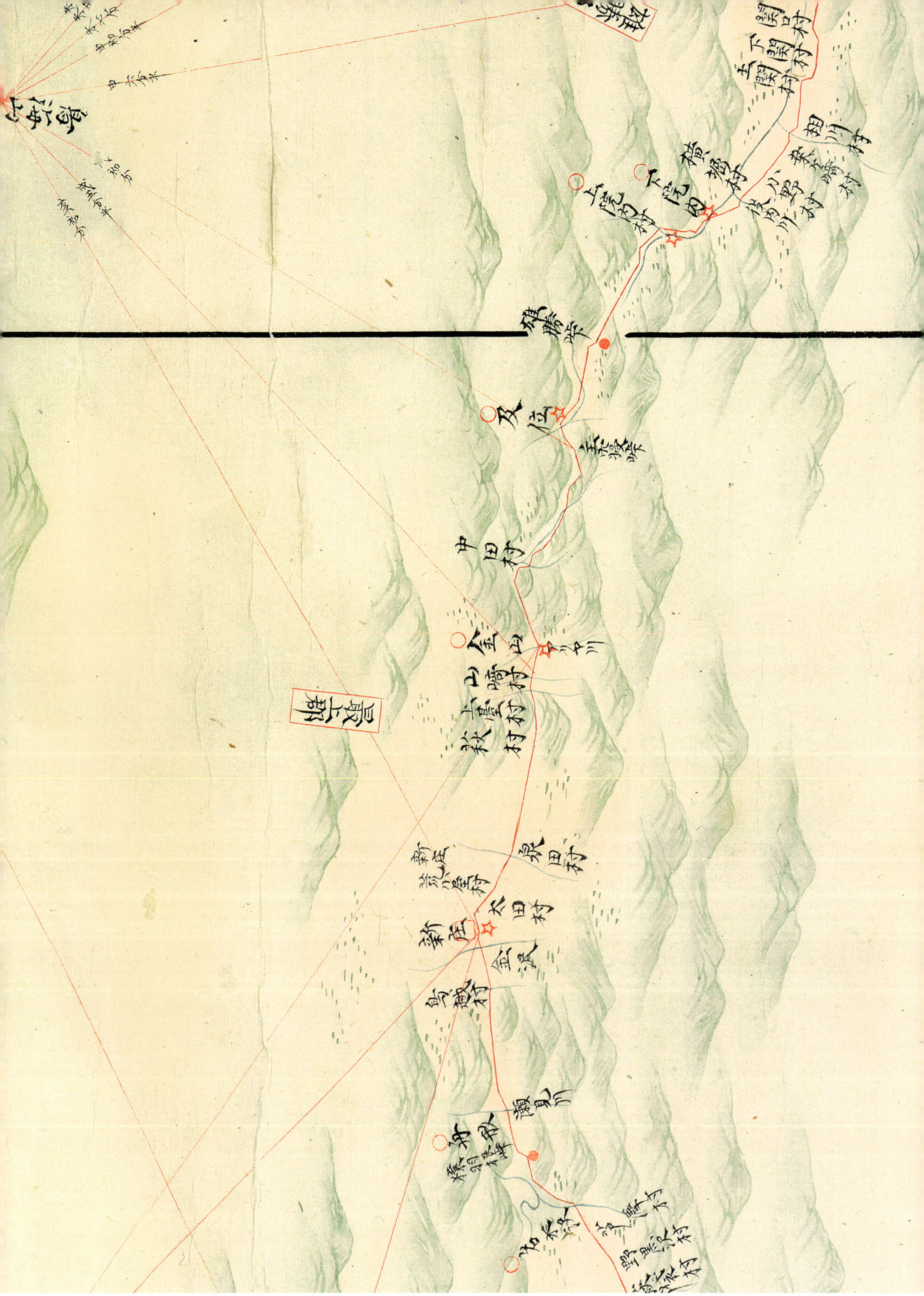
及位
中田村
金山
泉田村
太田村
新庄

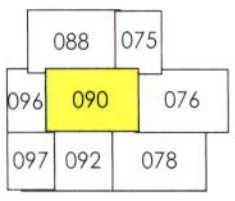
088
075
096
090
076
097
092
078

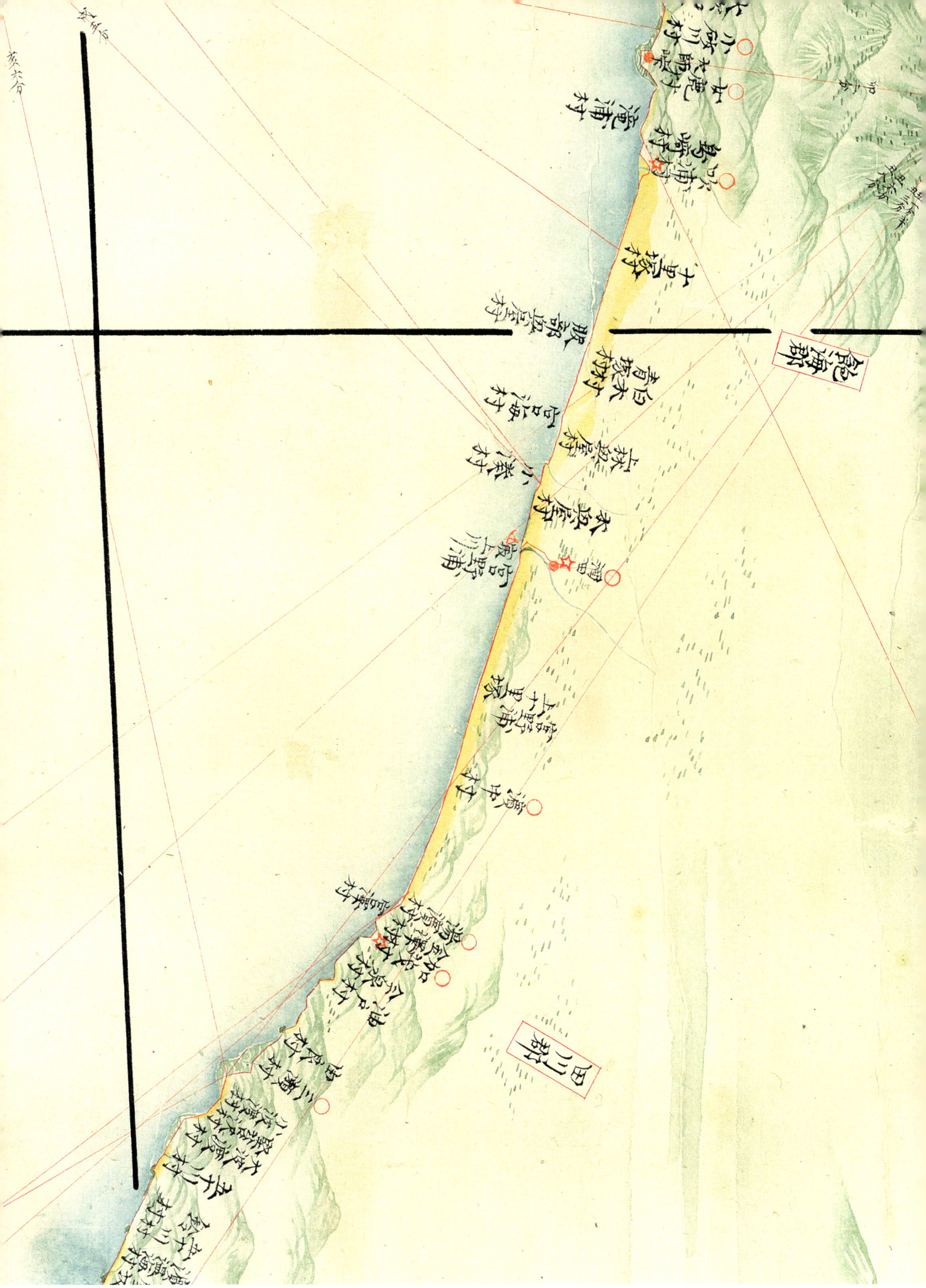

第3図　新庄・酒田

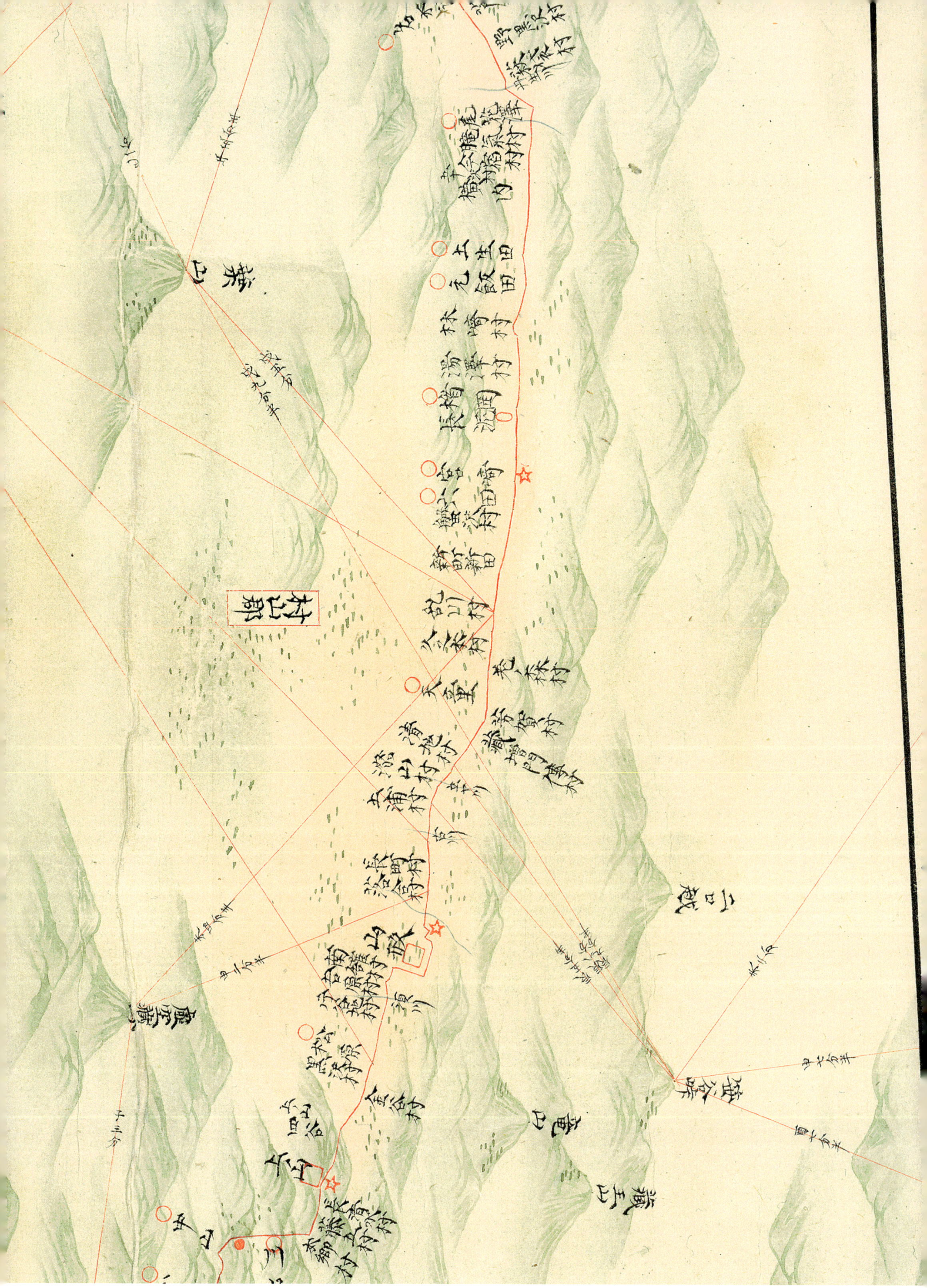

096 090
097 092 078
094 080

第3図　山形

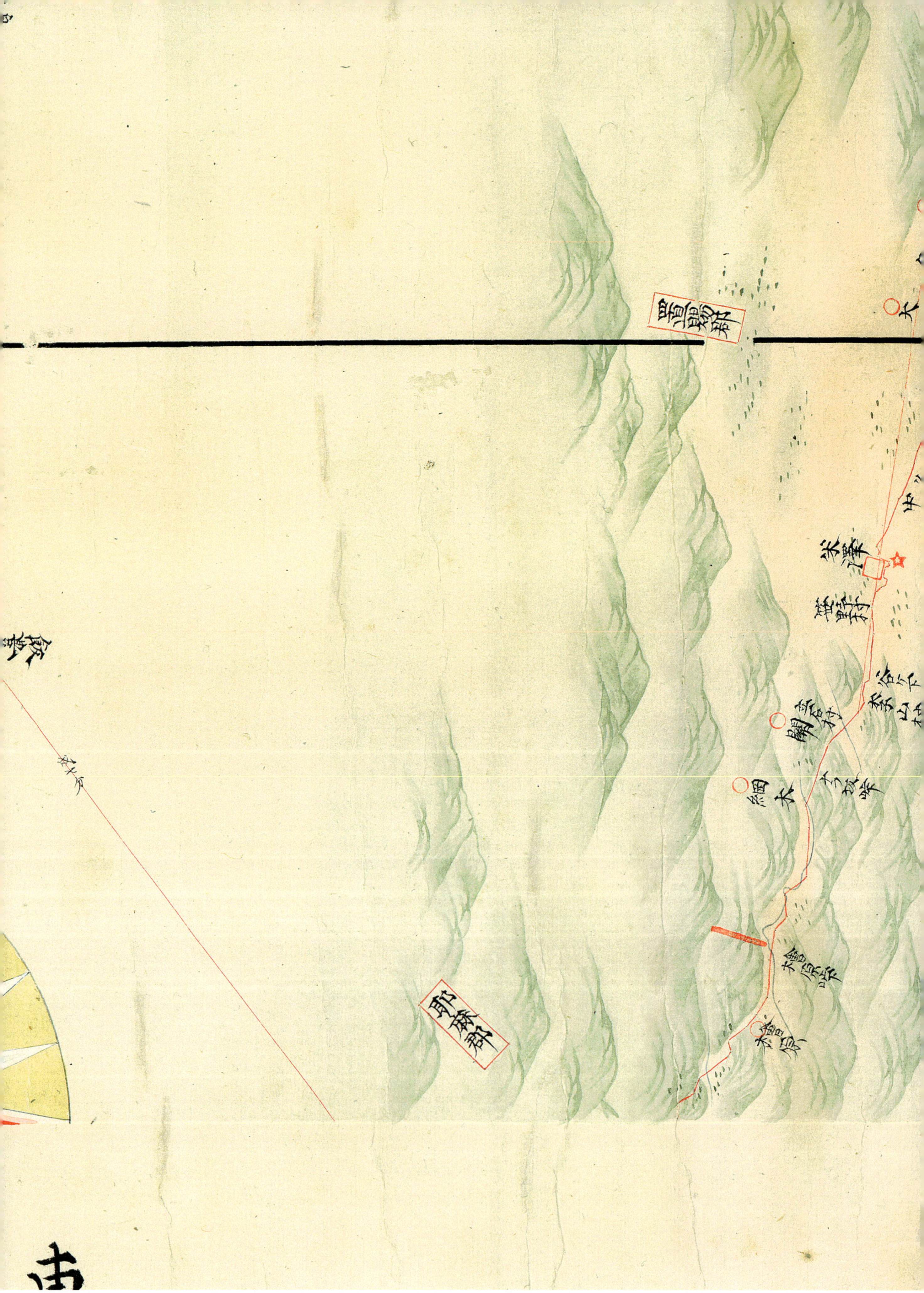
置賜郡
米澤
笹野村
綱木
檜原峠
檜原
耶麻郡

第3図　米沢

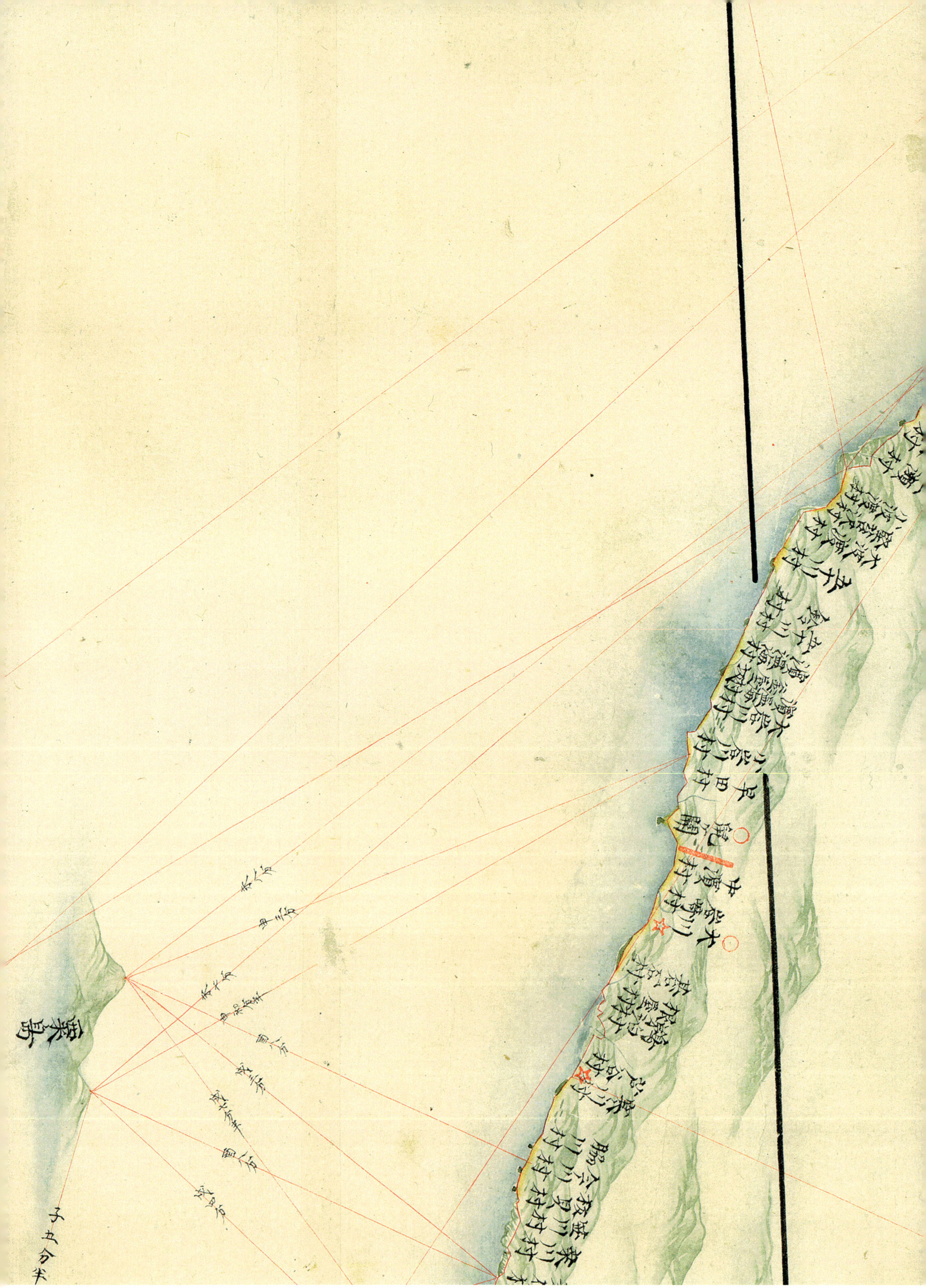
早田村
鼠ヶ関村
粟島

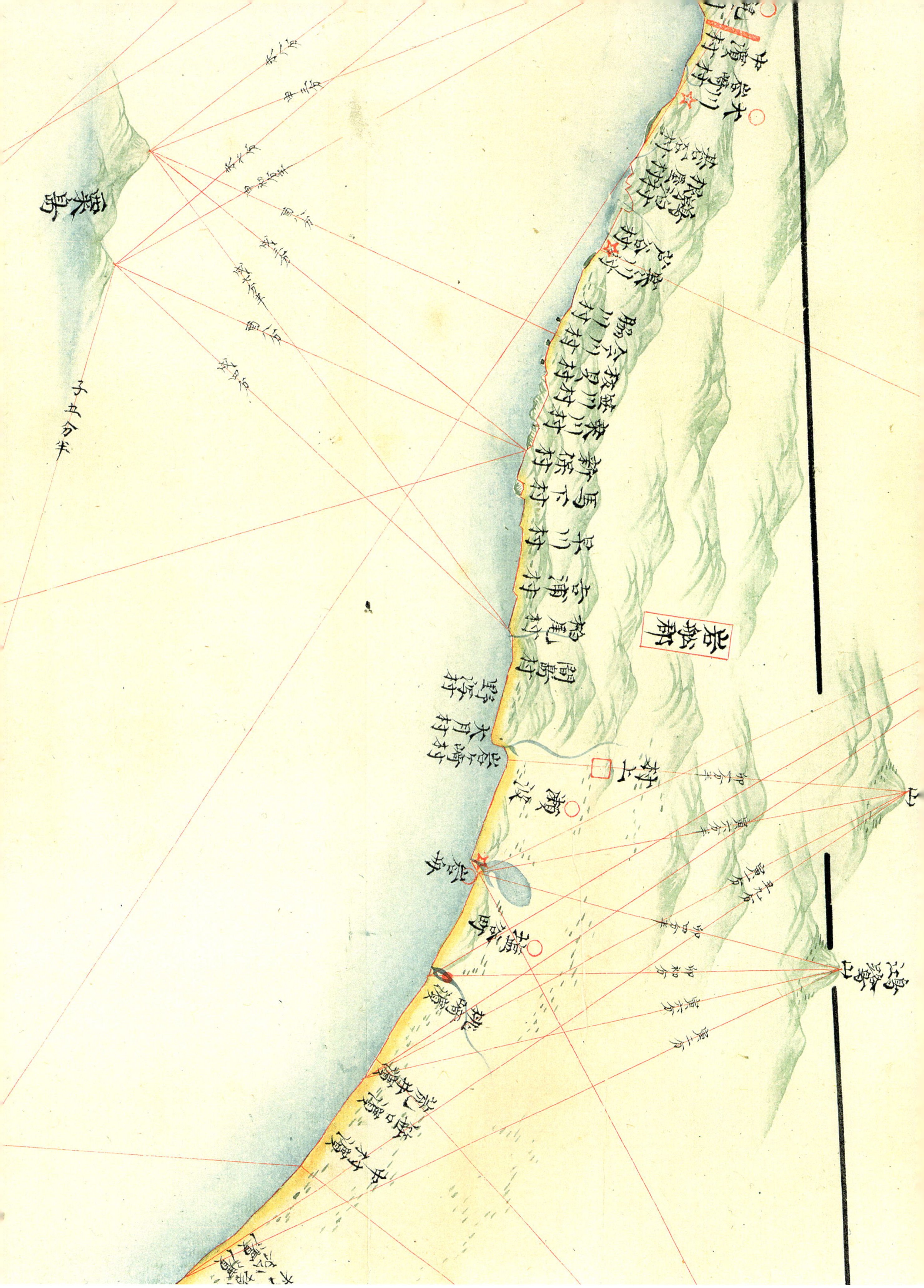

第3図 村上

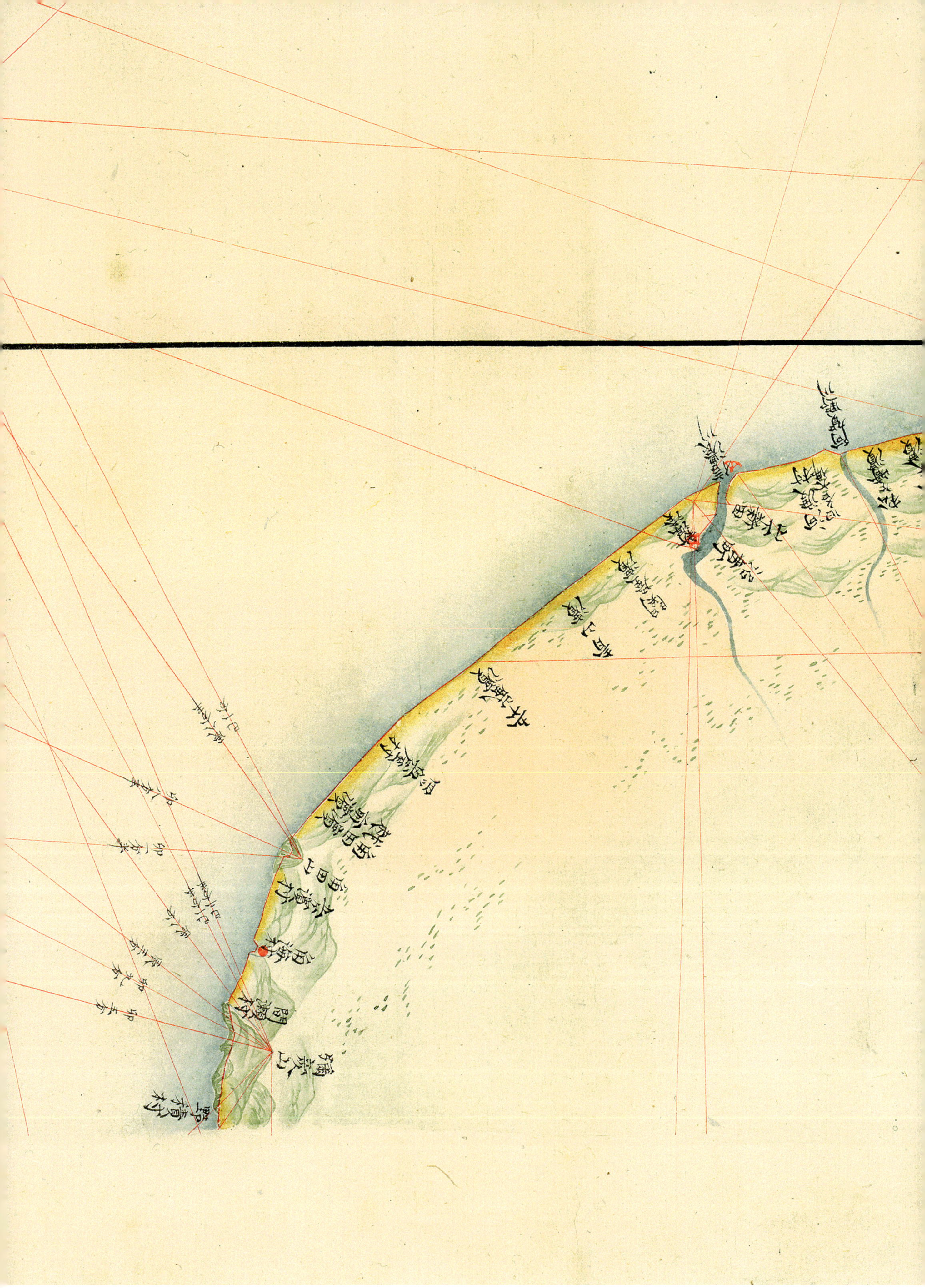

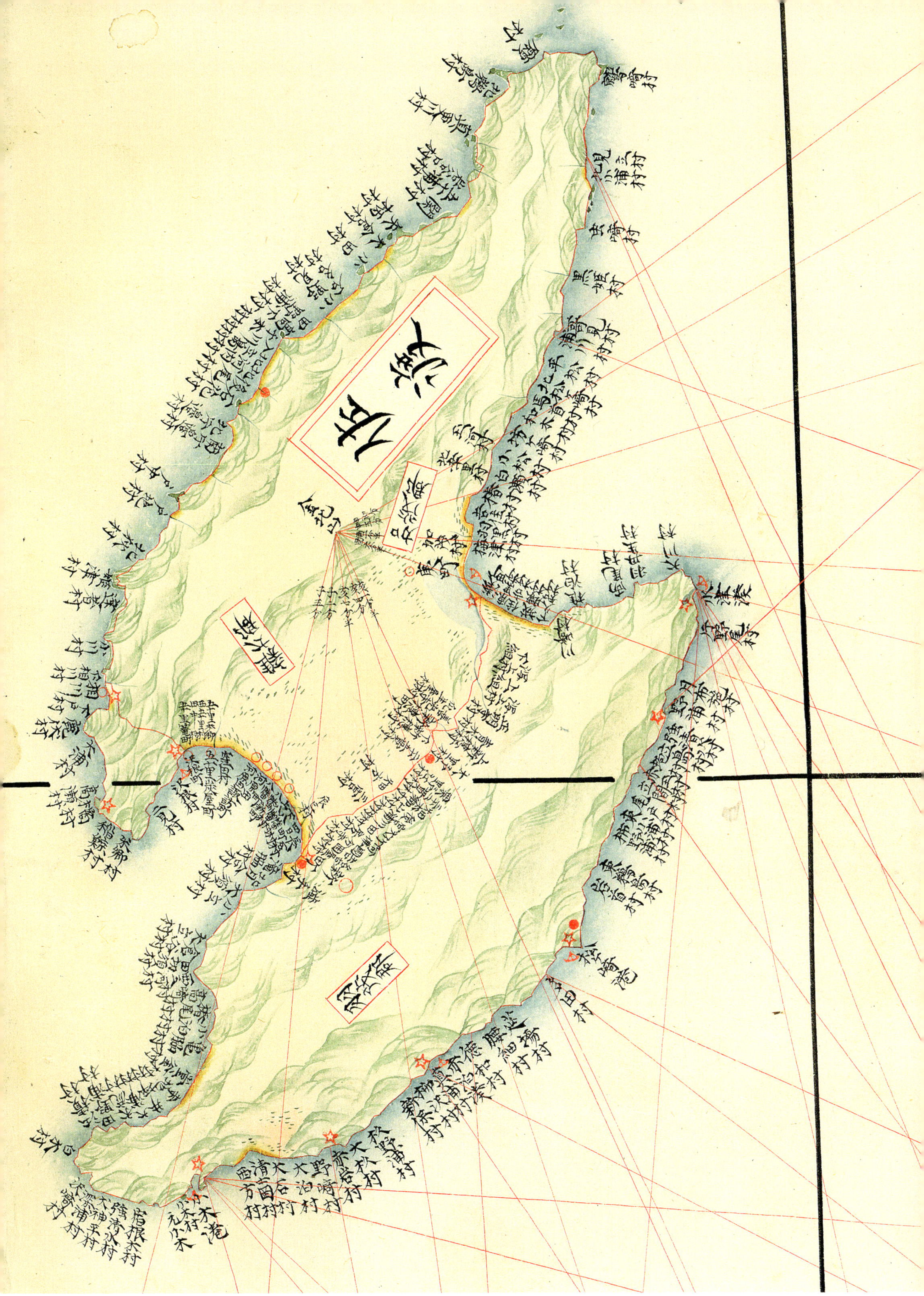

第3図　佐渡

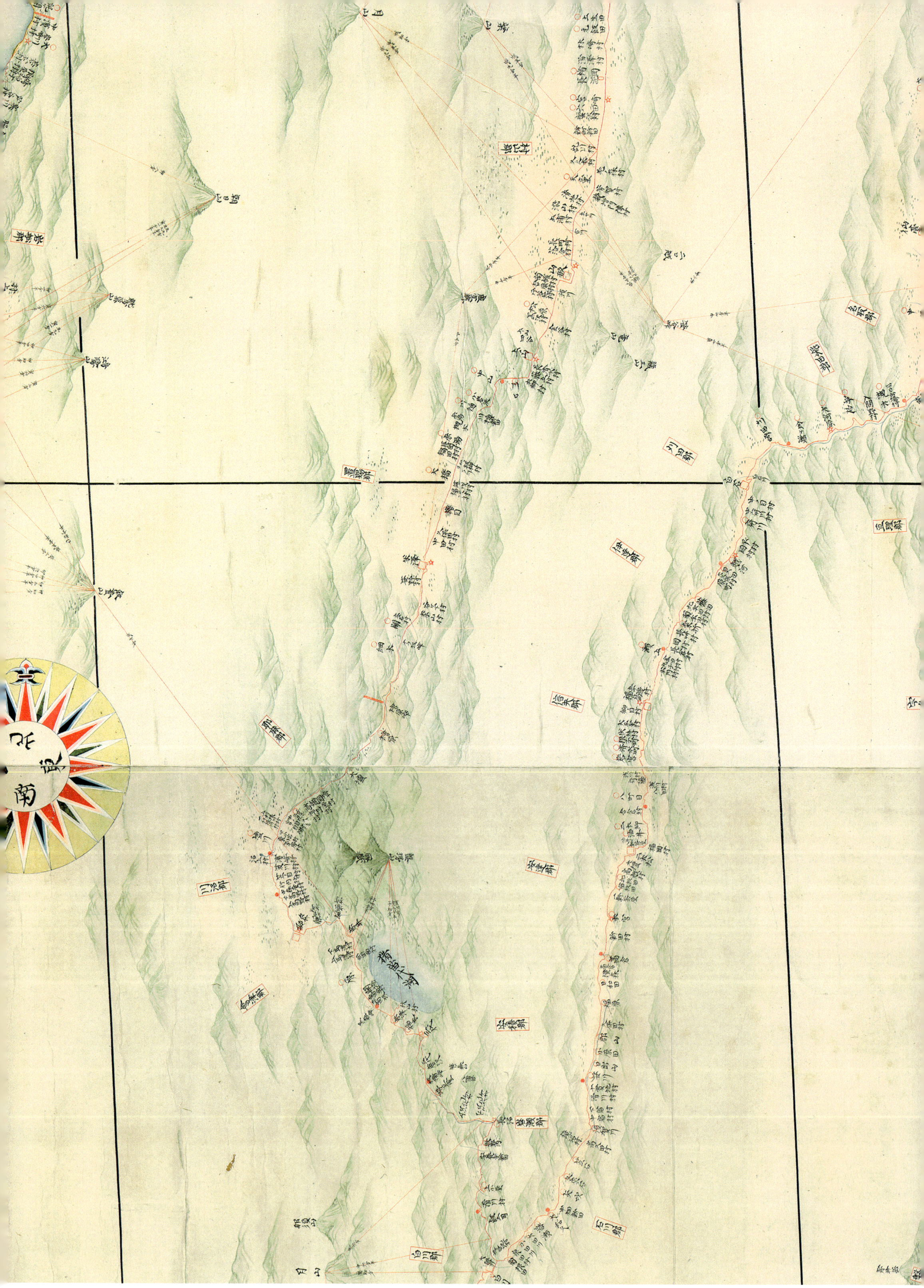

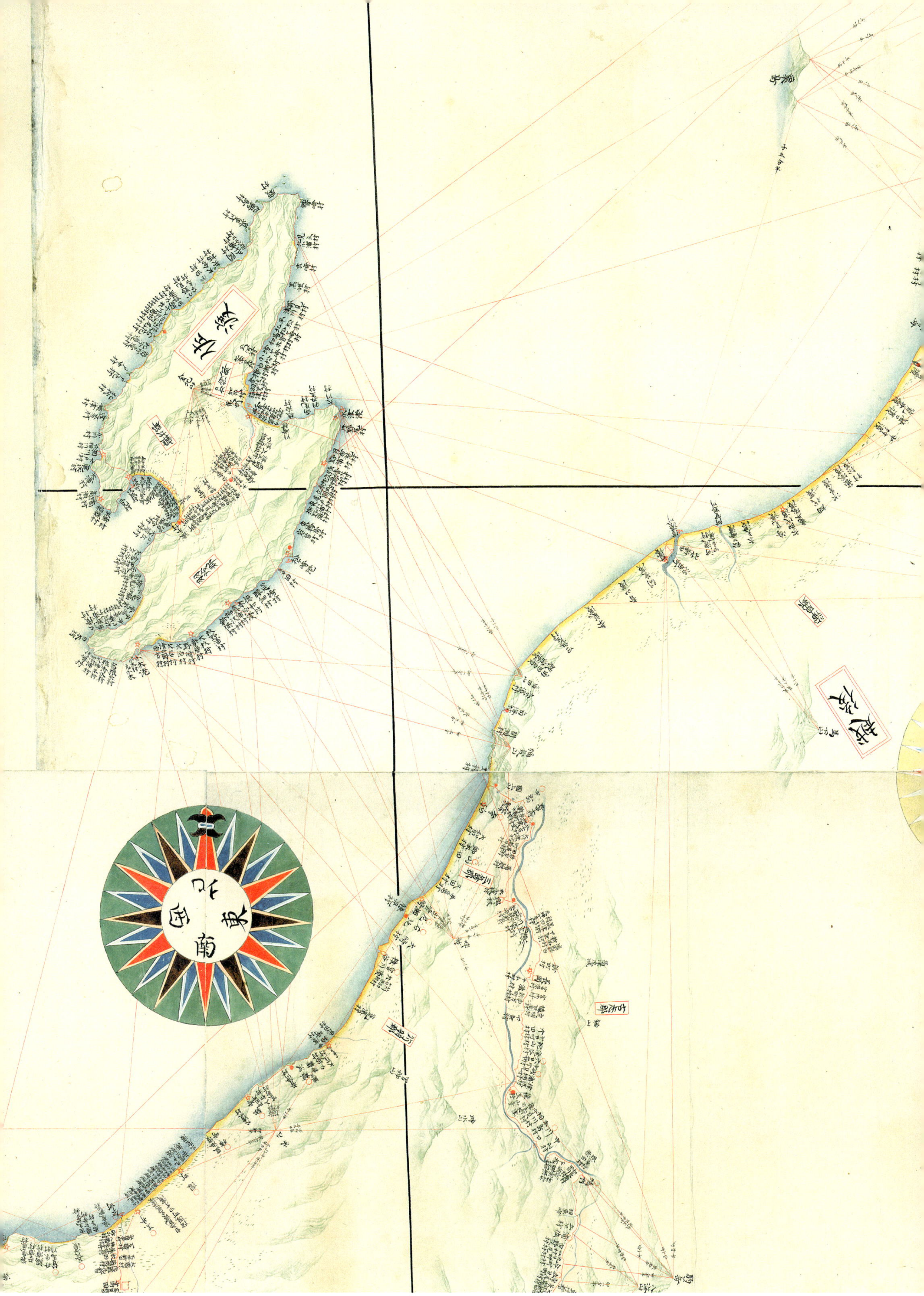

第3-4図　佐渡・越後広域図

行方郡
標葉郡
楢葉郡
烏崎村
泉村
中浜村
夫沢村
熊川村
毛萱村
波倉村
北田村
山田浜村
下北迫村

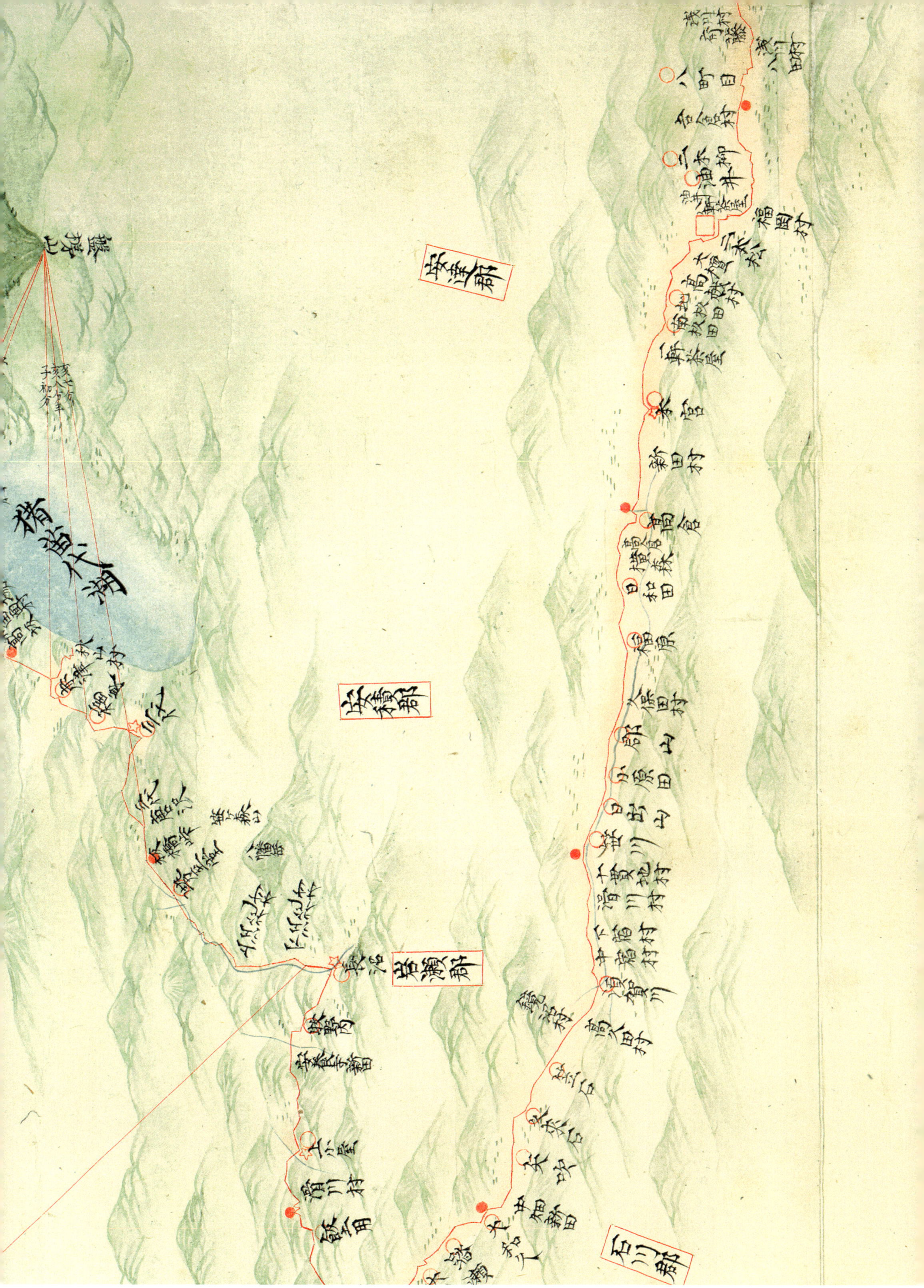

第4図　郡山

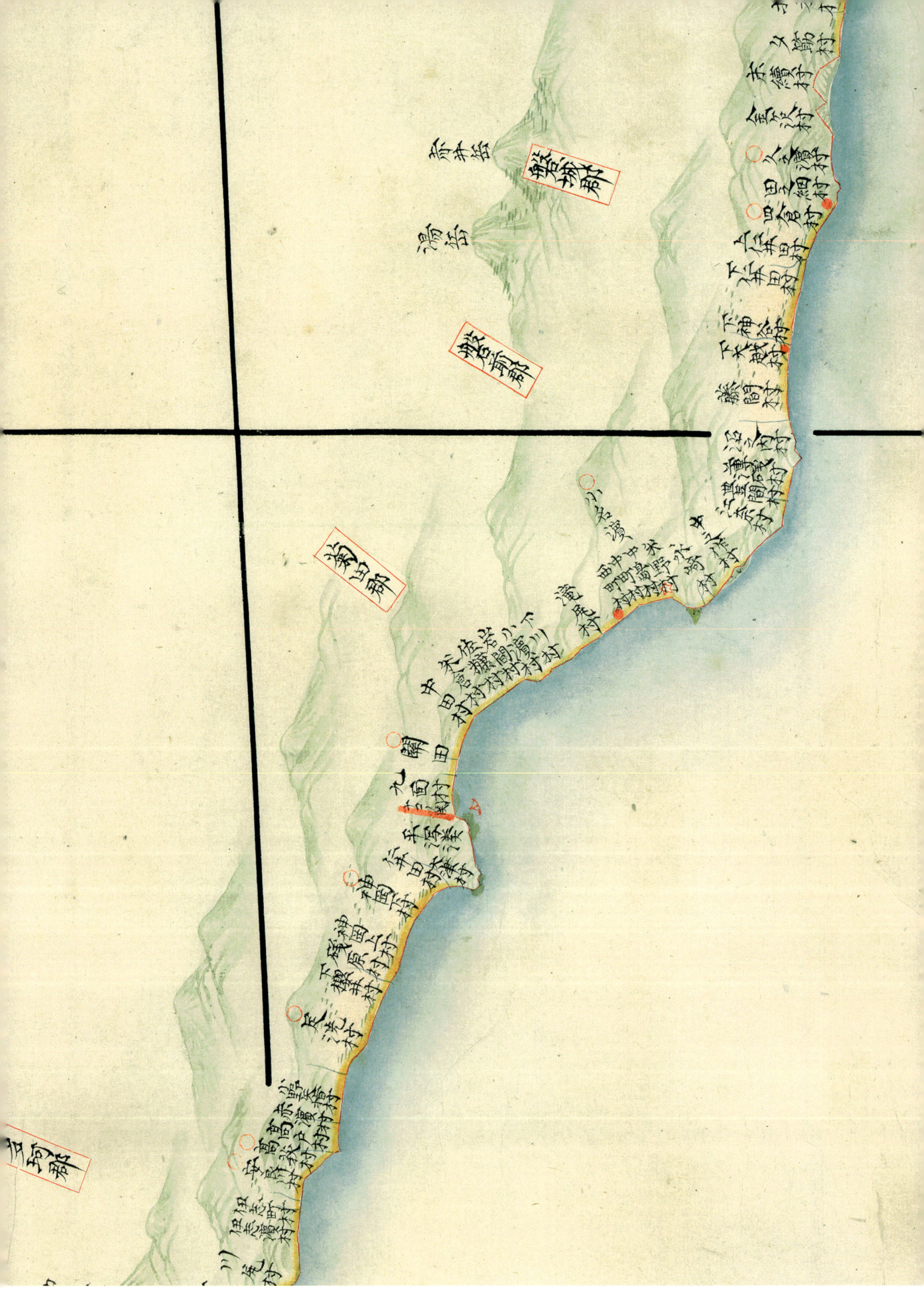

赤井岳
湯岳
磐城郡
磐前郡

094 080
105 102
106

 第4図　会津若松

月山
那須郡
鹽谷郡

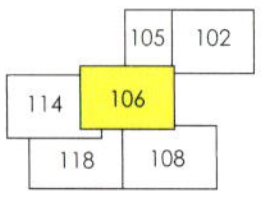
105
102
114
106
118
108

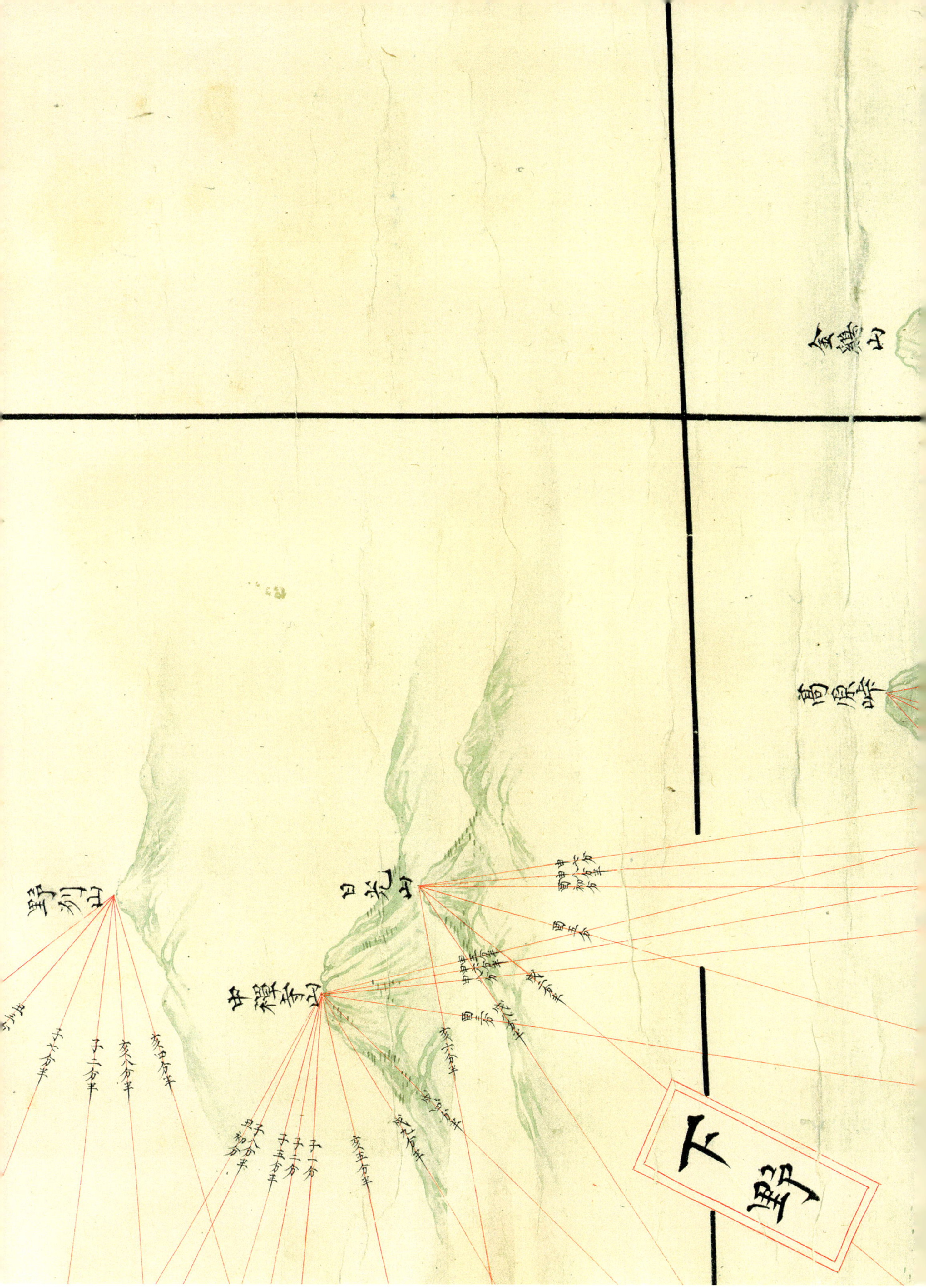

第4図　白河

106 104
118 108
120 110

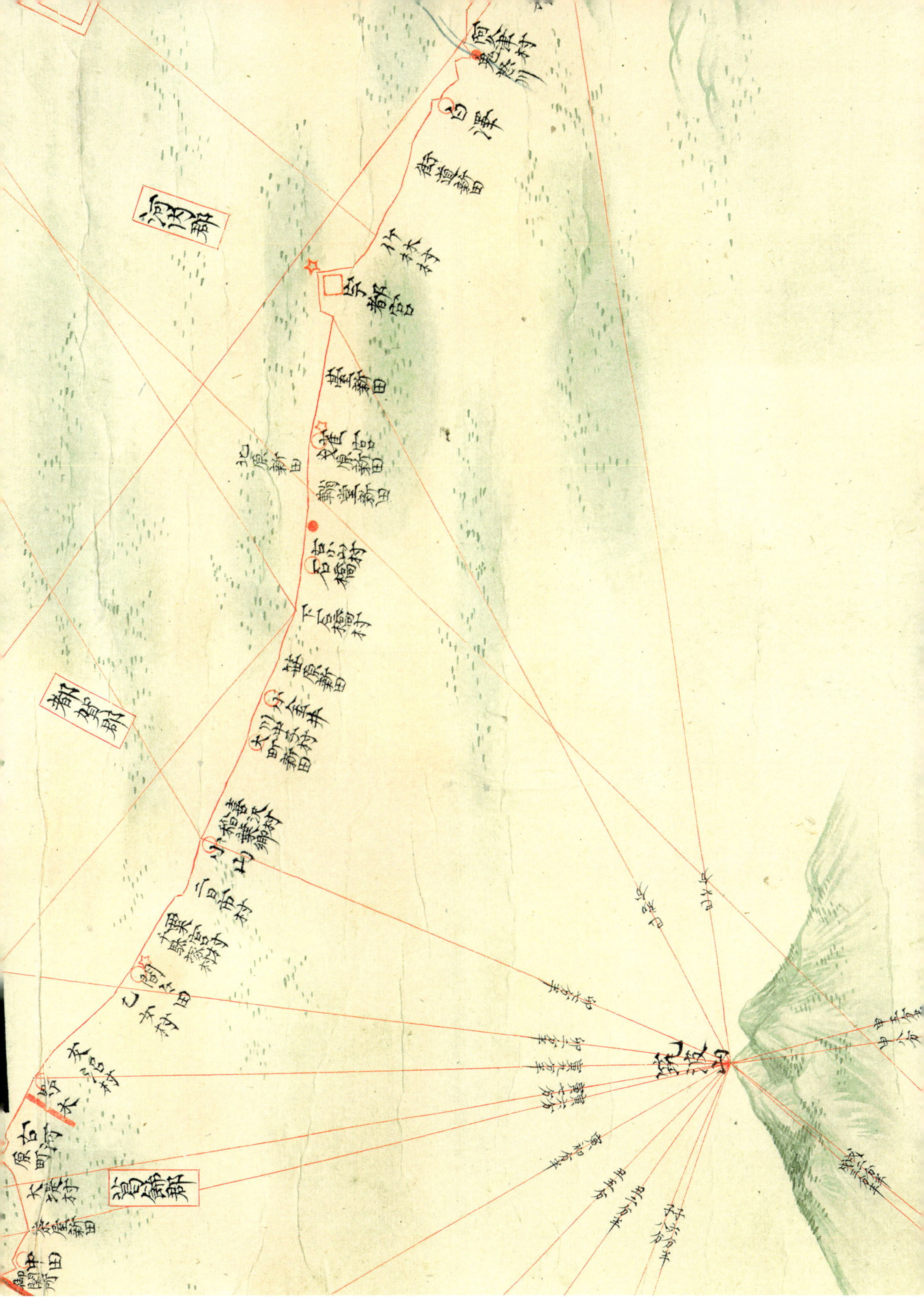

第4図　日立・宇都宮

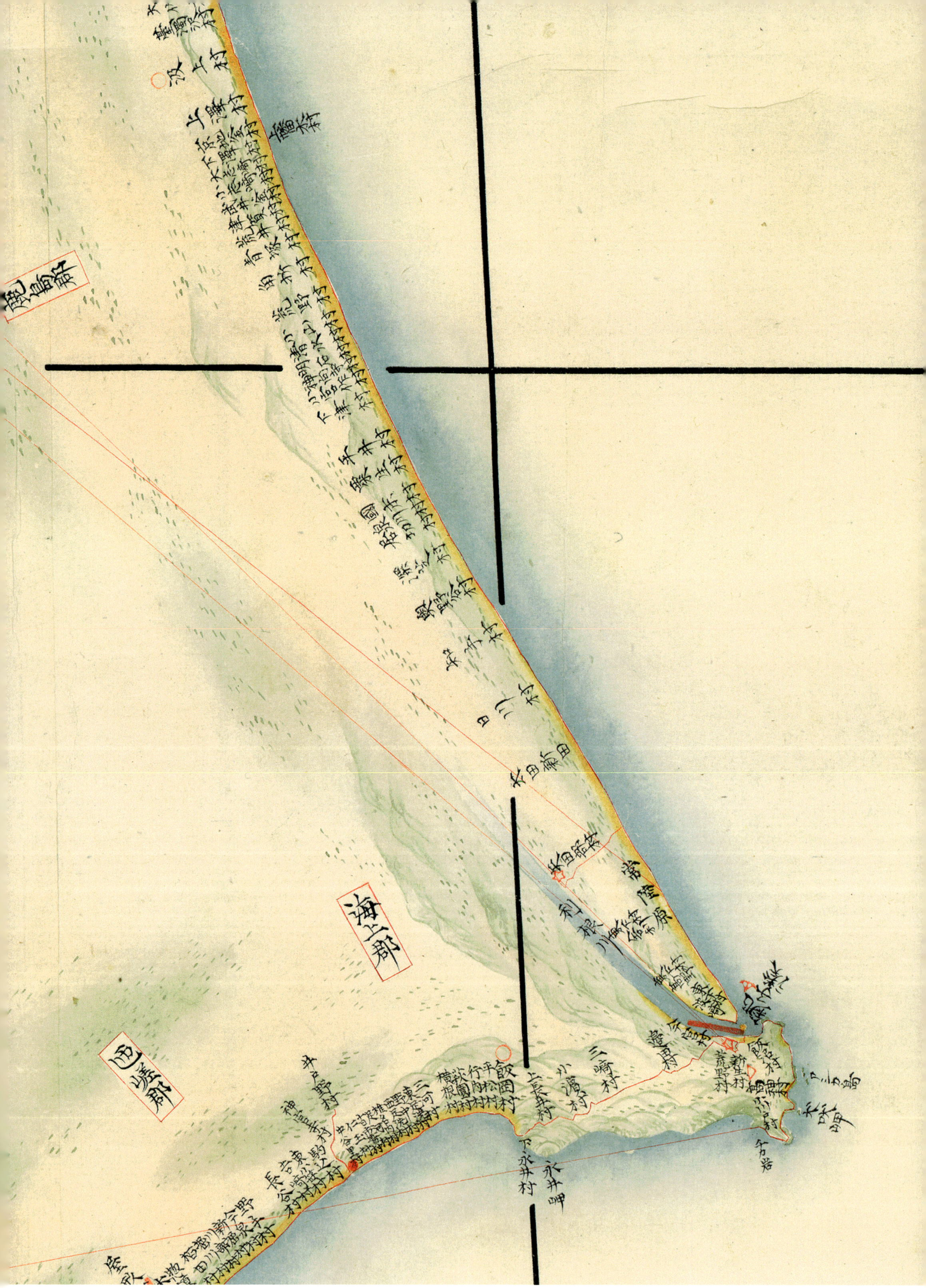

108
110
111

第4図　銚子

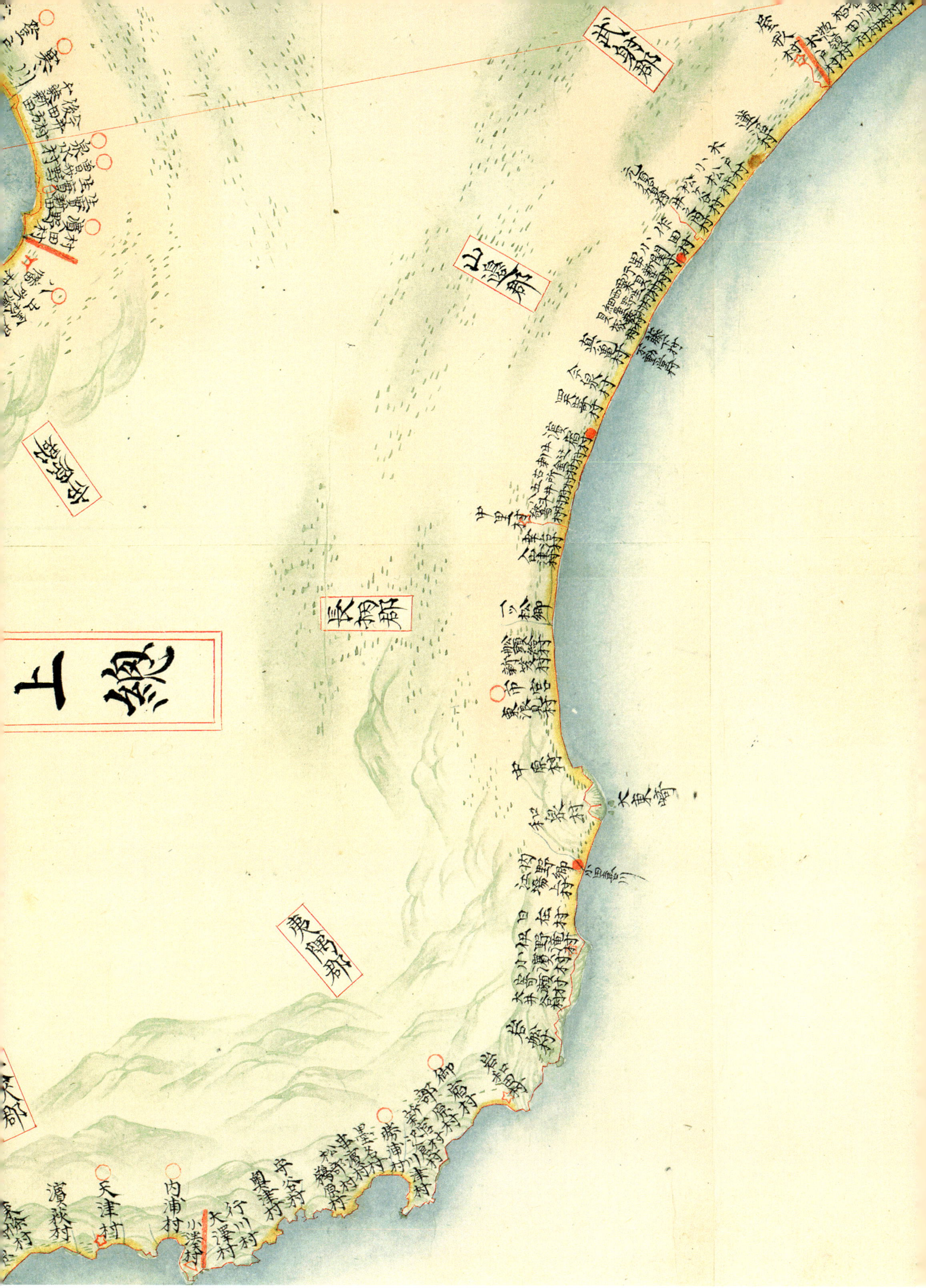

第4図　九十九里

098
112
113
138

第4図　柏崎

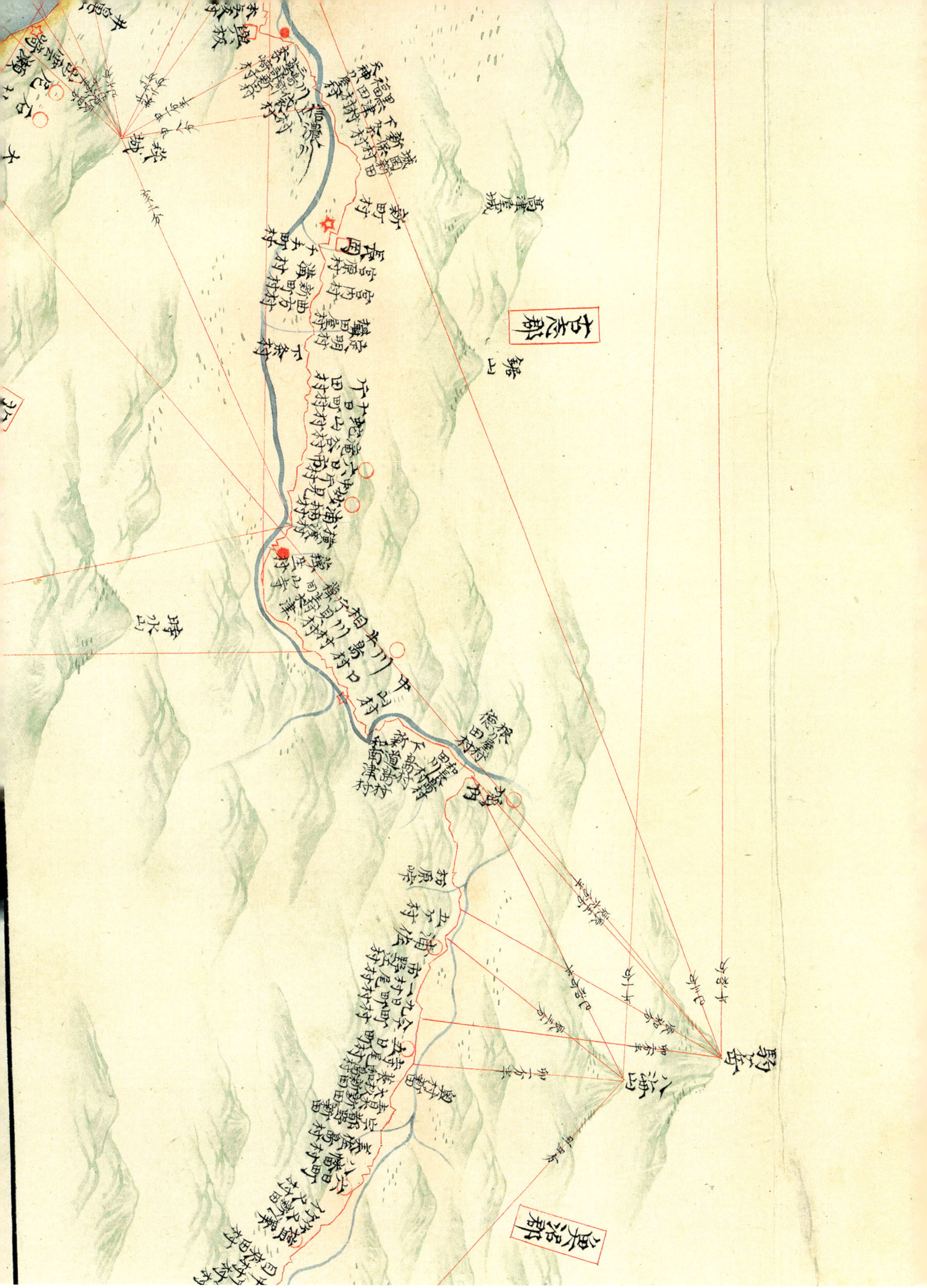

第4図　長岡

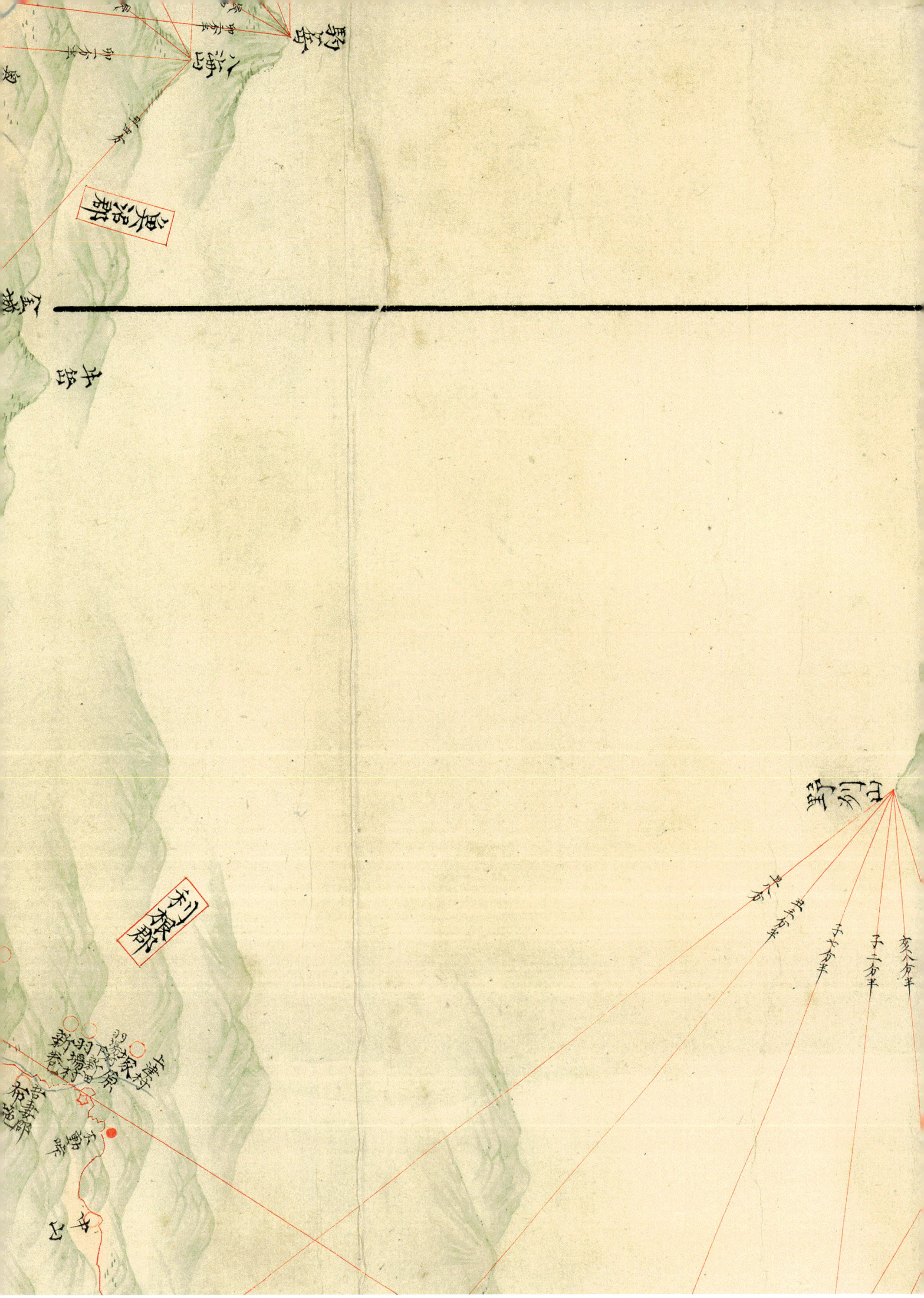
駒ヶ岳
八海山
魚沼郡
利根郡
中山

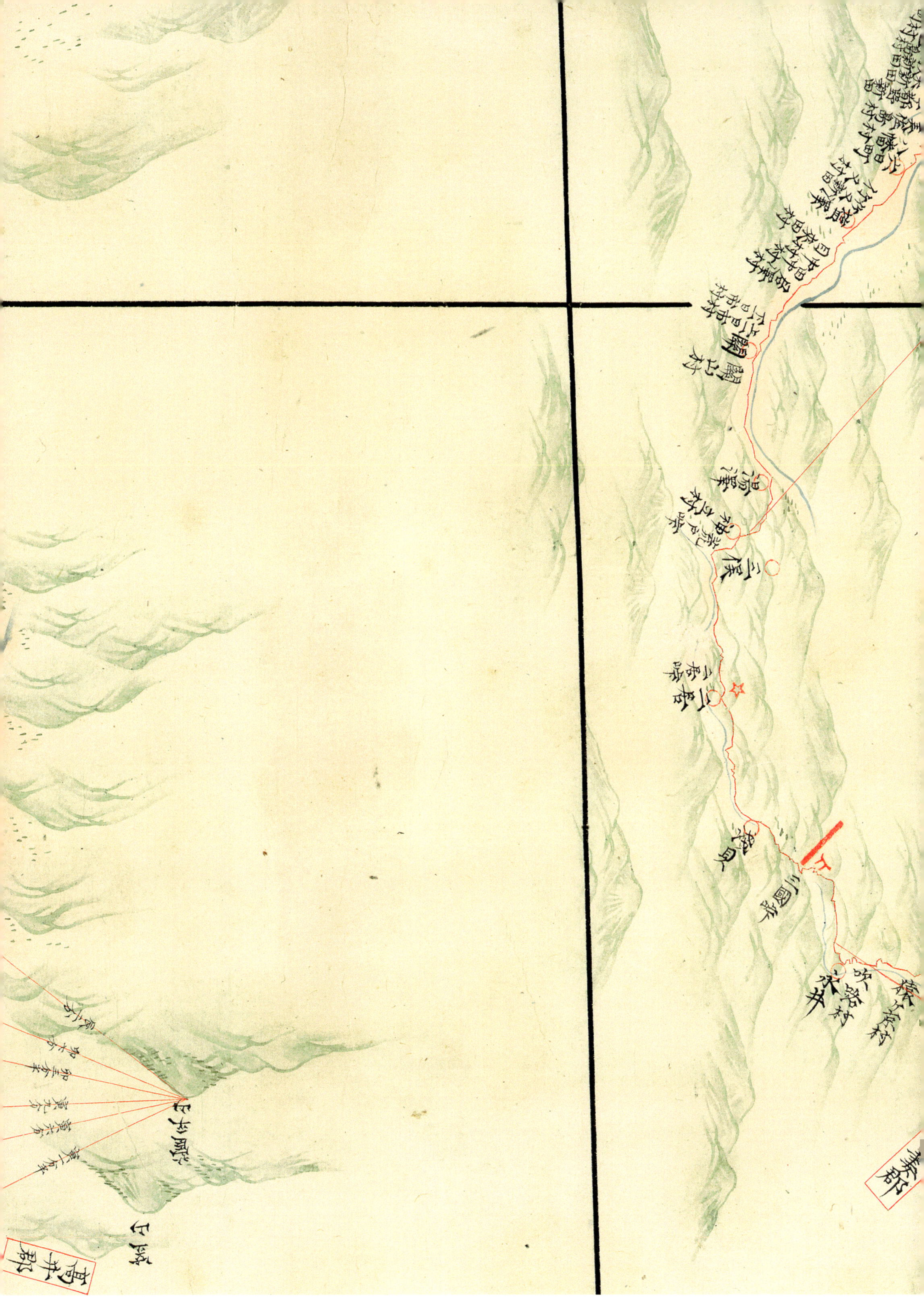

第4図　湯沢

138 114
146 116 118
150

第4図　軽井沢

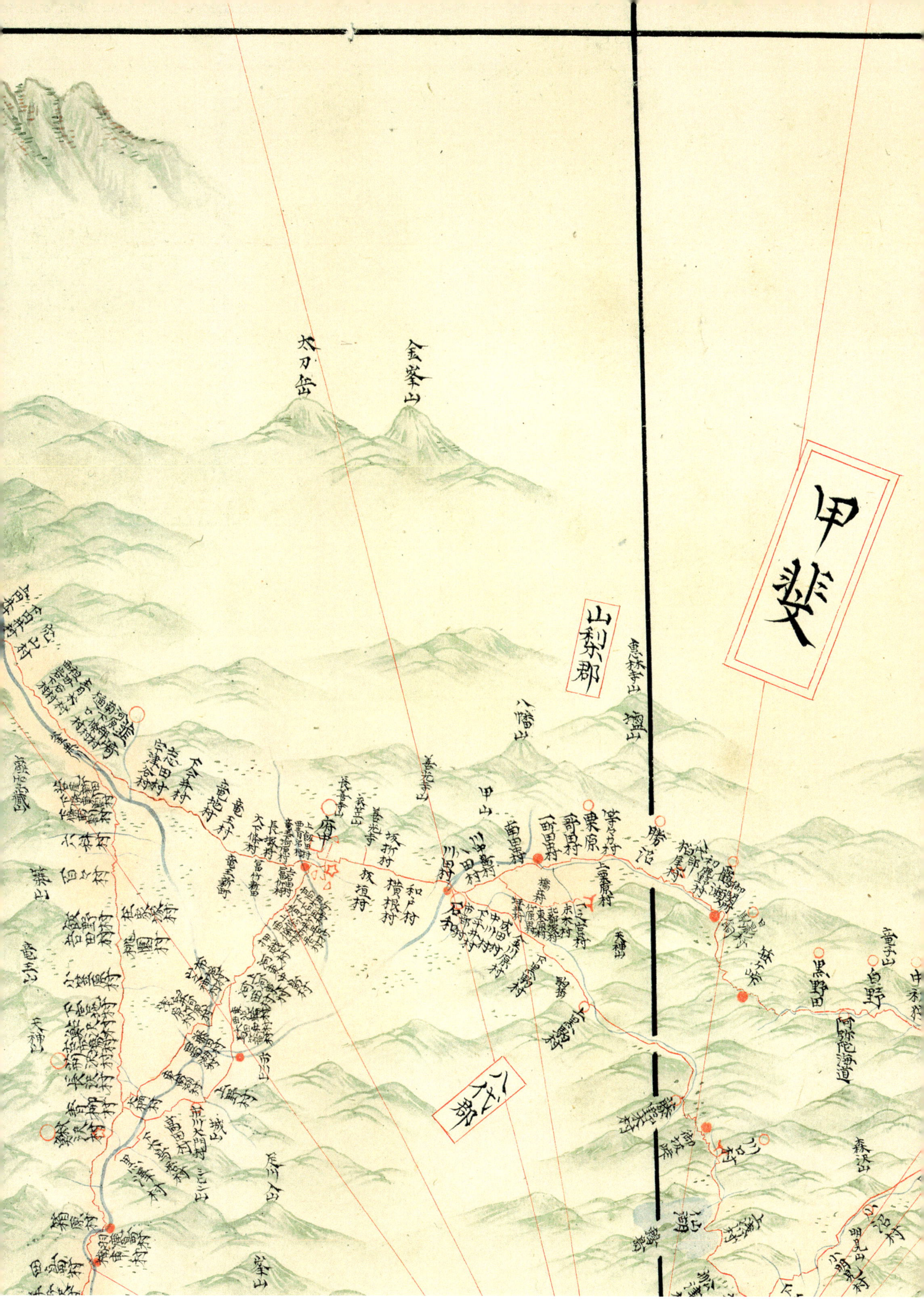

第4図　甲府

150 117 120
151 126

兒玉郡
播羅郡
大里郡
榛澤郡
深谷
熊谷
原郷村
岡部

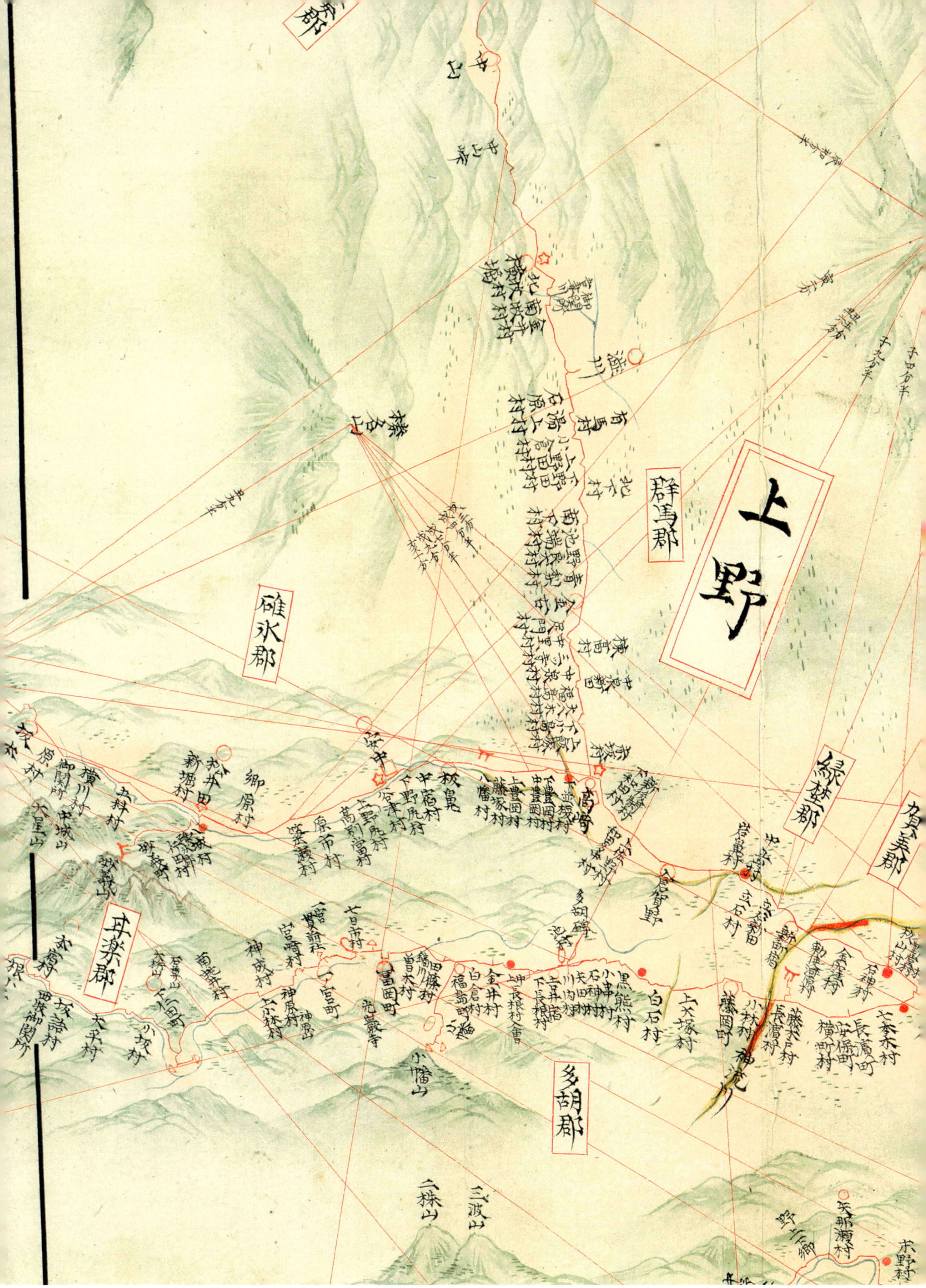

第4図　高崎・富岡

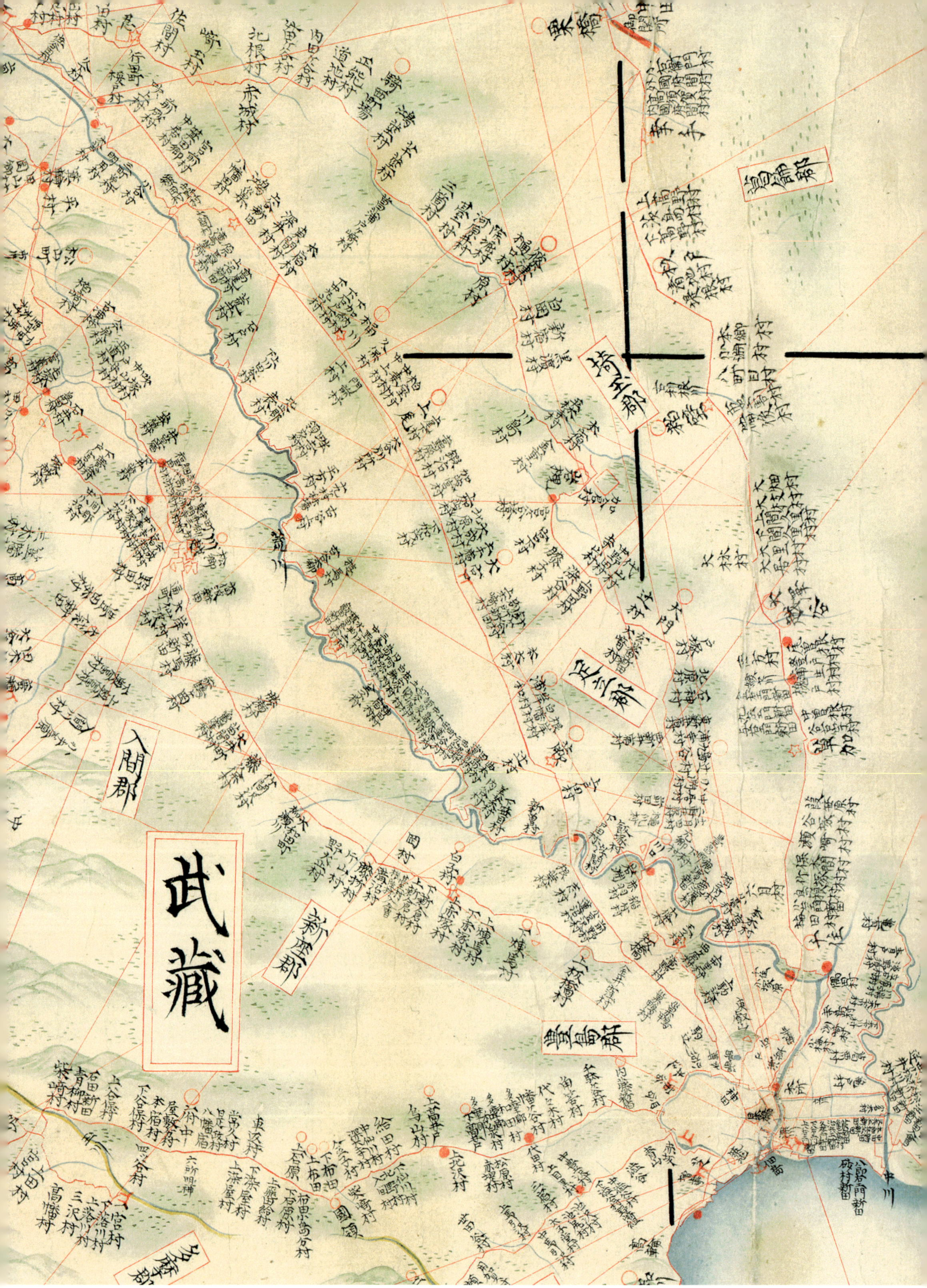

118 108
117 120
126 122

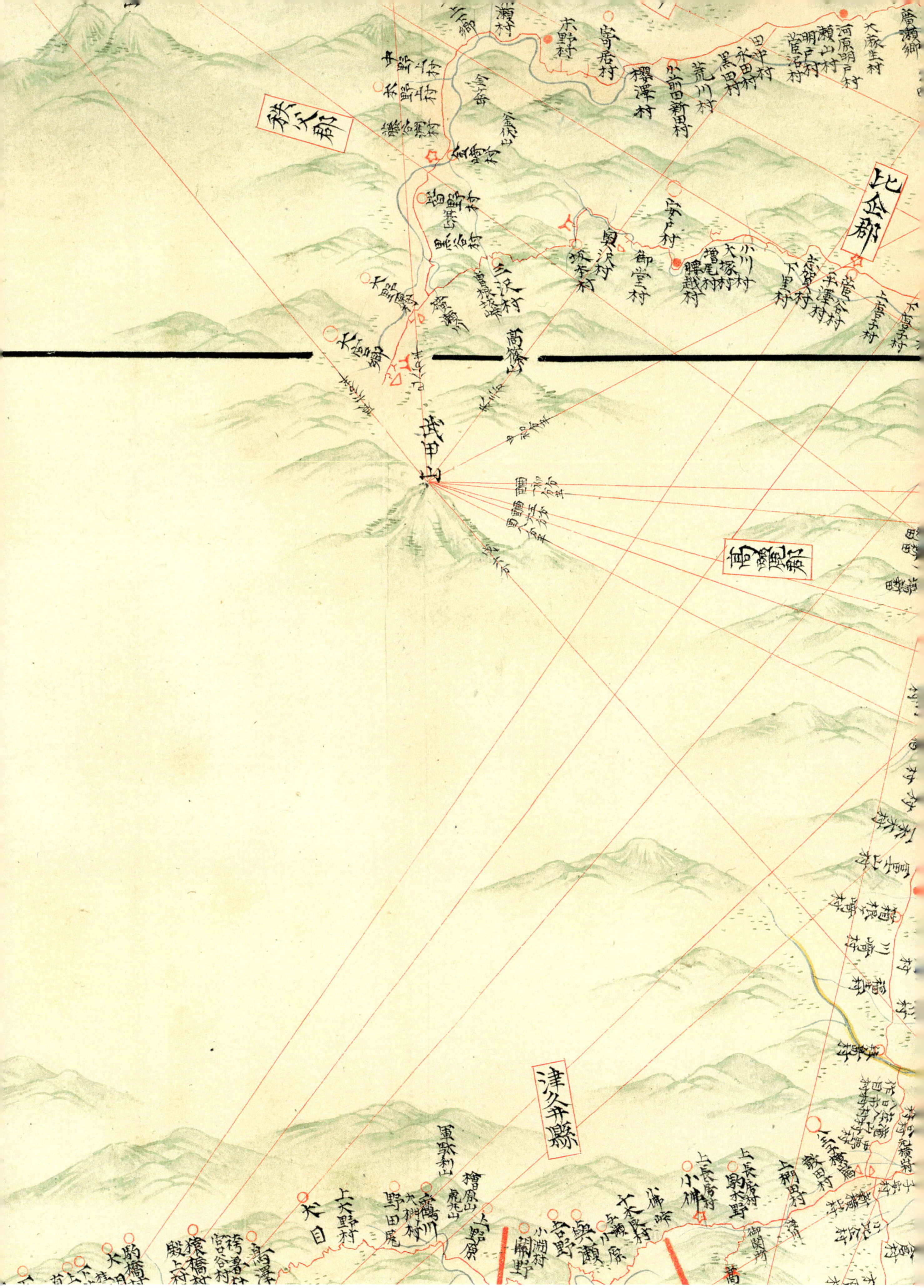

第4図　埼玉

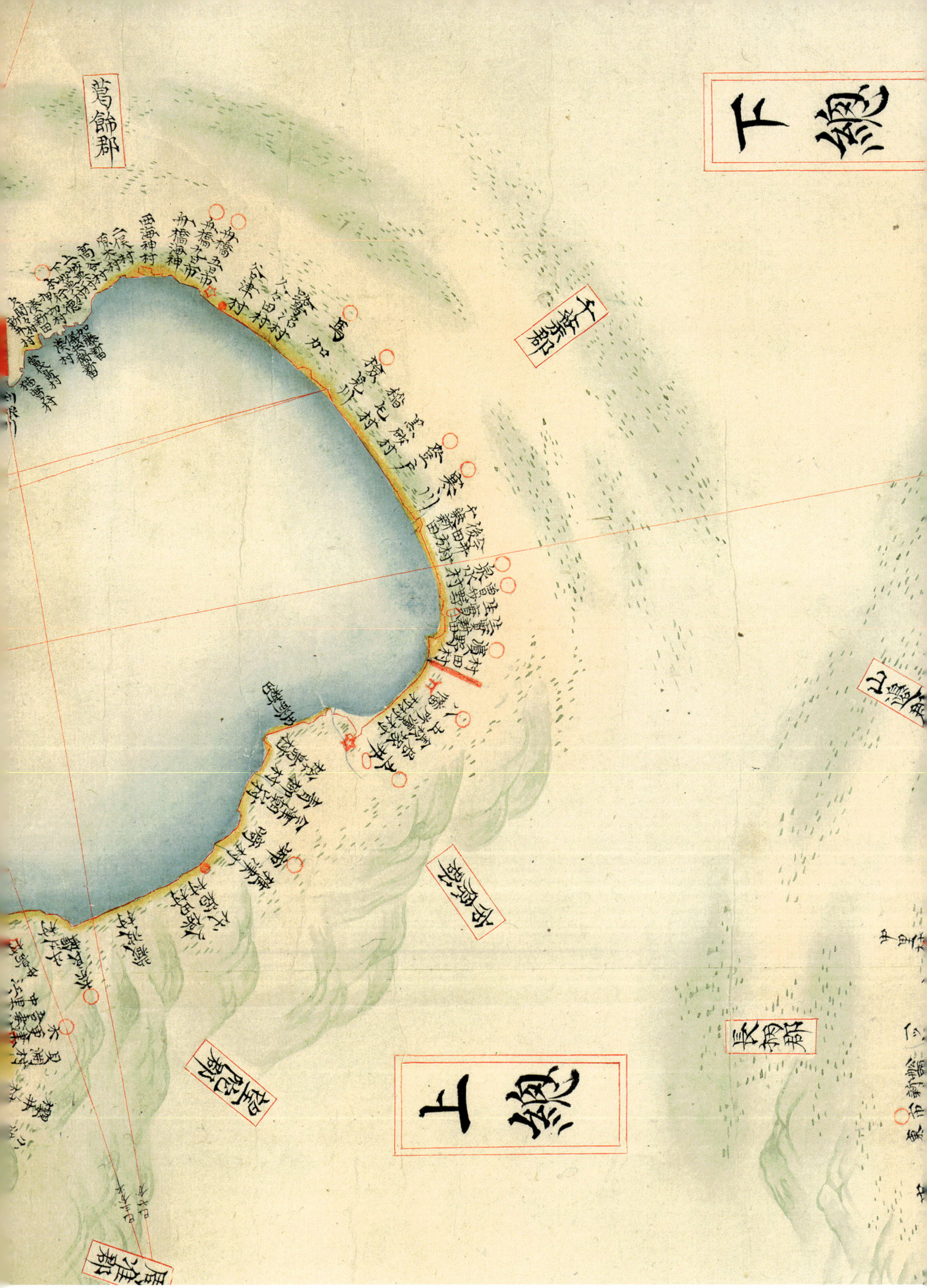
下總
葛飾郡
千葉郡
市原郡
望陀郡
周准郡
下總

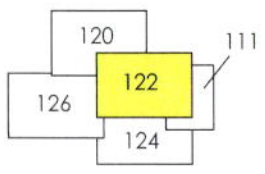
120
111
126
122
124

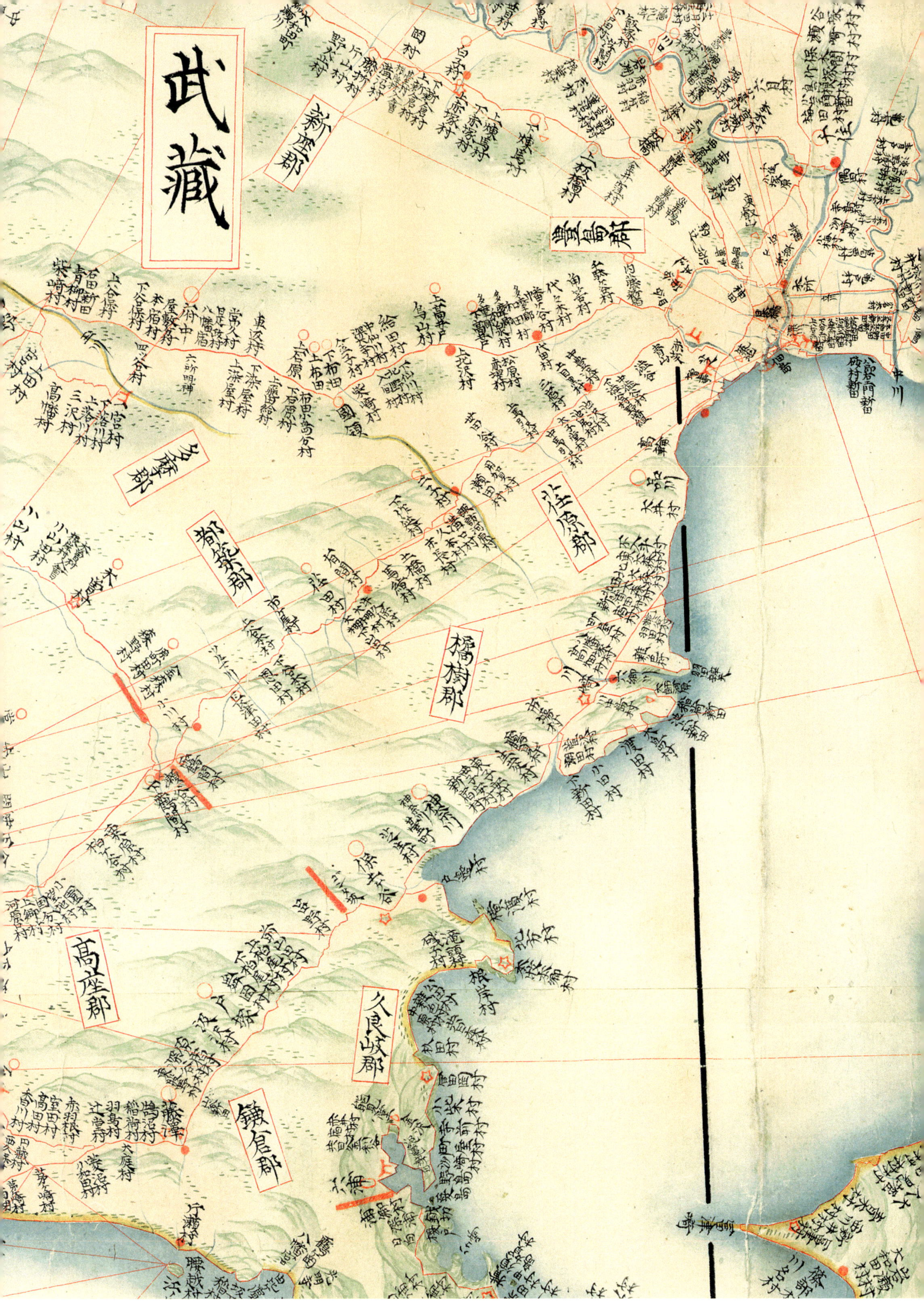

第4図　東京・横浜・千葉

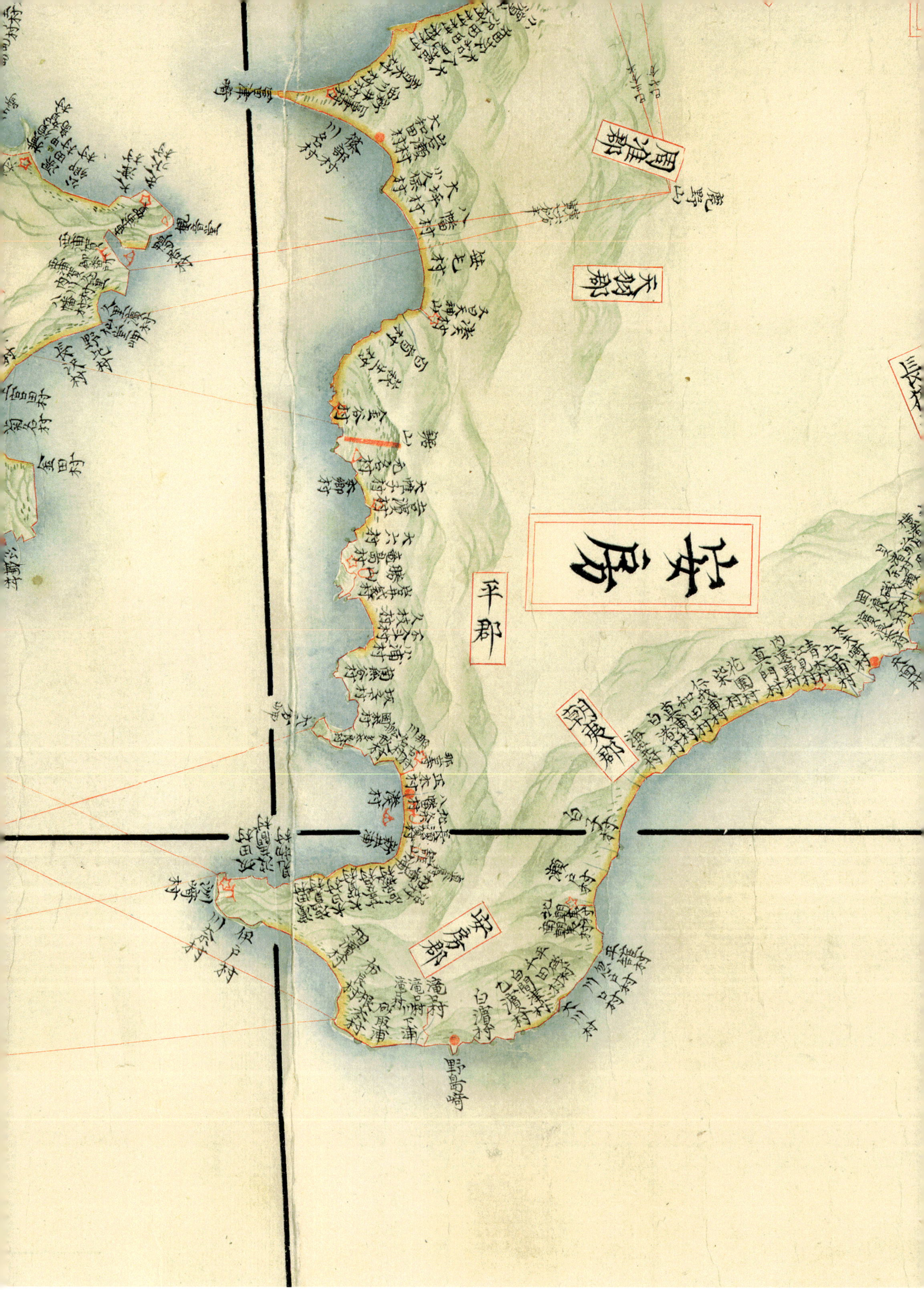

126 122 111 124 128

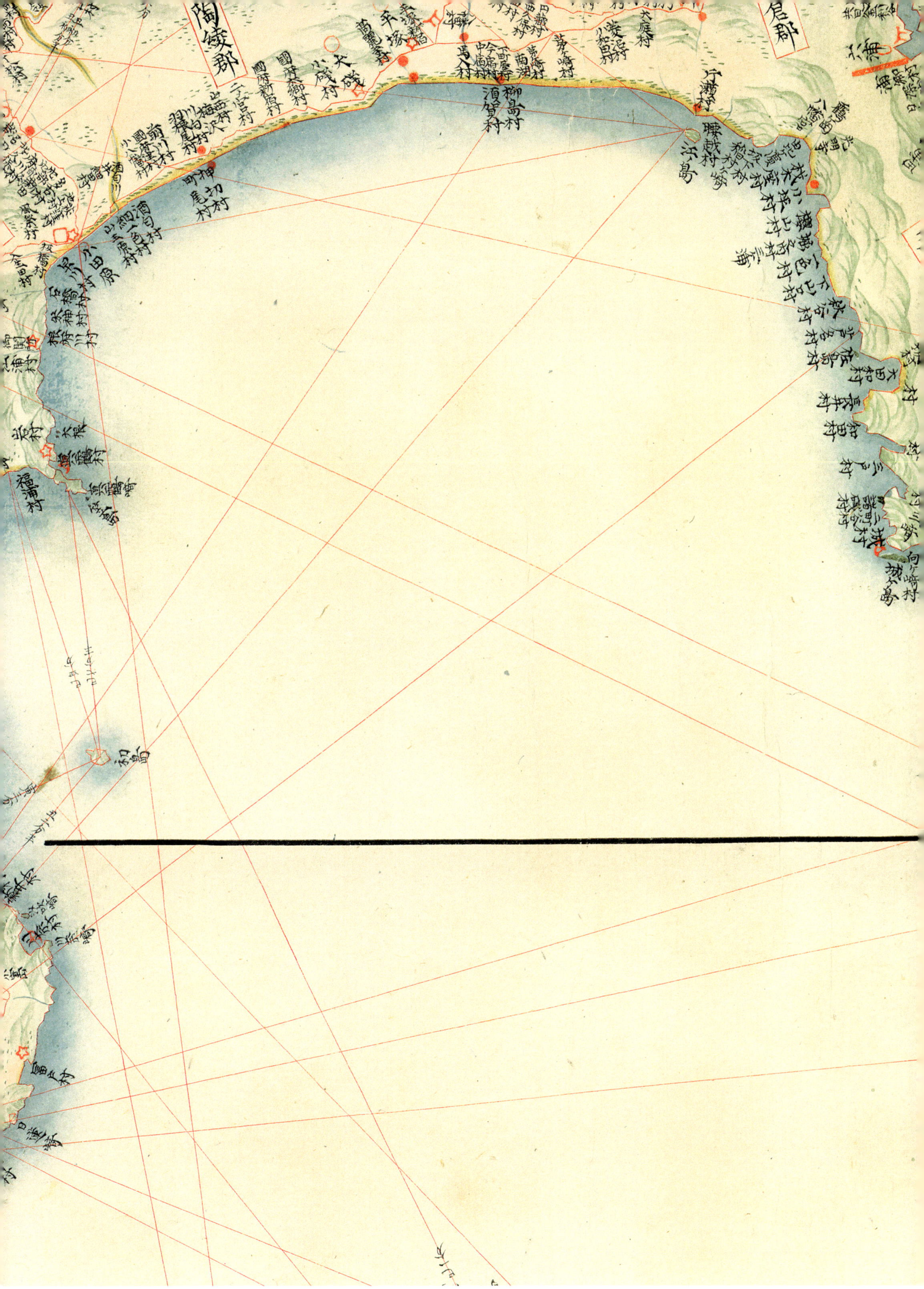

第4図　鎌倉・館山

117 120
151 126 122
160 128 124

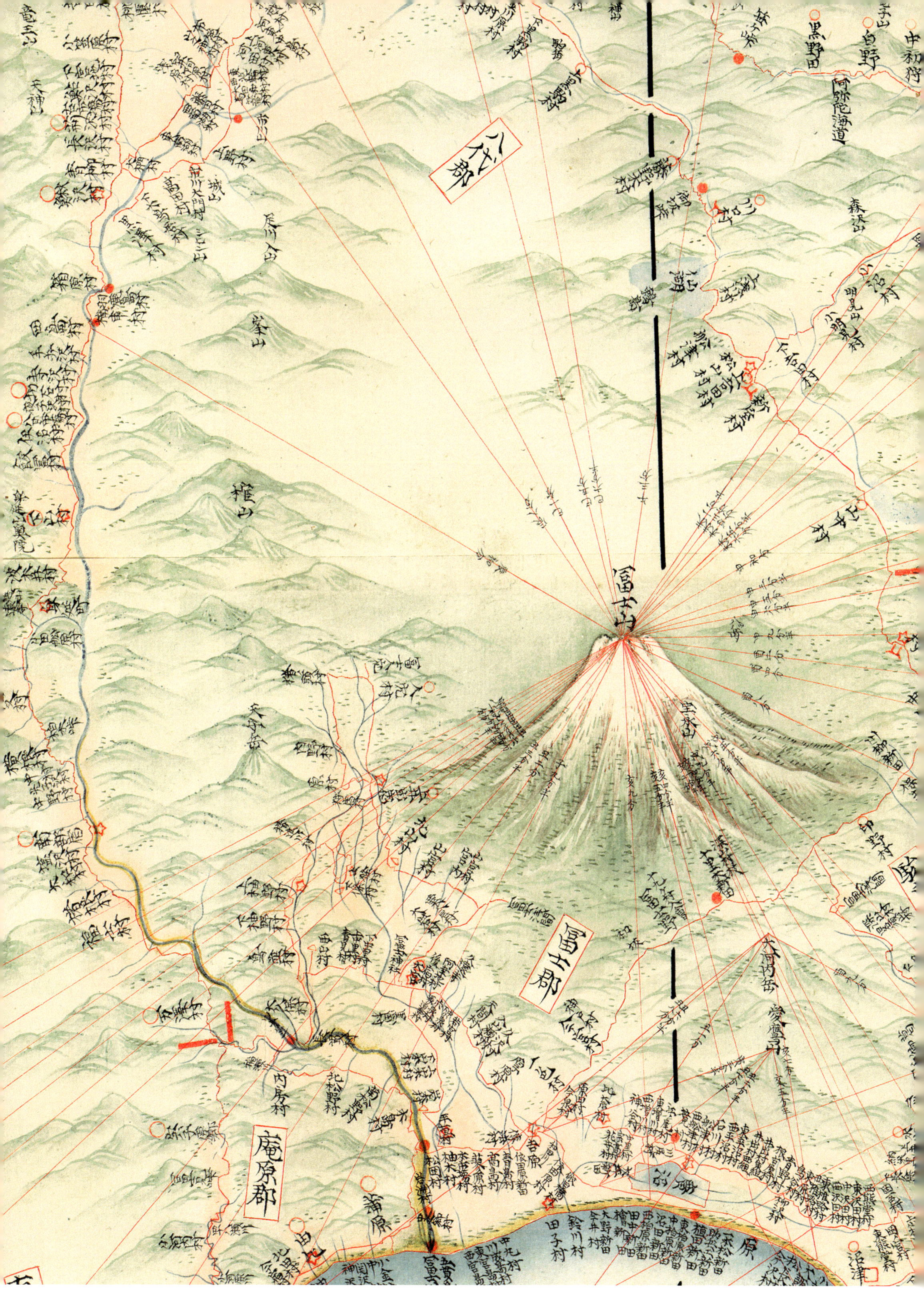

第4図　富士山

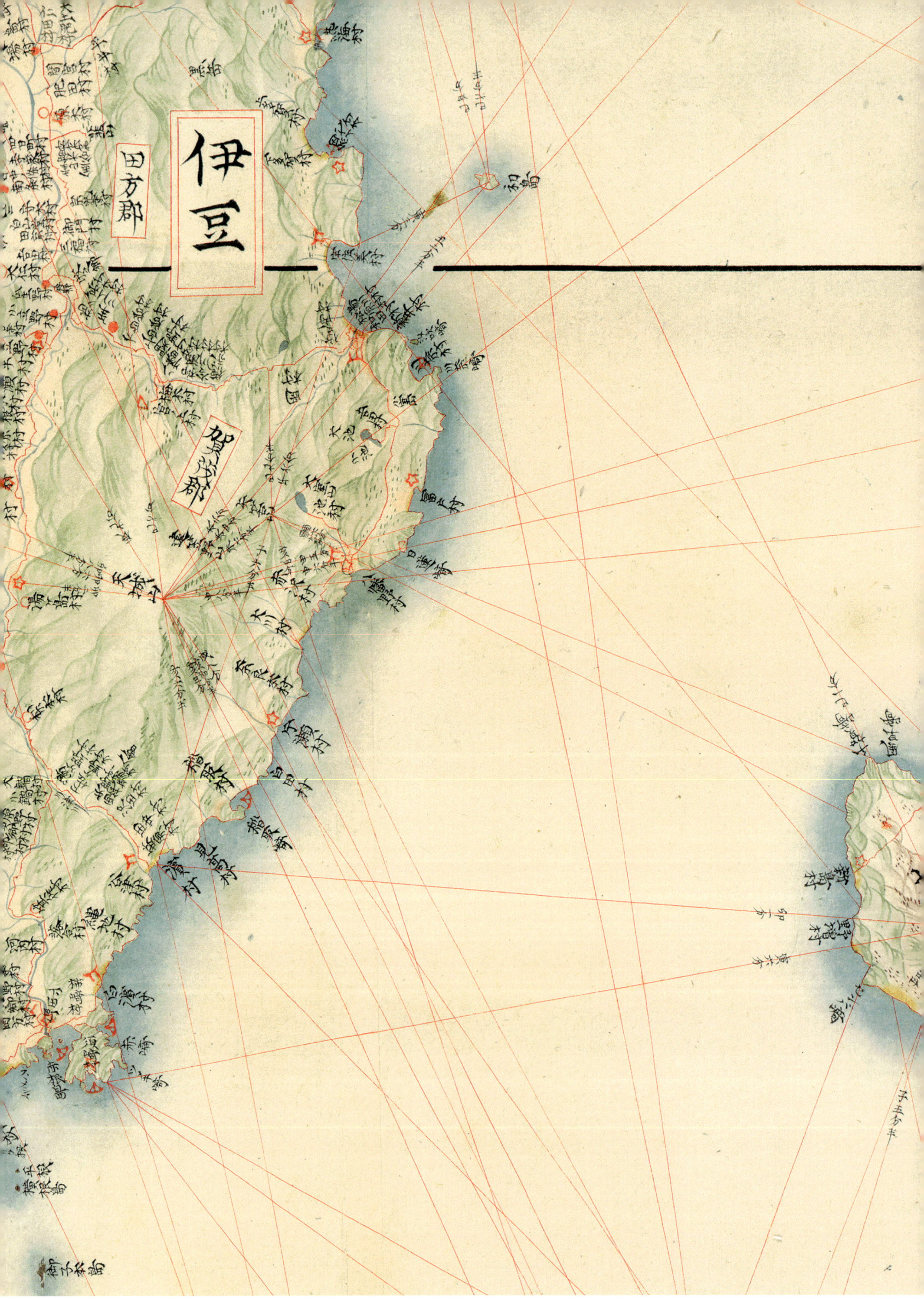

126
160
128
124
132

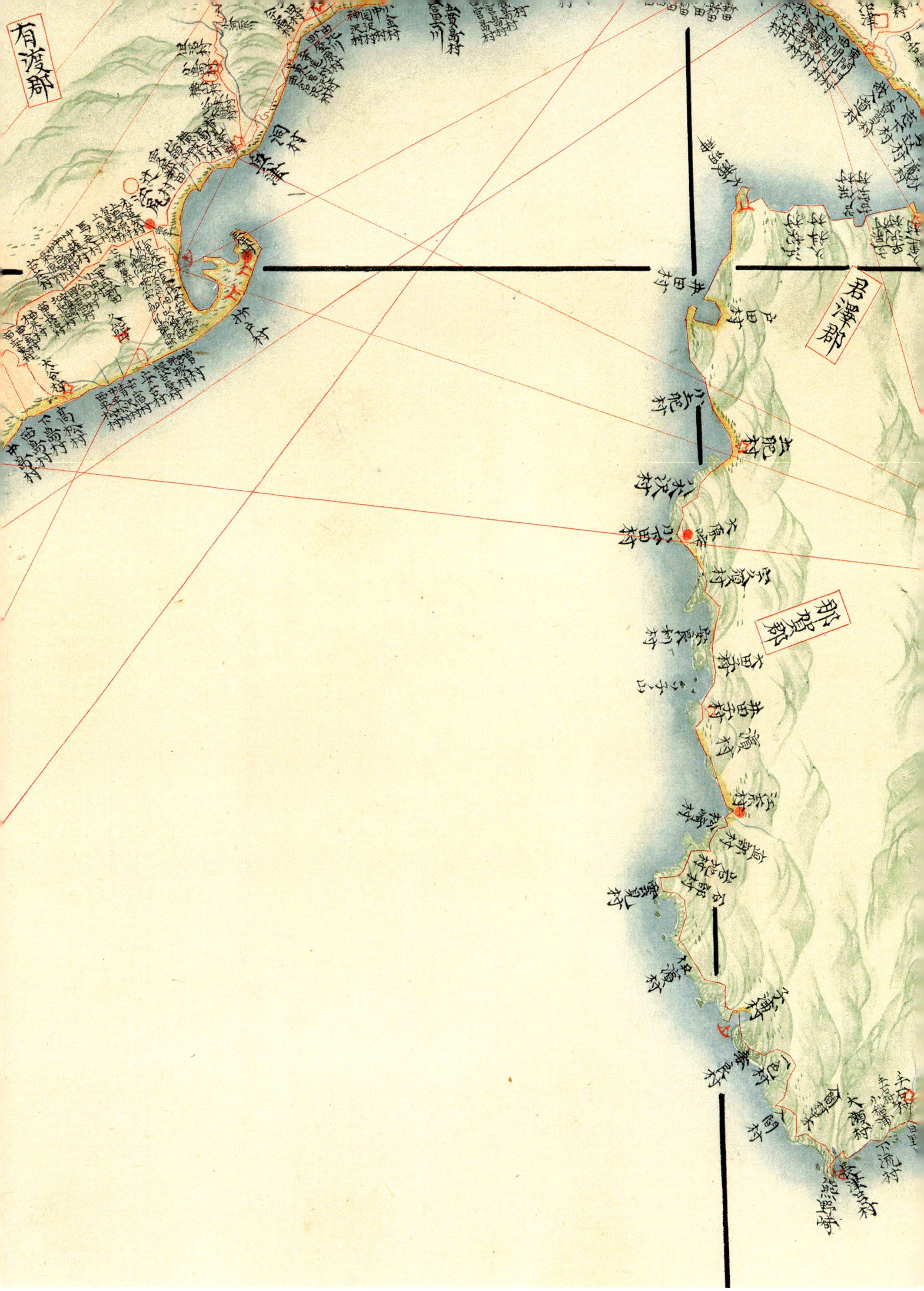

第4図　伊豆

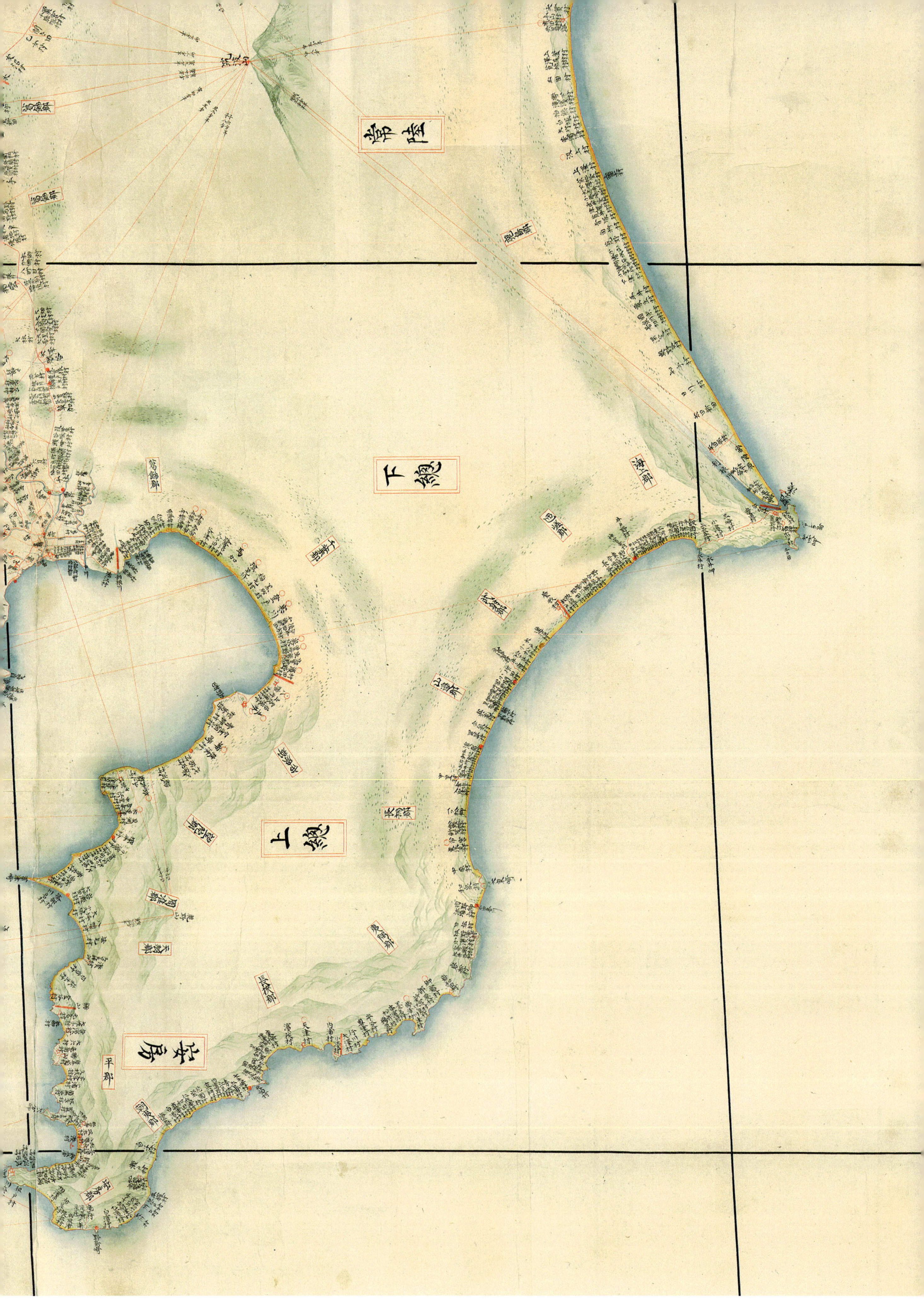
常陸
下總
上總
安房

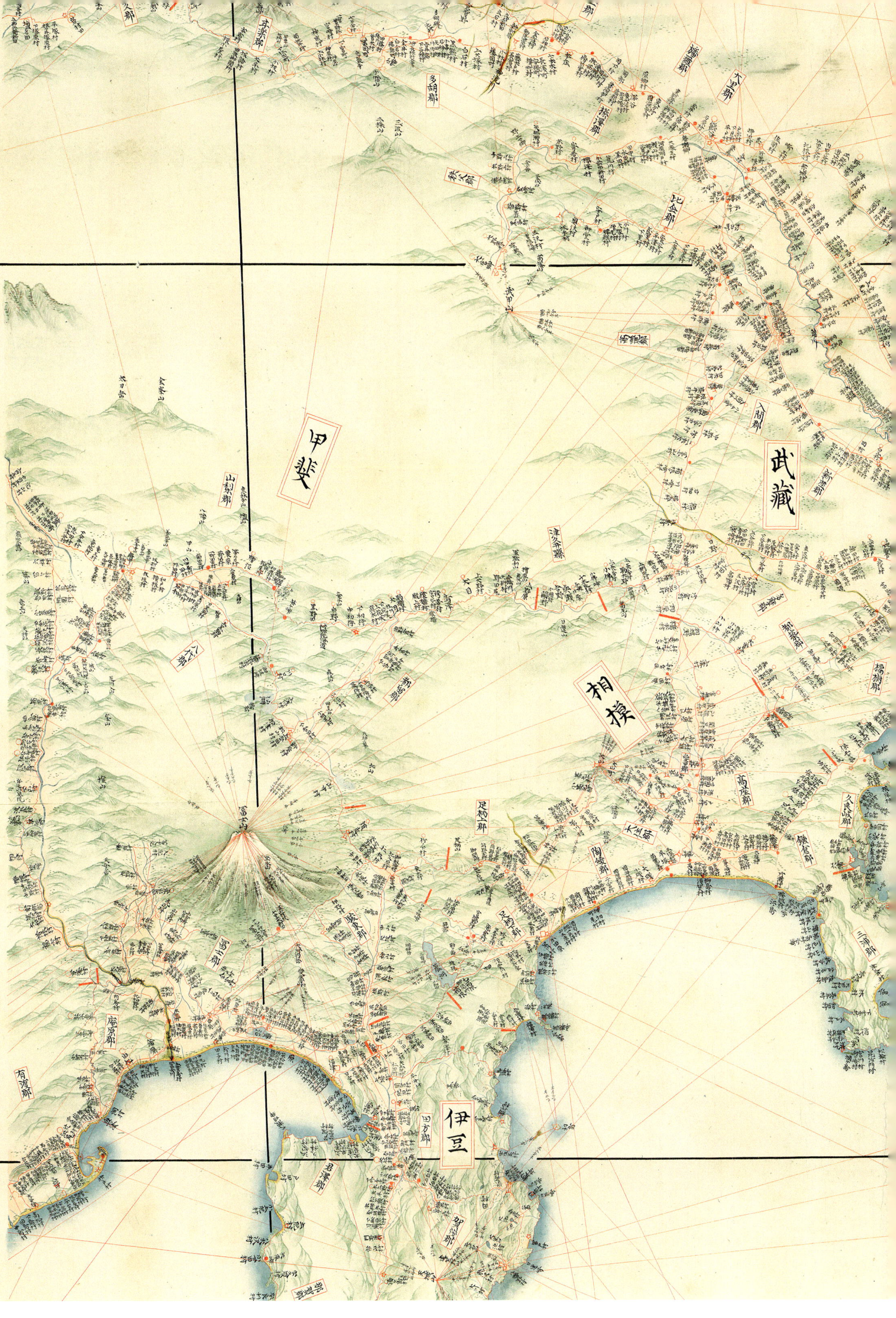

第4図　関東広域図

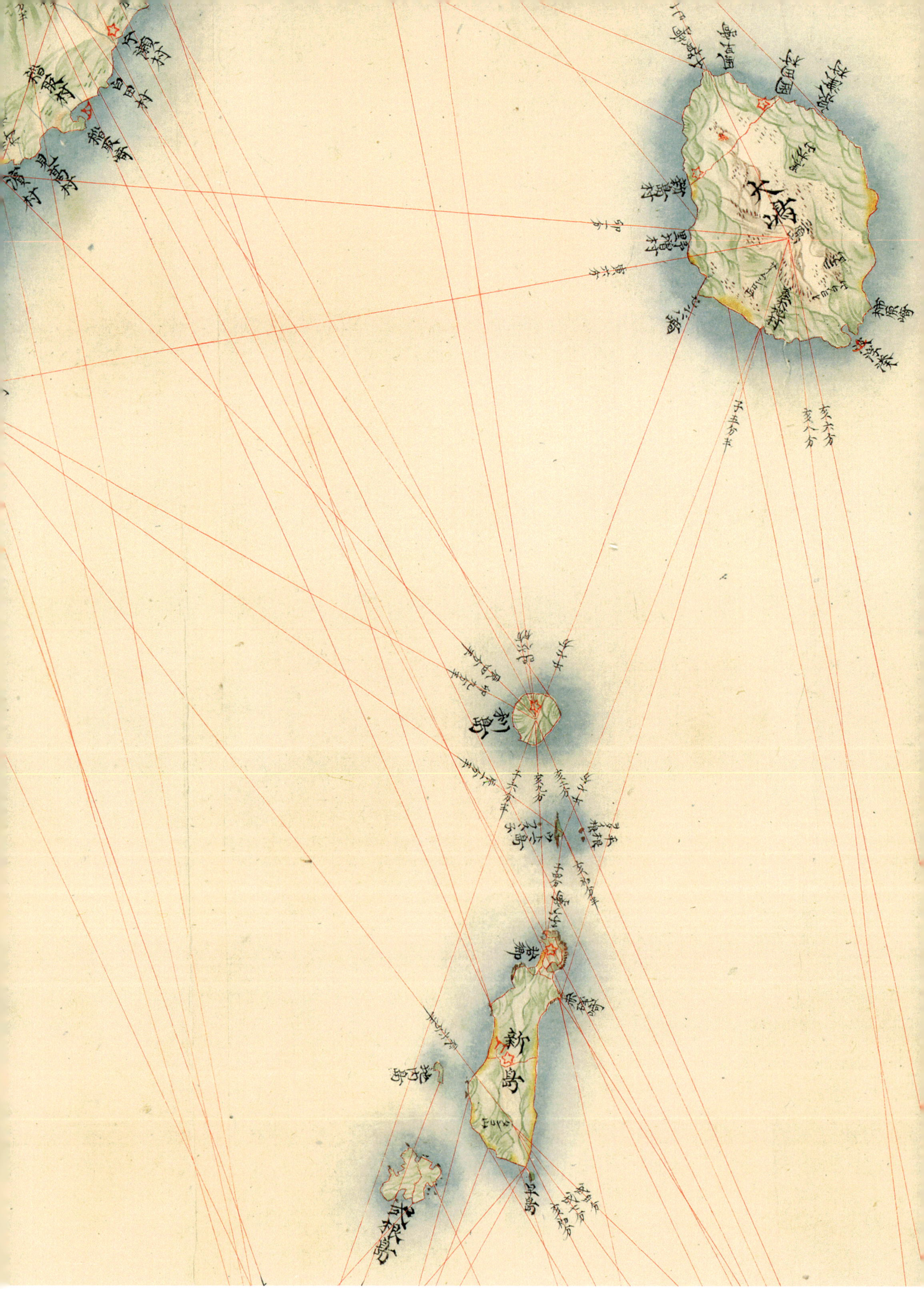
大島
利島
新島

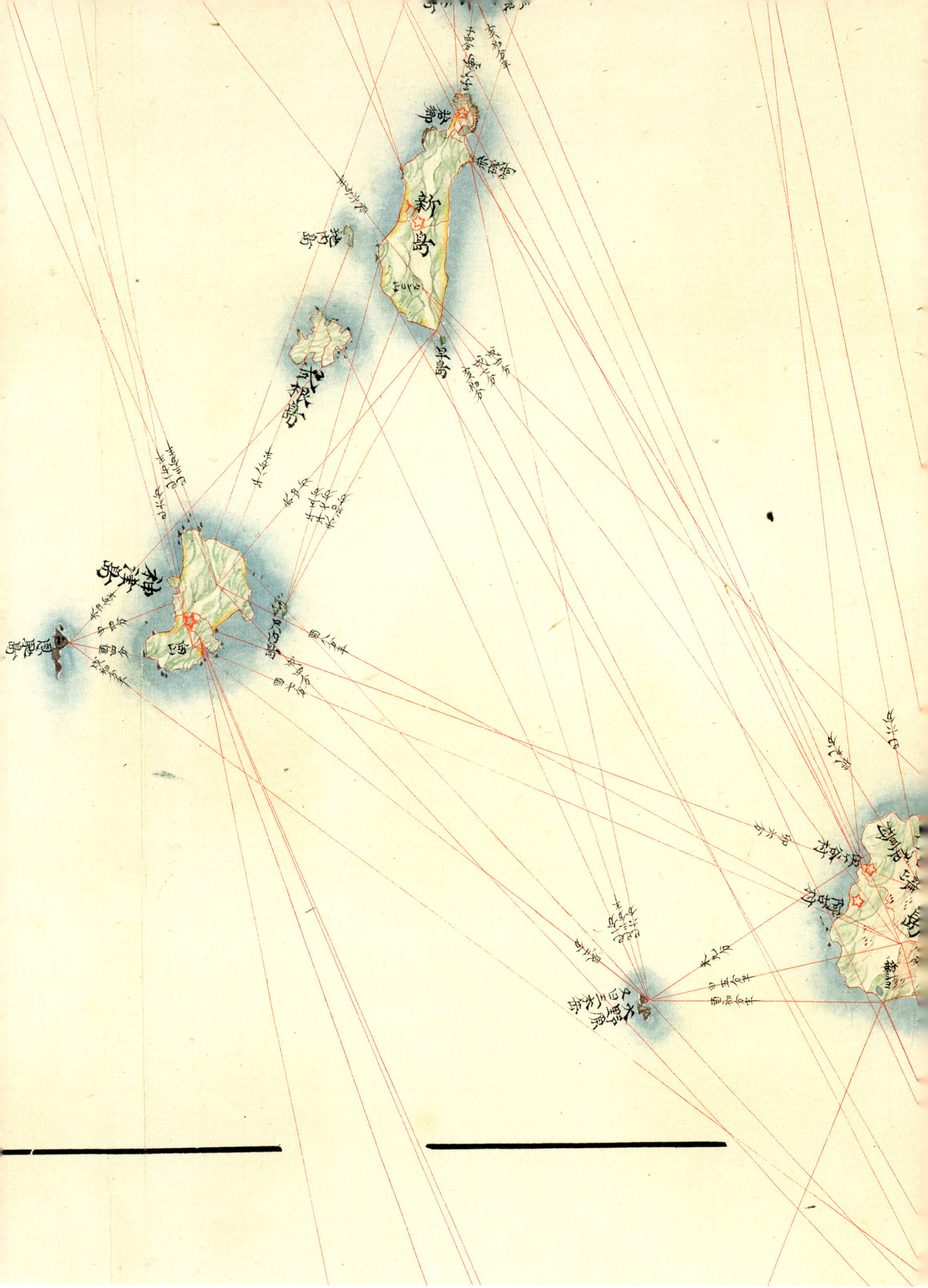

 第4図　神津島

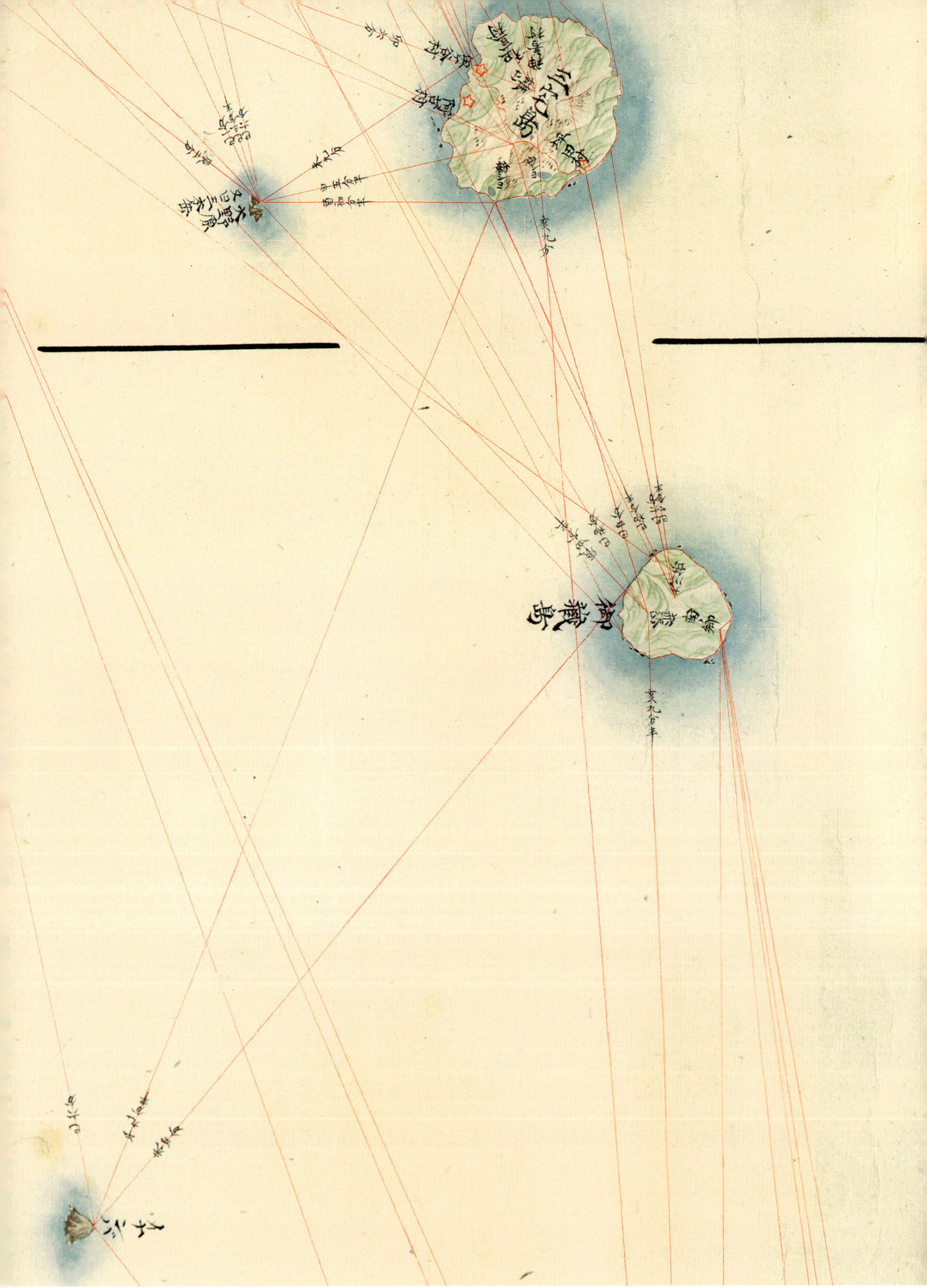

第4図　三宅島・御蔵島

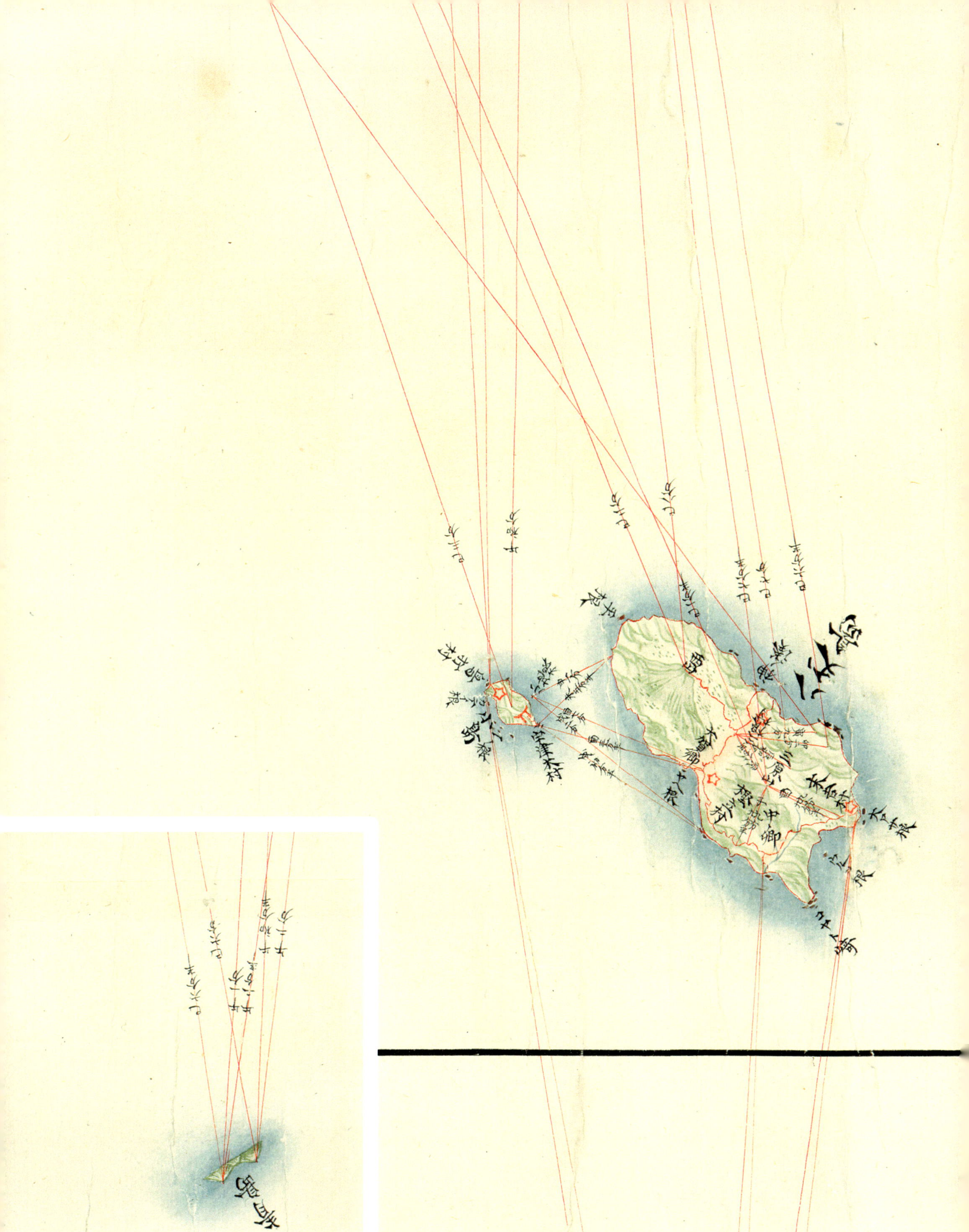

第4図　八丈島

第4図　伊豆諸島北部広域図

 第4図　伊豆諸島南部広域図

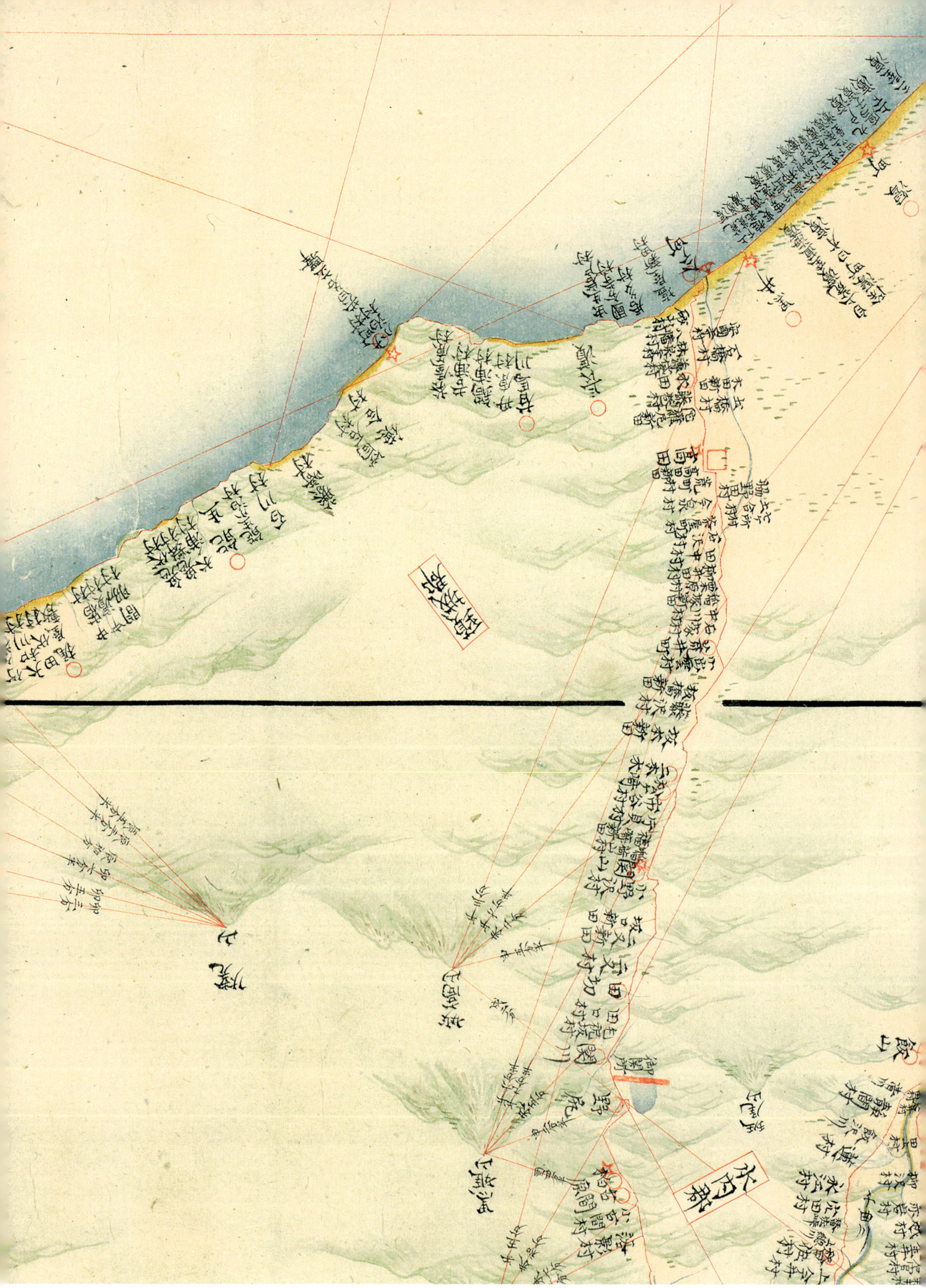

142 112
138
140 114
146

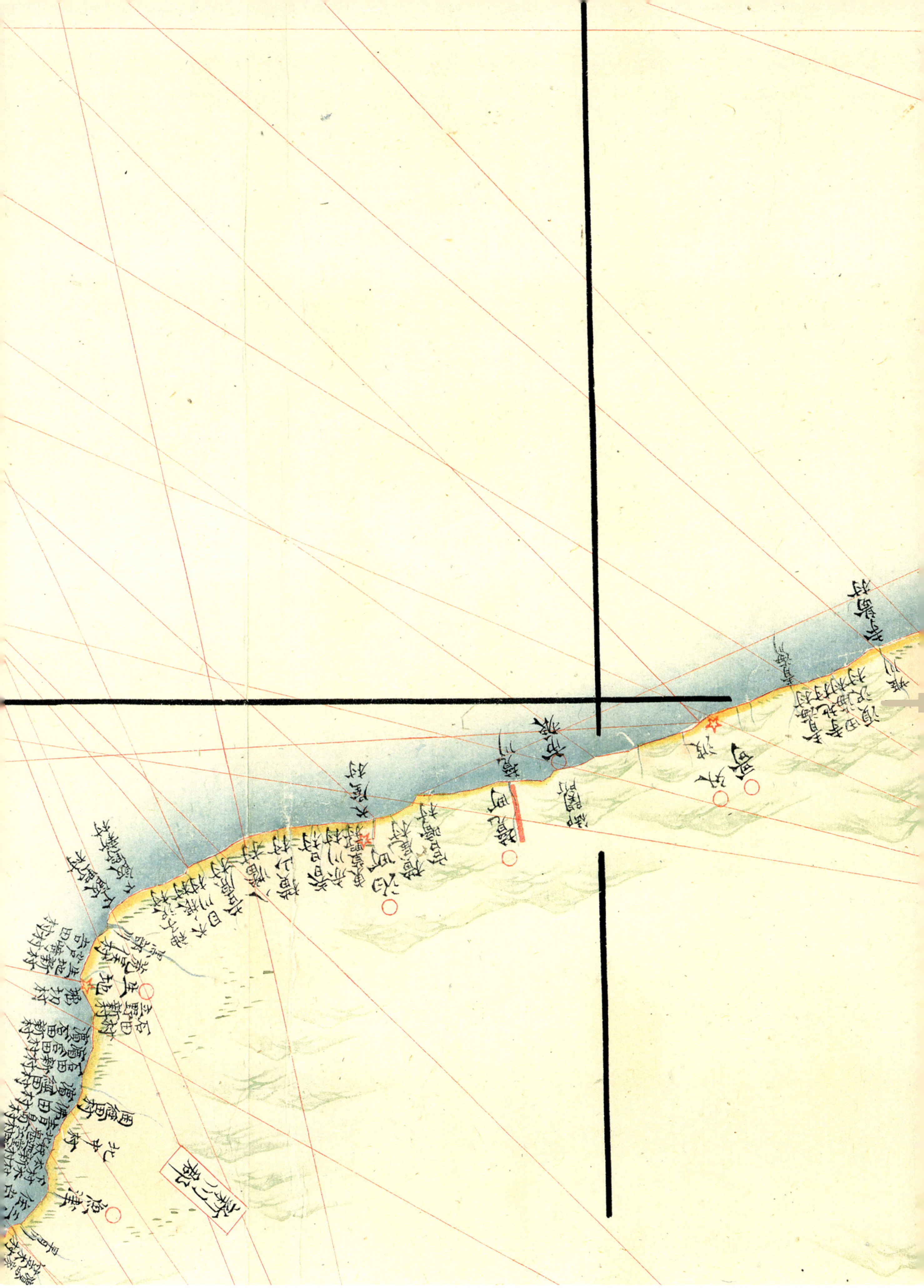

第5図　糸魚川

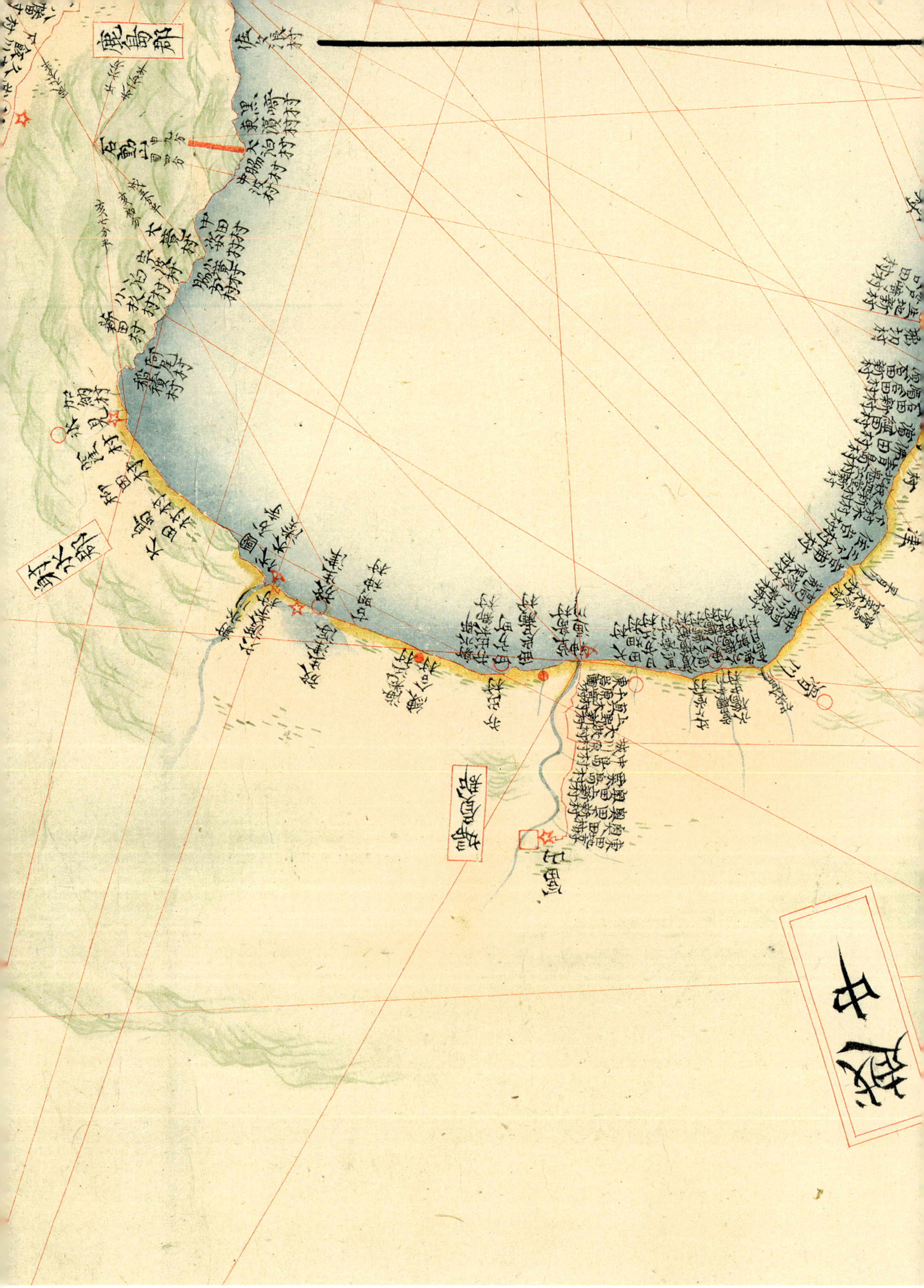

142
140 138
144 146

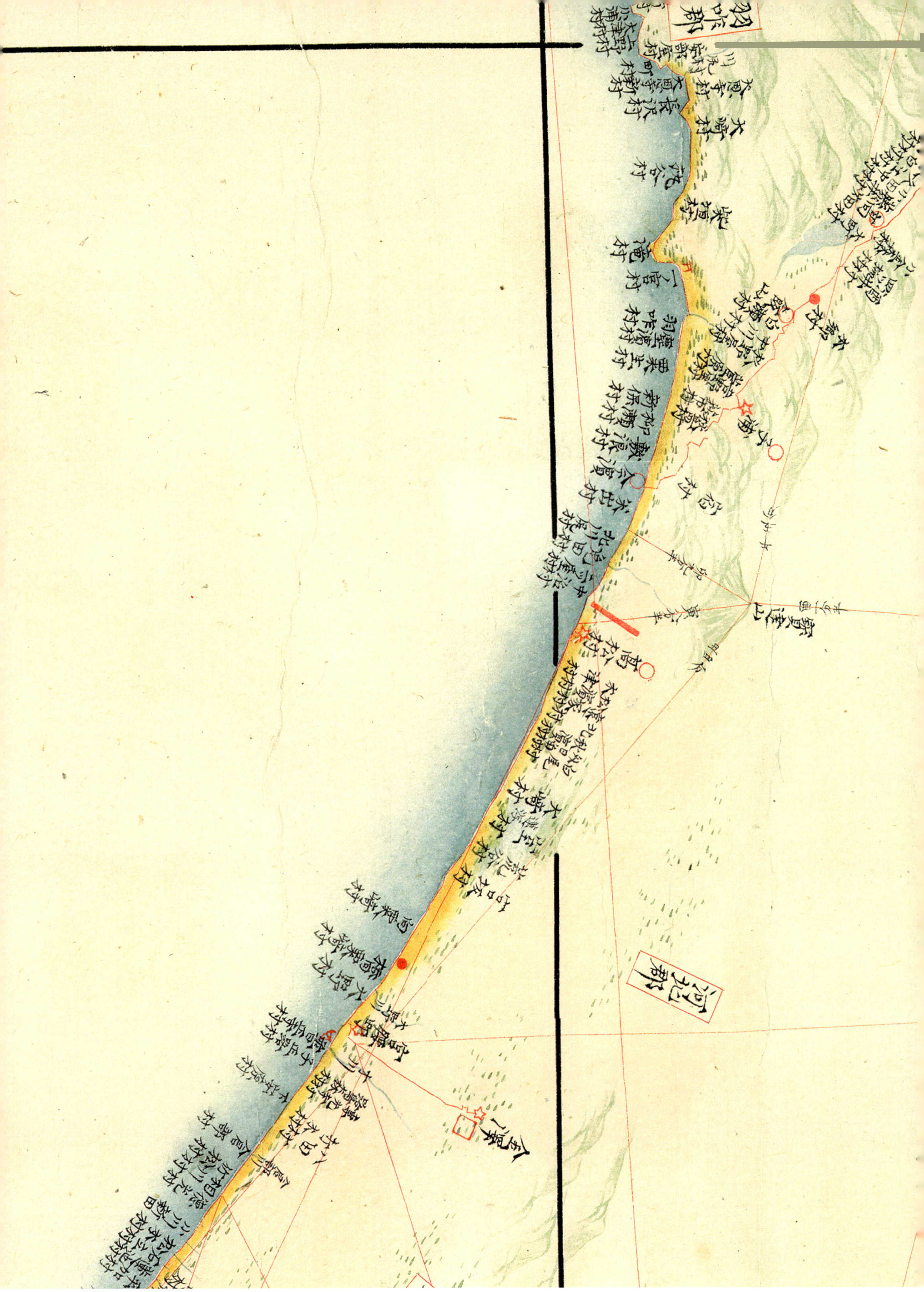

 第5図　富山・金沢

珠洲郡
寺家村
小泊村
蛸島
正院村
鹿野村
鵜島村
川尻村
新保村
小木湊
真脇村
小浦村
羽根村
鵜川村
甲村
曽良村

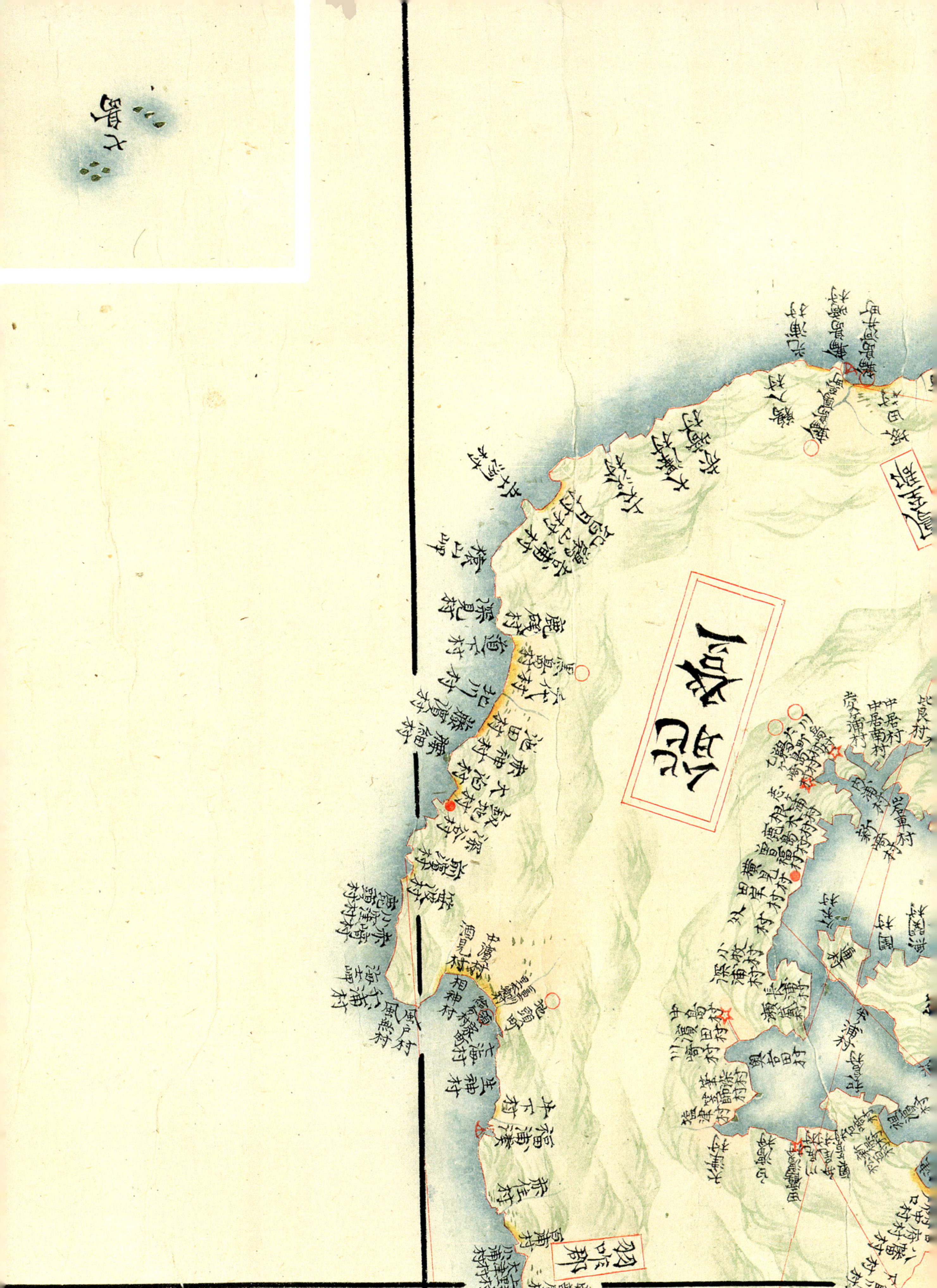

第5図　**能登**

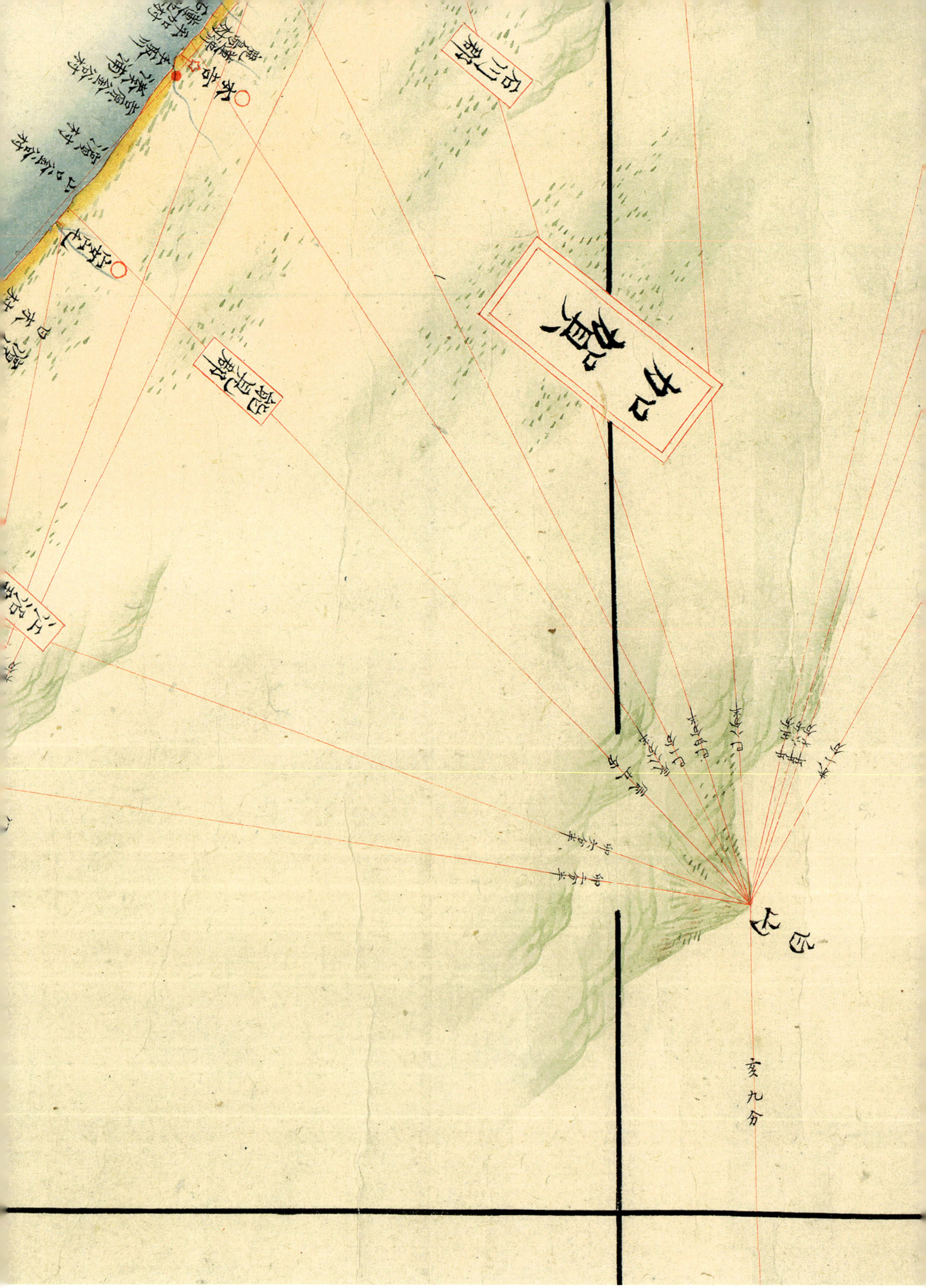
加賀
石川郡
能美郡
白山
亥九分

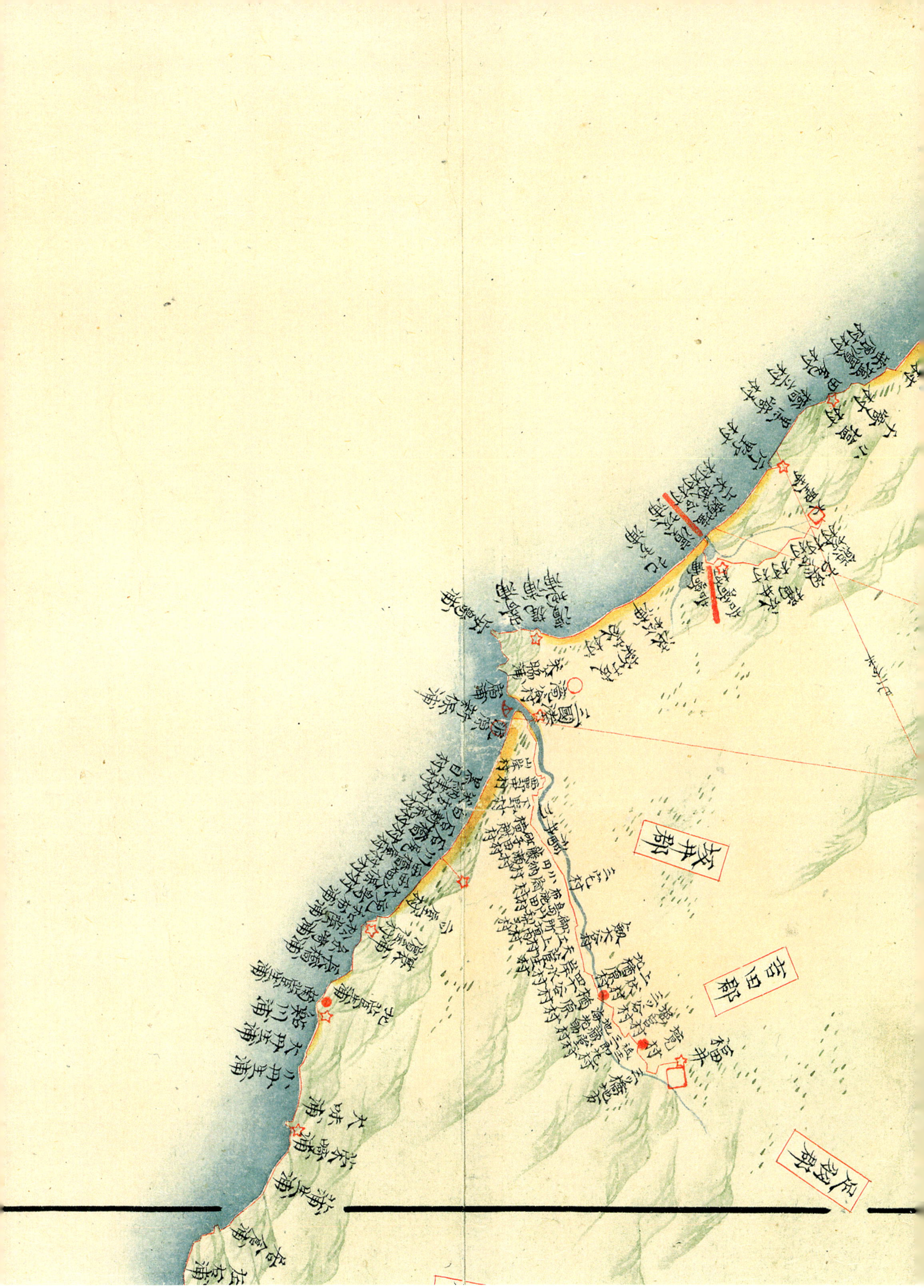

第5図　福井

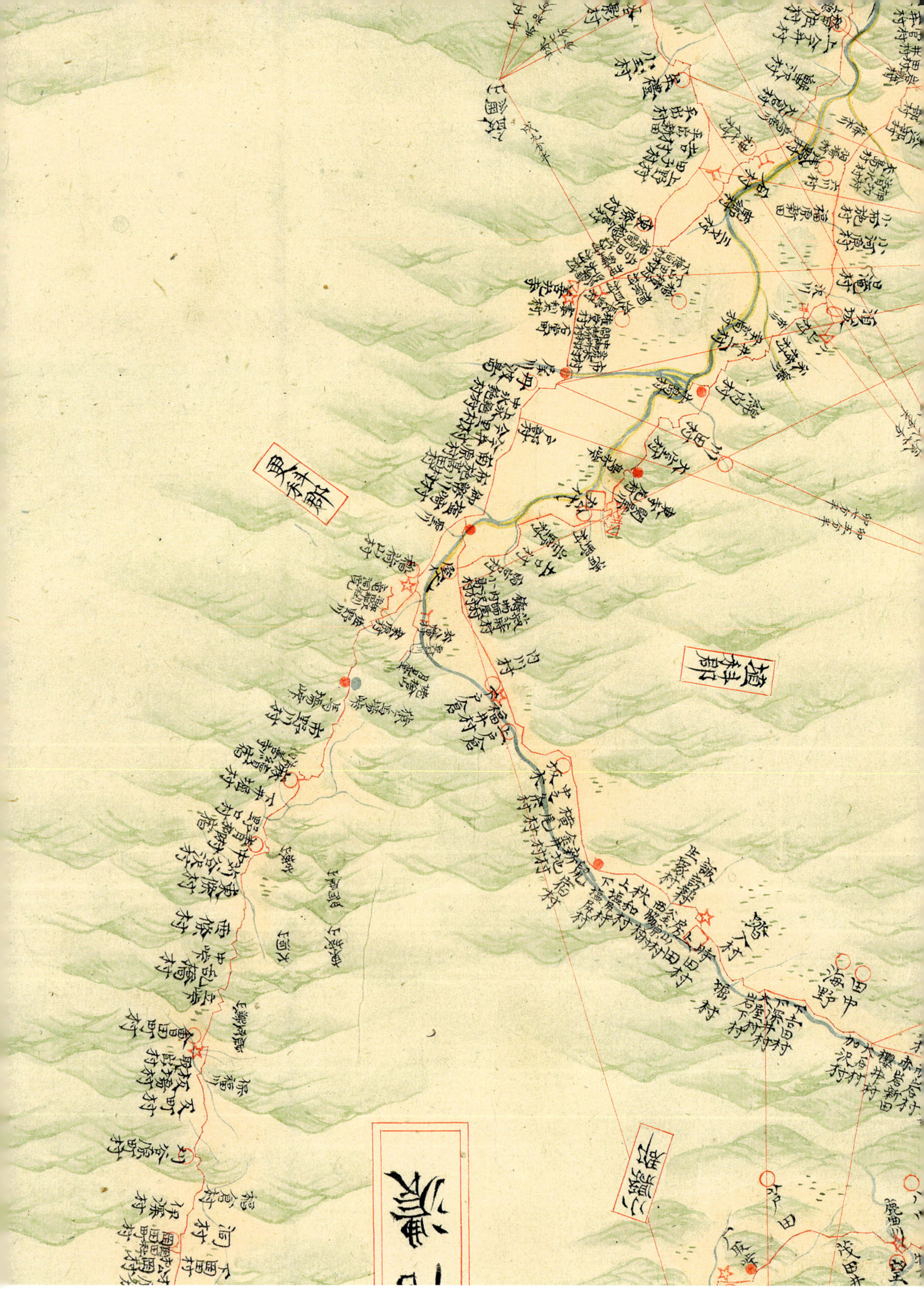

138 114 140 146 116 152 150

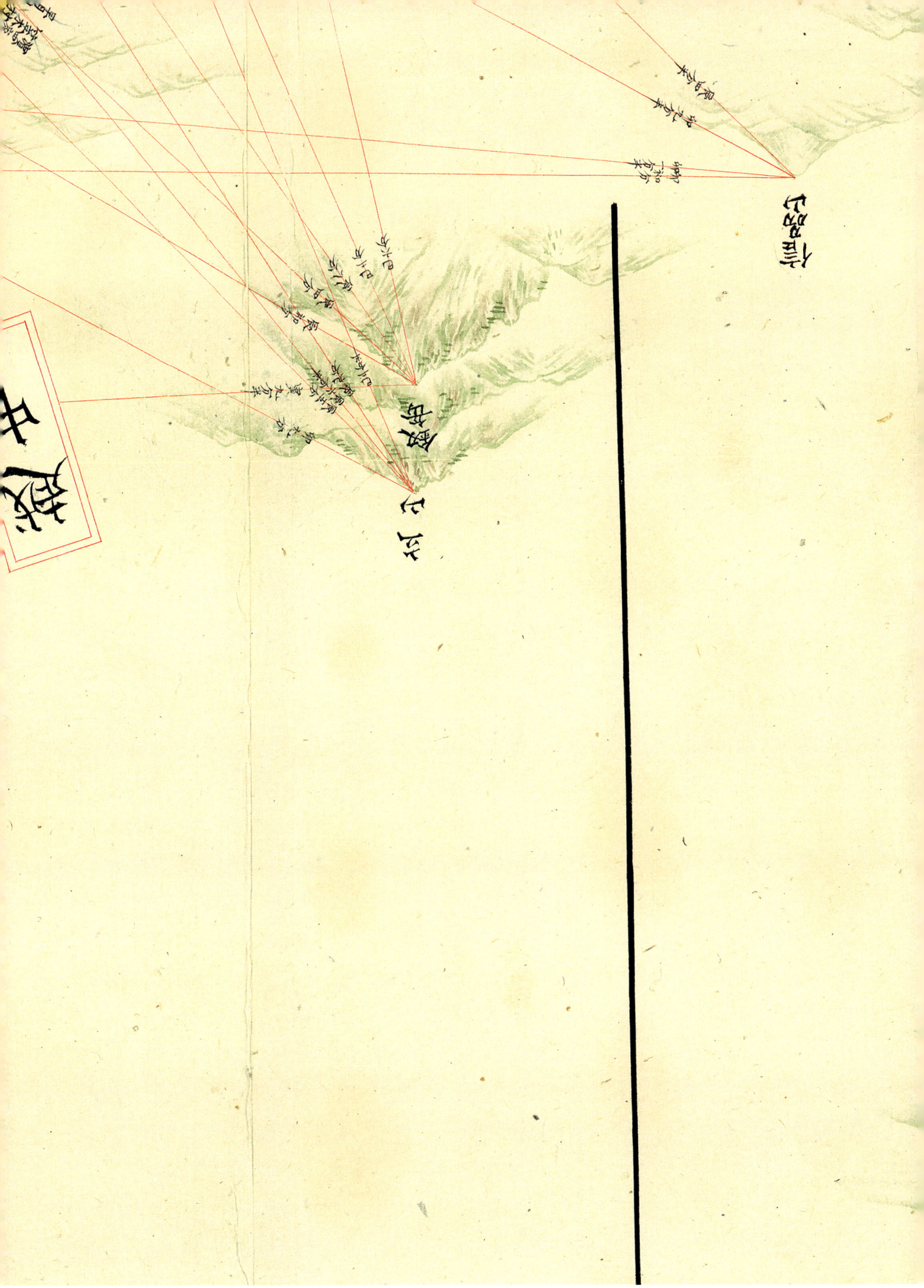

第5図　長野

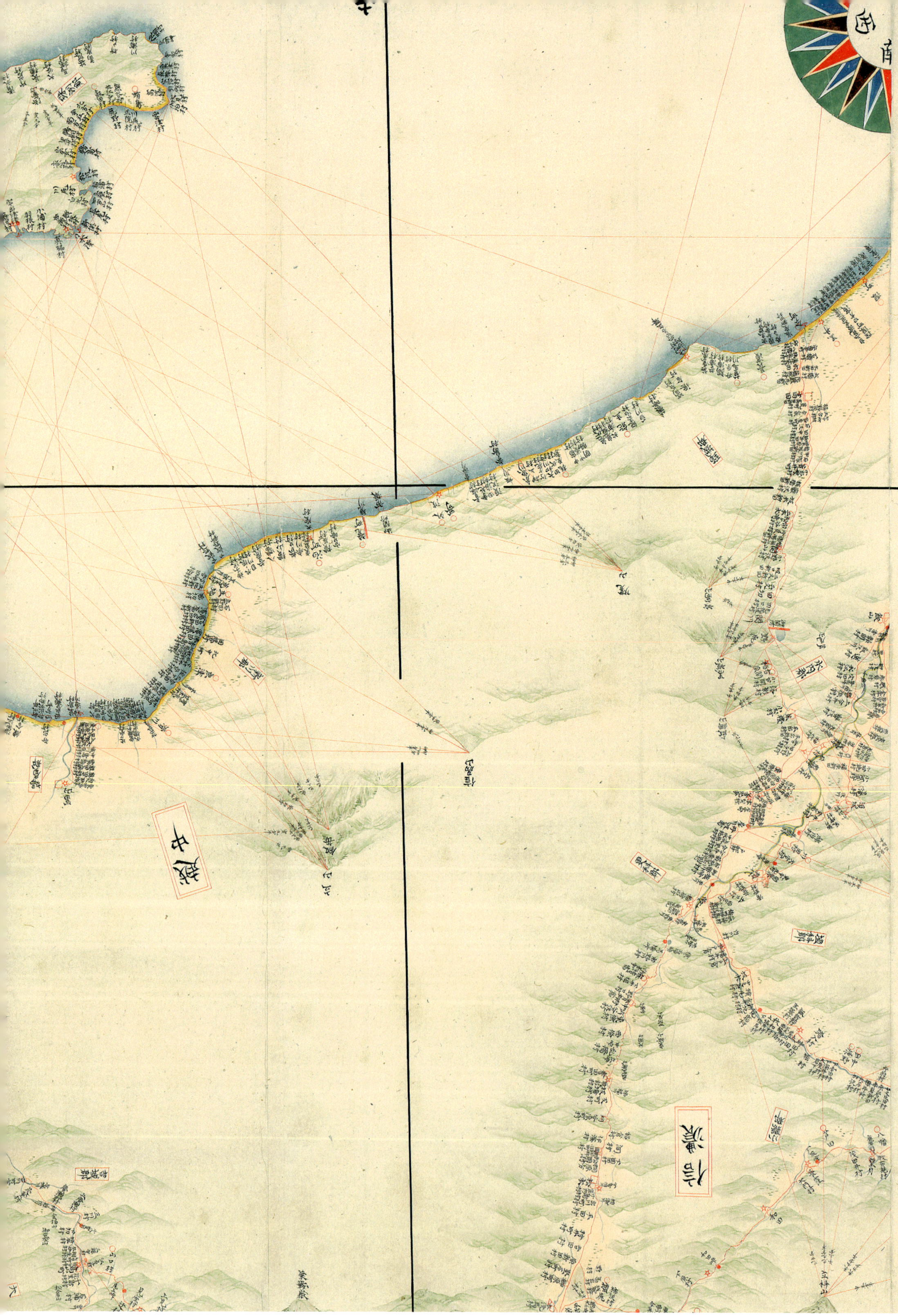

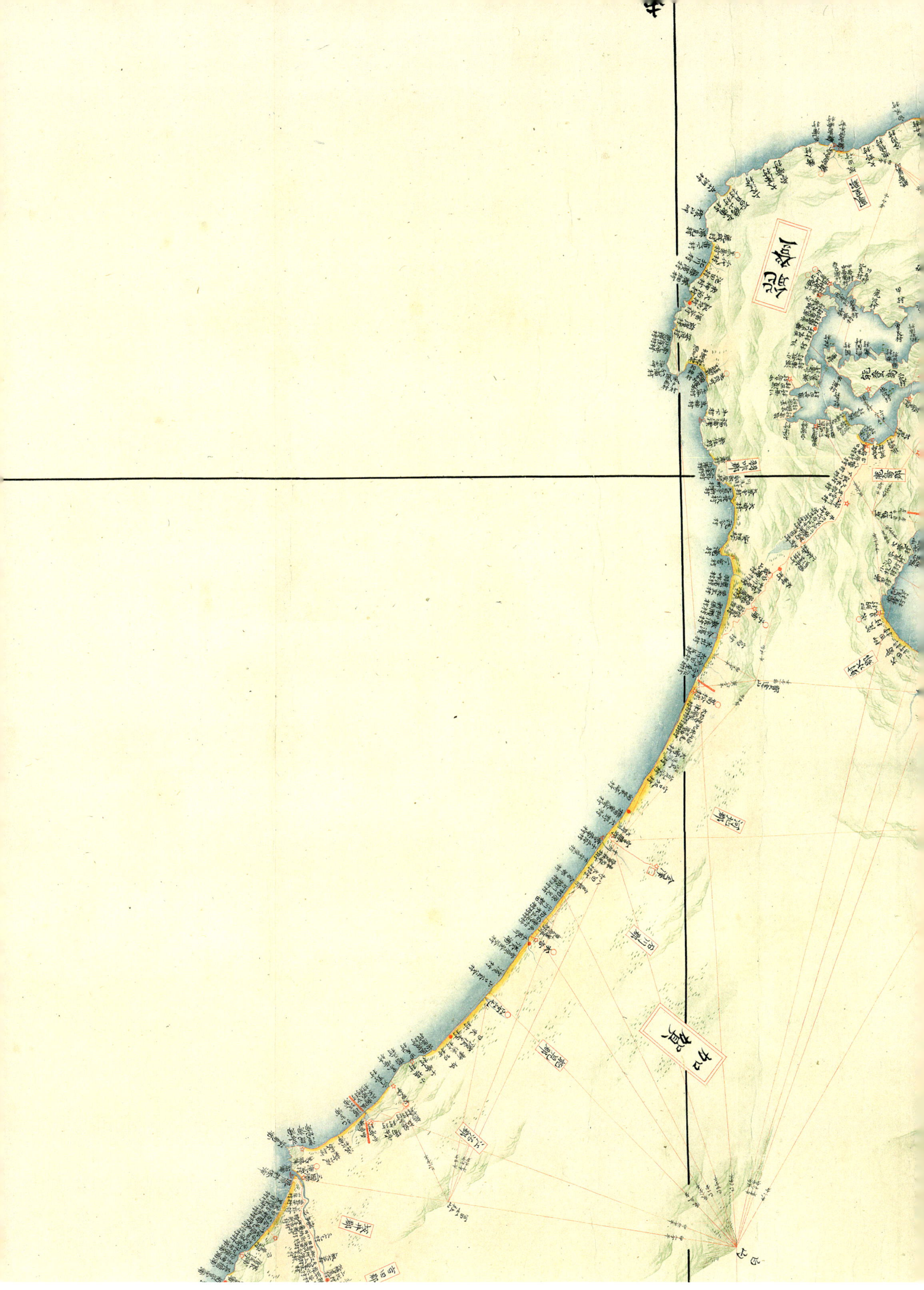

第5図　北陸広域図

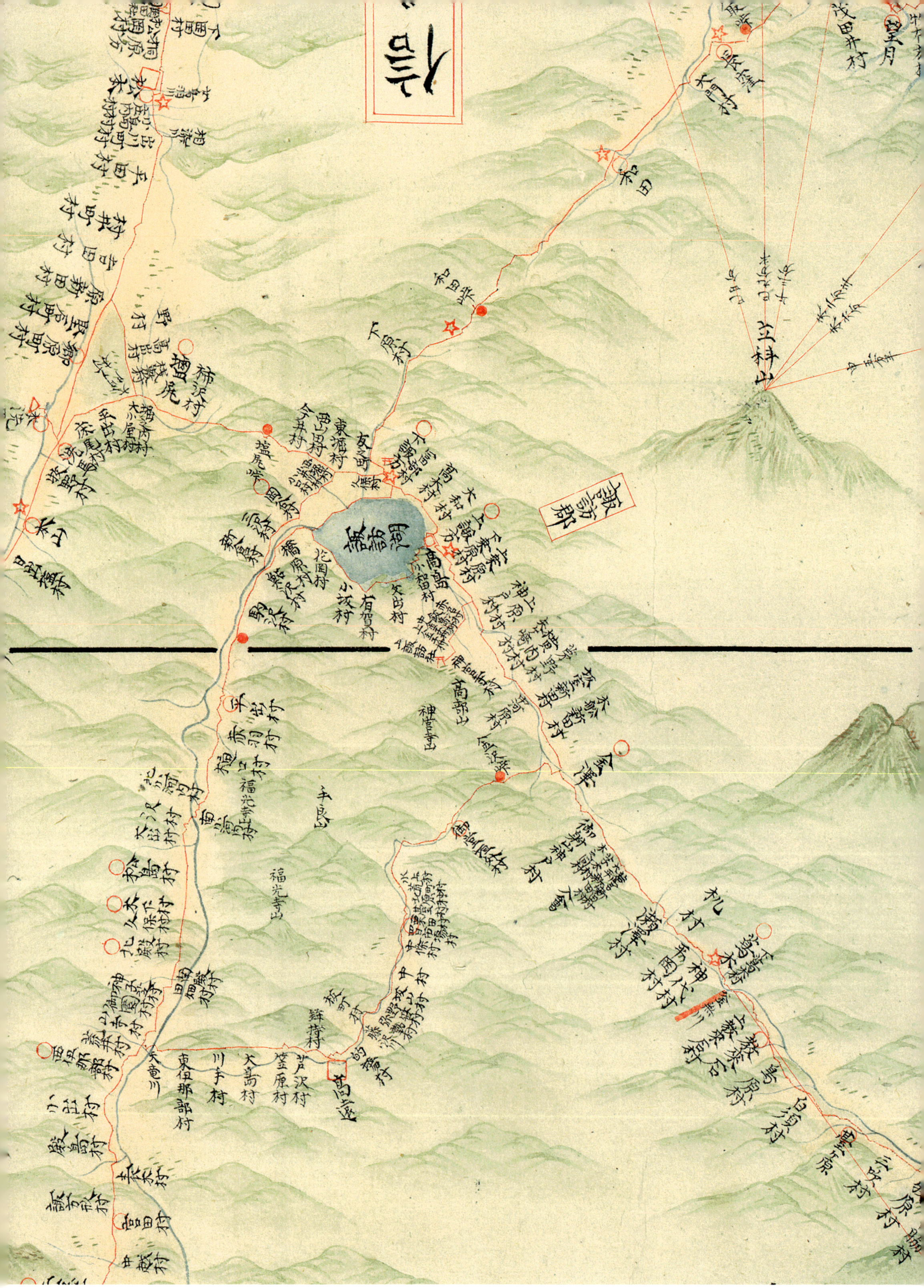

第5図　松本・諏訪

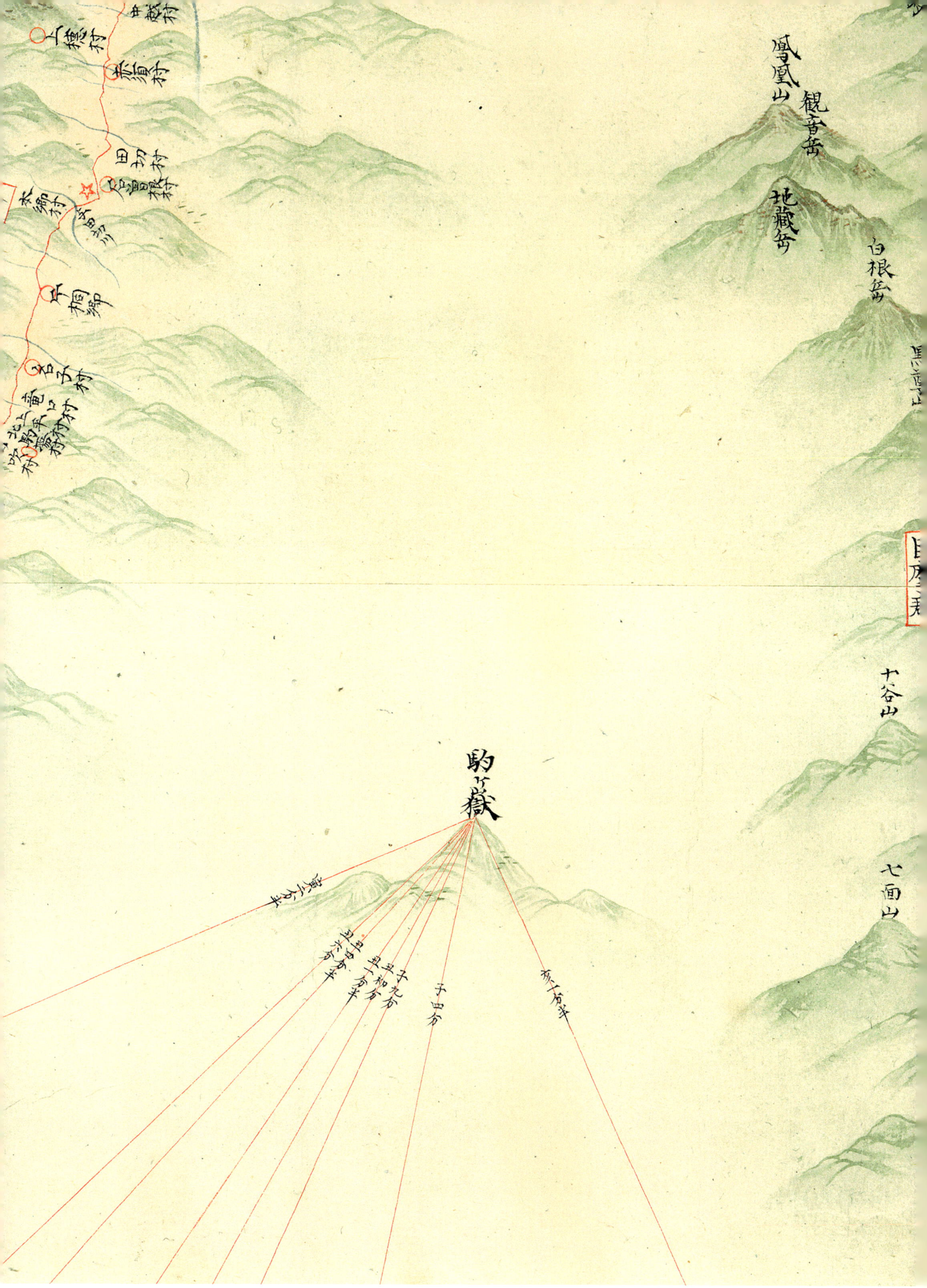

第5図　木曽駒ヶ岳

150 117 154 151 126

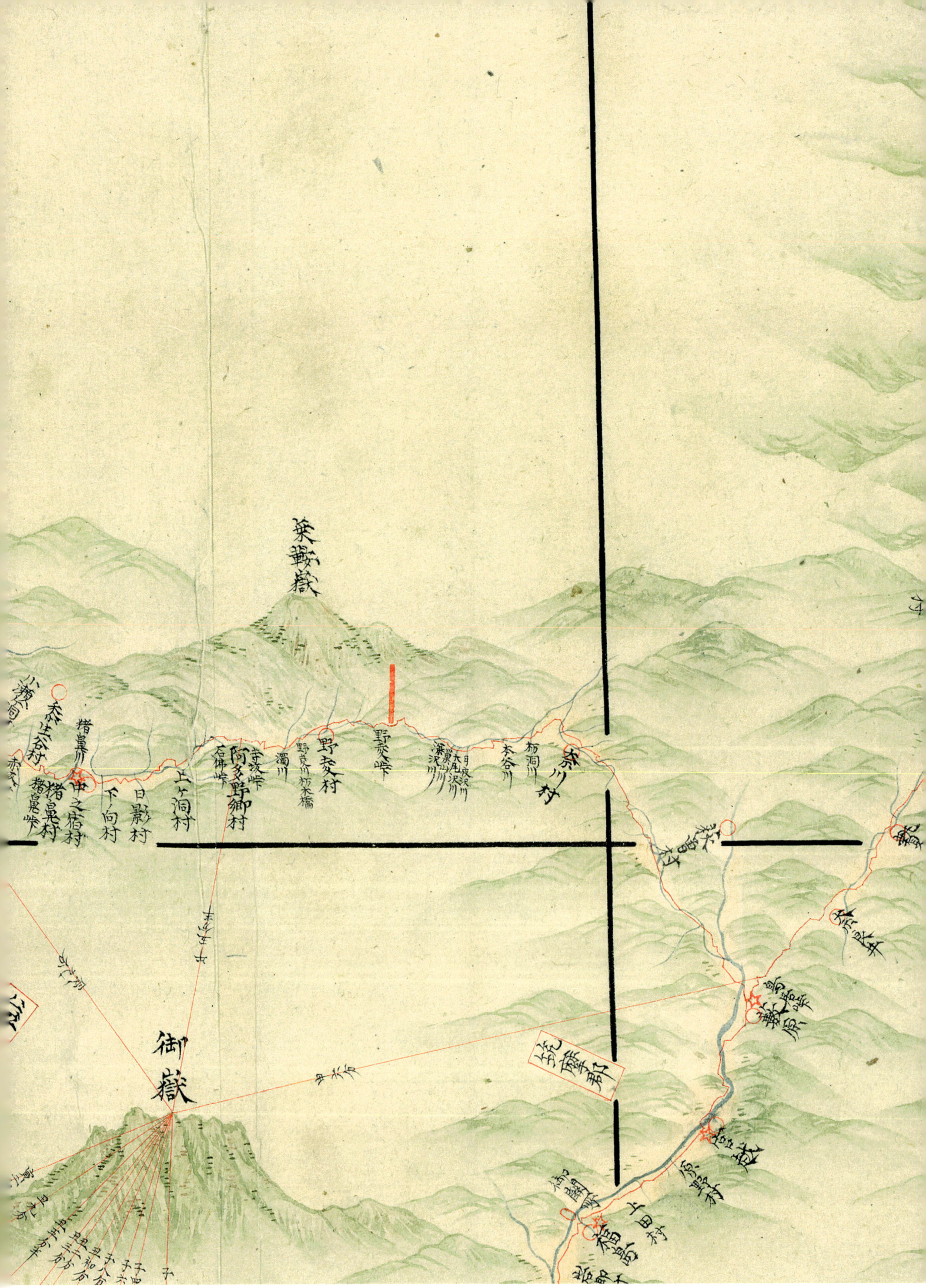

144 146 152 150 156 154

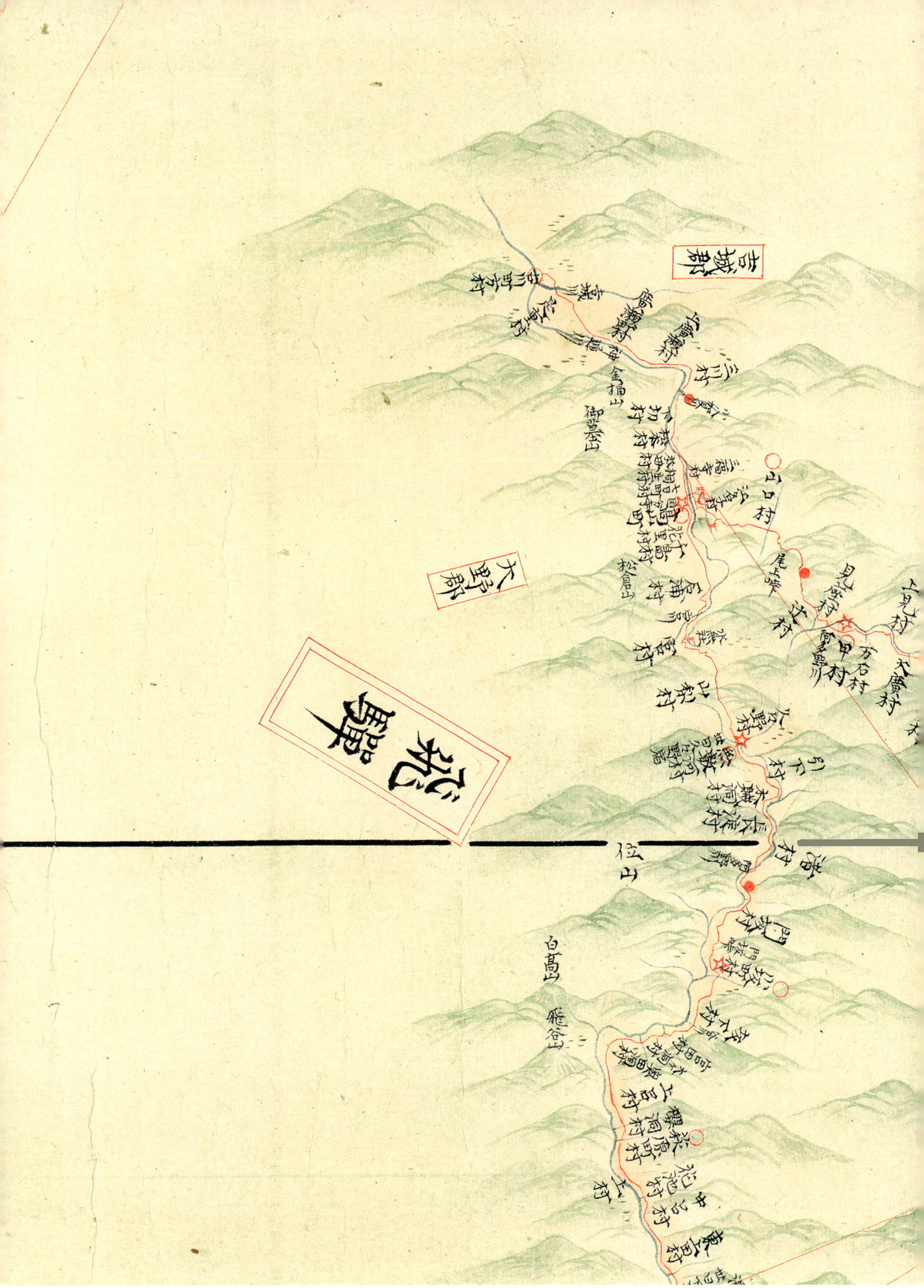

第5図　高山

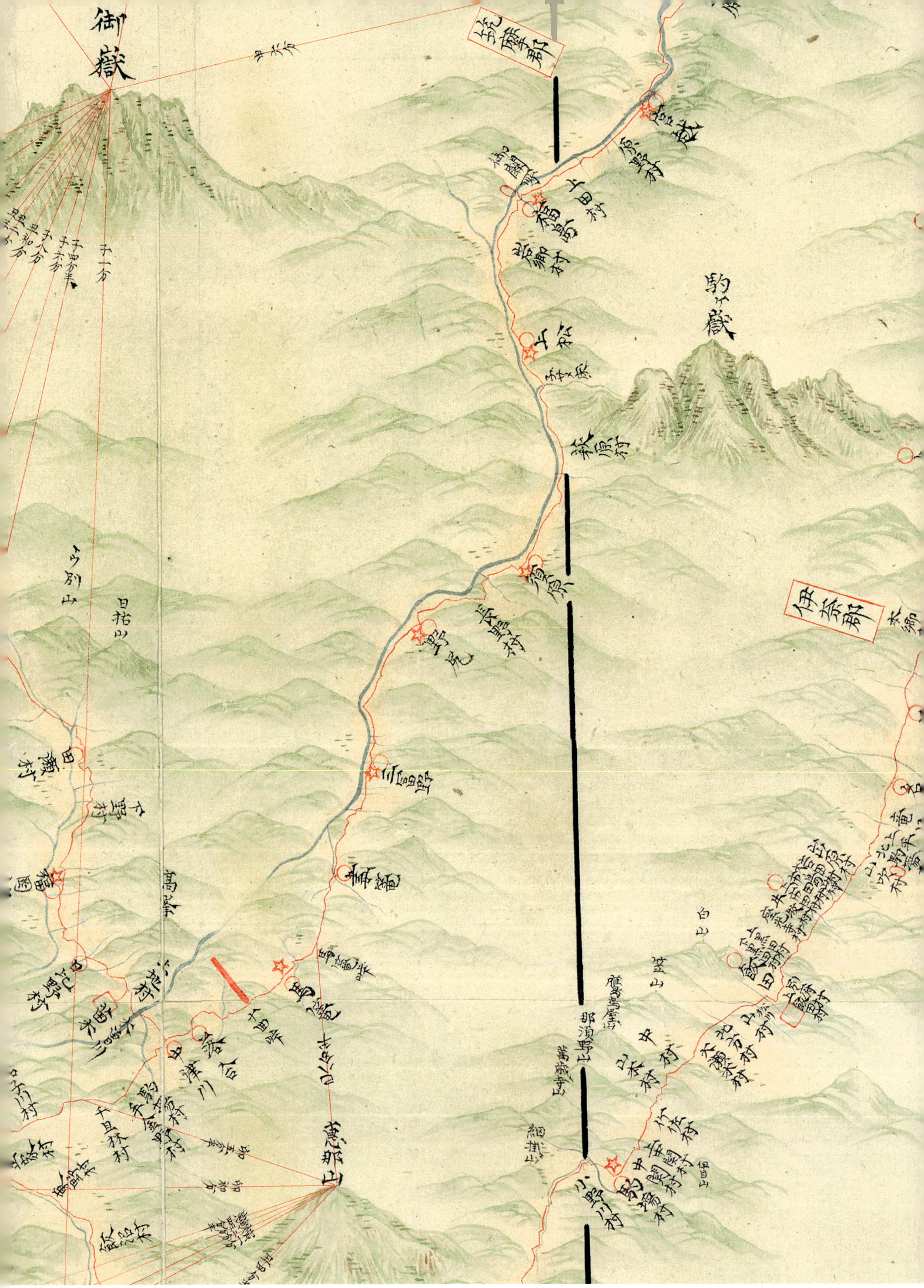
御嶽
筑摩郡
宮越
原野村
上田村
福島
岩郷村
駒ヶ嶽
上松
荻原村
須原
伊奈郡
野尻
長野村
三留野
妻籠
馬籠
恵那山
田瀬村
落合
中津川
千旦林村

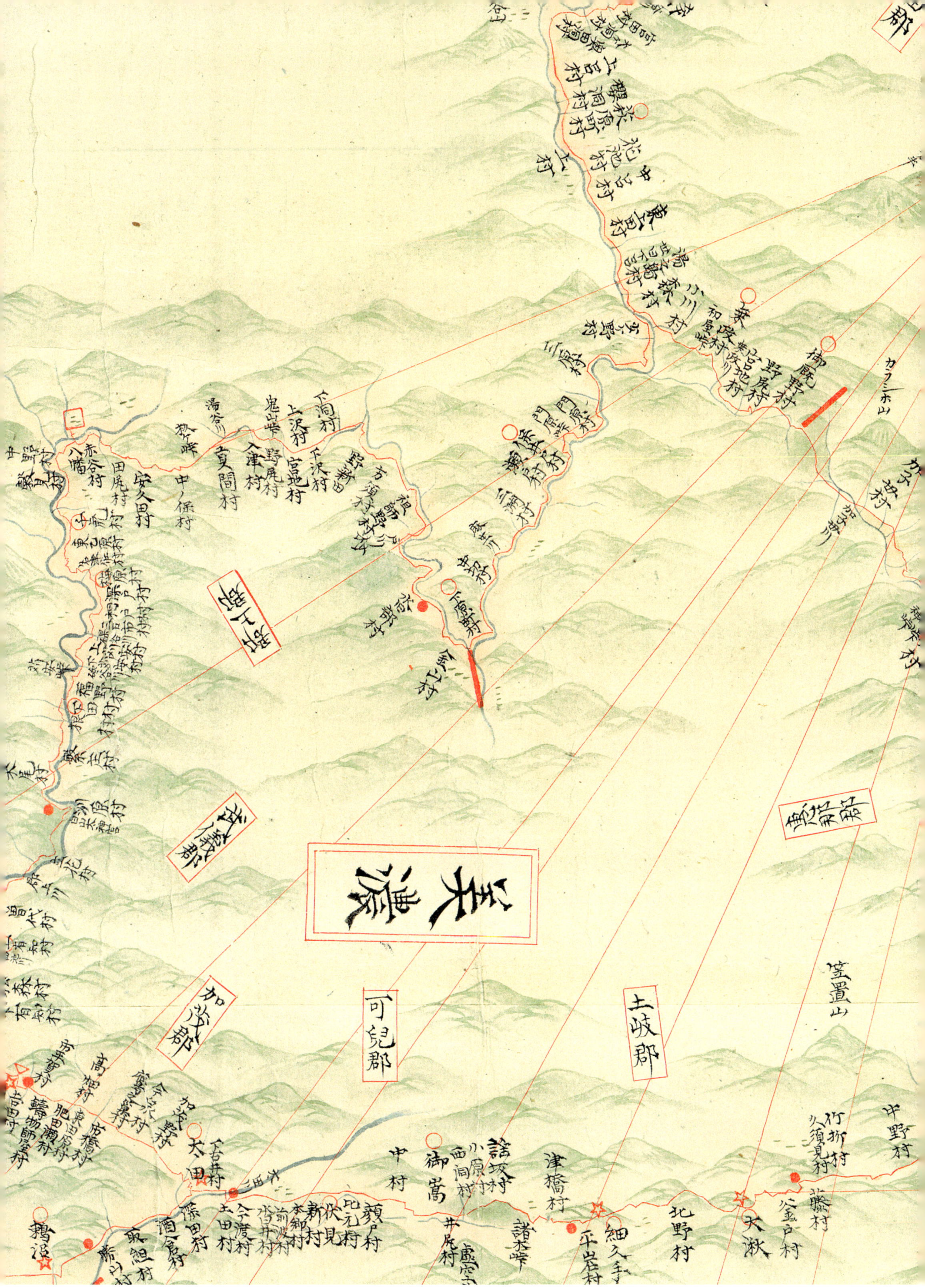

第5図　木曽福島

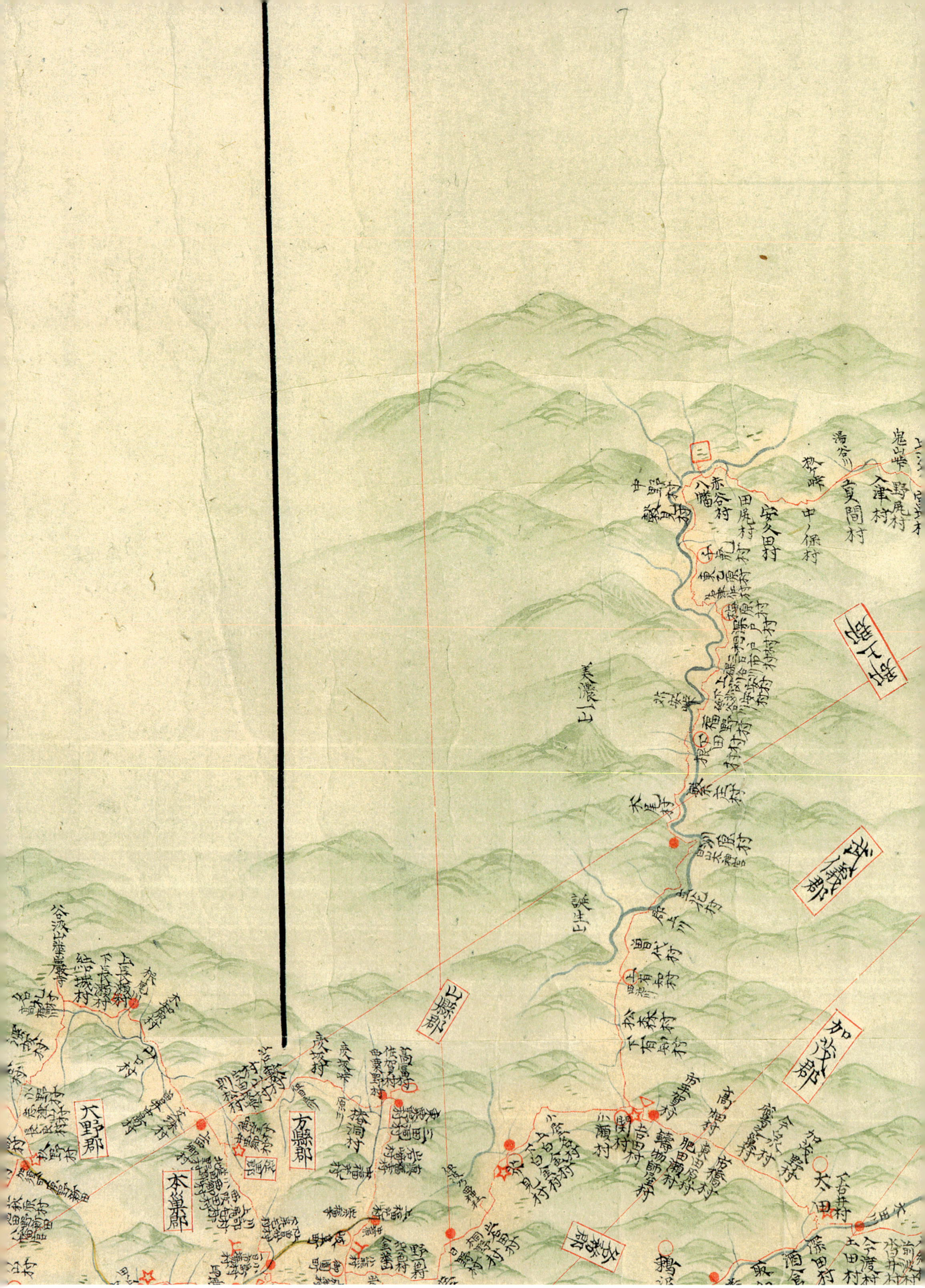
郡上郡
武儀郡
加茂郡
山縣郡
方縣郡
大野郡
本巣郡

第5図　郡上八幡

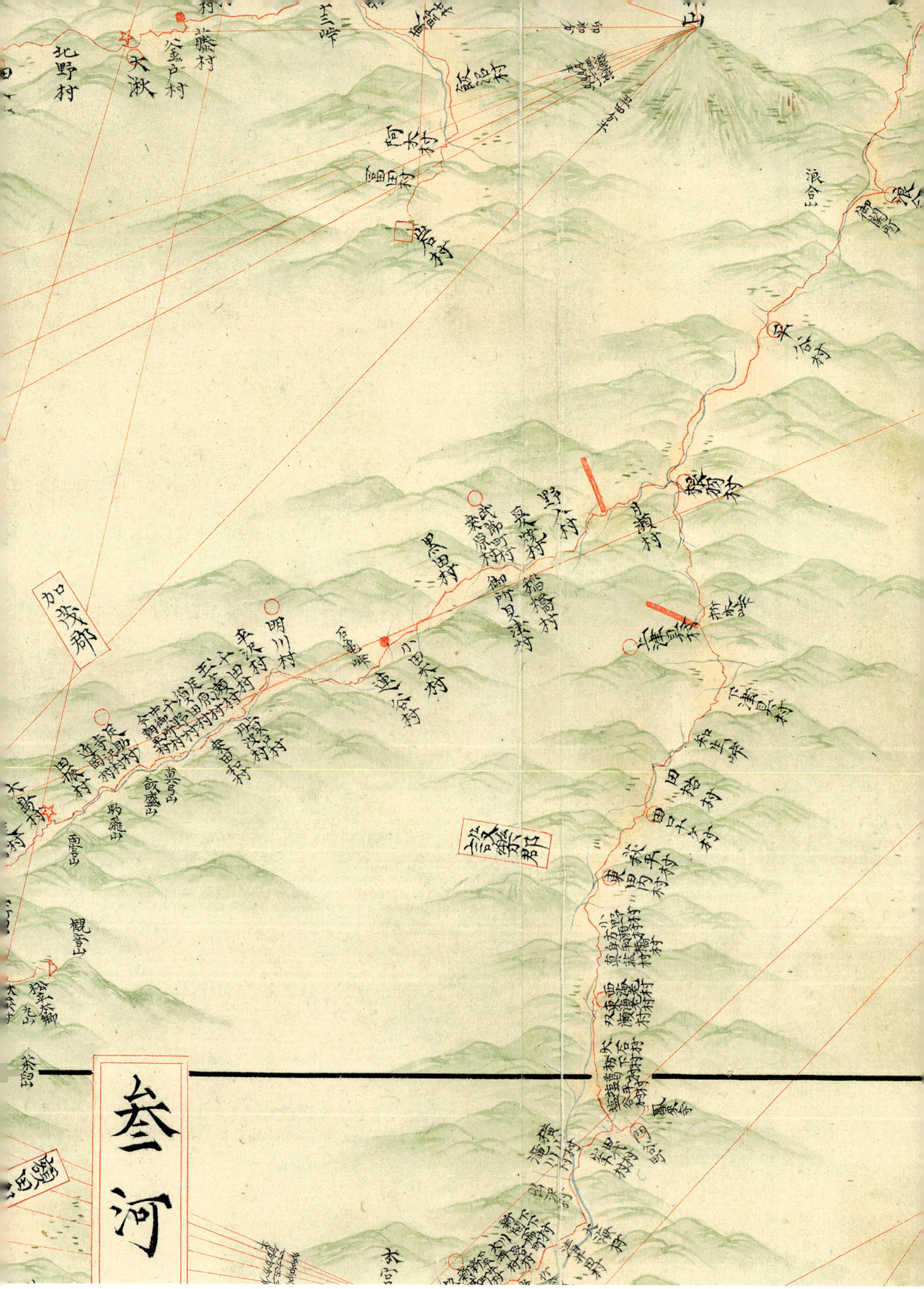

北野村
大湫
釜戸村
藤村
飯沼村
阿木村
岩村
加茂郡
明川村
黒田村
野入村
根羽村
平谷村
浪合
設楽郡
上津具村
下津具村
田口村
参河

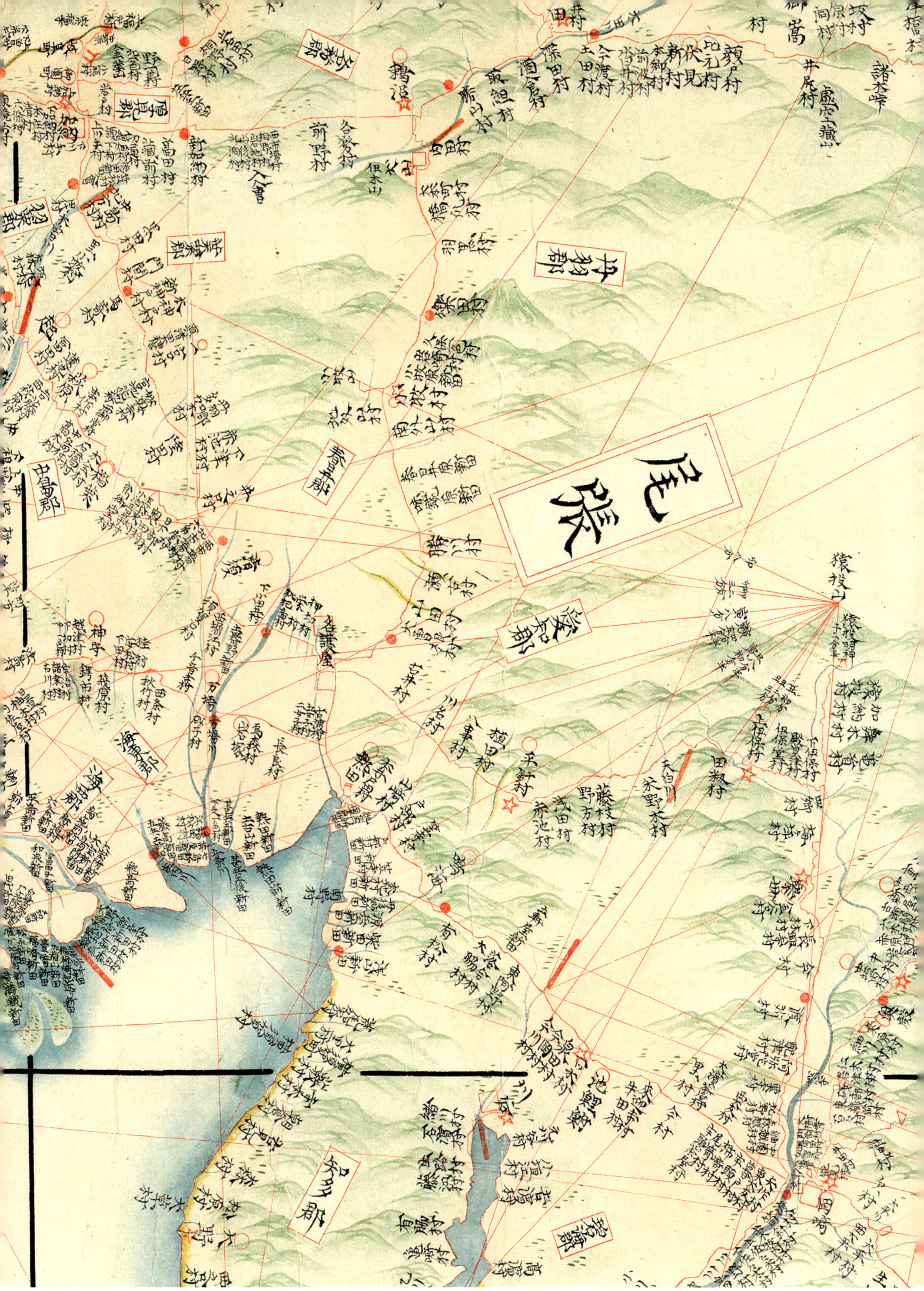

第5図　名古屋

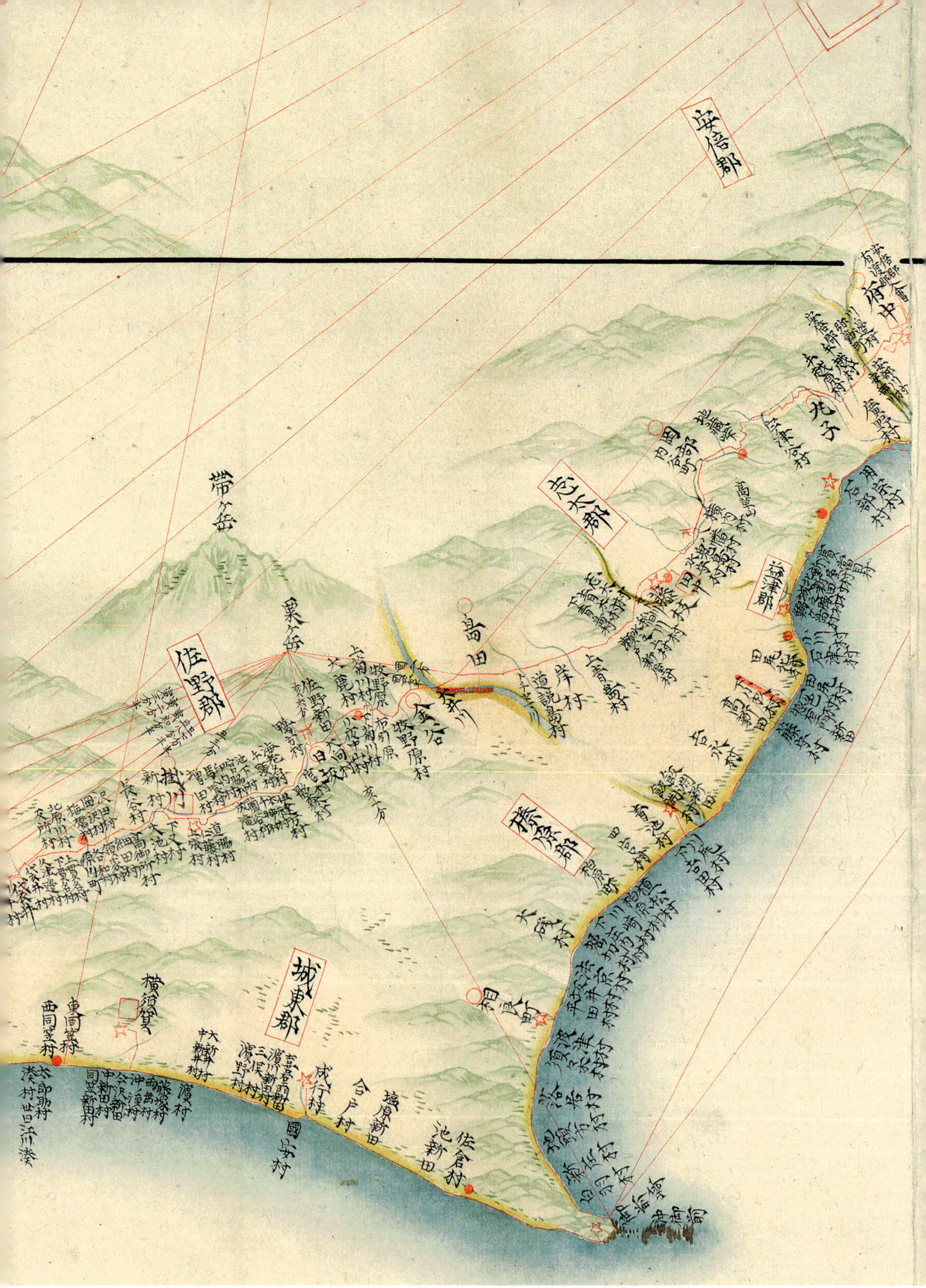

158 126
162 160 128

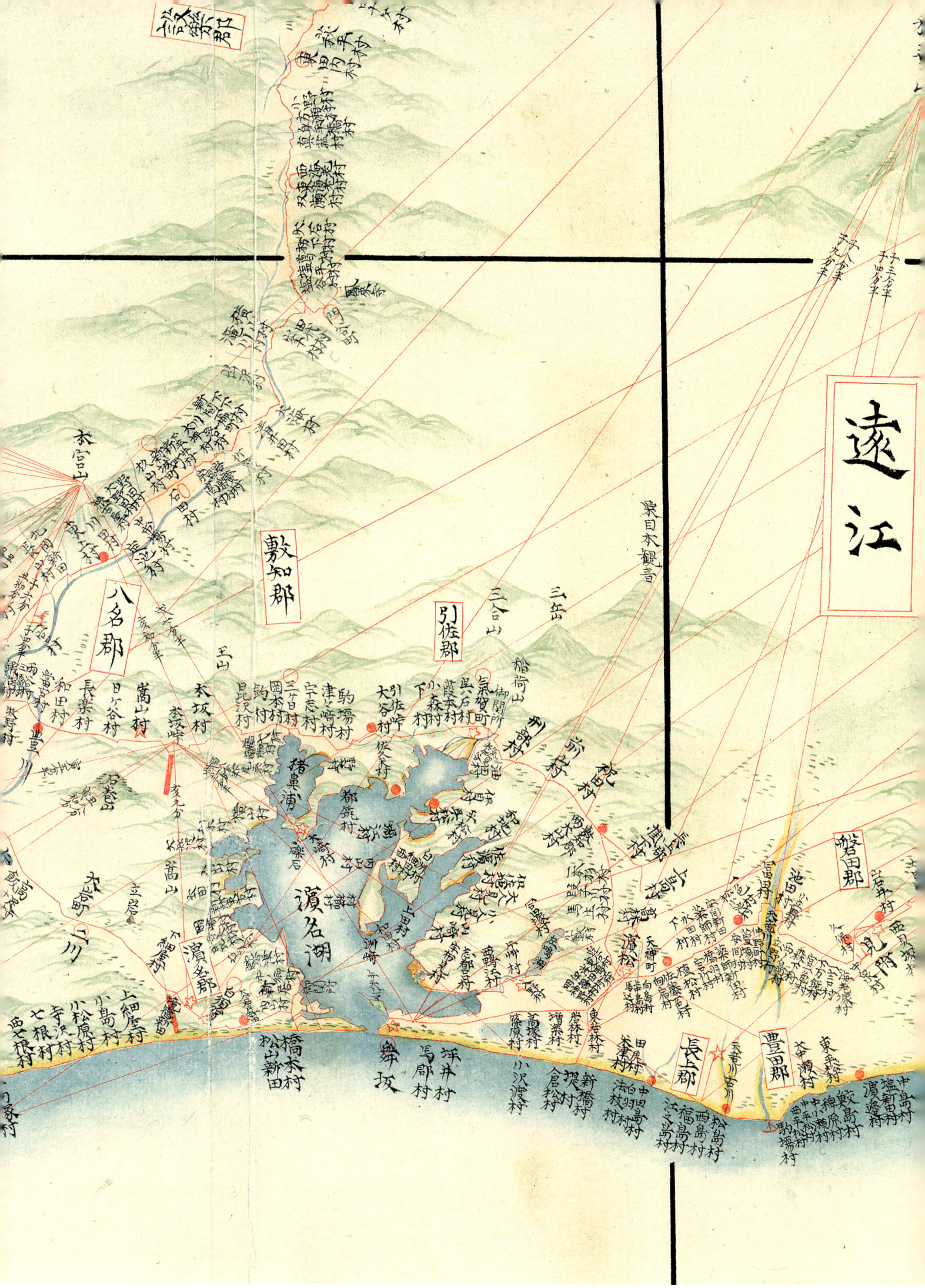

遠江
設楽郡
敷知郡
引佐郡
八名郡
濱名郡
長上郡
豊田郡
磐田郡
濱名湖
猪鼻湖
舞坂
濱松
三岳
三ヶ日村
気賀町
坪井村
馬郡村
橋本村

第5図　浜松

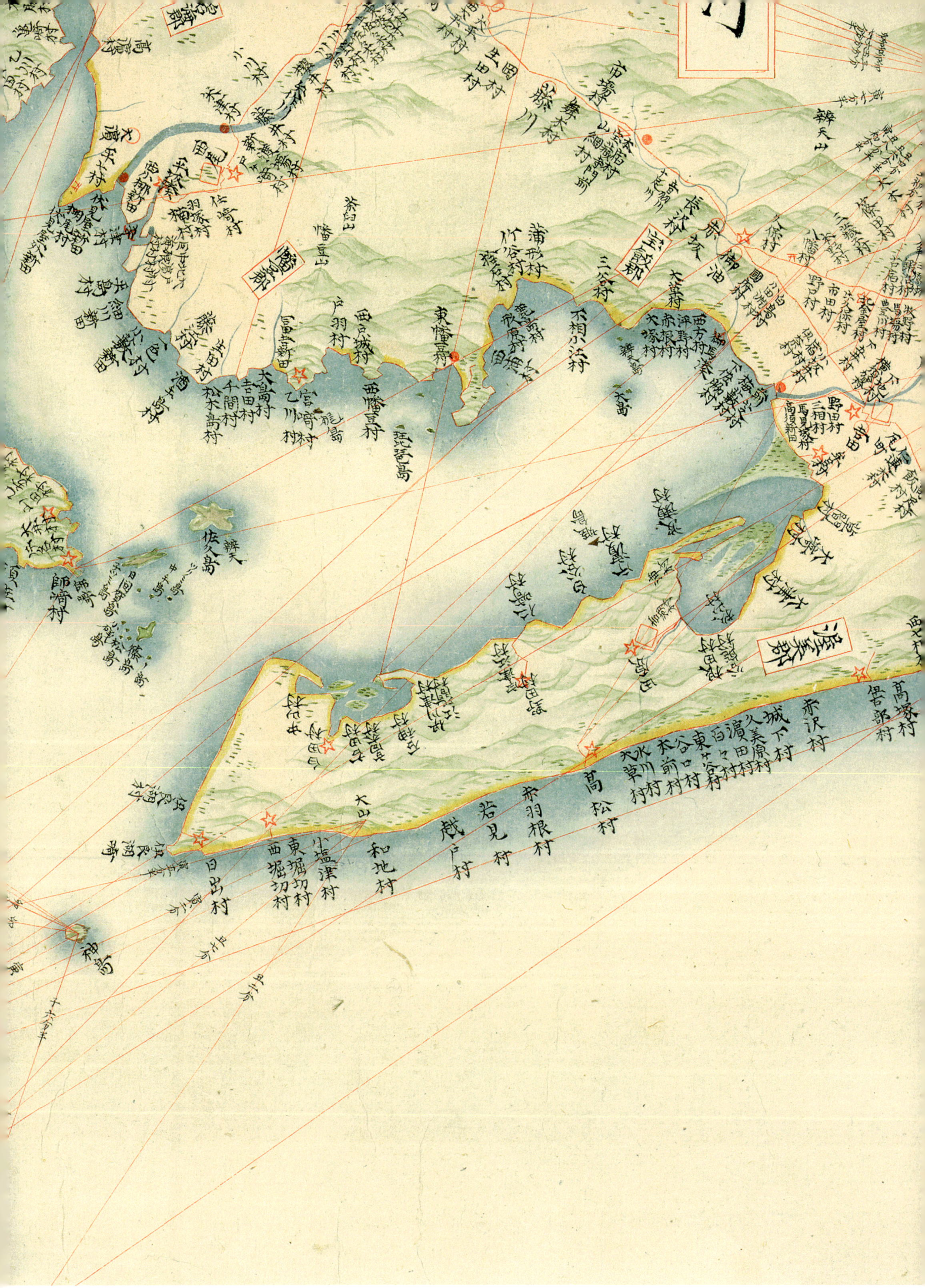

166 158
167 162 160
168

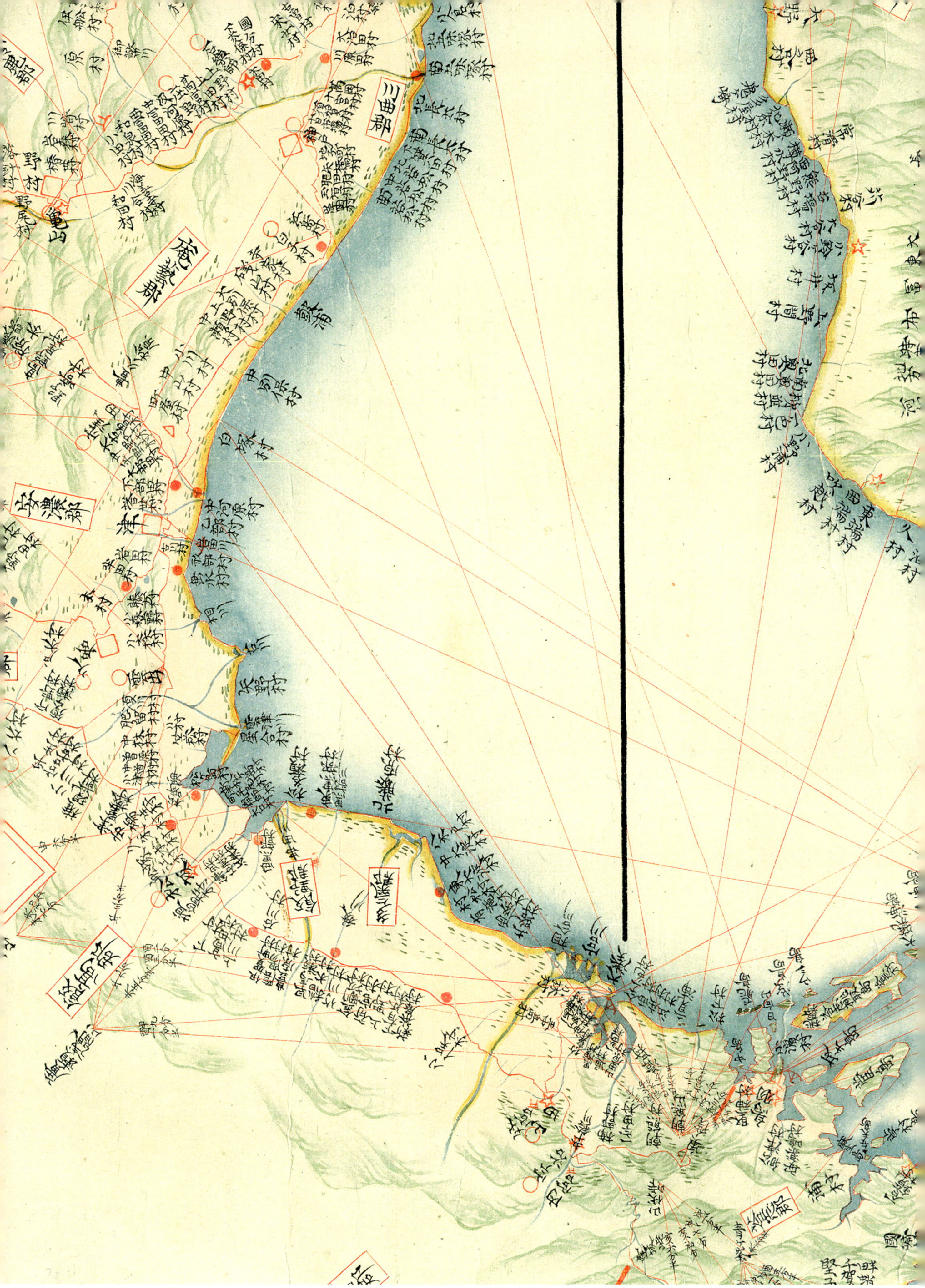

第5図　豊橋・津・伊勢

駿河
遠江

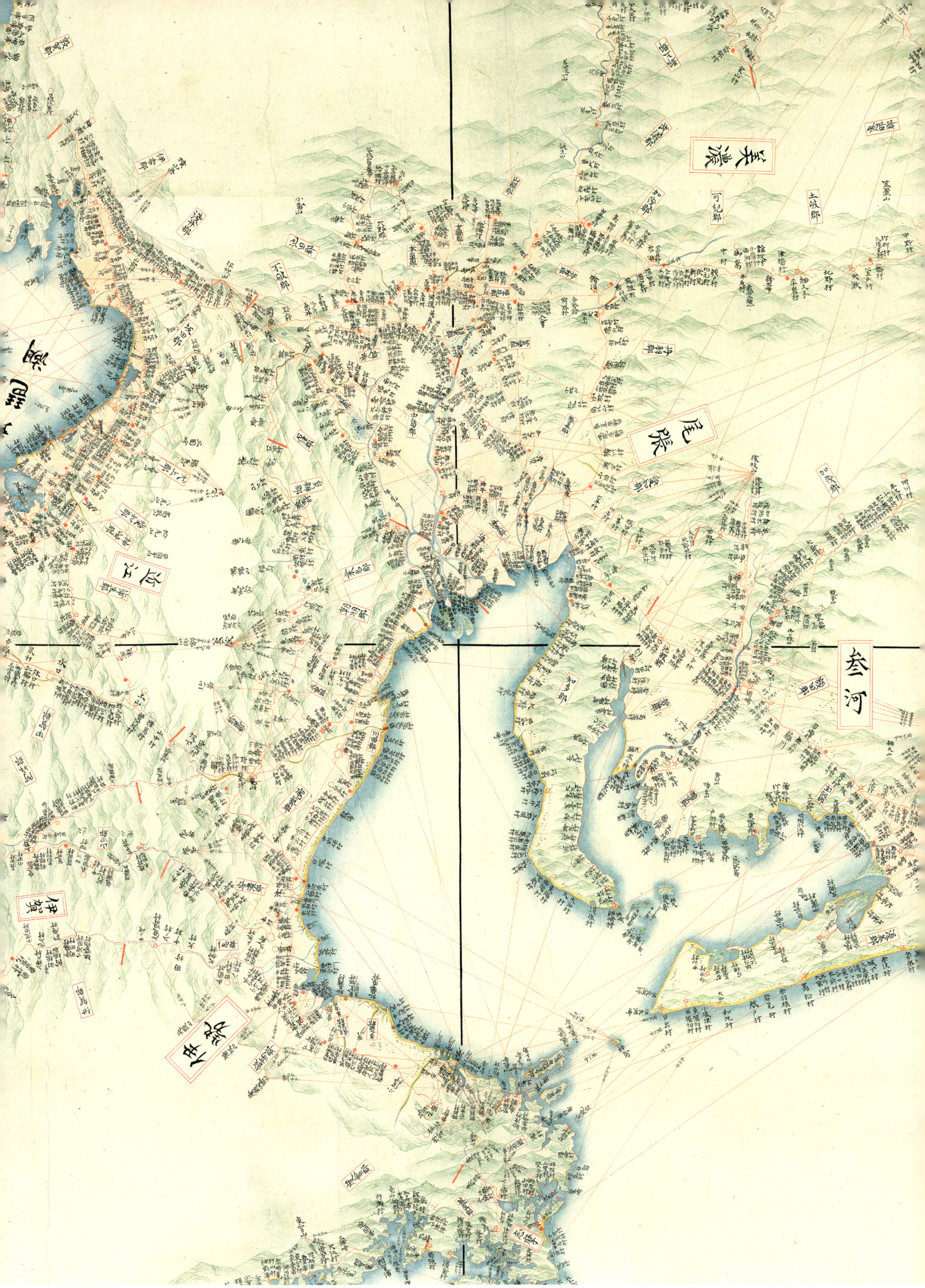

第5図　中京・東海広域図

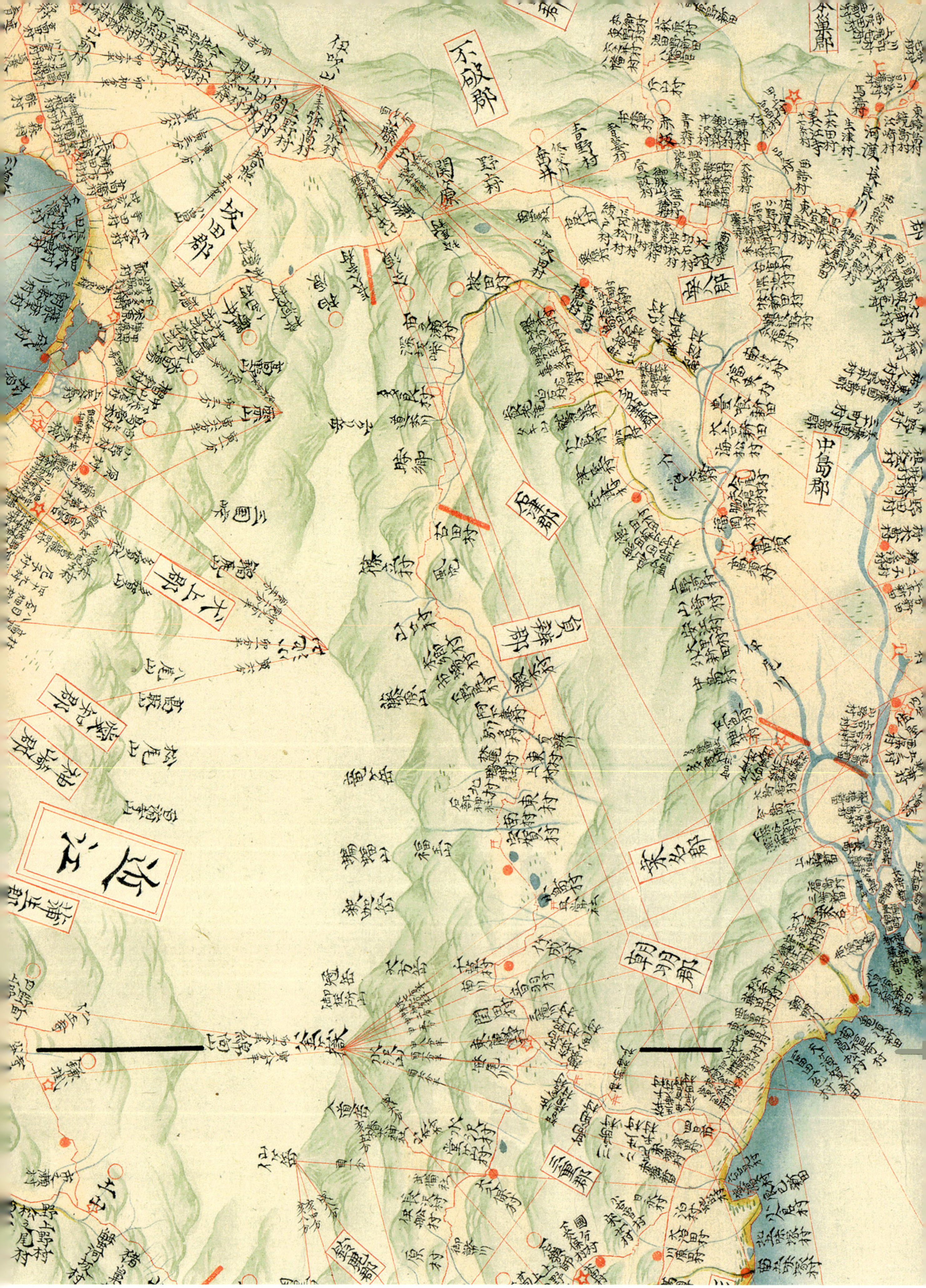

156
174 166 158
167 162

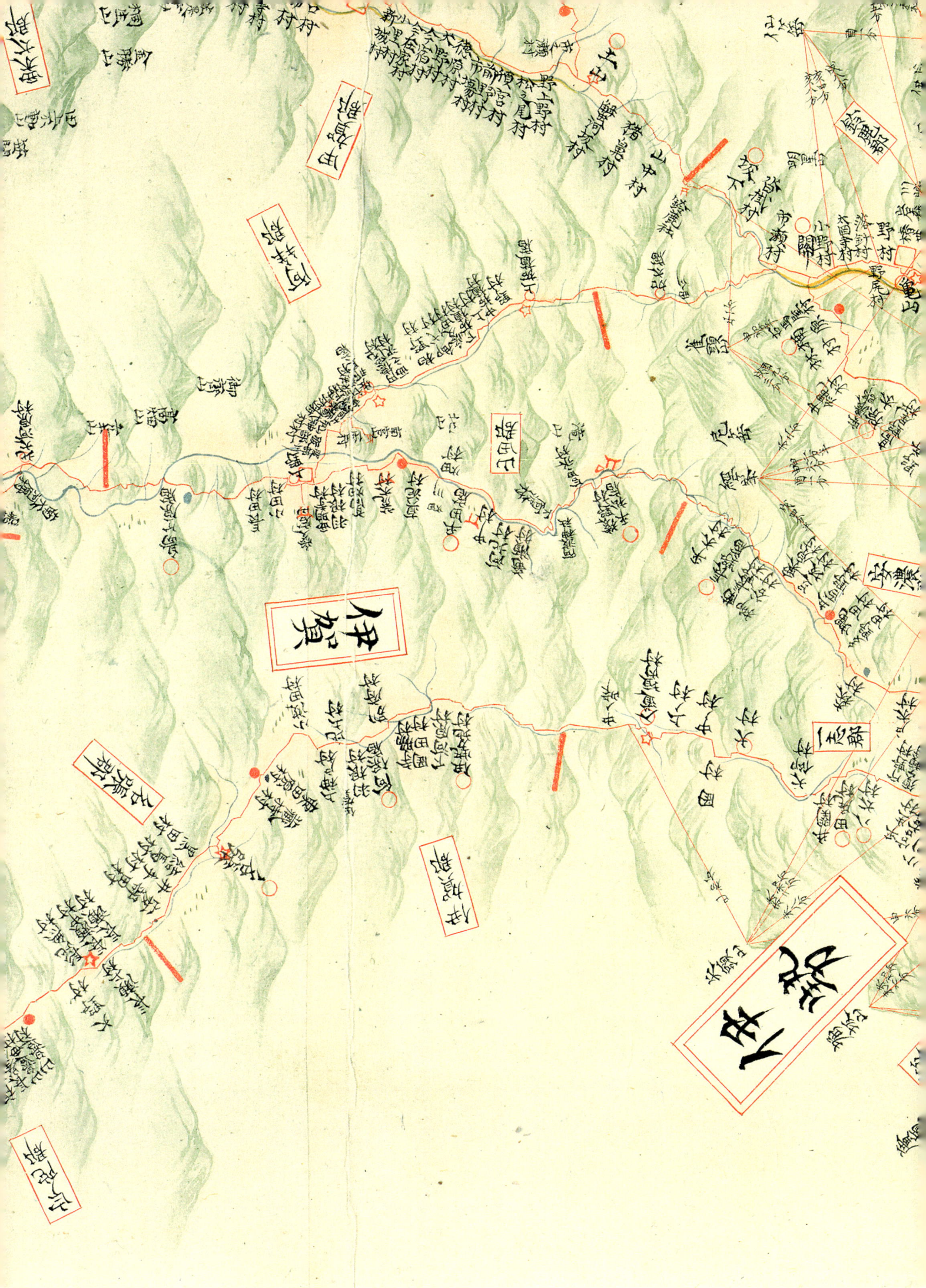

第5図　伊賀上野

174 166 176 167 162 177 168

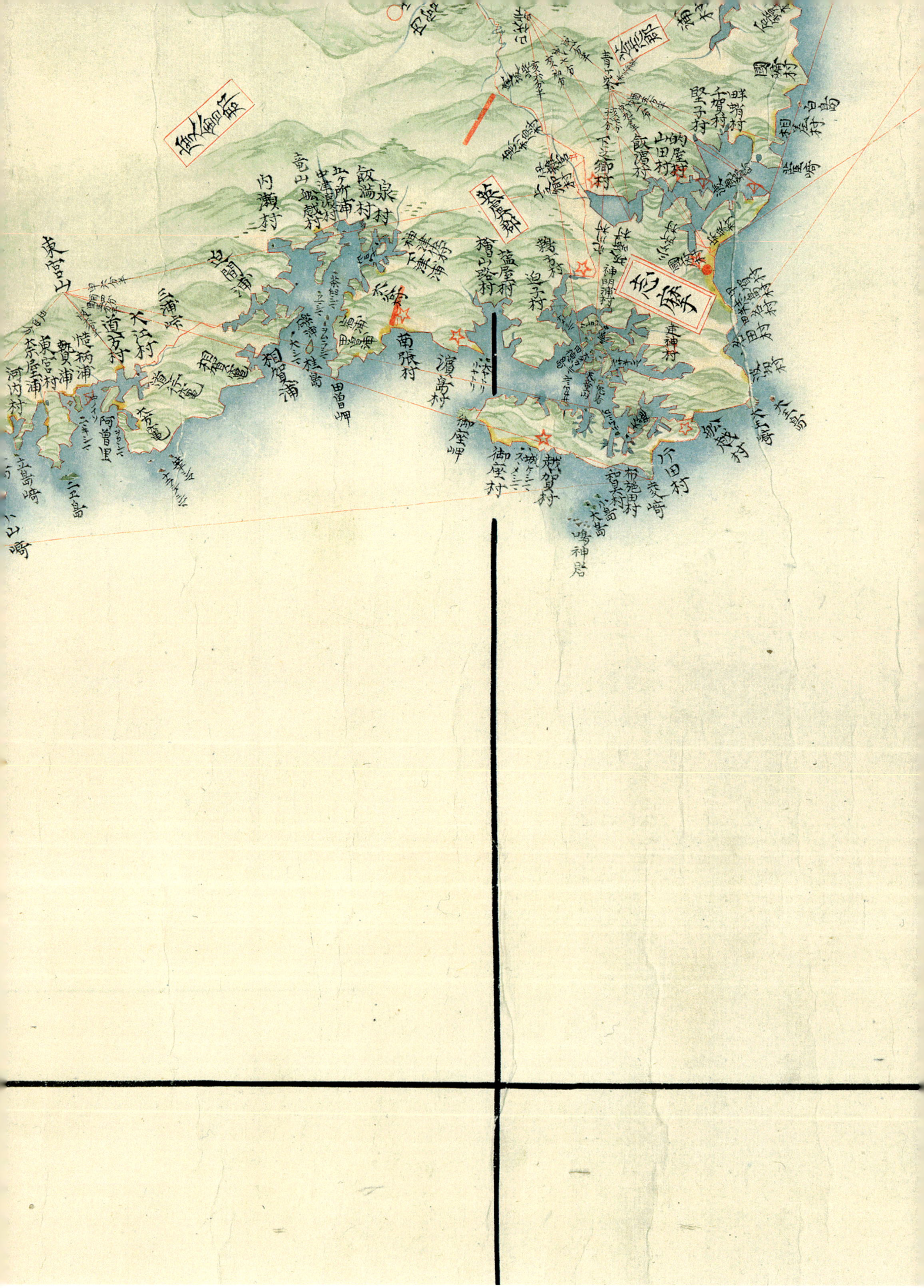

志摩
英虞郡
答志郡
東宮山
大江村
道方村
内瀬村
泉村
飯満村
南張村
濱島村
檜山路村
塩屋村
迫子村
御座村
越賀村
和具村
布施田村
片田村
國府村
神明浦村

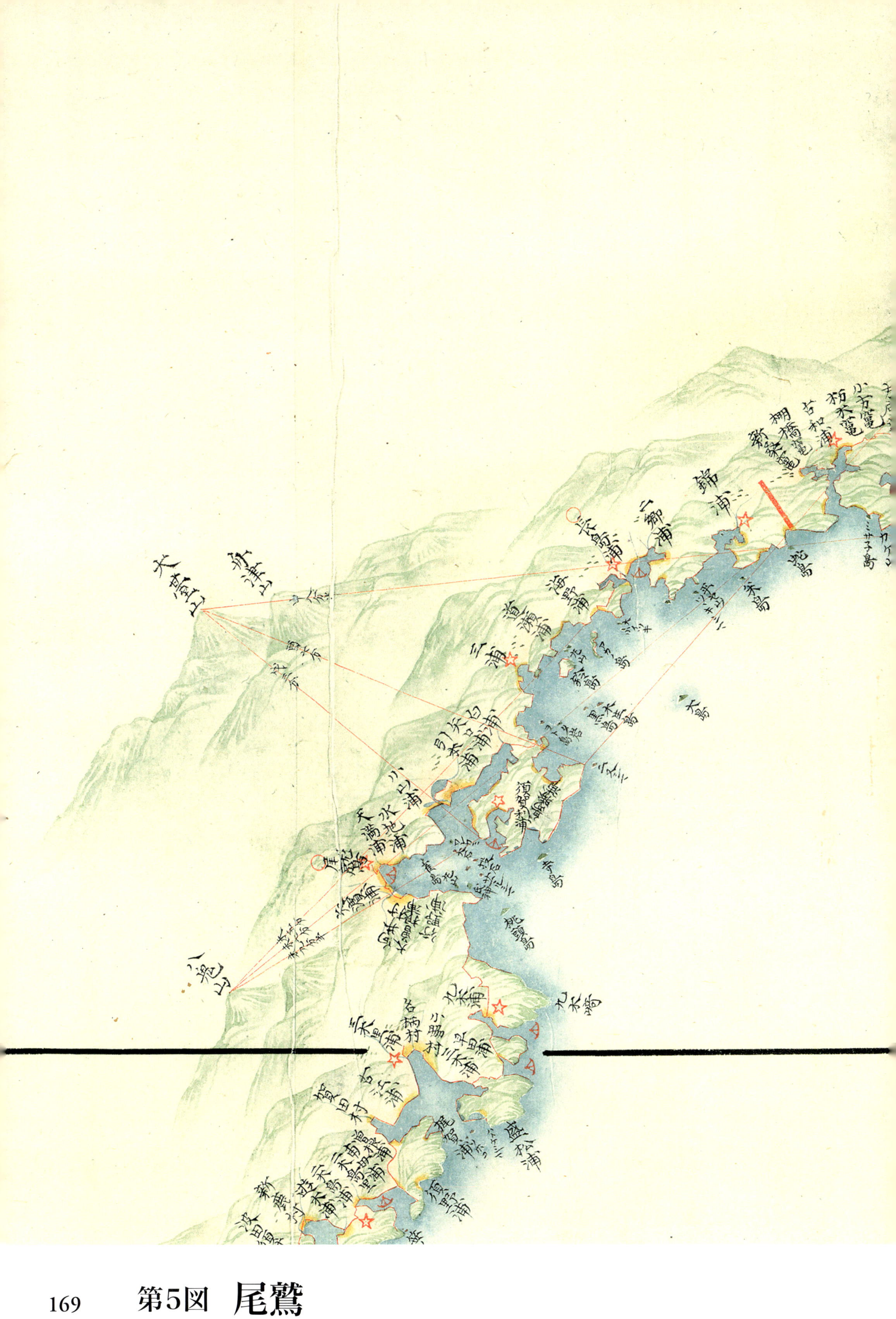

第5図 尾鷲

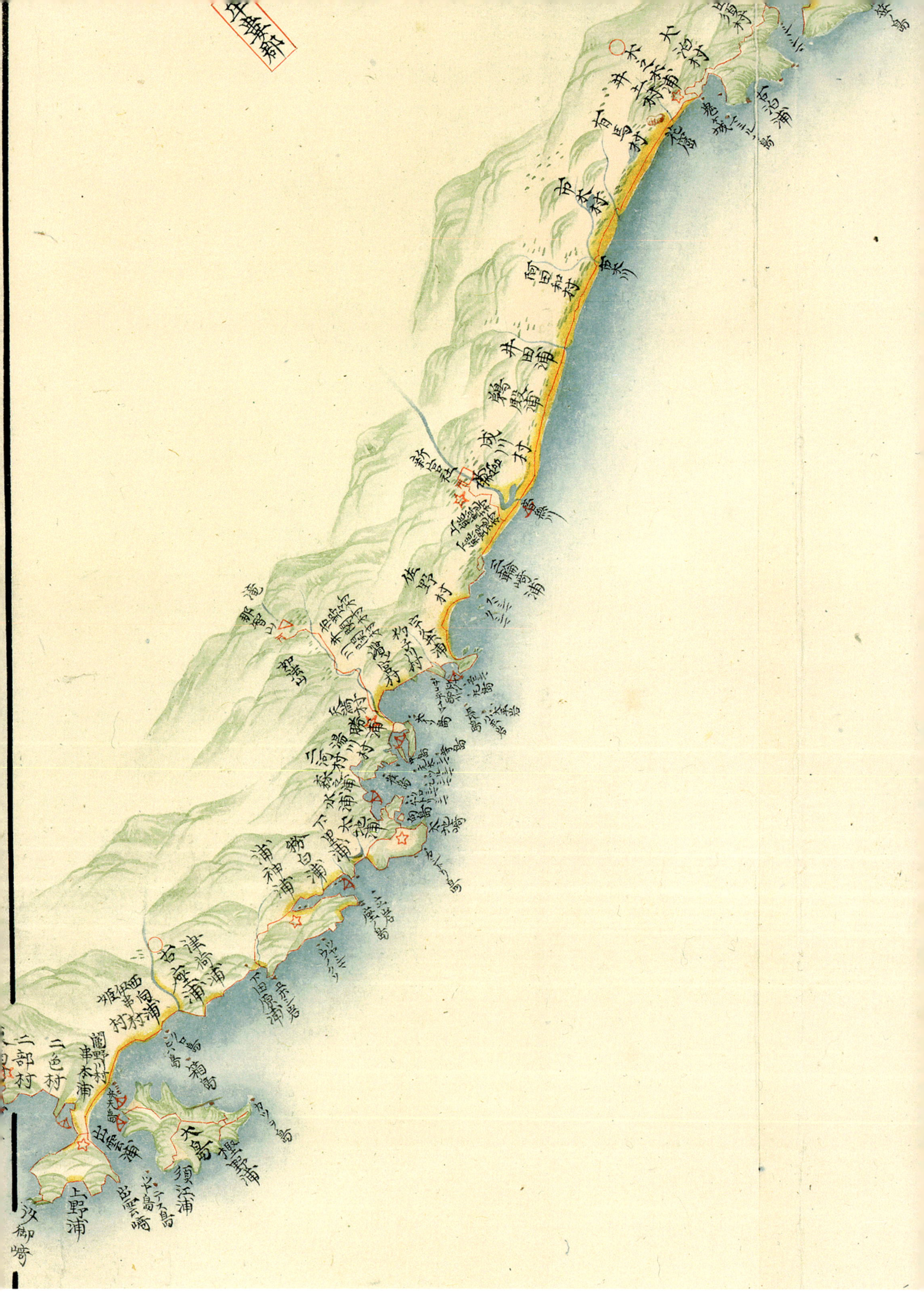

186 179 168 170

矢筈山
飯盛山
高尾山
南道村
田邊
新庄村
中村
市江崎
日置浦
周参見浦
和深川村
見老津浦
江住浦
和深浦
田子浦
横島
朝崎
双島

第5図　勝浦・田辺

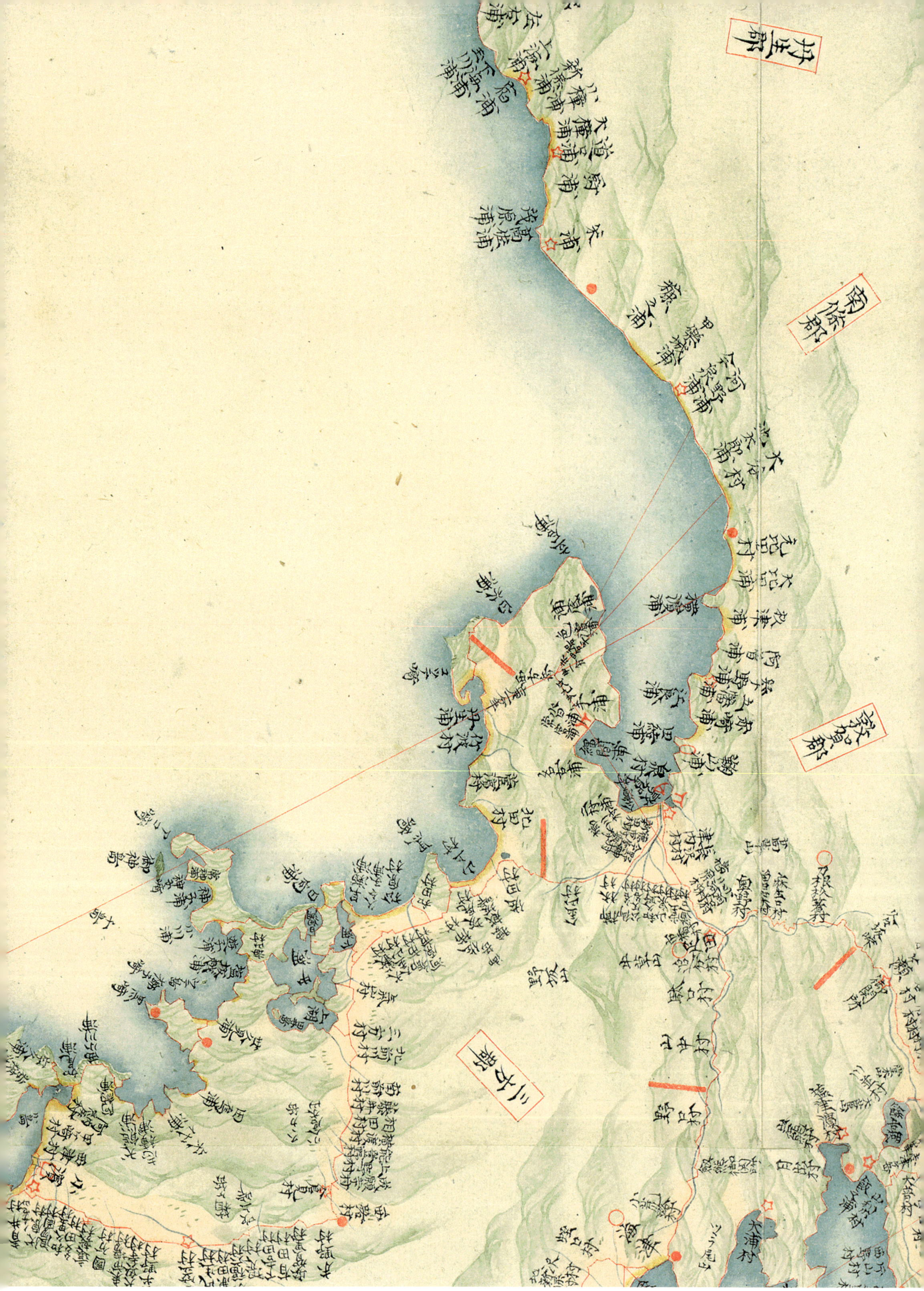

144
180 172 156
174

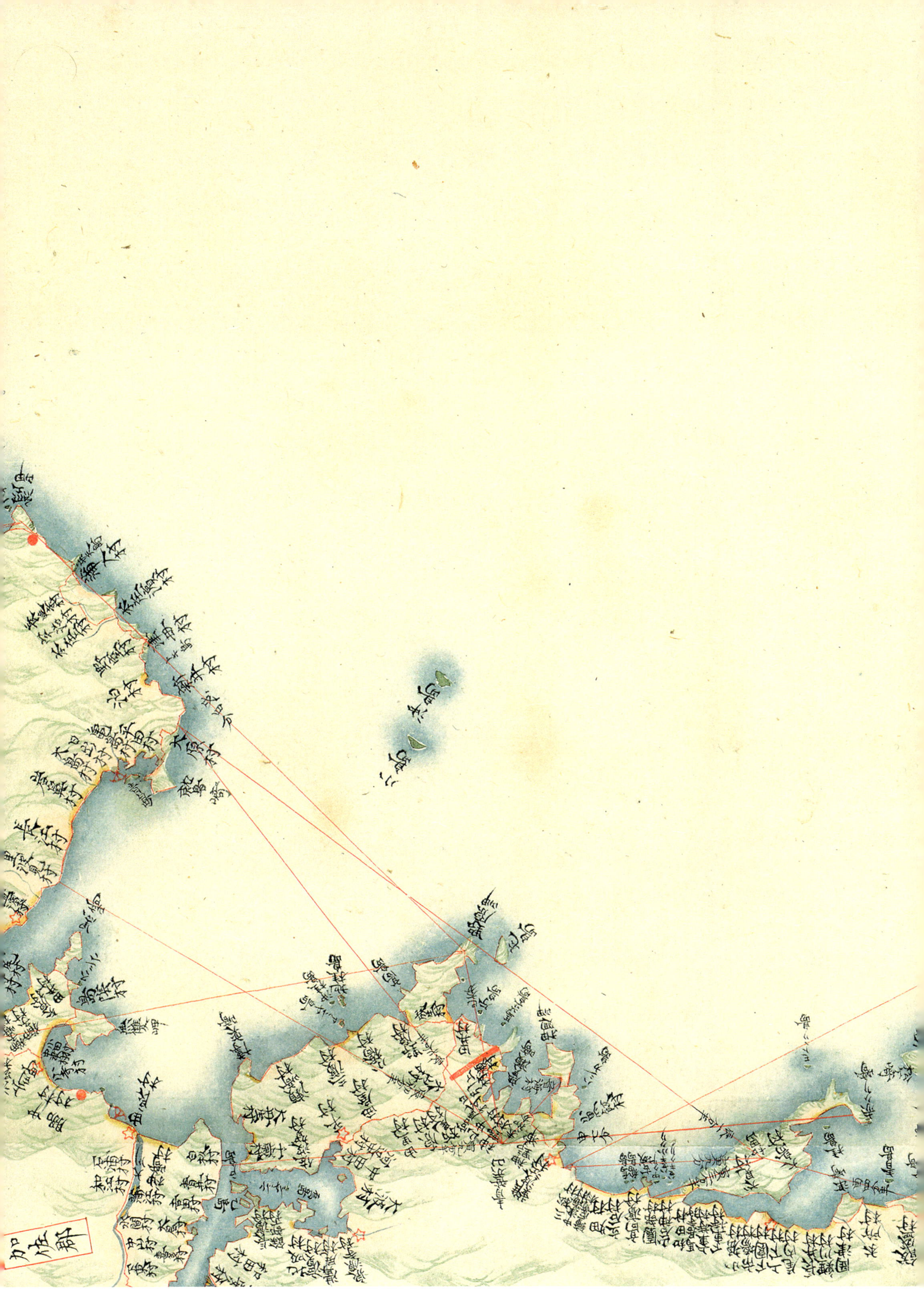

第5図　小浜

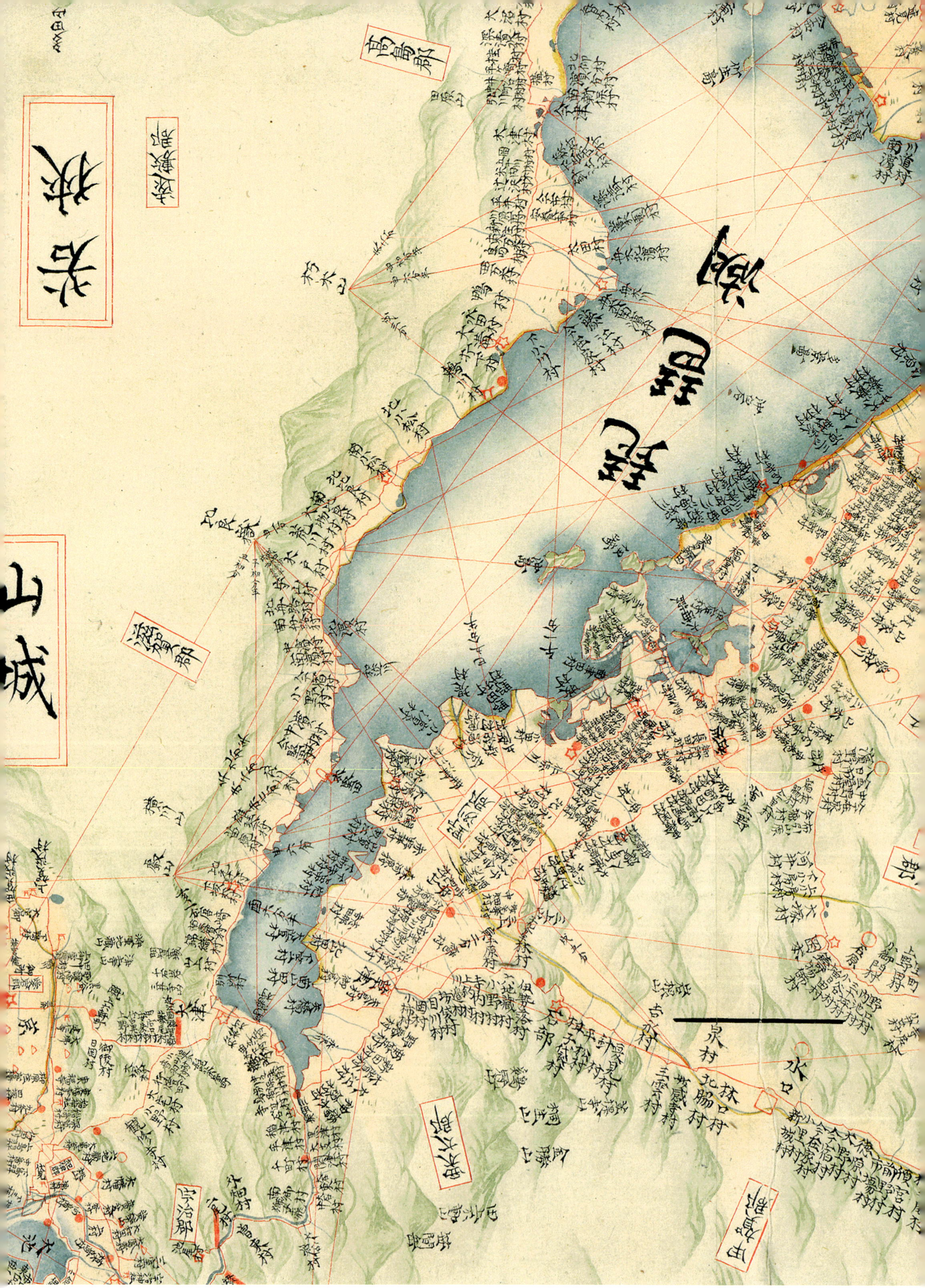
若狭
山城
琵琶湖
高島郡
滋賀郡
栗太郡
甲賀郡
大津
水口

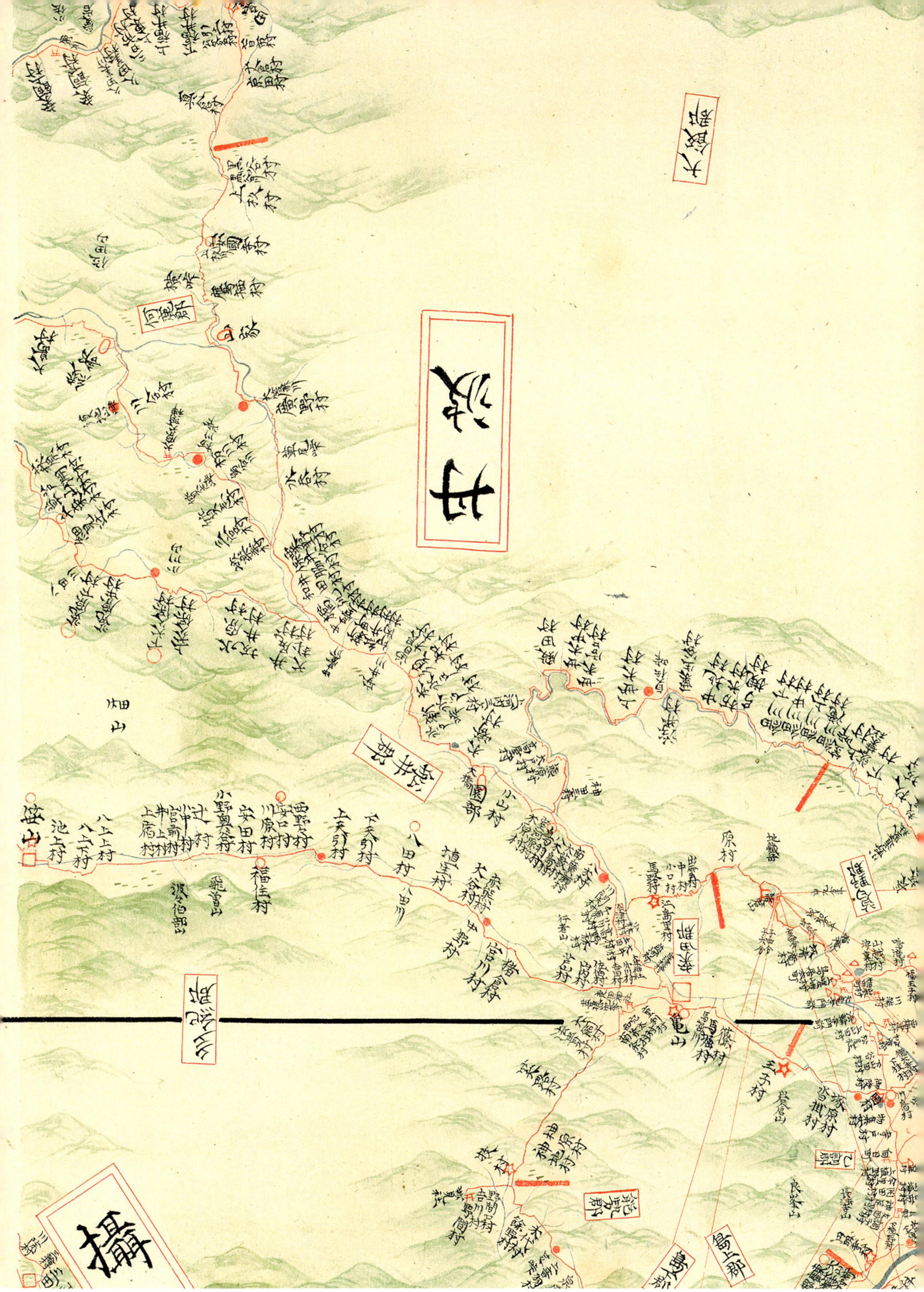

第5図　京都・大津

京
大津
奈良
河内
茨田郡
相楽郡
添上郡
添下郡
山辺郡
名張郡
甲賀郡

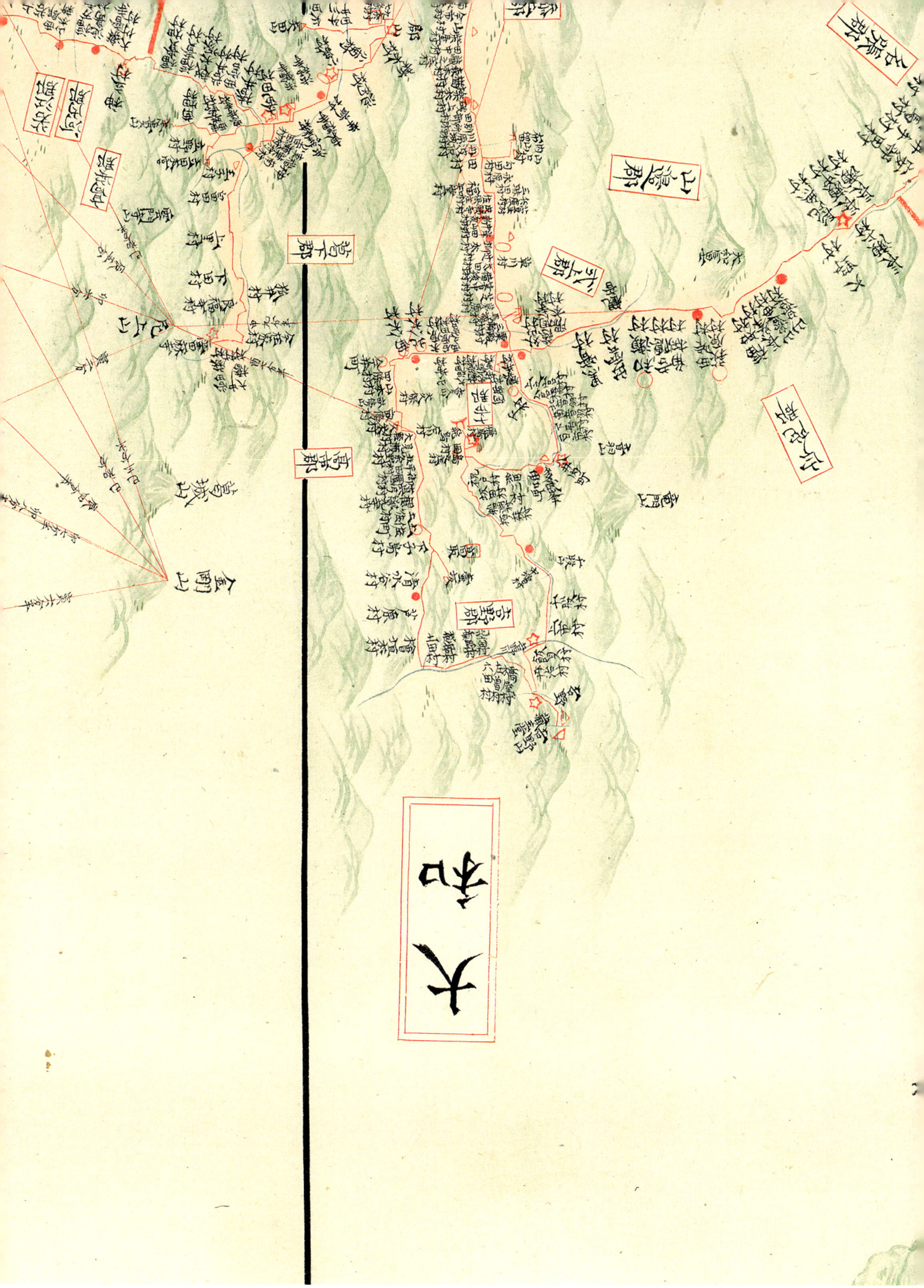
大和

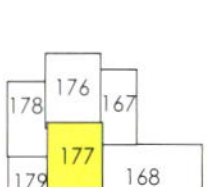
176
178
167
177
179
168

攝津
河内
豊嶋郡
武庫郡
東成郡
住吉郡
大鳥郡
泉郡
大坂
深江村
青木村
東青木村
魚崎村
御影村
東明村

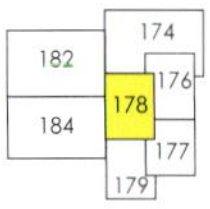
174
182
176
184
178
177
179

第5図　大阪

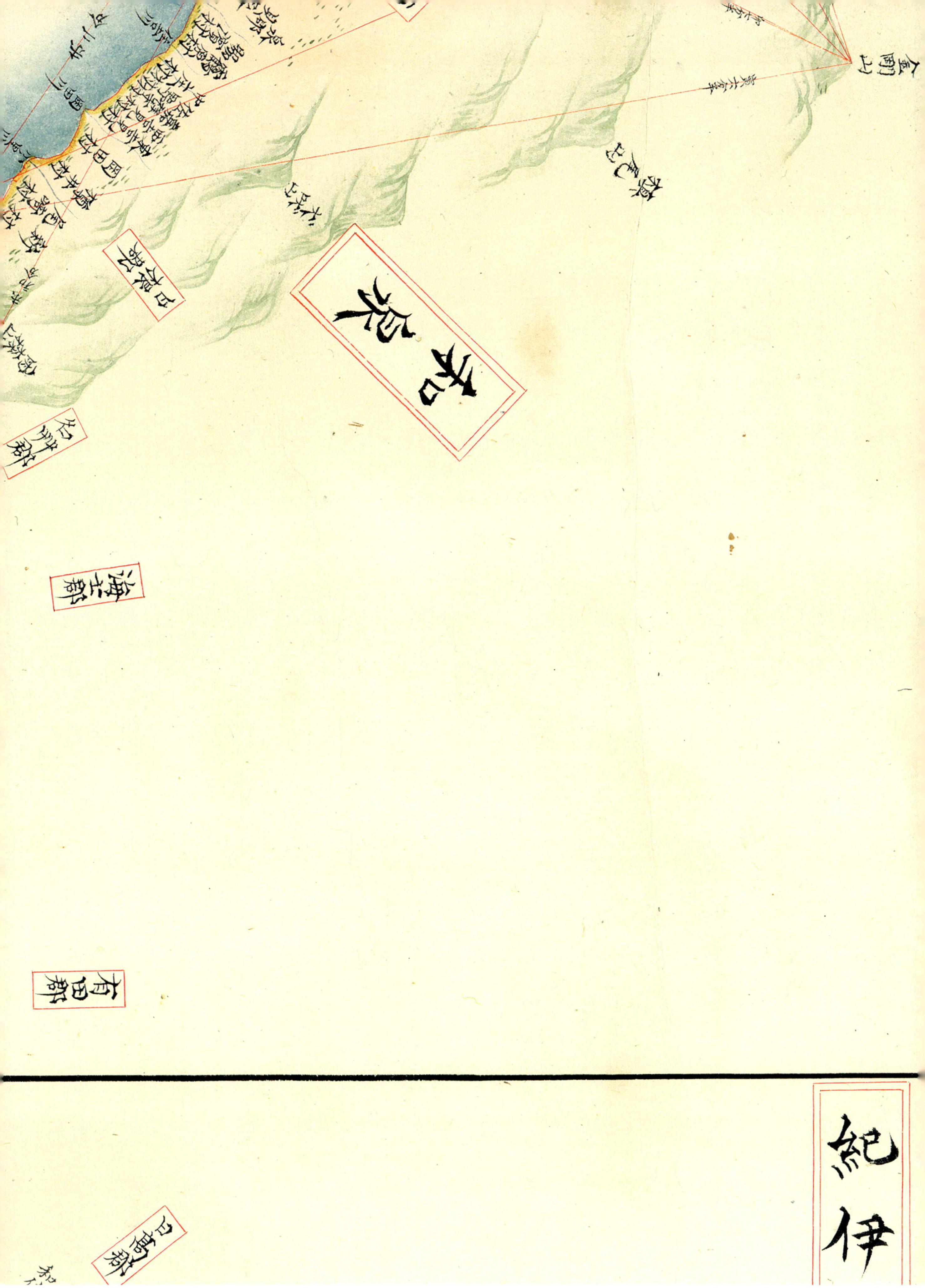

第5図　和泉

184 178 177 186 179 170

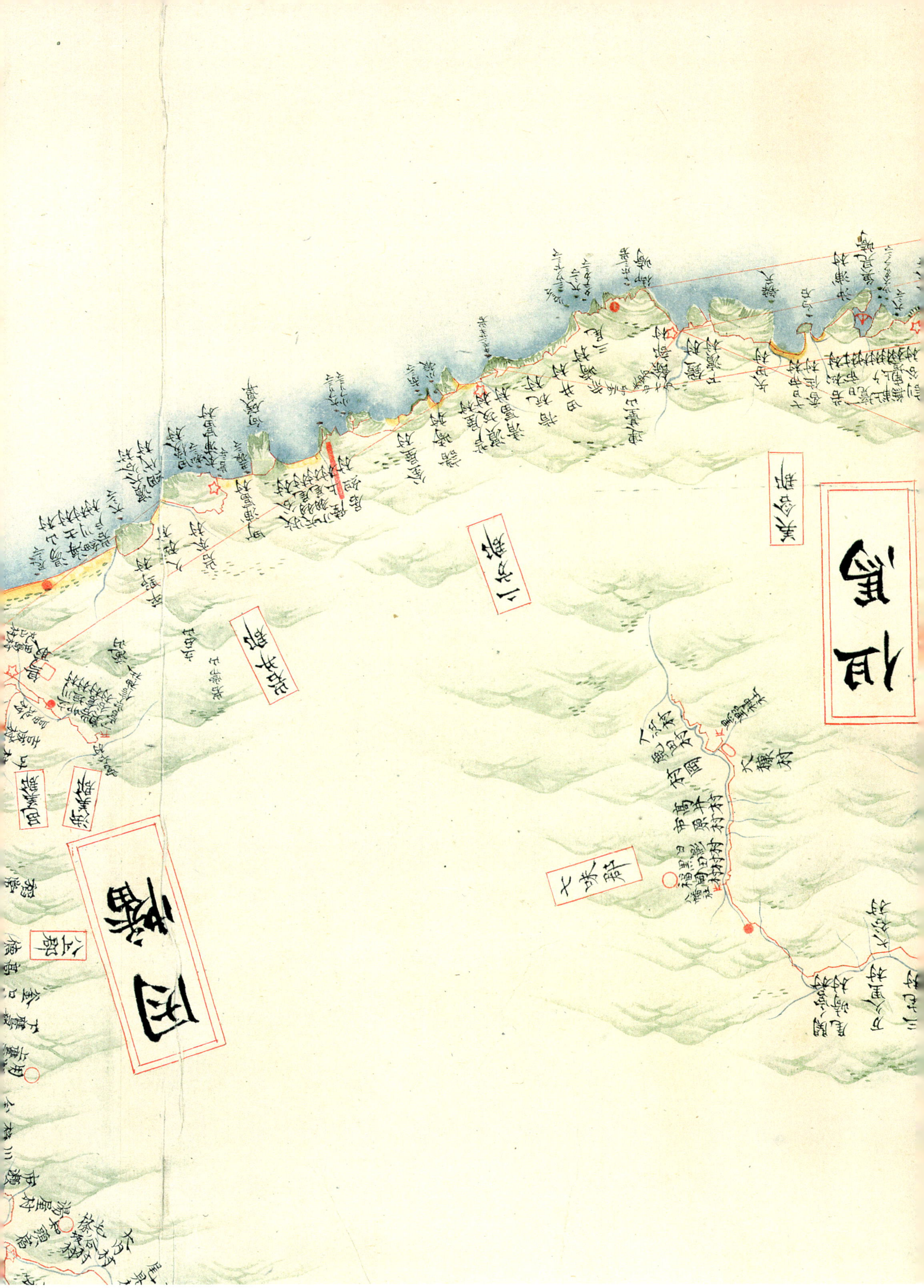

 第6図 豊岡・鳥取

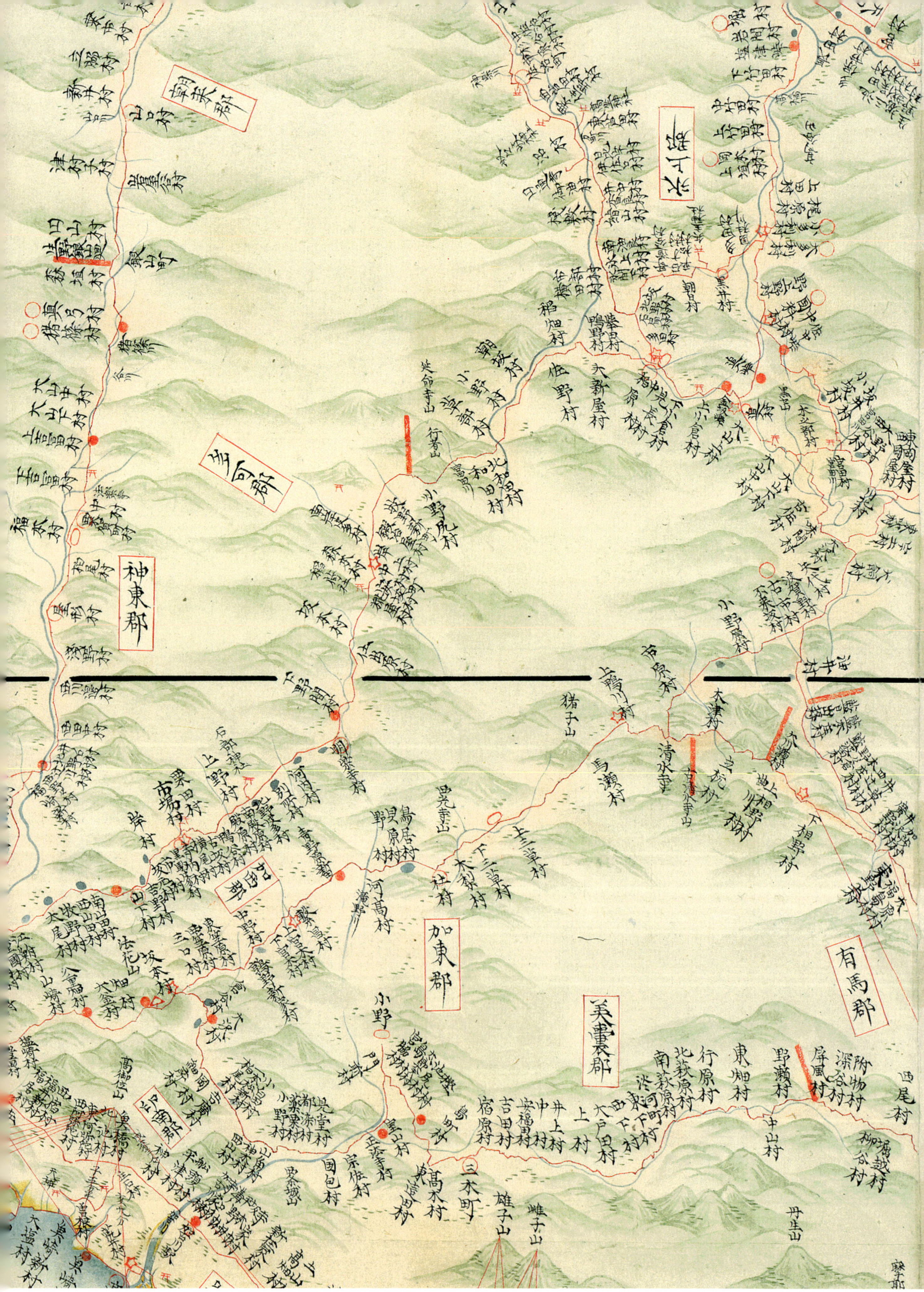
朝来郡
多可郡
神東郡
加東郡
美嚢郡
有馬郡
印南郡

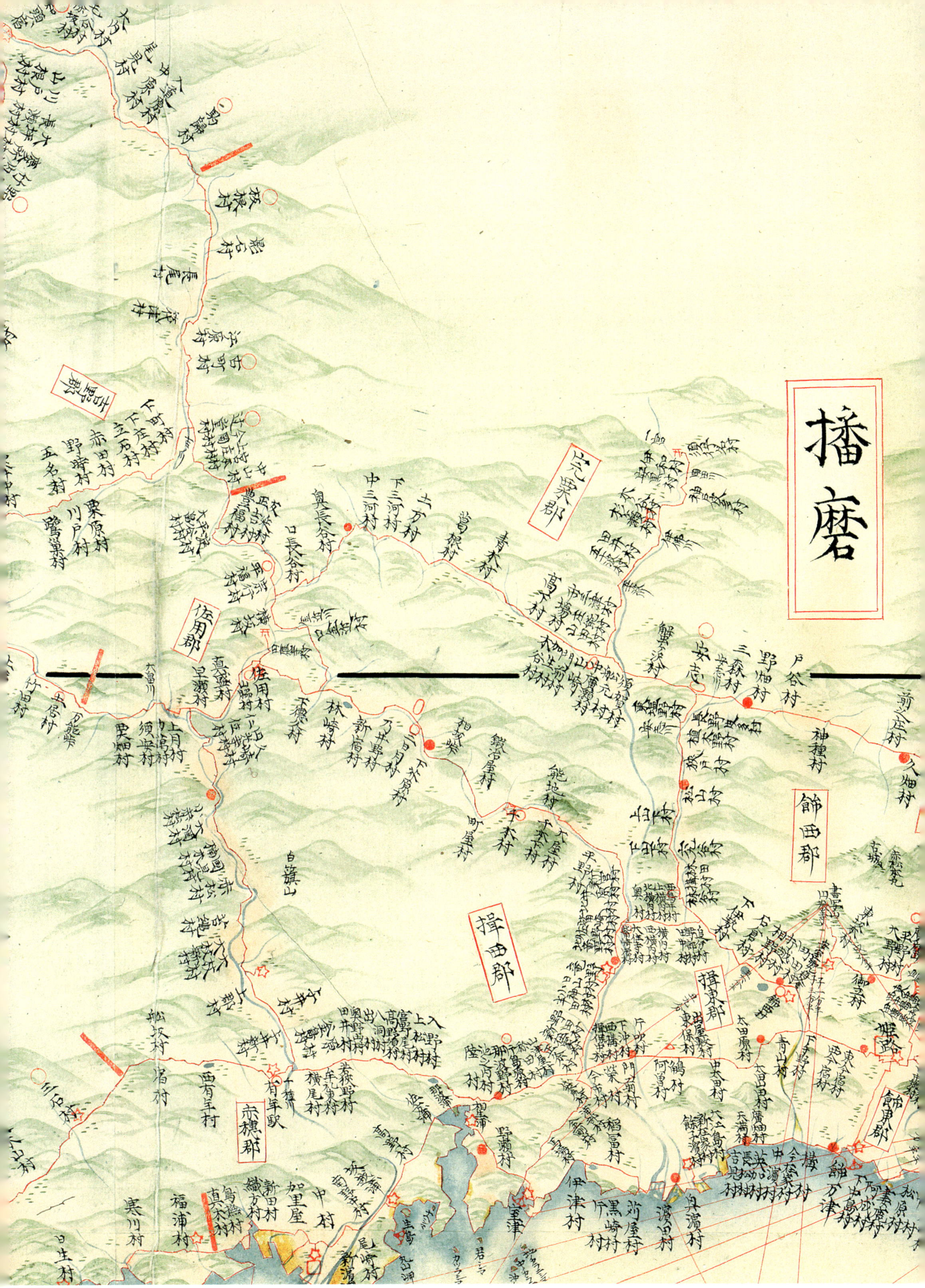

第6図　姫路

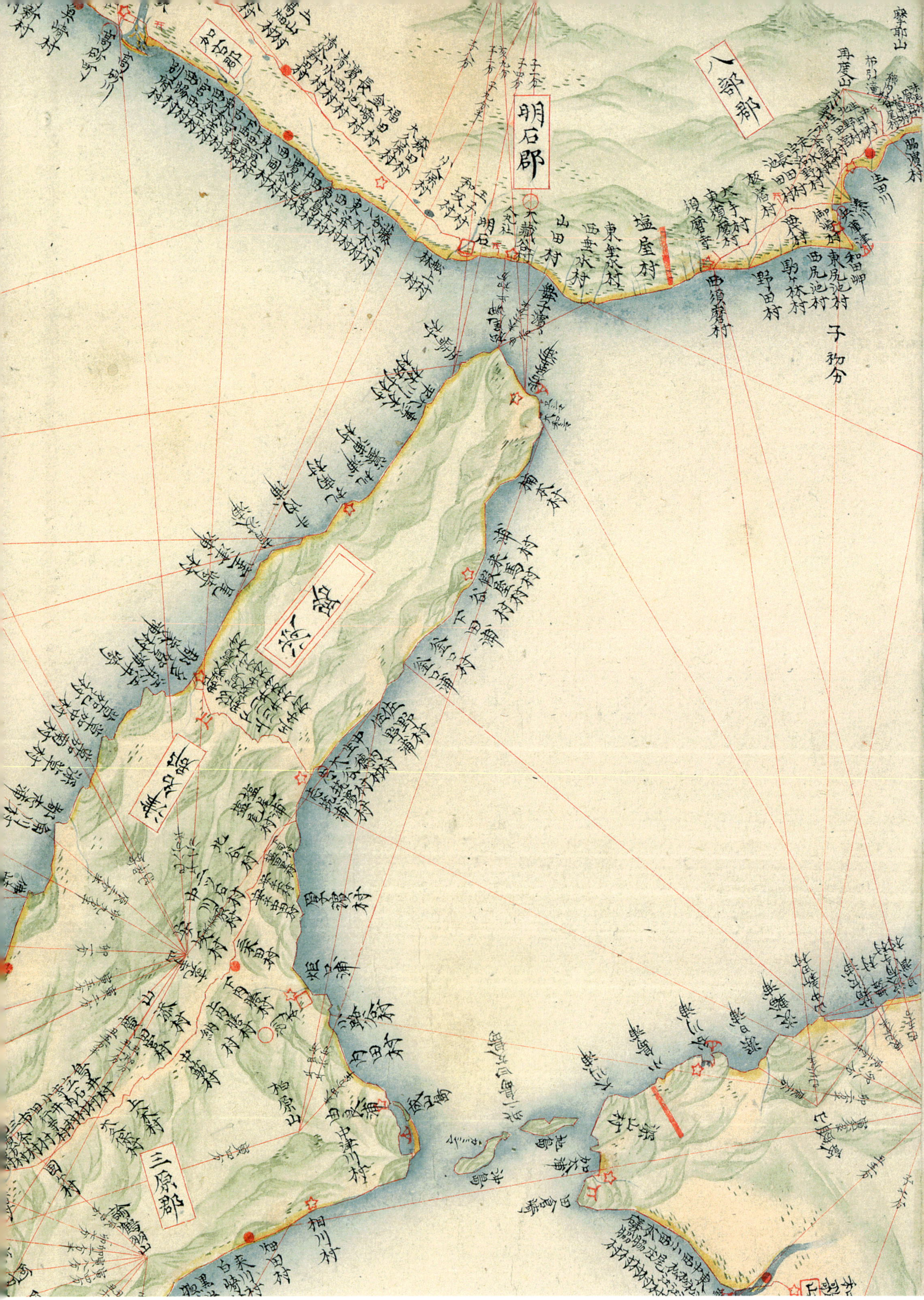

192	182	178
194	184	179
	186	

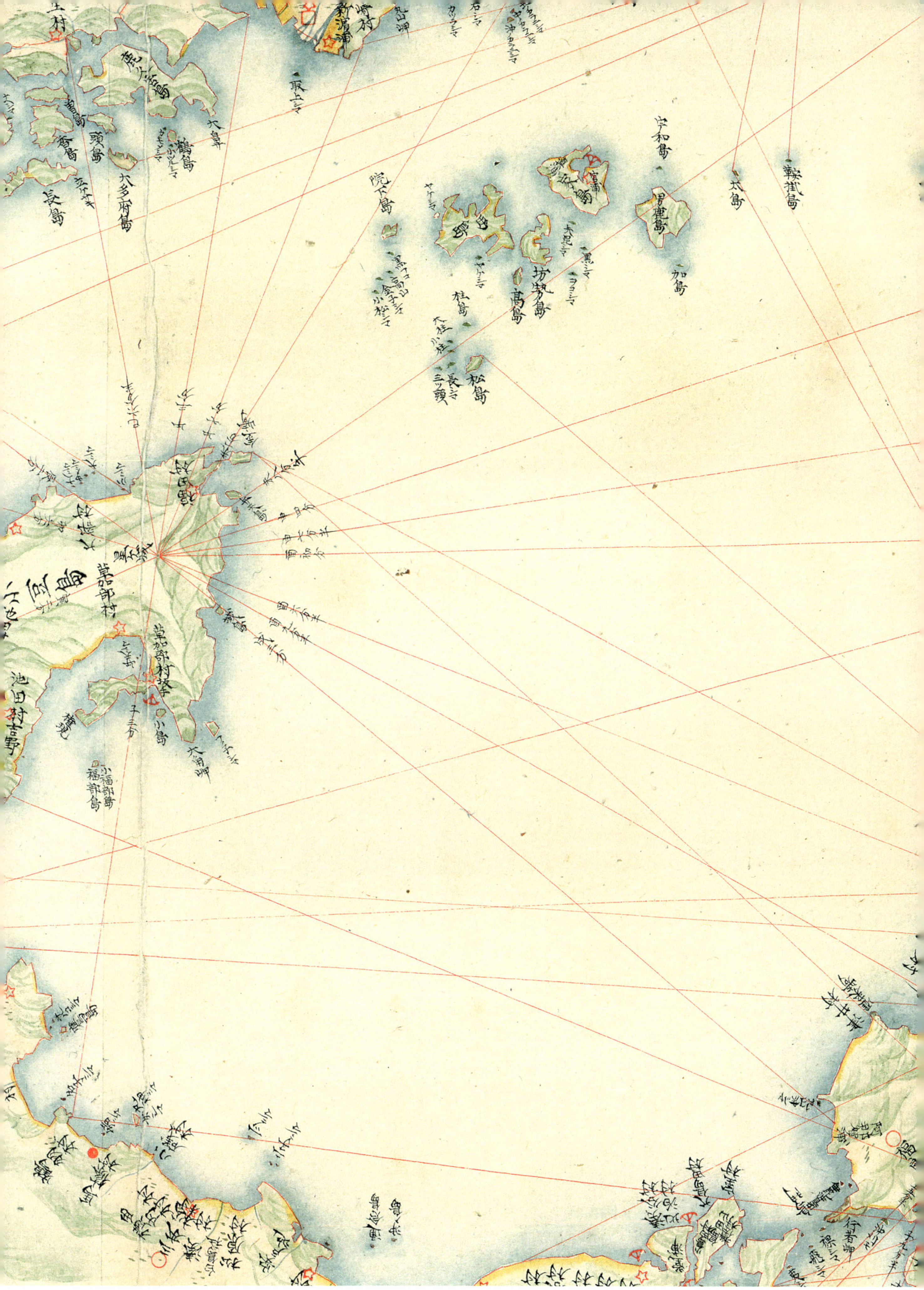

第6図　明石

194 184 179 186 198 170

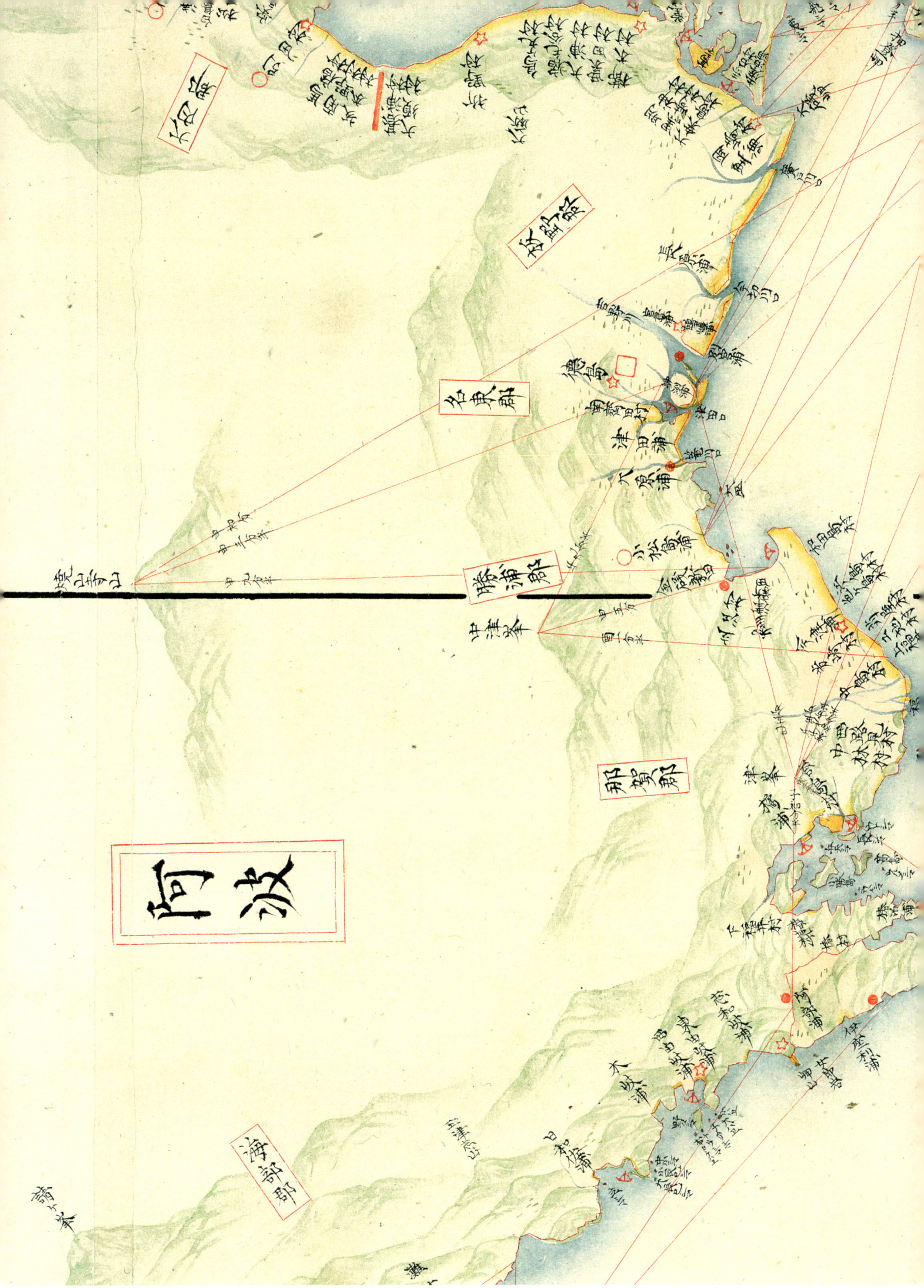

第6図　徳島・和歌山

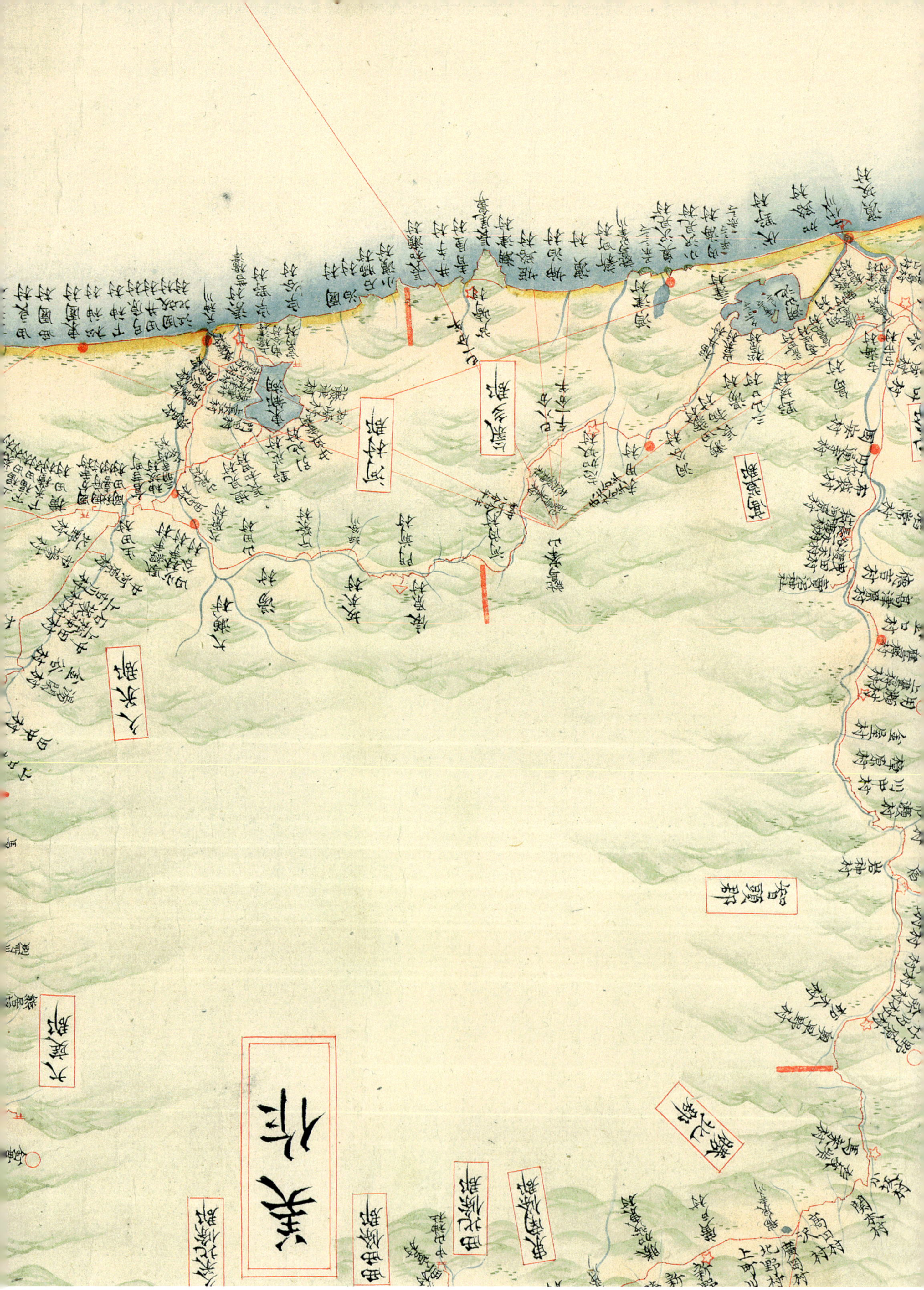

190 188 180
208 192 182

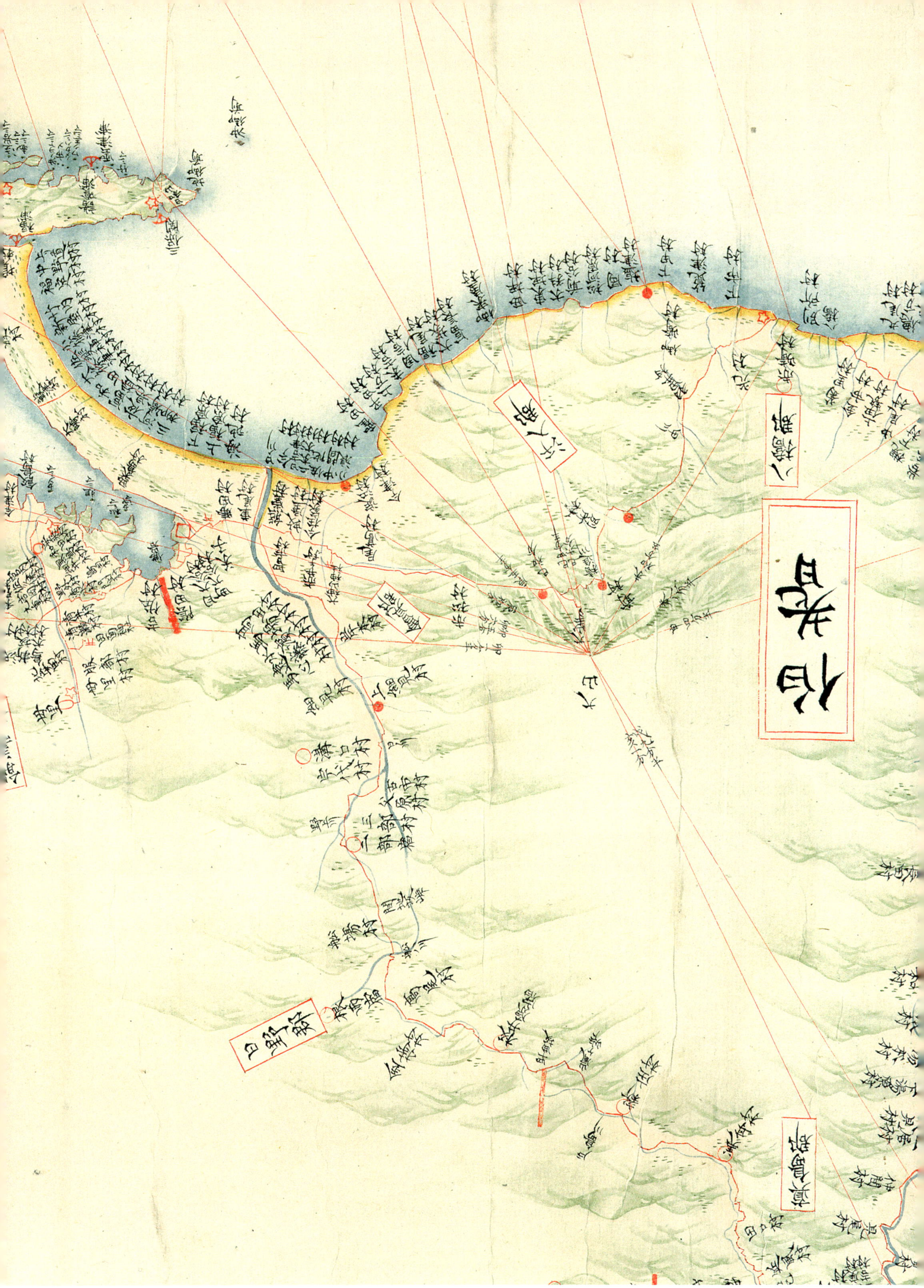

第6図　米子・倉吉

191
204 190 188
208 192

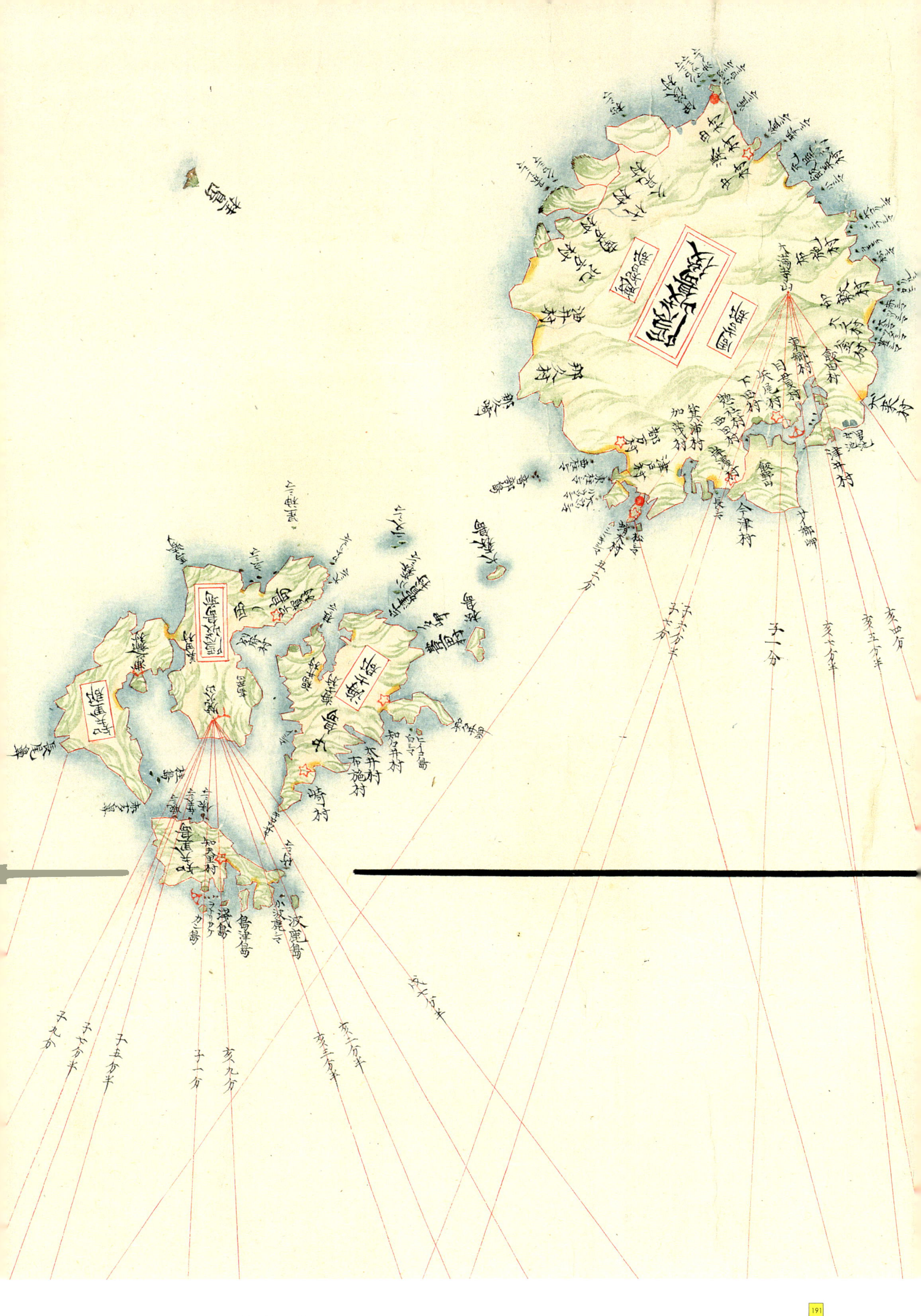

第6図　隠岐

190 188
208 192 182
210 194 184

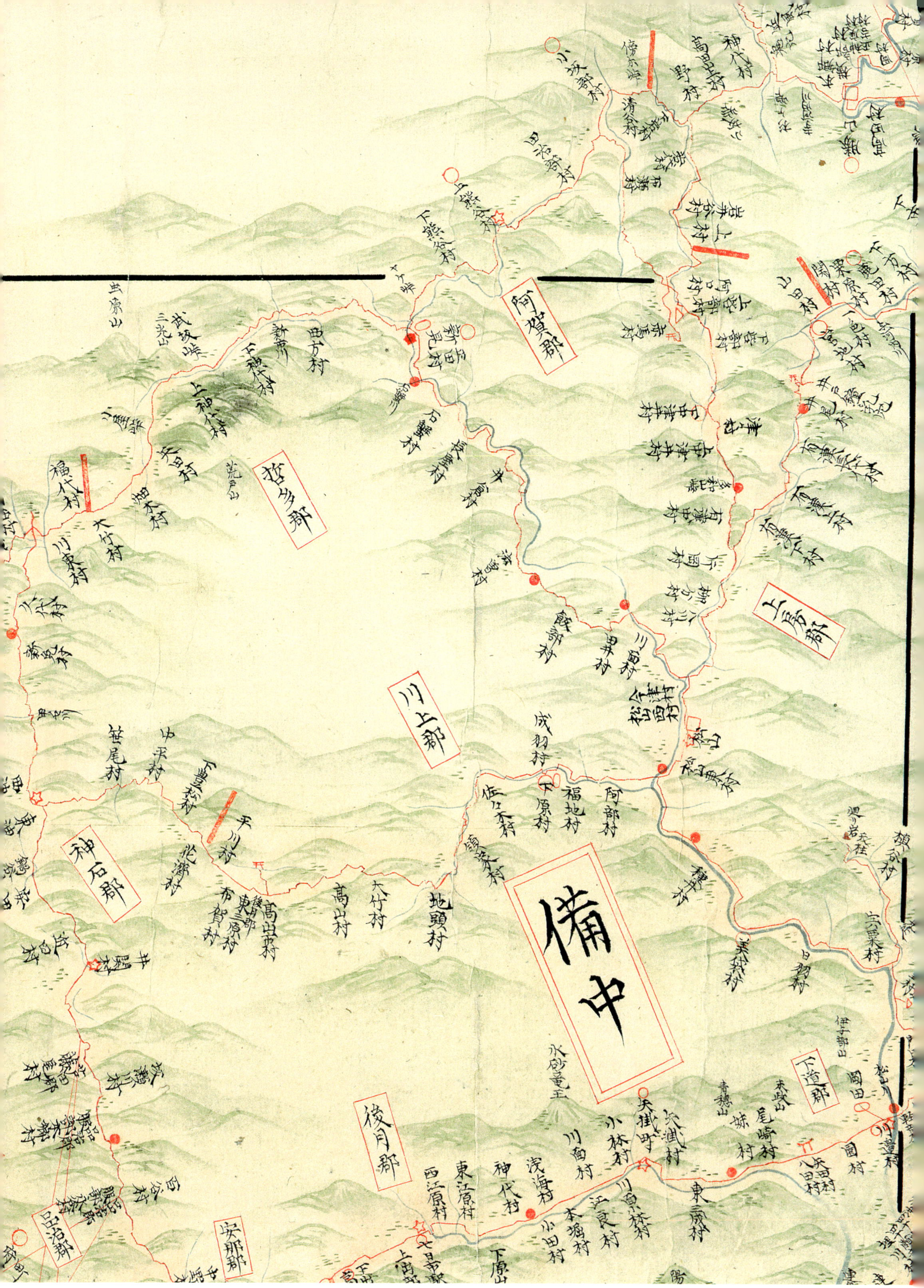

第6図　岡山

208 192
210 194 184
196 186

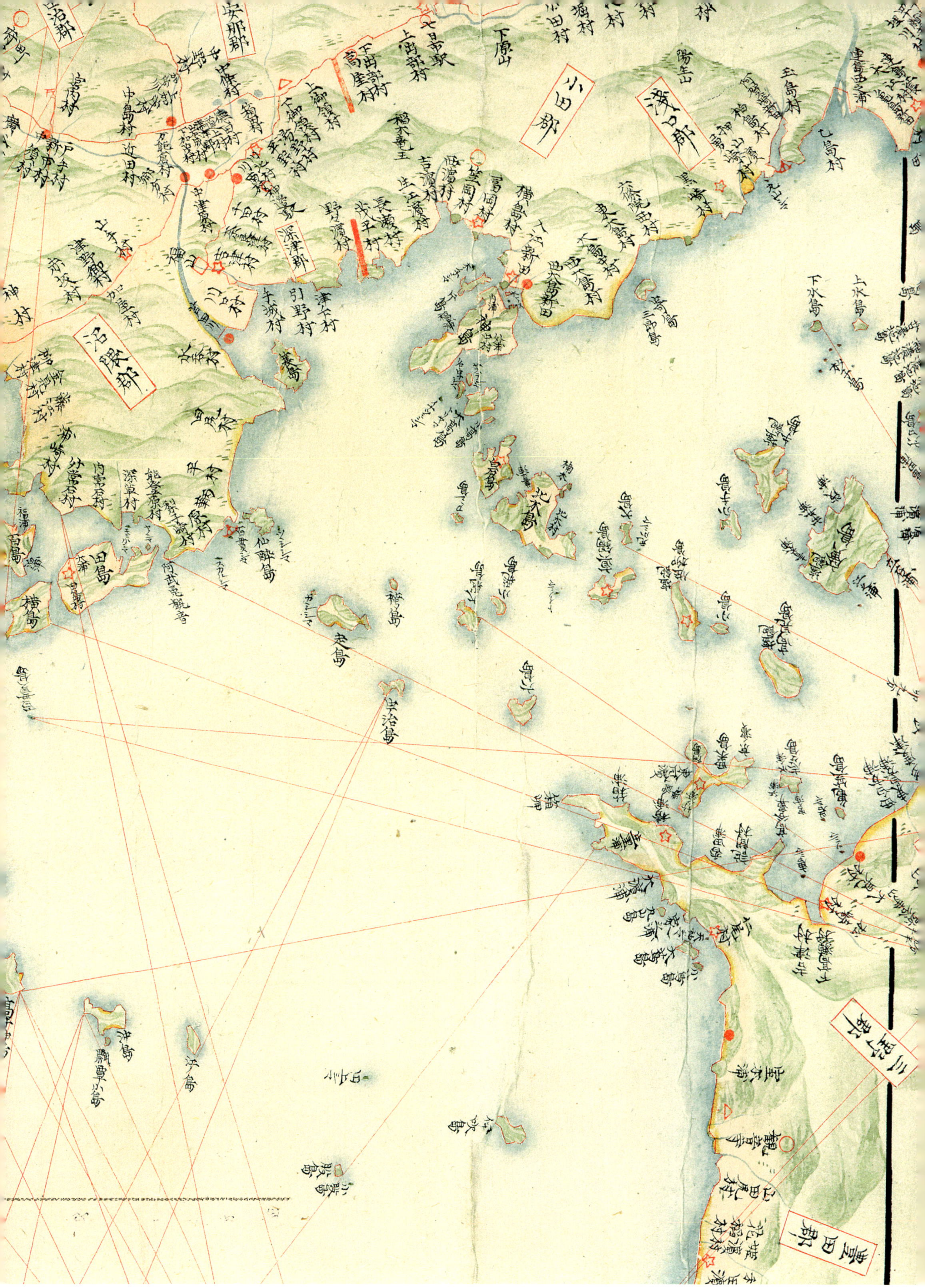

 第6図　高松・福山

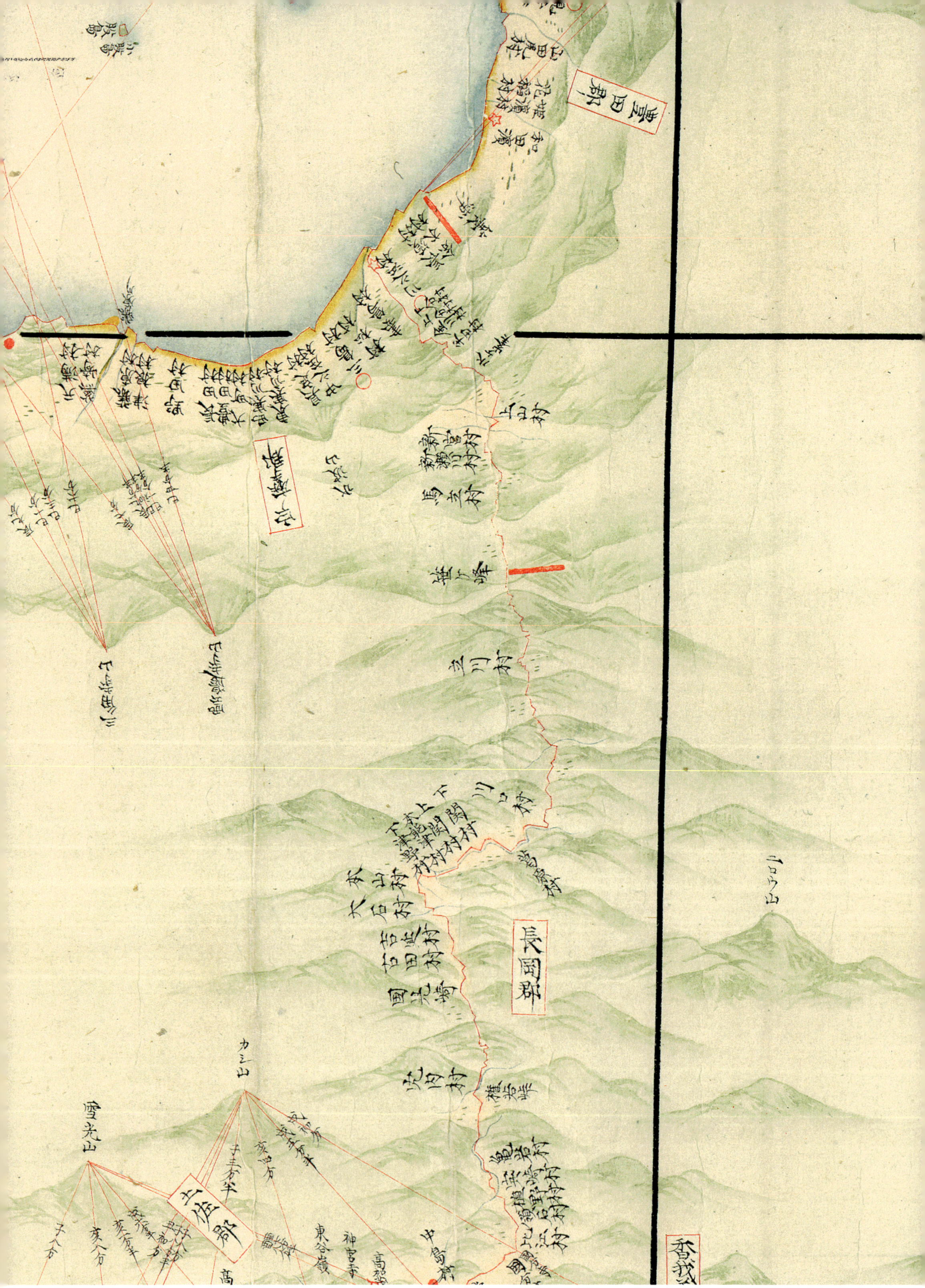

土佐郡
雪光山

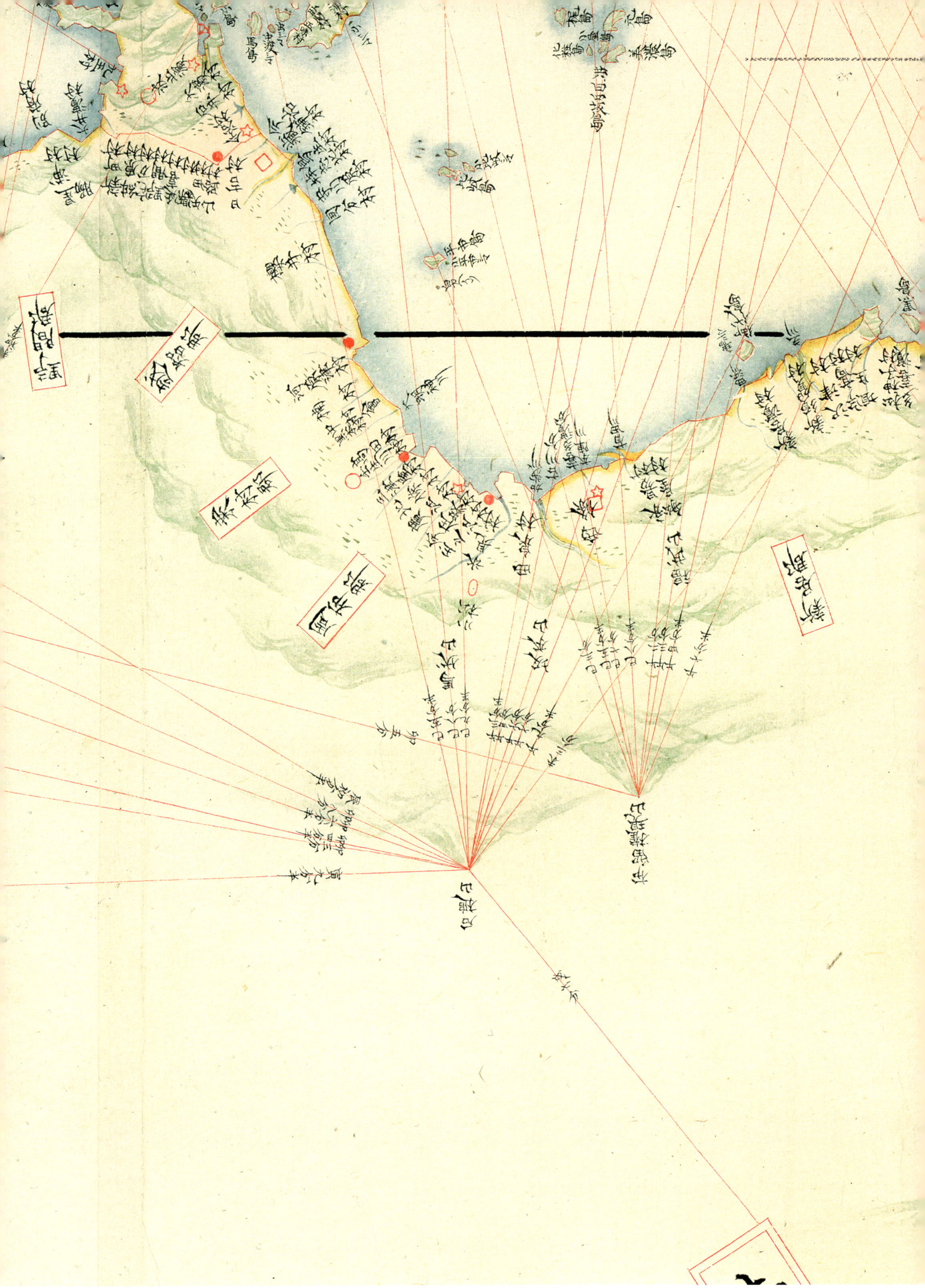

第6図　新居浜

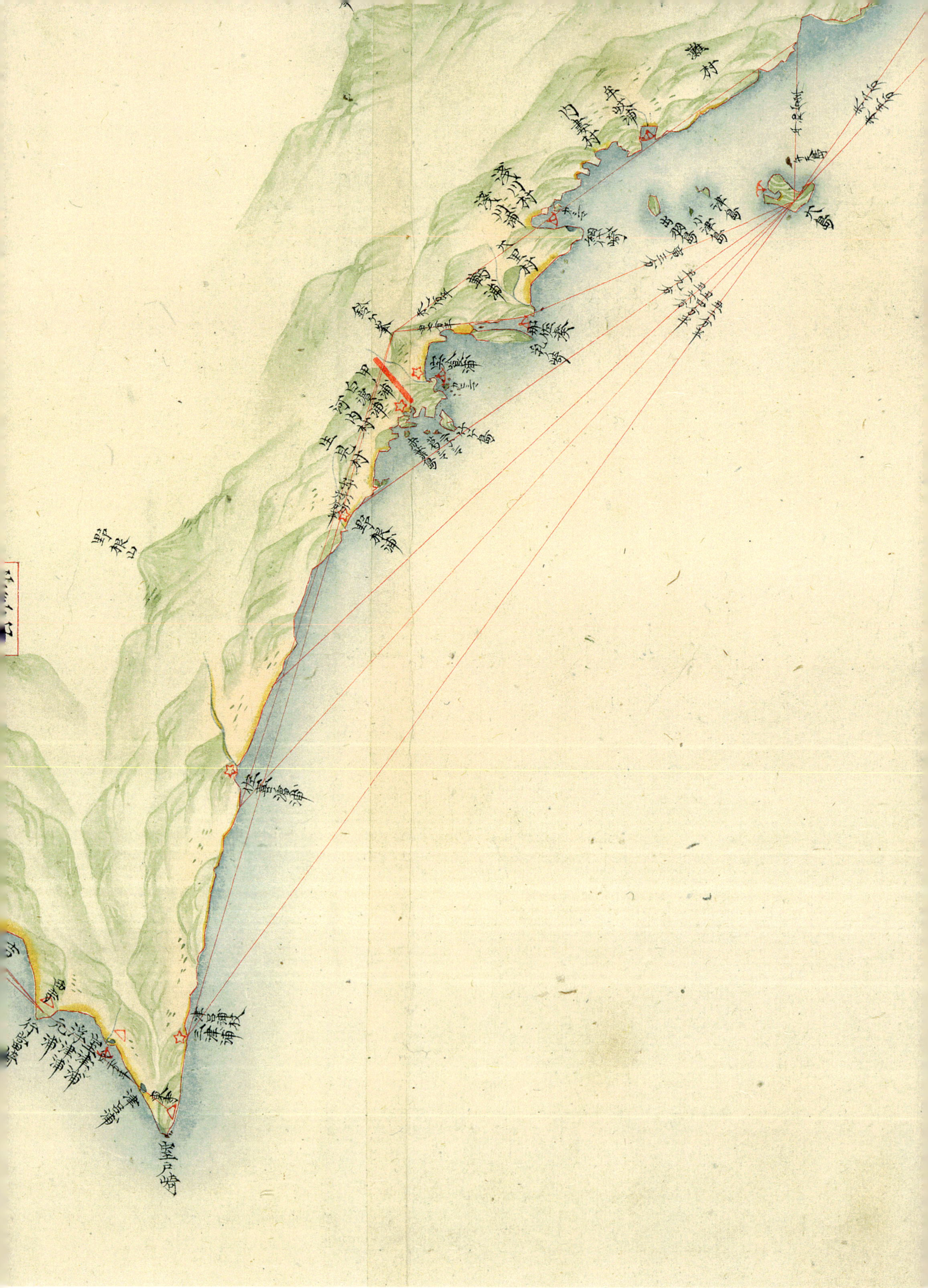
野根山
大島
甲浦
生見村
野根浦
佐喜濱浦

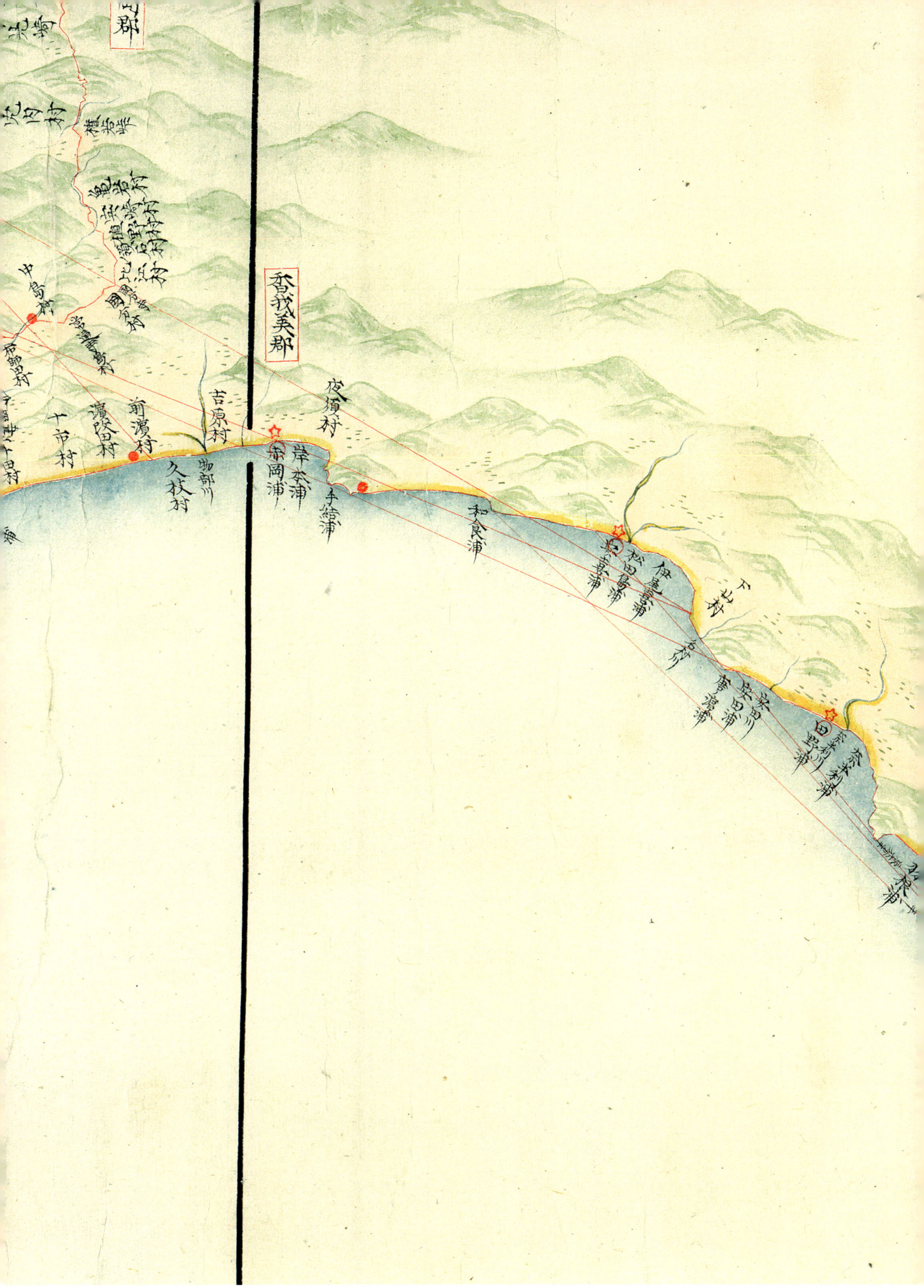

 第6図　室戸岬

土佐
土佐郡
吾川郡
須崎浦
宇佐浦
福島浦
横浜村
中島
戸島
神島

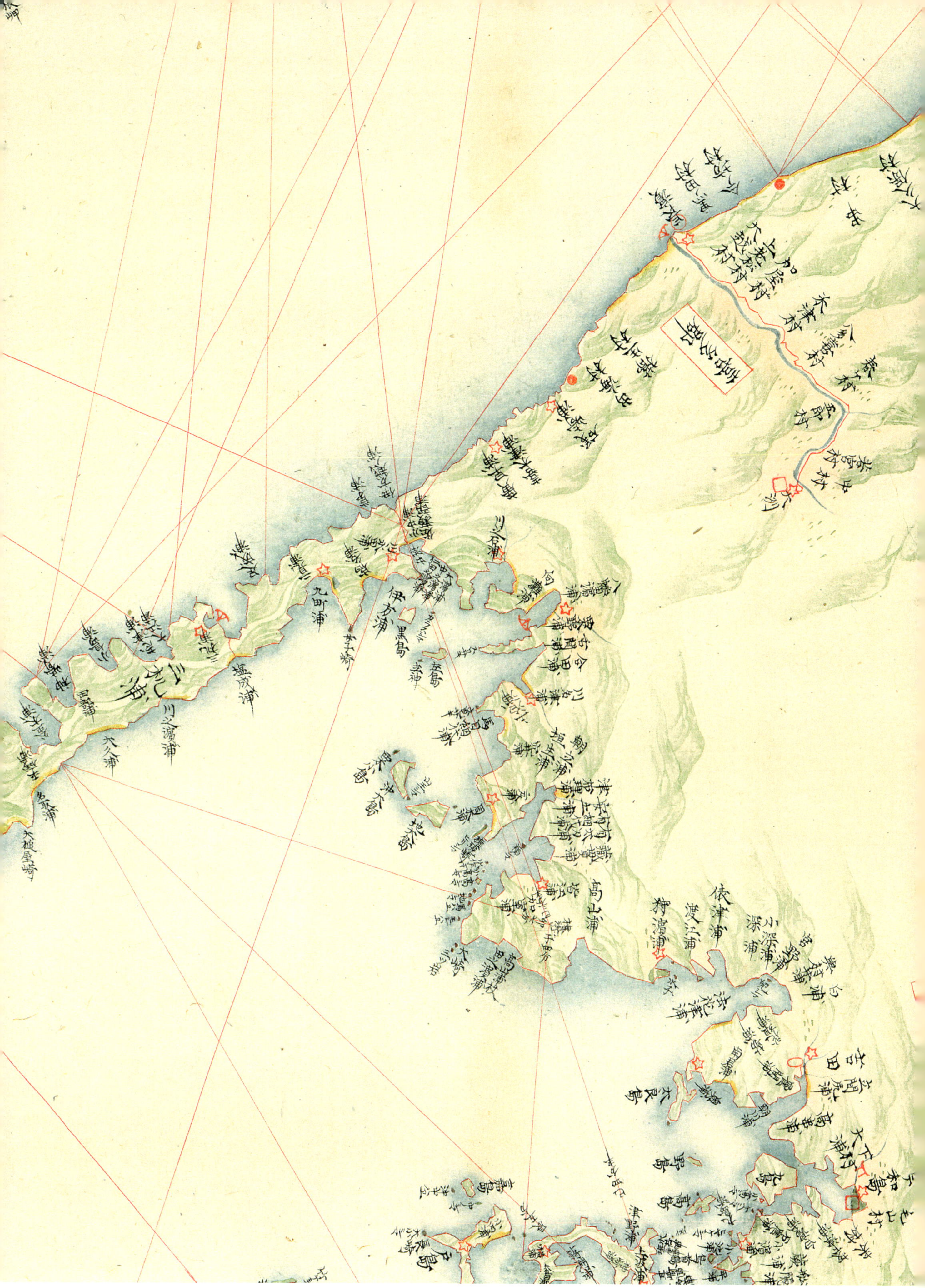

 第6図　宇和島

224 214 201 226 202

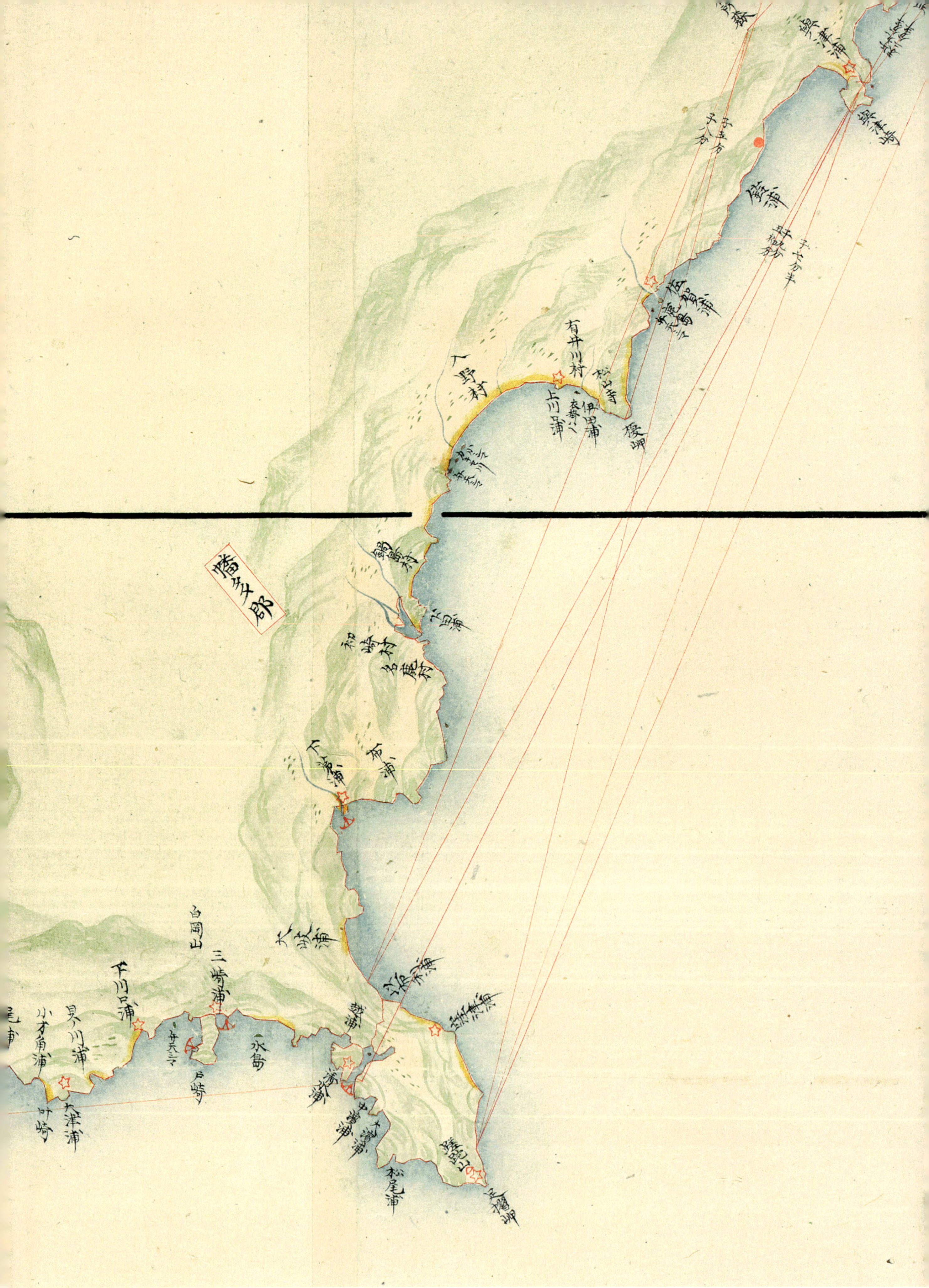
鵜津浦
鵜津崎
有井川村
松山寺
伊田浦
上川口浦
入野村
幡多郡
下田浦
和崎村
名鹿村
大岐浦
白岡山
三崎浦
下川口浦
小才角浦
大津浦
水島
戸崎
松尾浦
足摺岬

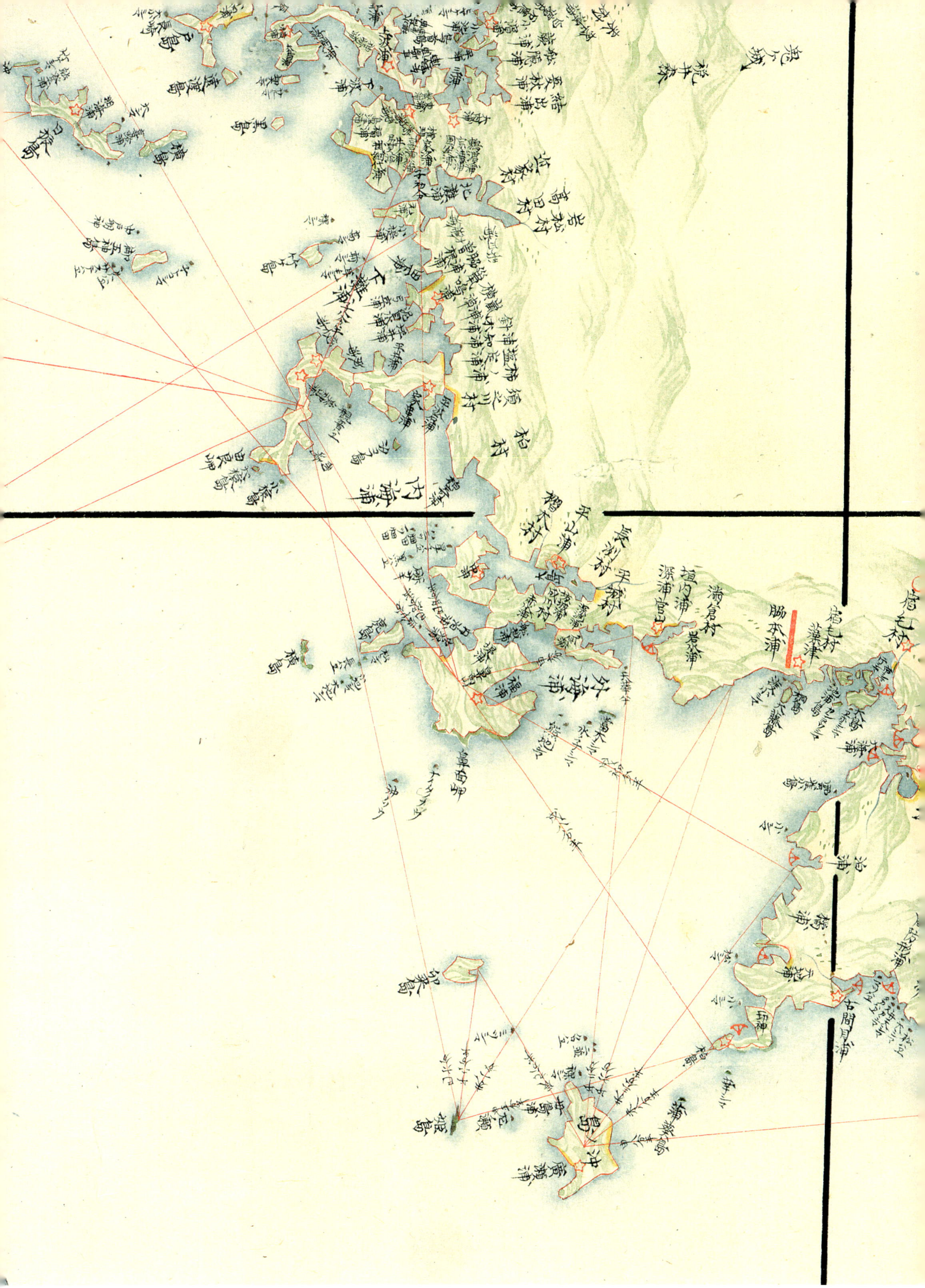

第6図　土佐清水

宍道湖
楯縫郡
秋鹿郡
出雲郡
大原郡
仁多郡

第6図　出雲

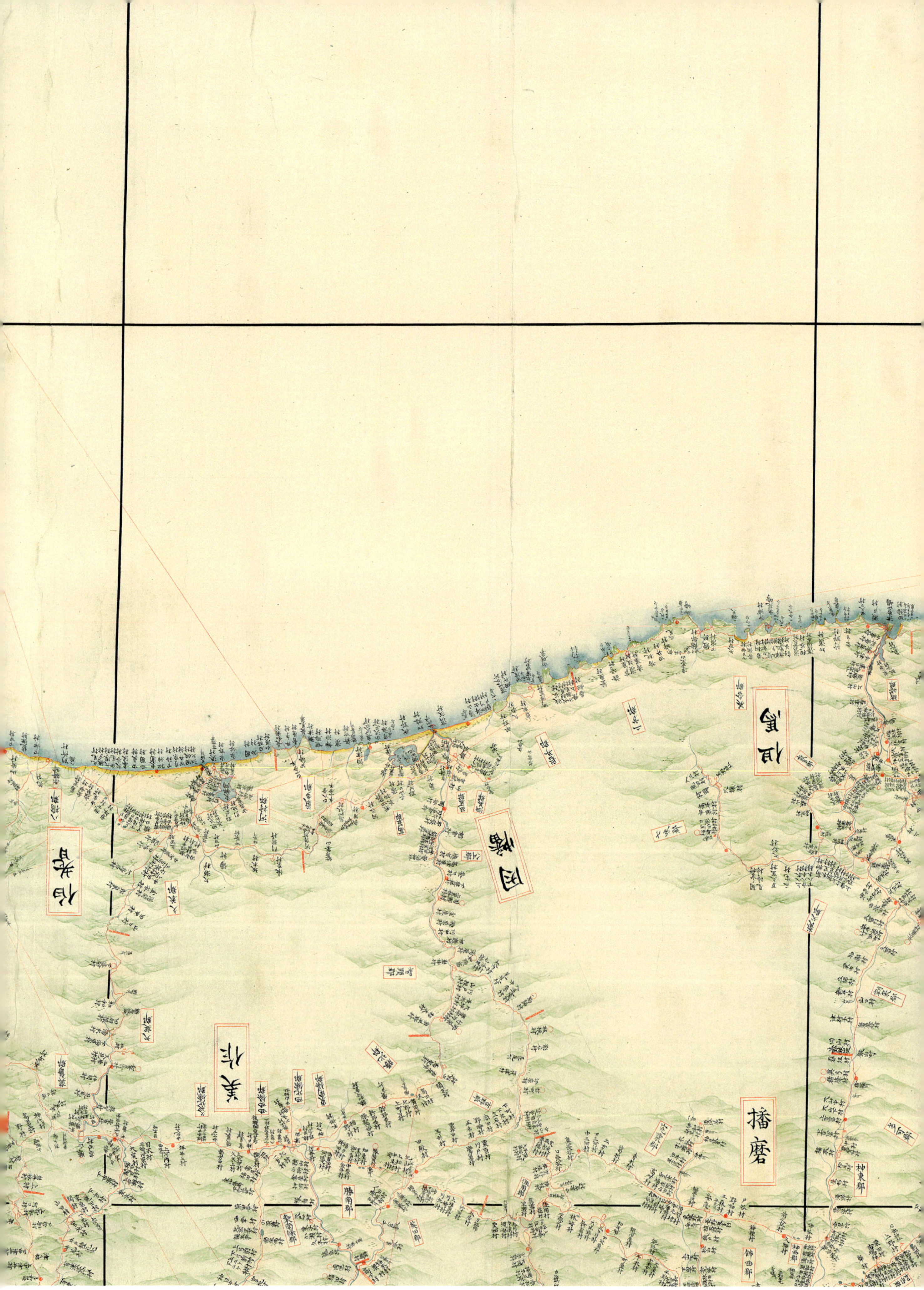
但馬
因幡
伯耆
美作
播磨

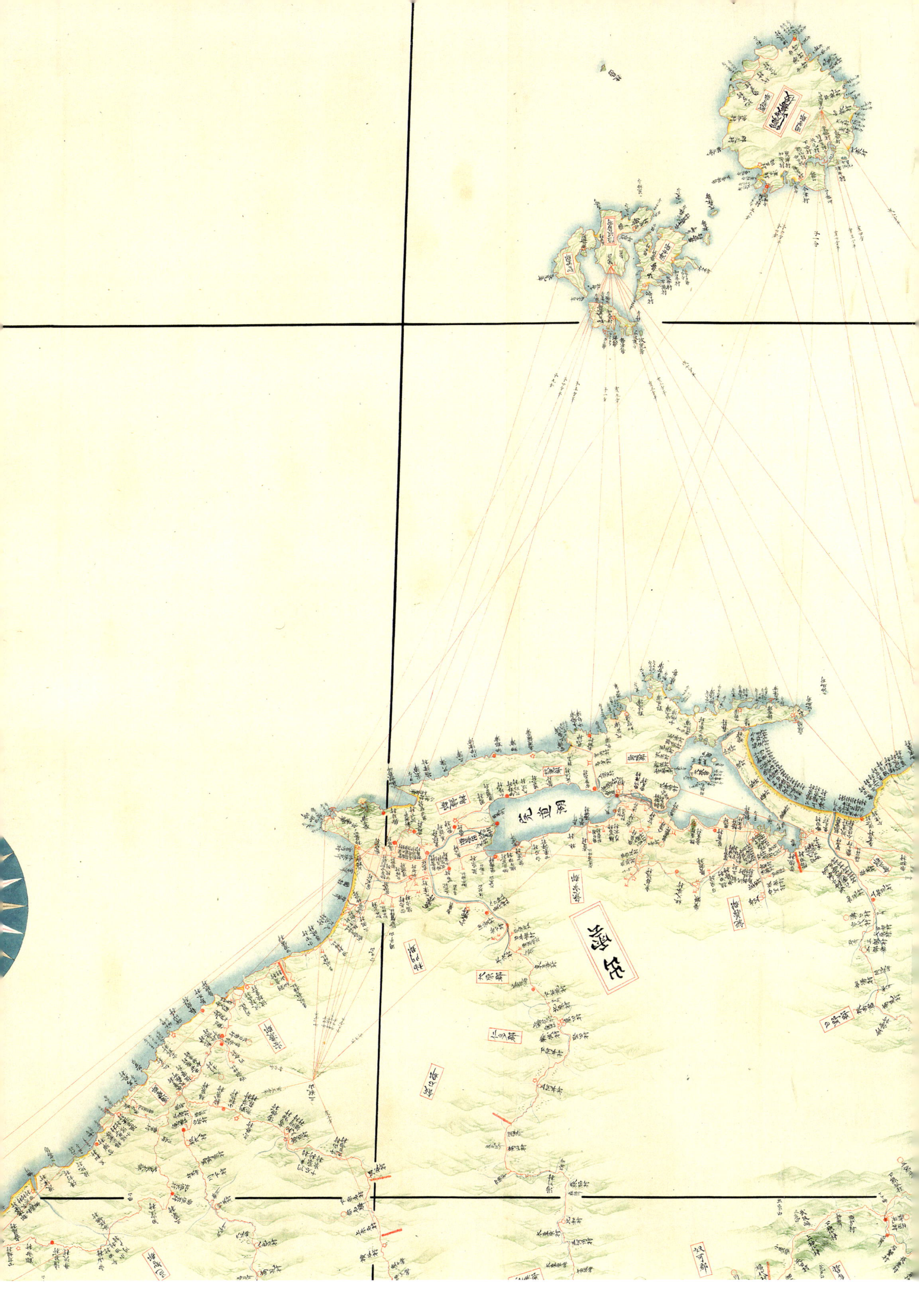

第6図　山陰広域図

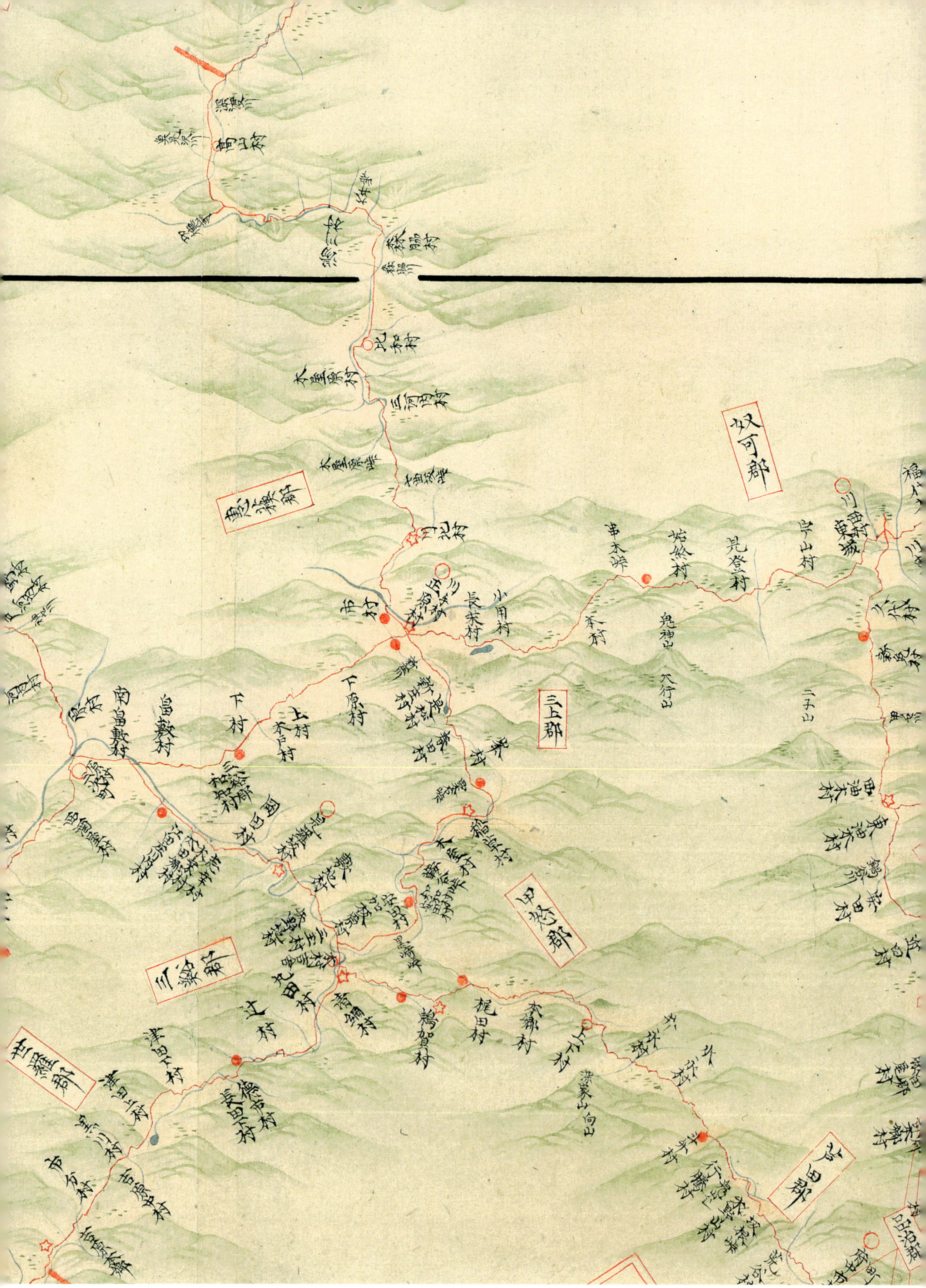
高山村
森脇村
比和村
三河内村
奴可郡
三上郡
甲奴郡
三谿郡
世羅郡
門田村
市村
長末村
下村
上村
下原村
南畠敷村
畠敷村
辻村
梶田村
鵜飼村

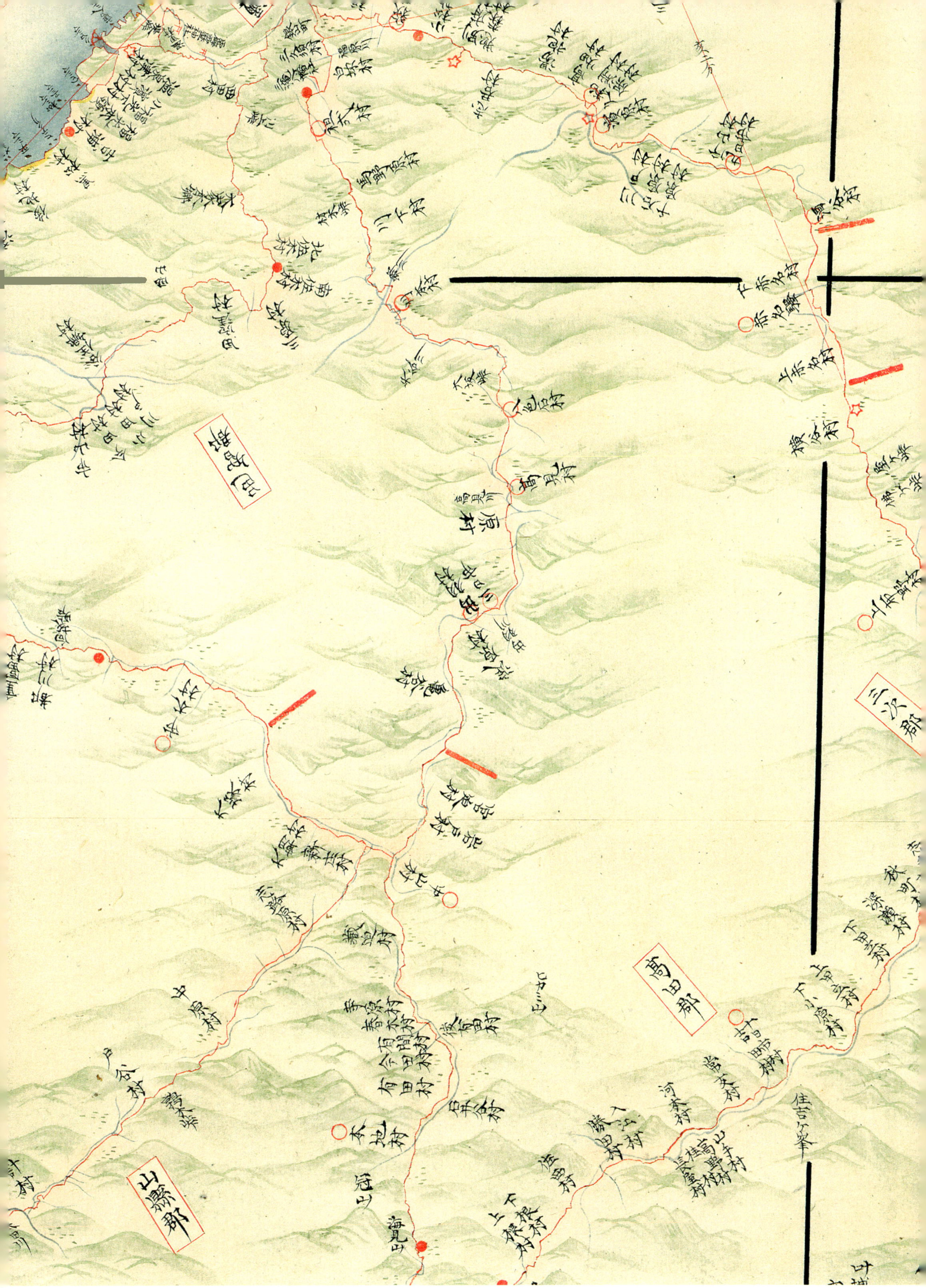

第6図　三次

213
212 208 192
210 194
214 196

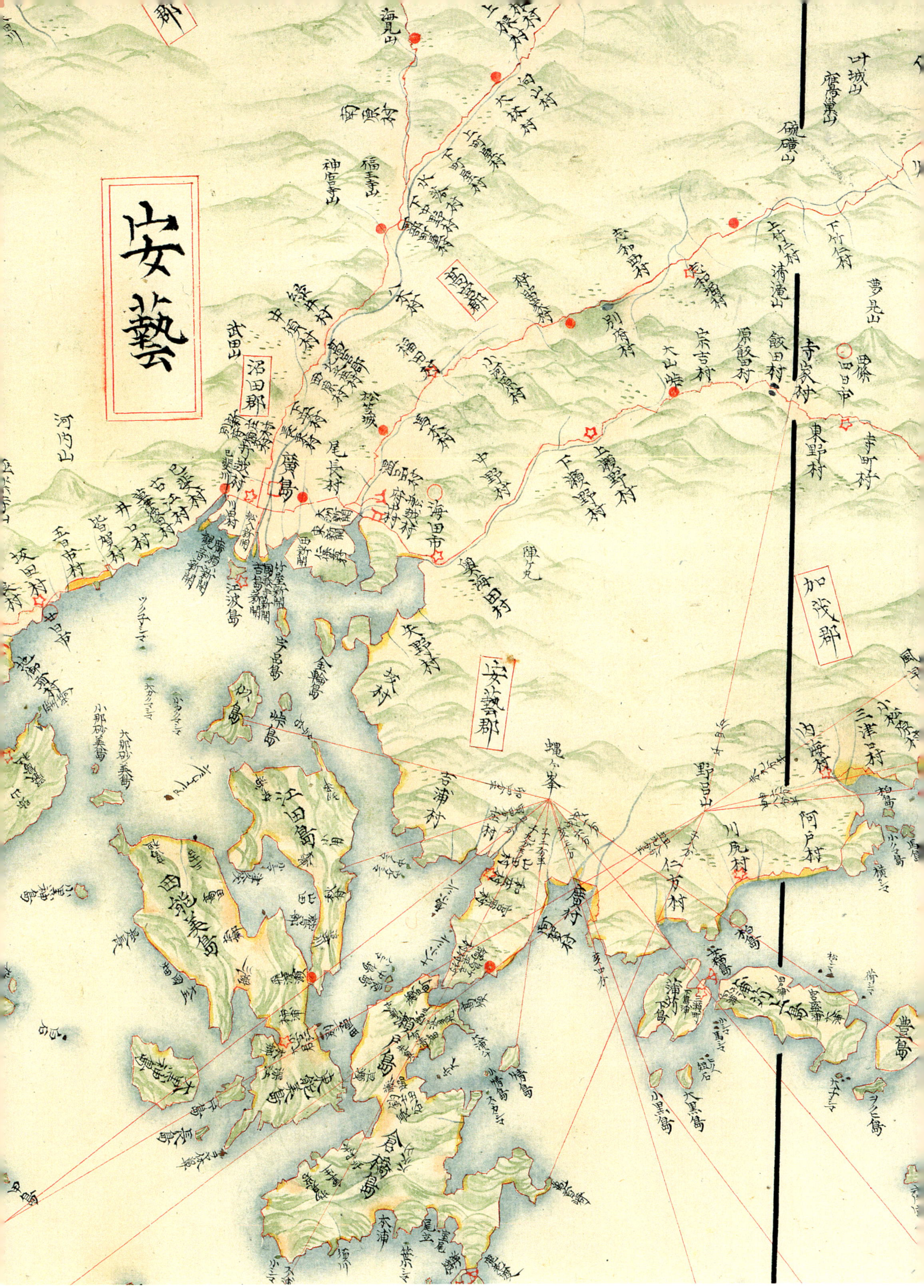
安藝
沼田郡
豊田郡
安藝郡
加茂郡
廣島
海田市
江田島
倉橋島
寺家村
東野村
阿戸村
仁方村
川尻村
矢野村
吉浦村
大山峠
飯田村
宗吉村
別府村
中野村
四日市

第6図　尾道・三原

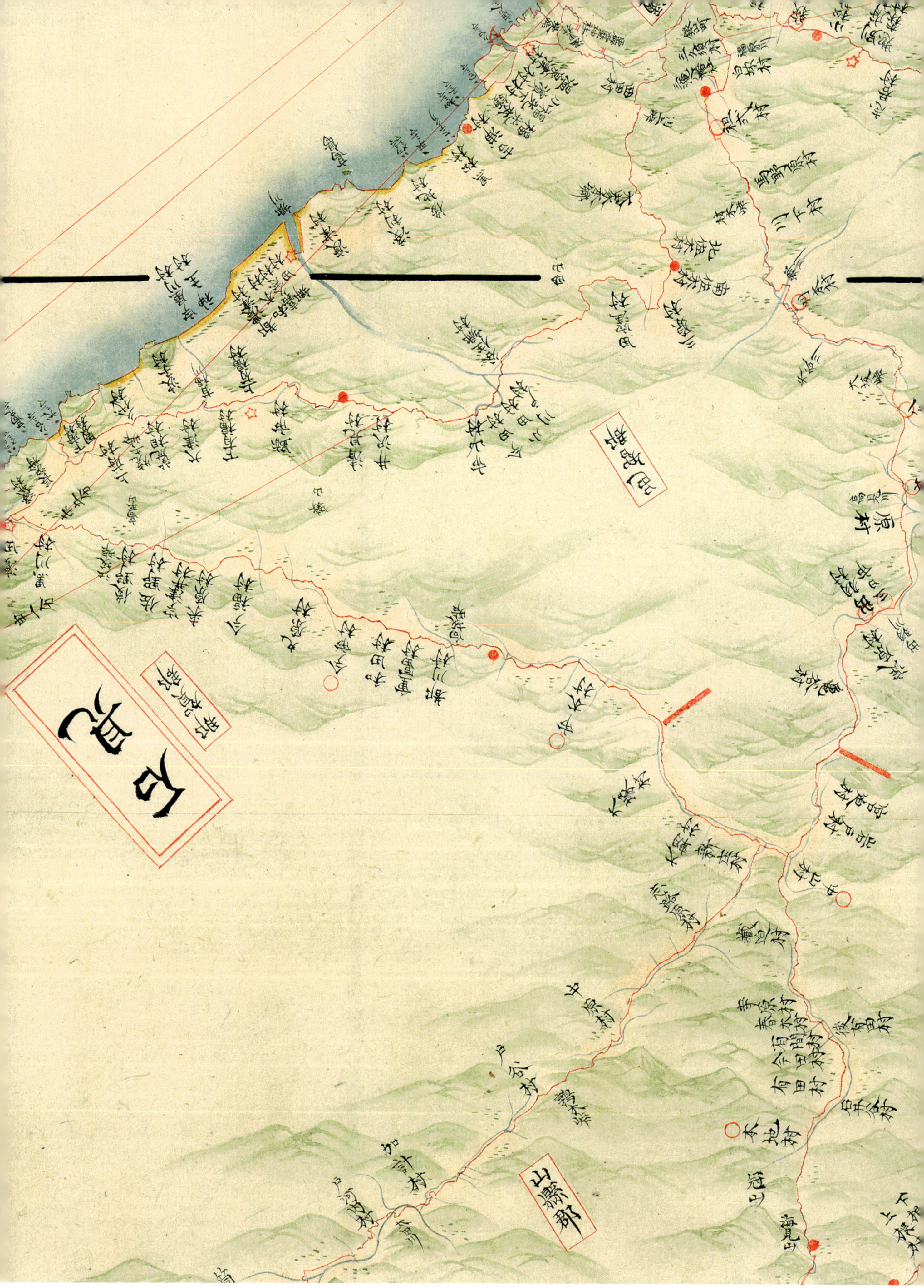
石見
山縣郡

第6図　広島

216
212
218
213
210
214

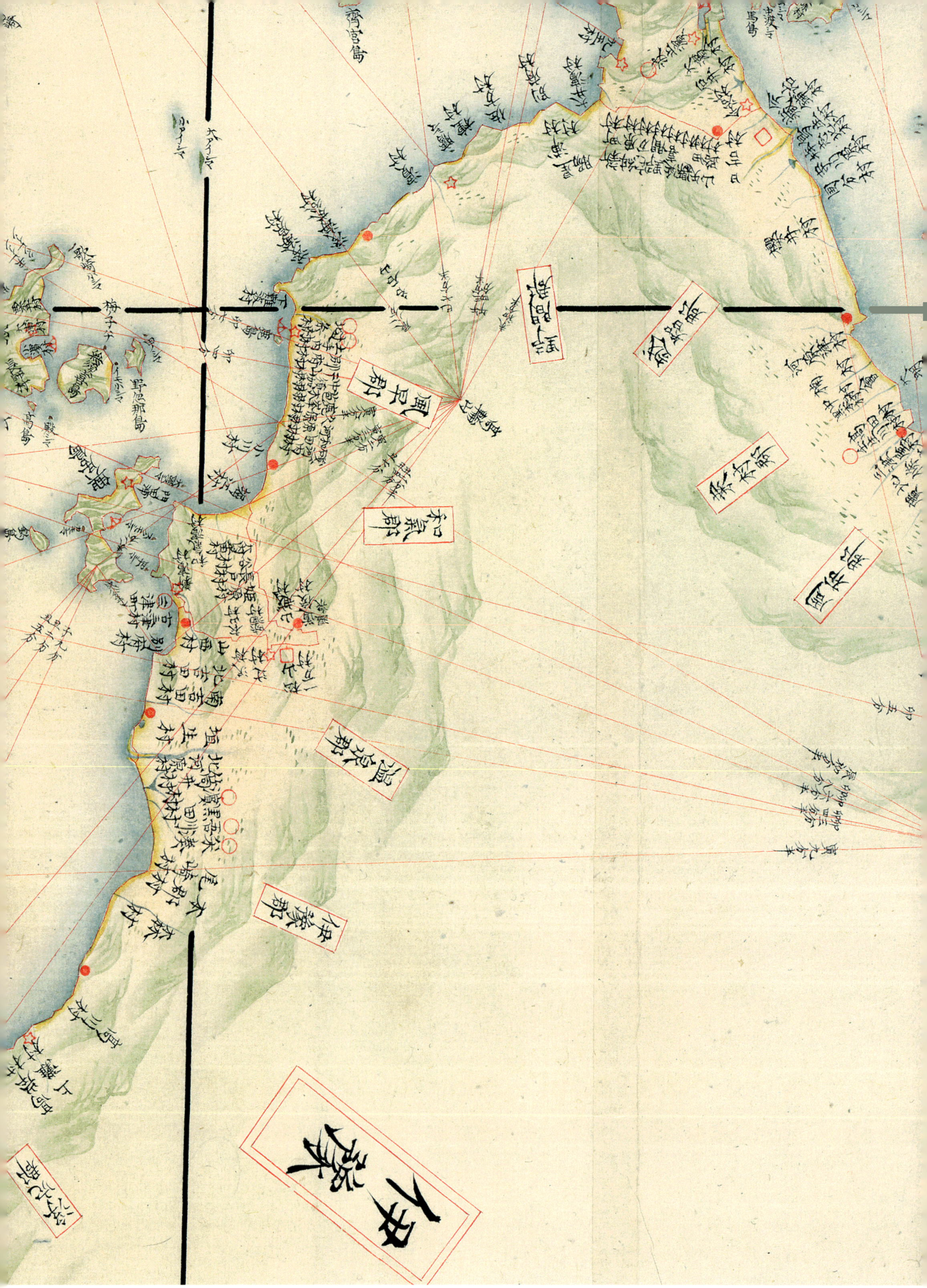

213 210
218 214 196
224 201 200

第6図　松山

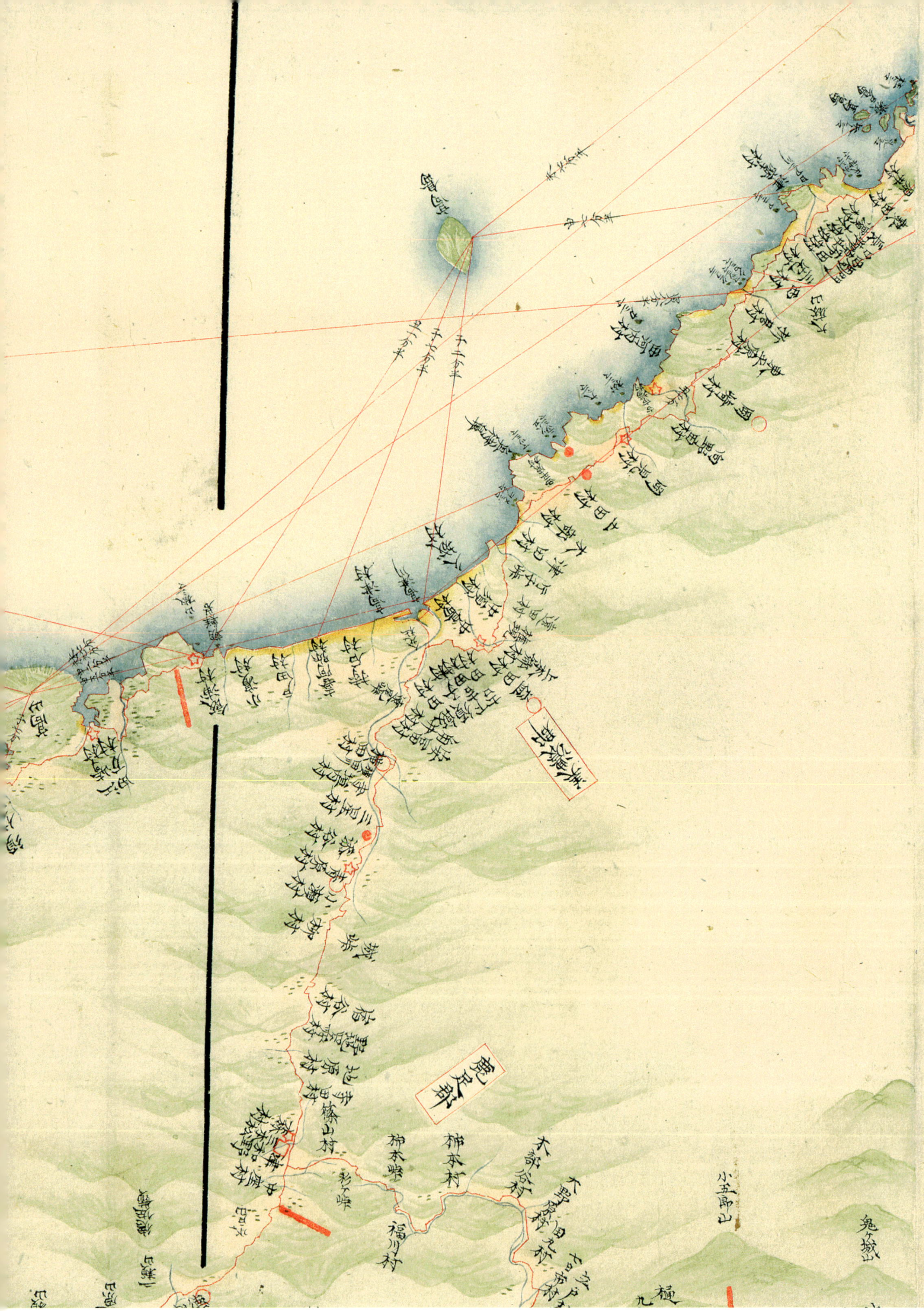

216 212 220 218 213

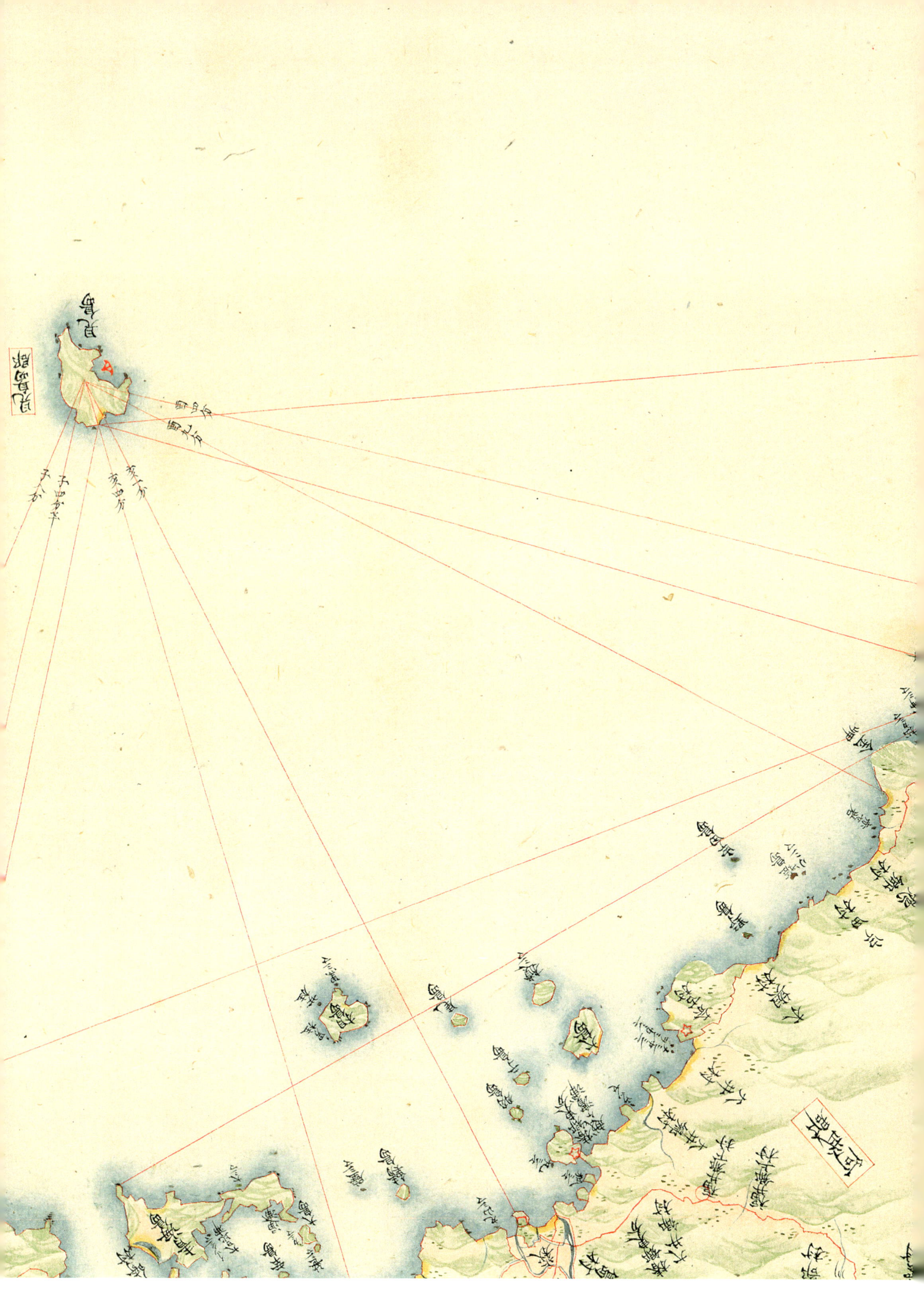

第7図　萩・津和野

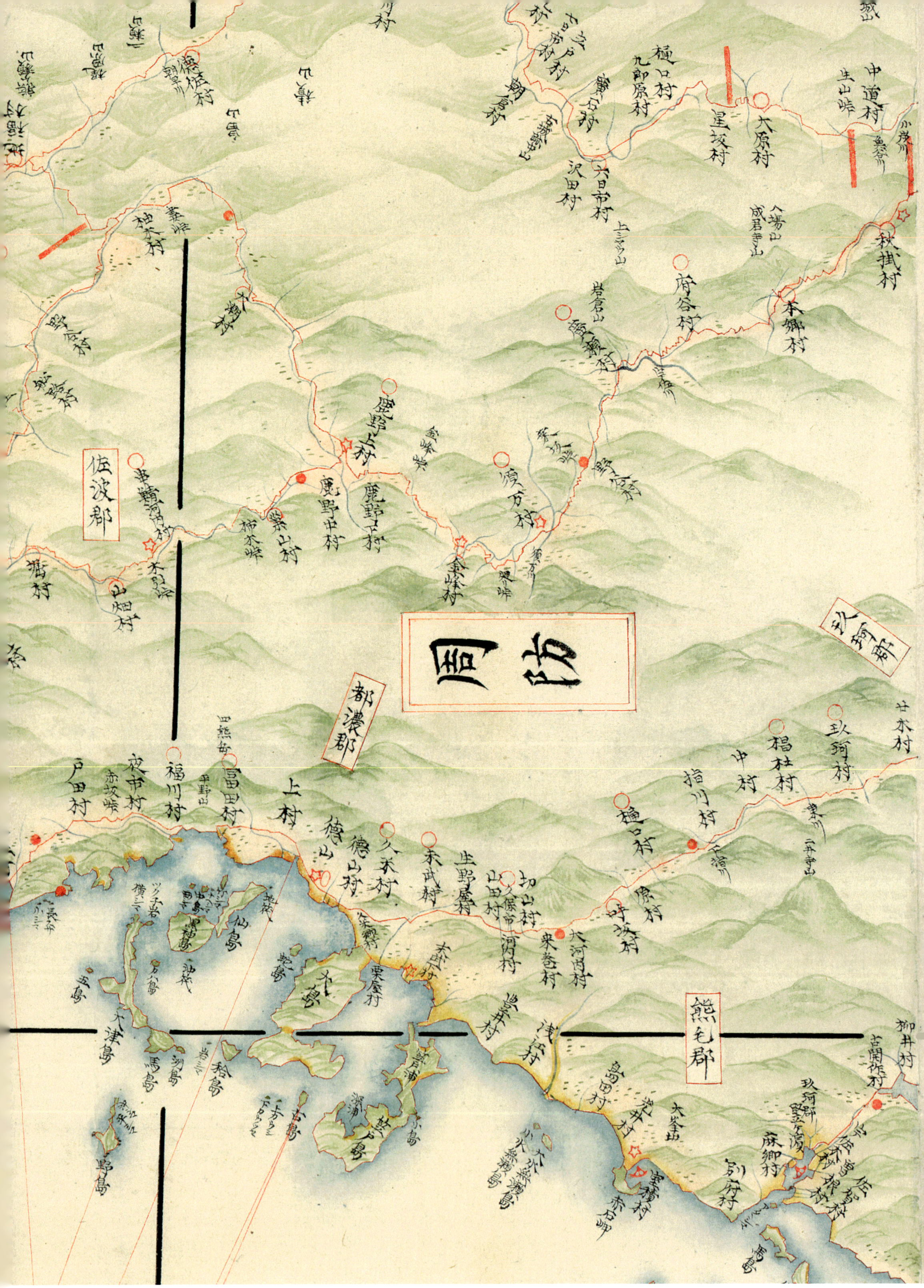

周防
都濃郡
佐波郡
玖珂郡
熊毛郡
大原村
星坂村
中道村
樋口村
九郎原村
六日市村
沢田村
秋掛村
本郷村
府谷村
須万村
鹿野上村
鹿野中村
鹿野下村
紫山村
柚木村
山畑村
戸田村
夜市村
福川村
富田村
上村
徳山
徳山村
久米村
末武村
生野屋村
切山村
山田村
大河内村
来巻村
呼坂村
原村
樋口村
中村
指川村
玖珂村
仙島
黒髪島
大津島
馬島
野島
大島
笠戸島
浅江村
島田村
光井村
麻郷村
別府村
柳井村
室積村

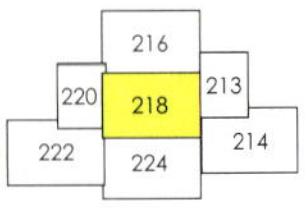

216
220
218
213
222
224
214

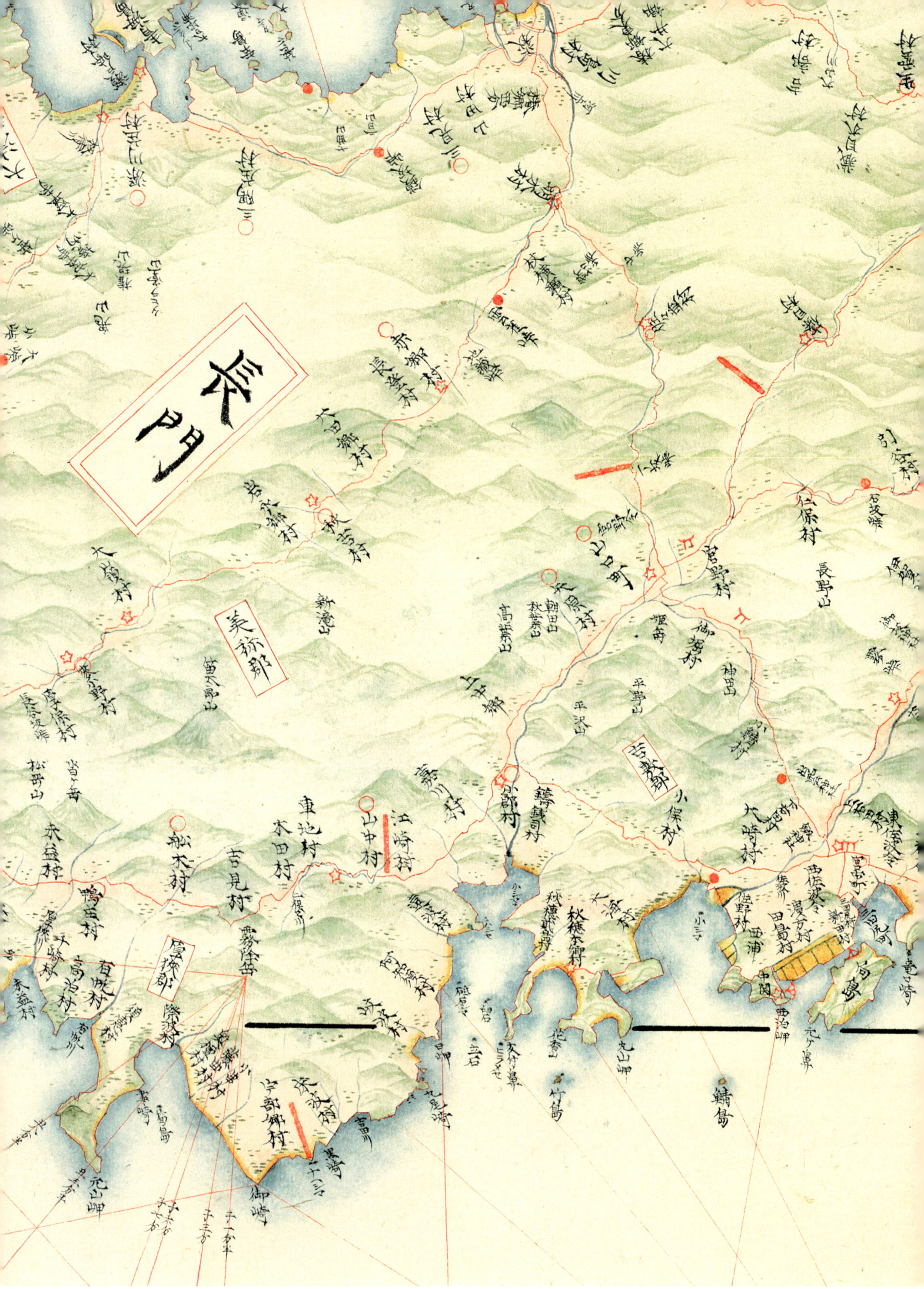

第7図　山口・宇部

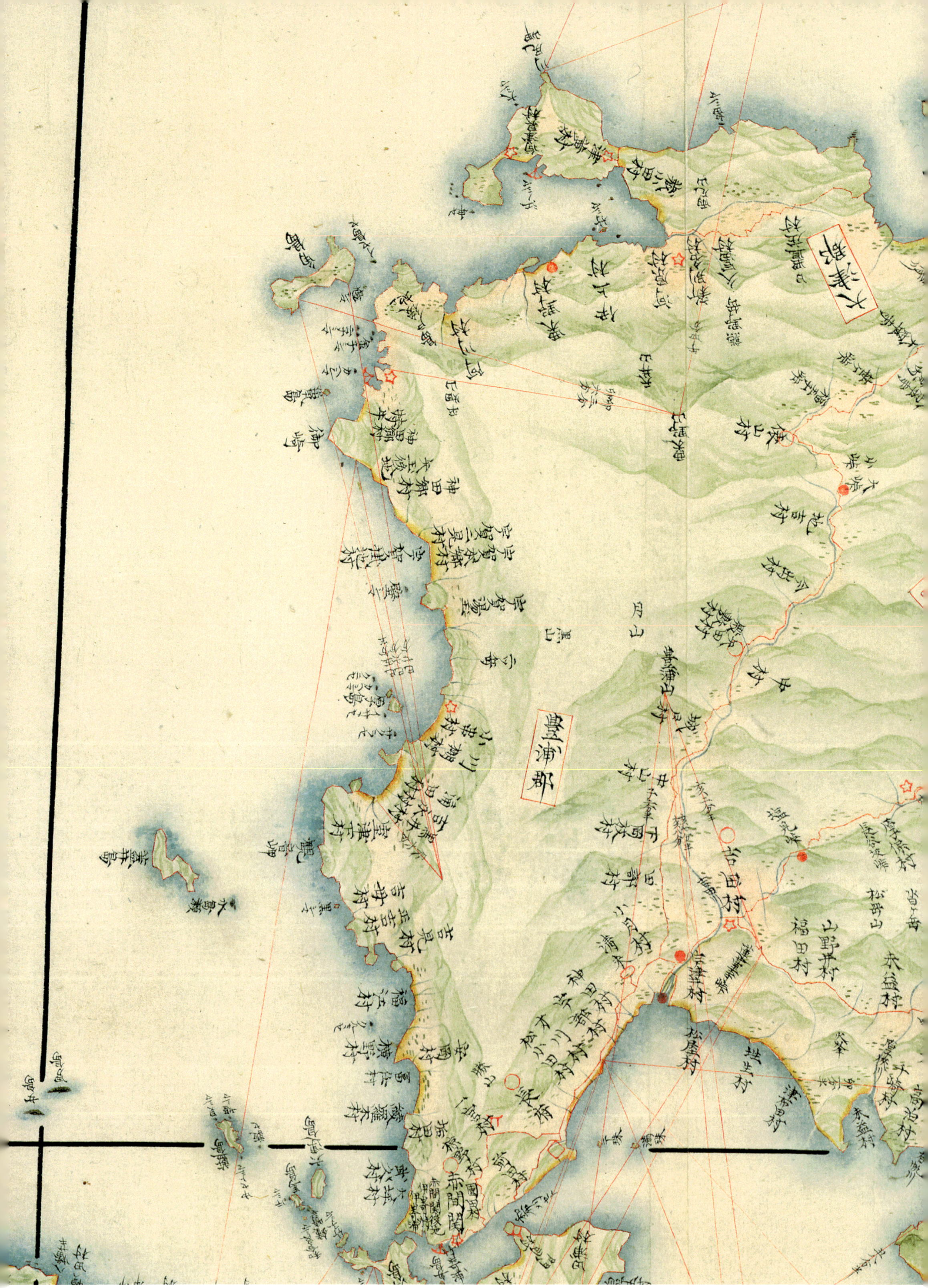
大津郡
豊浦郡
赤間関

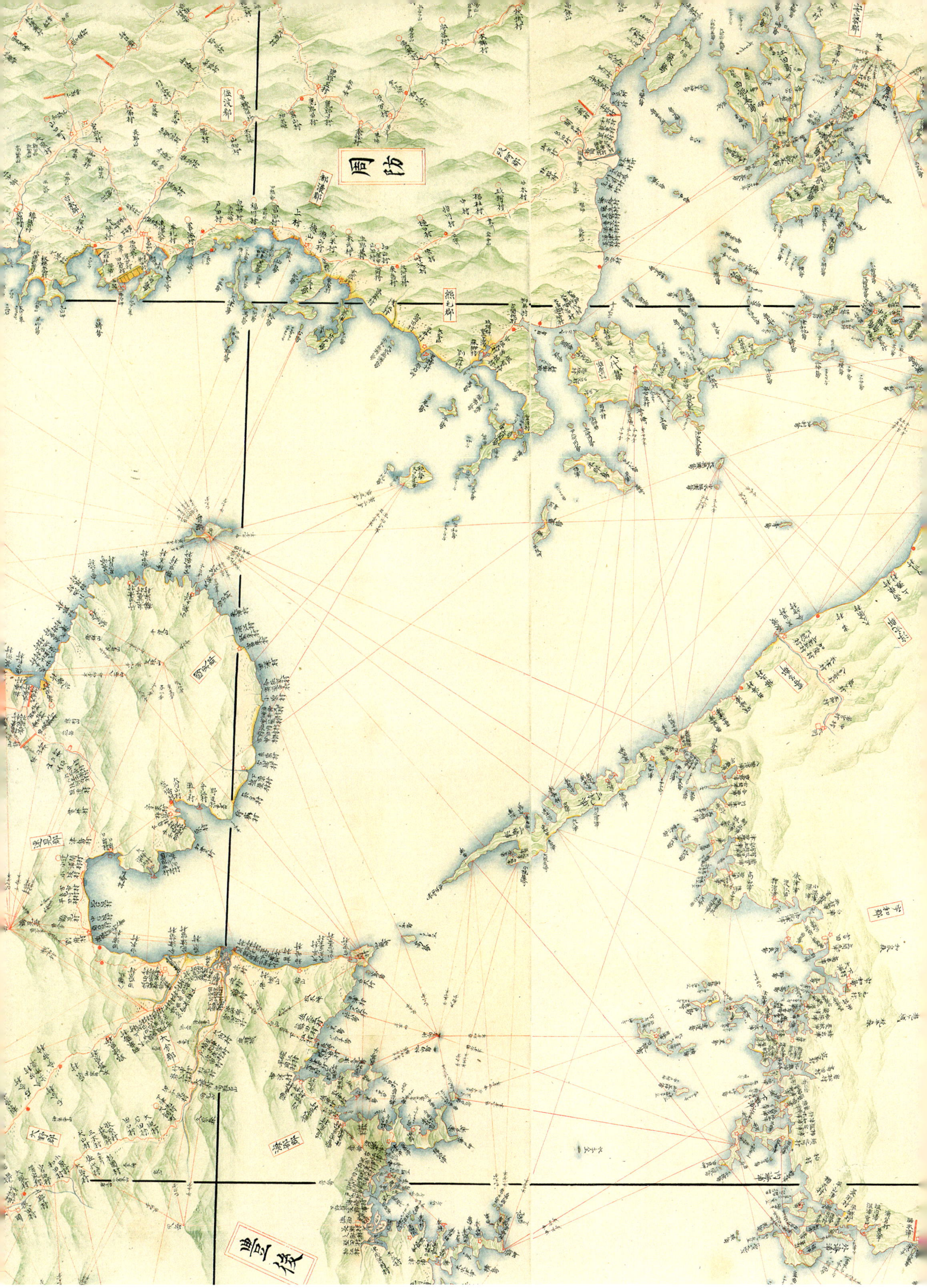

第7図　伊予灘広域図

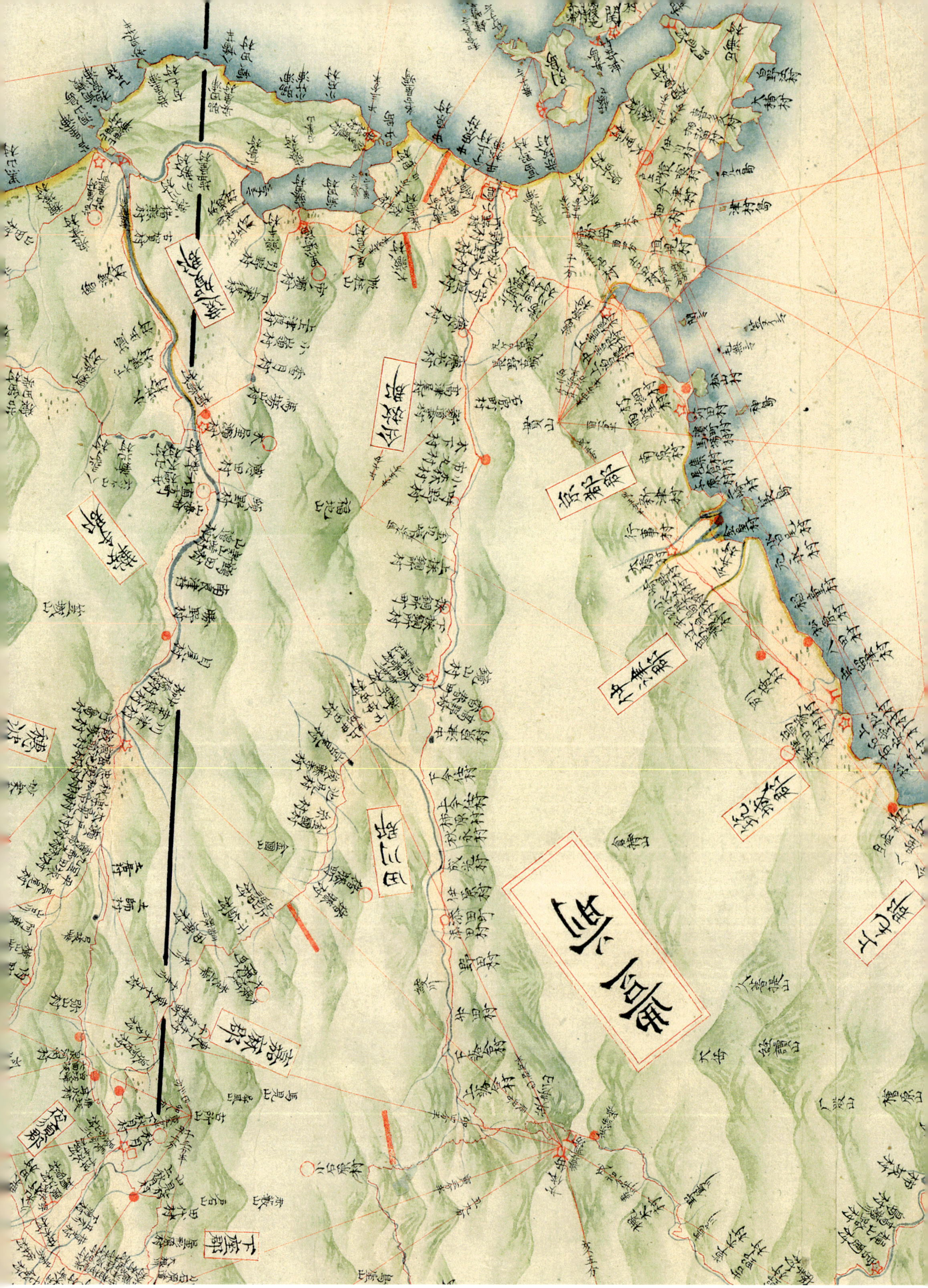

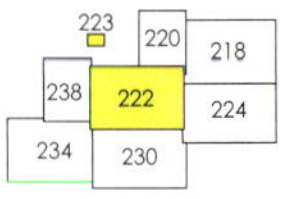

223
220
218
238
222
224
234
230

第7図　福岡・小倉

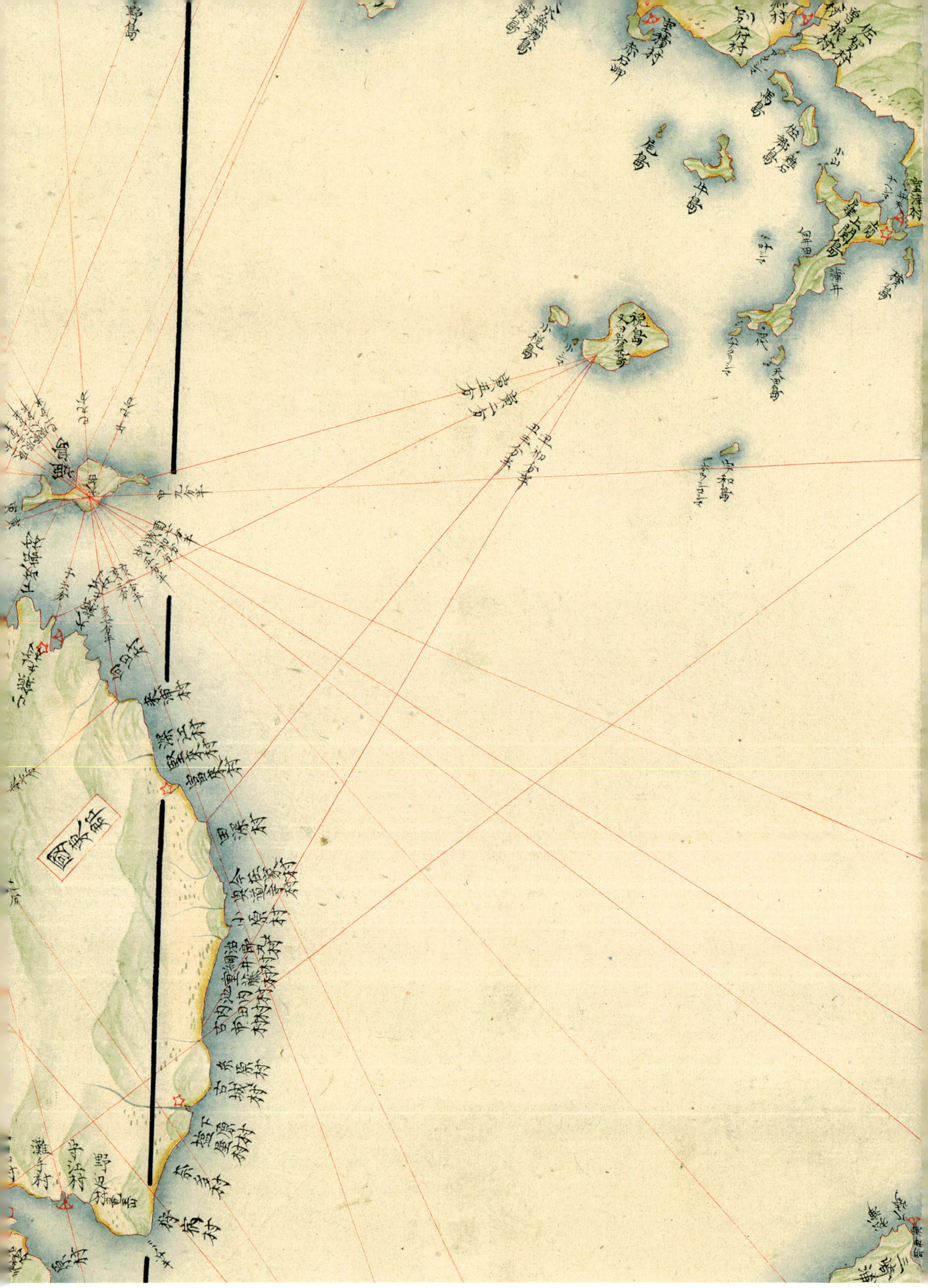

218
222 224 214
230 226 201

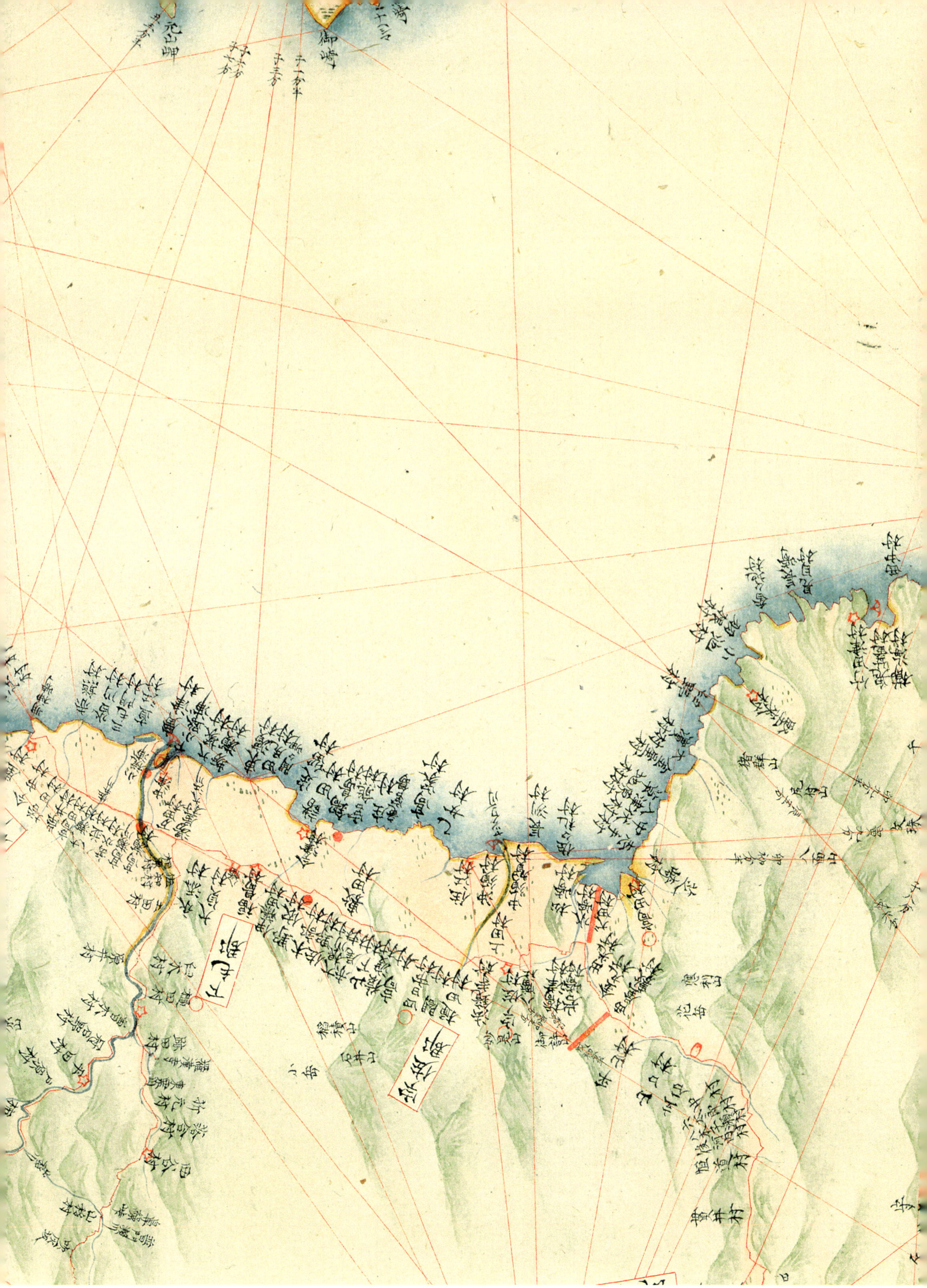

第7図　中津・宇佐

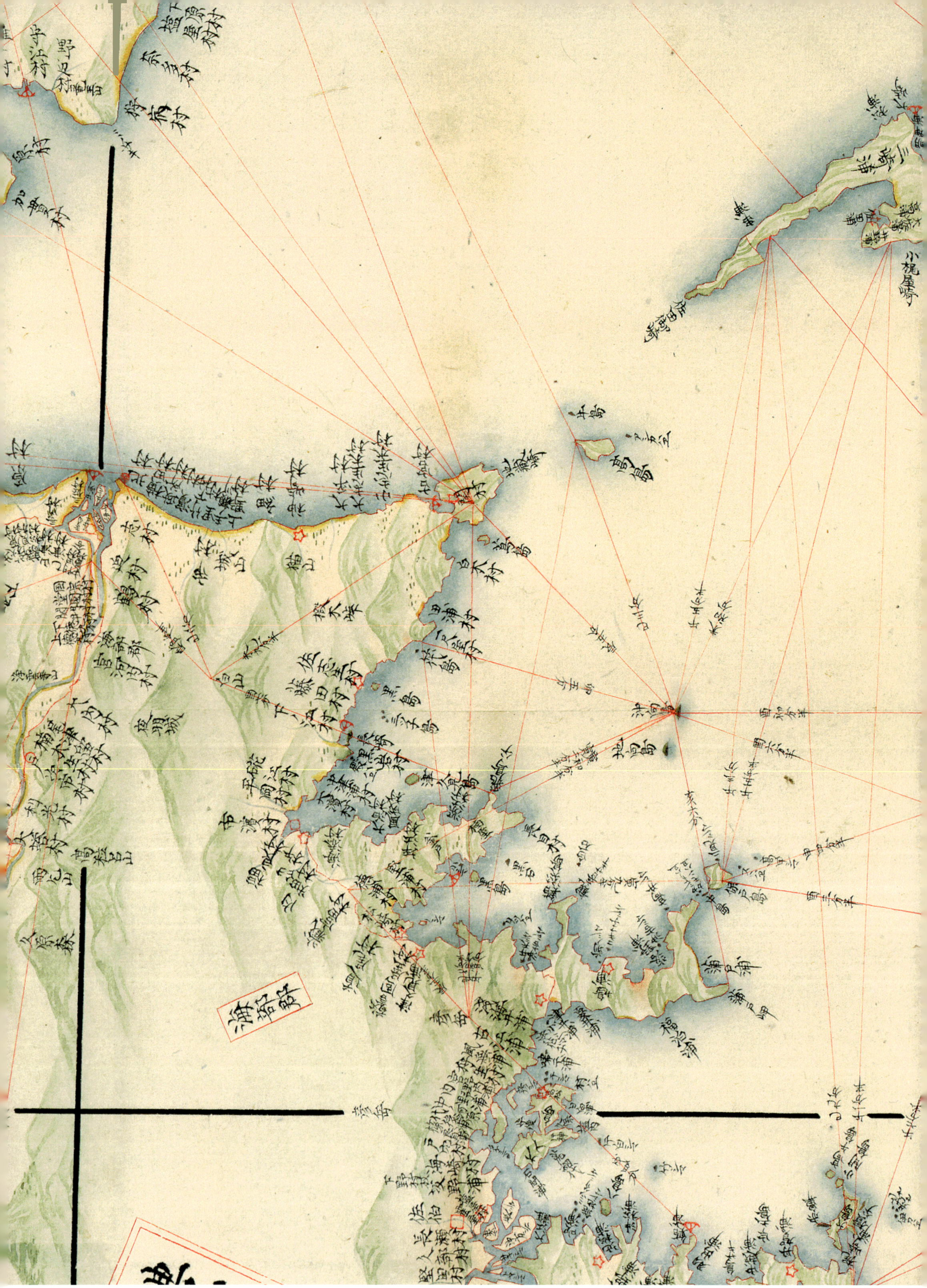

224
230 226 201
232 228

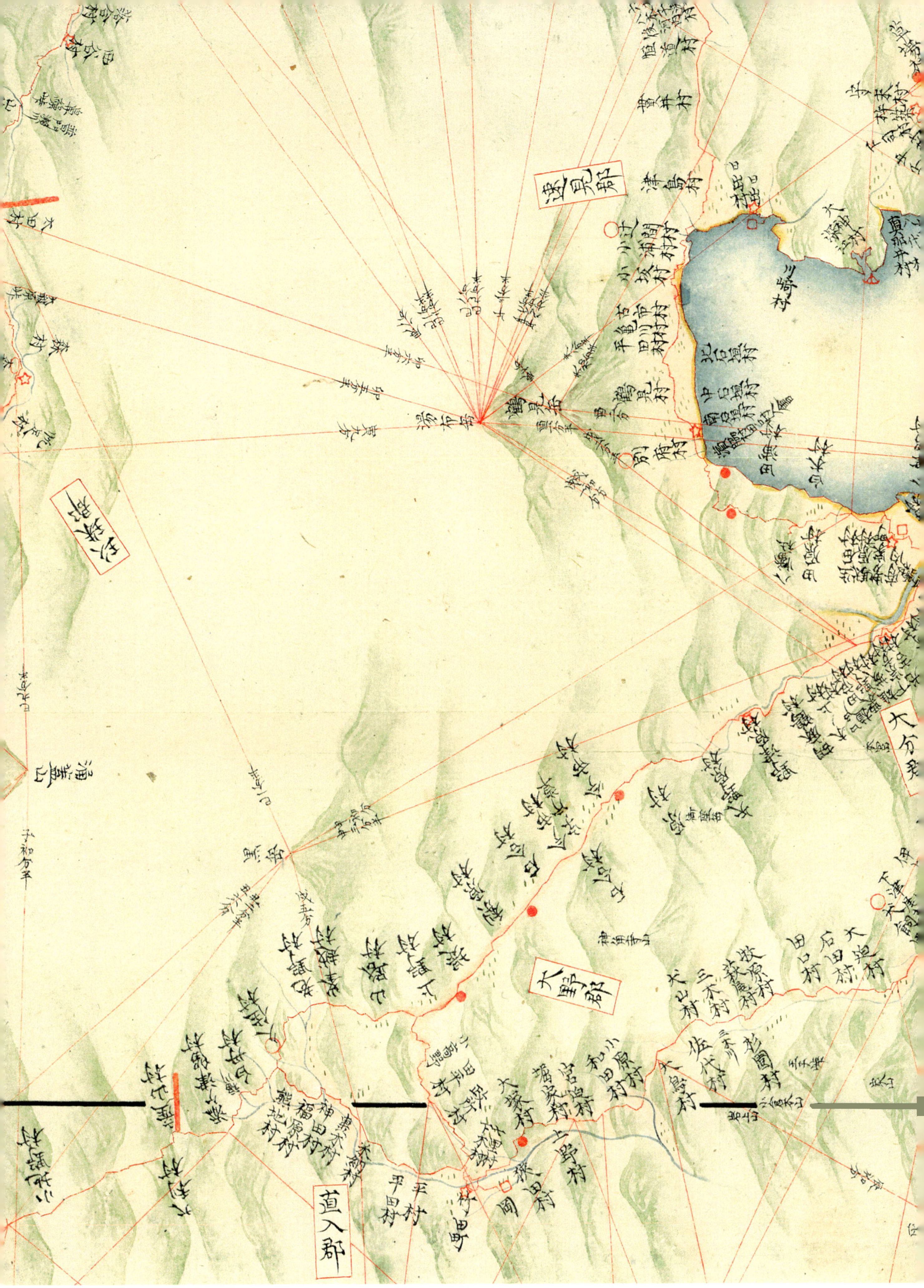

第7図　大分

230 226
232 228
244

第7図　延岡

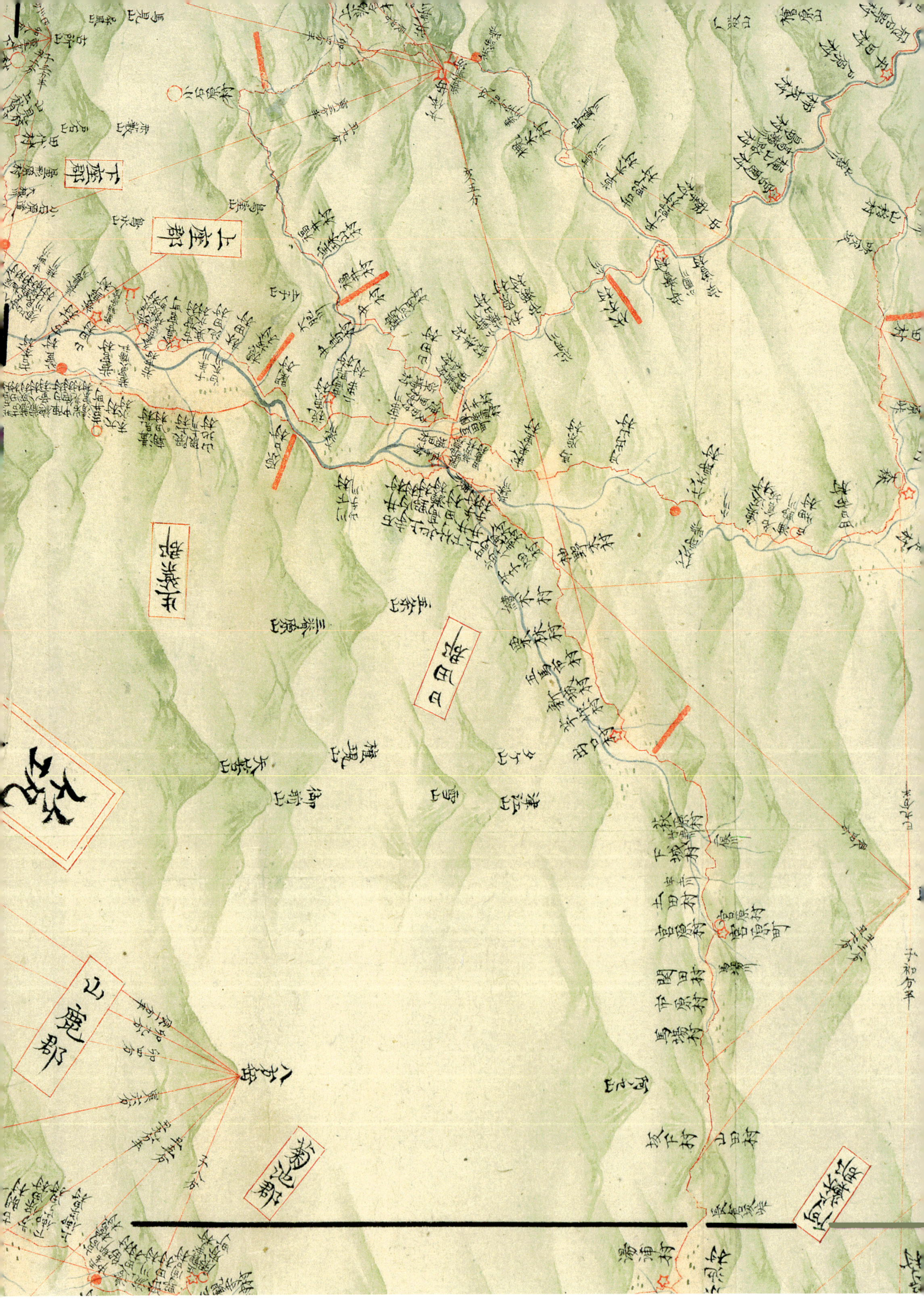

222 224
234 230 226
236 232 228

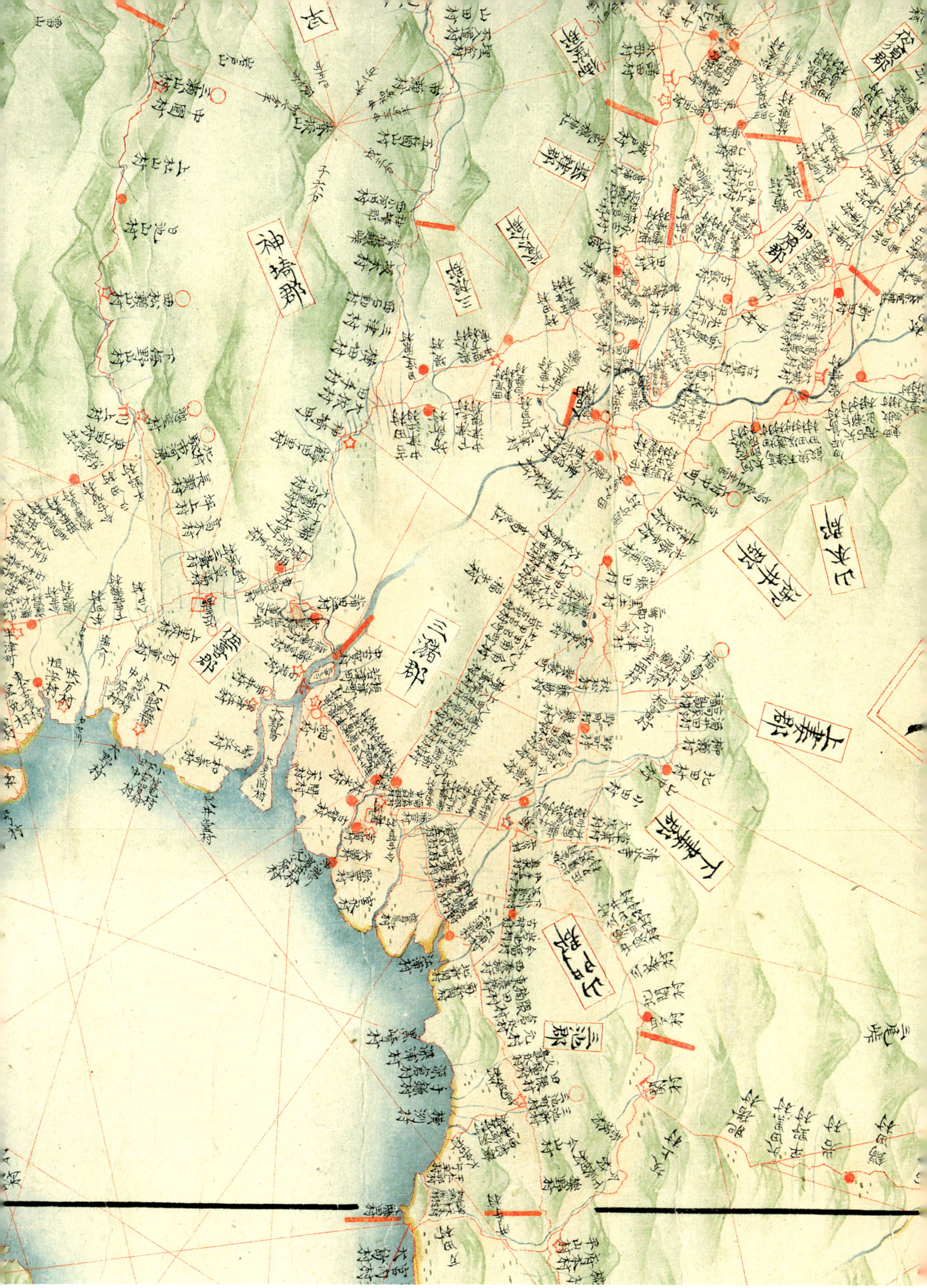

第7図　佐賀・久留米

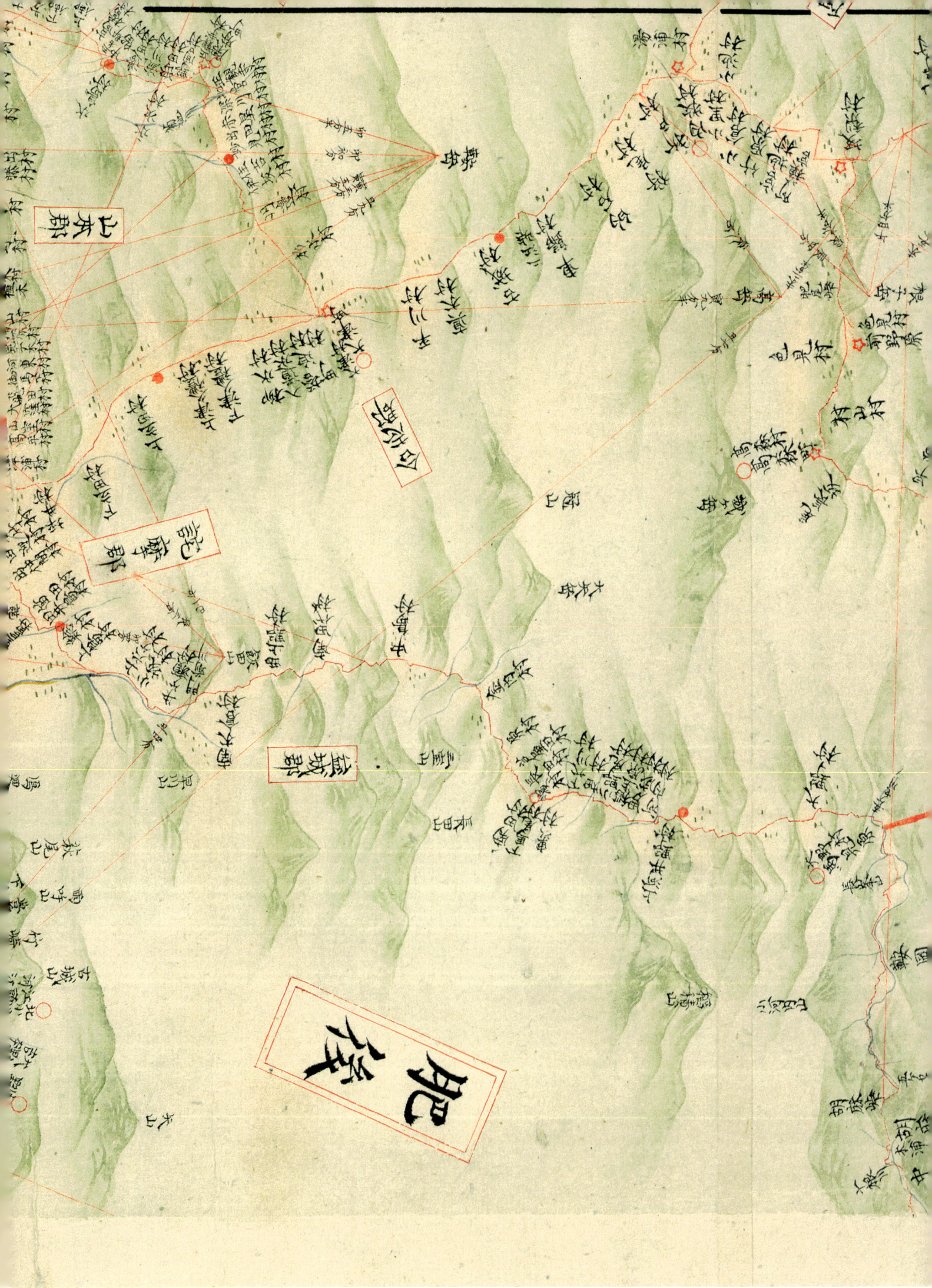

234 230 226
236 232 228
250 244

第7図　熊本

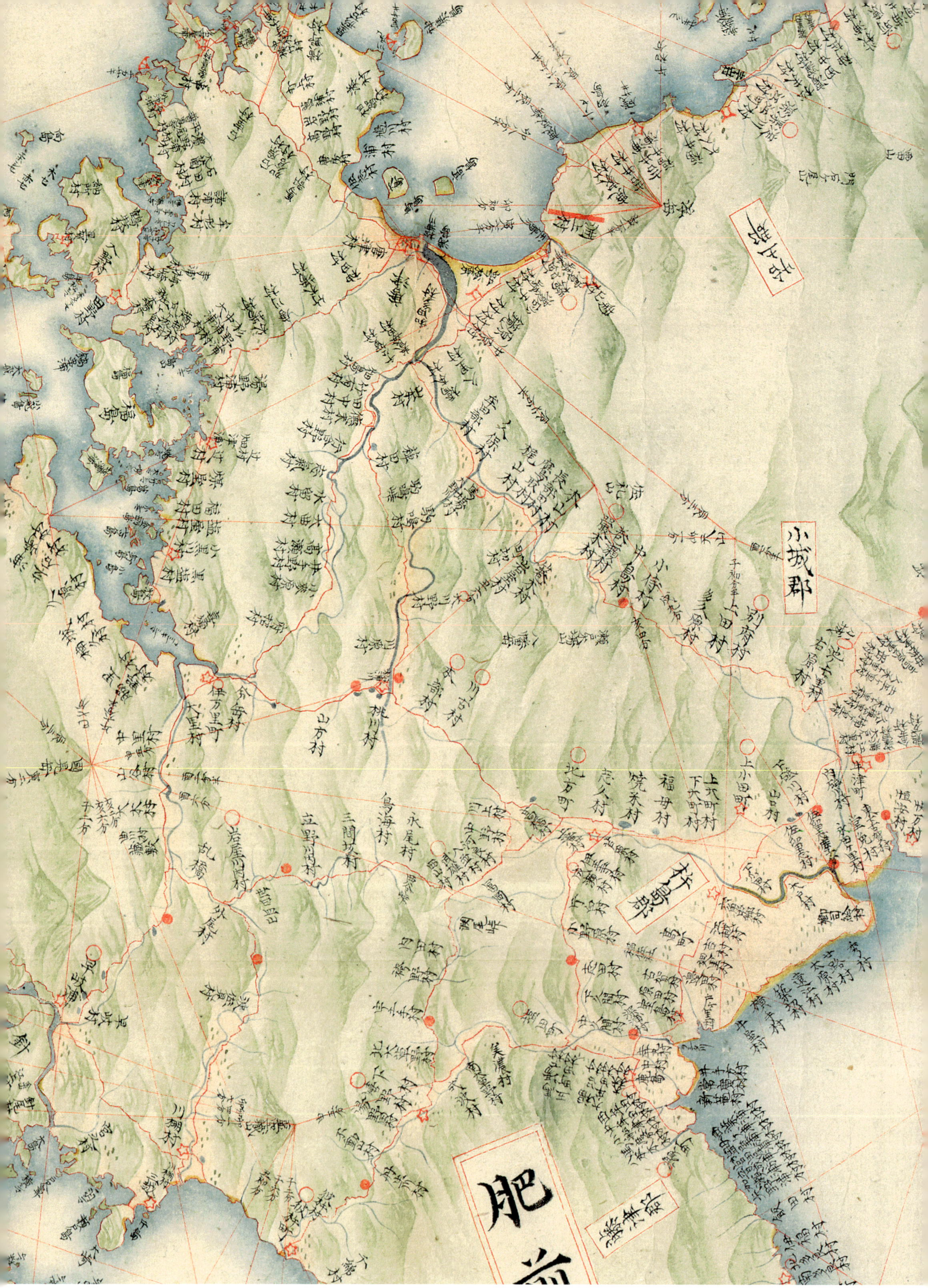

235 238 222
242 234 230
236 232

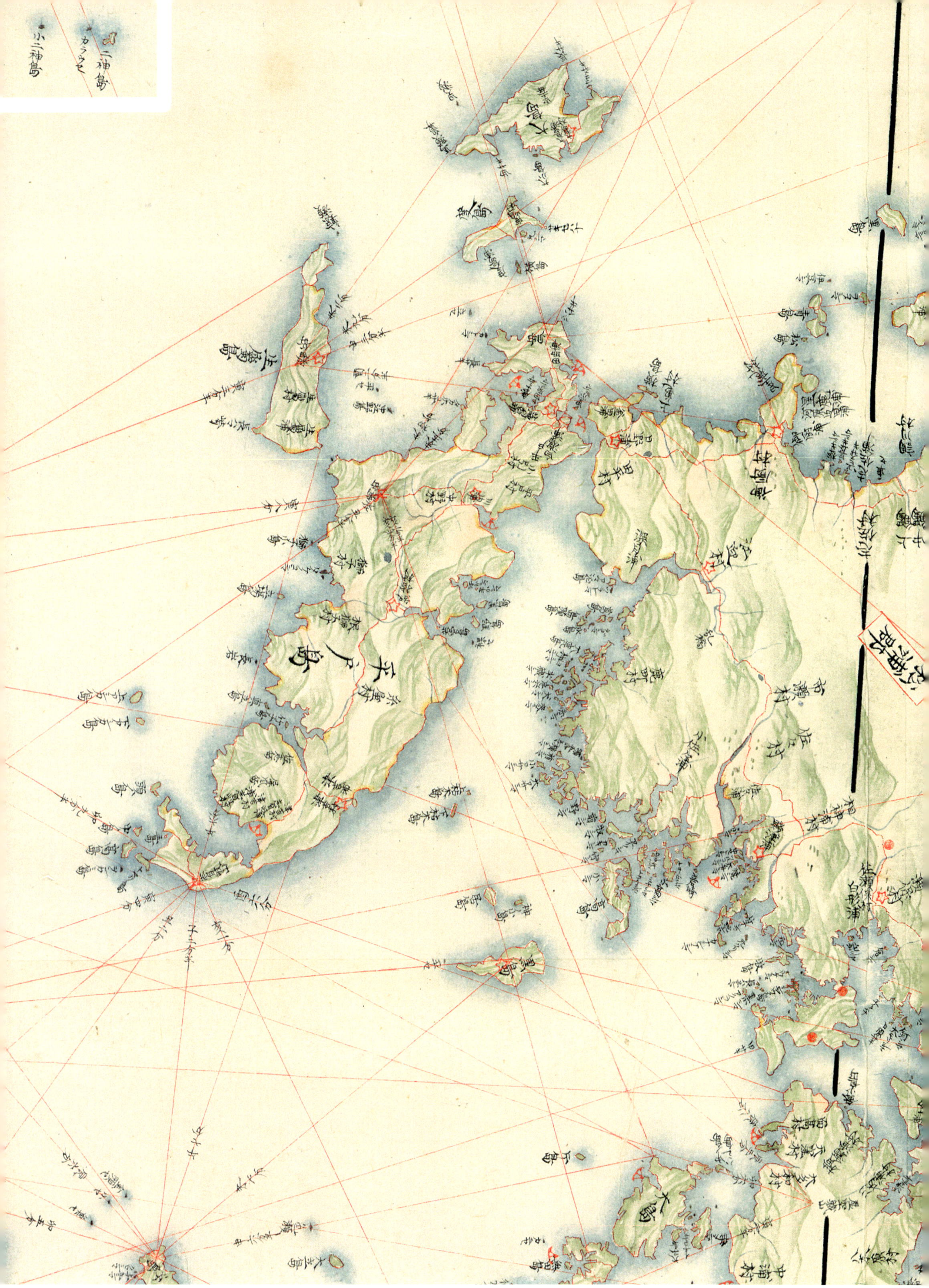

第7図　佐世保・平戸

鯛之浦
有喜村
早見村
戸石村
田結村

第7図　長崎

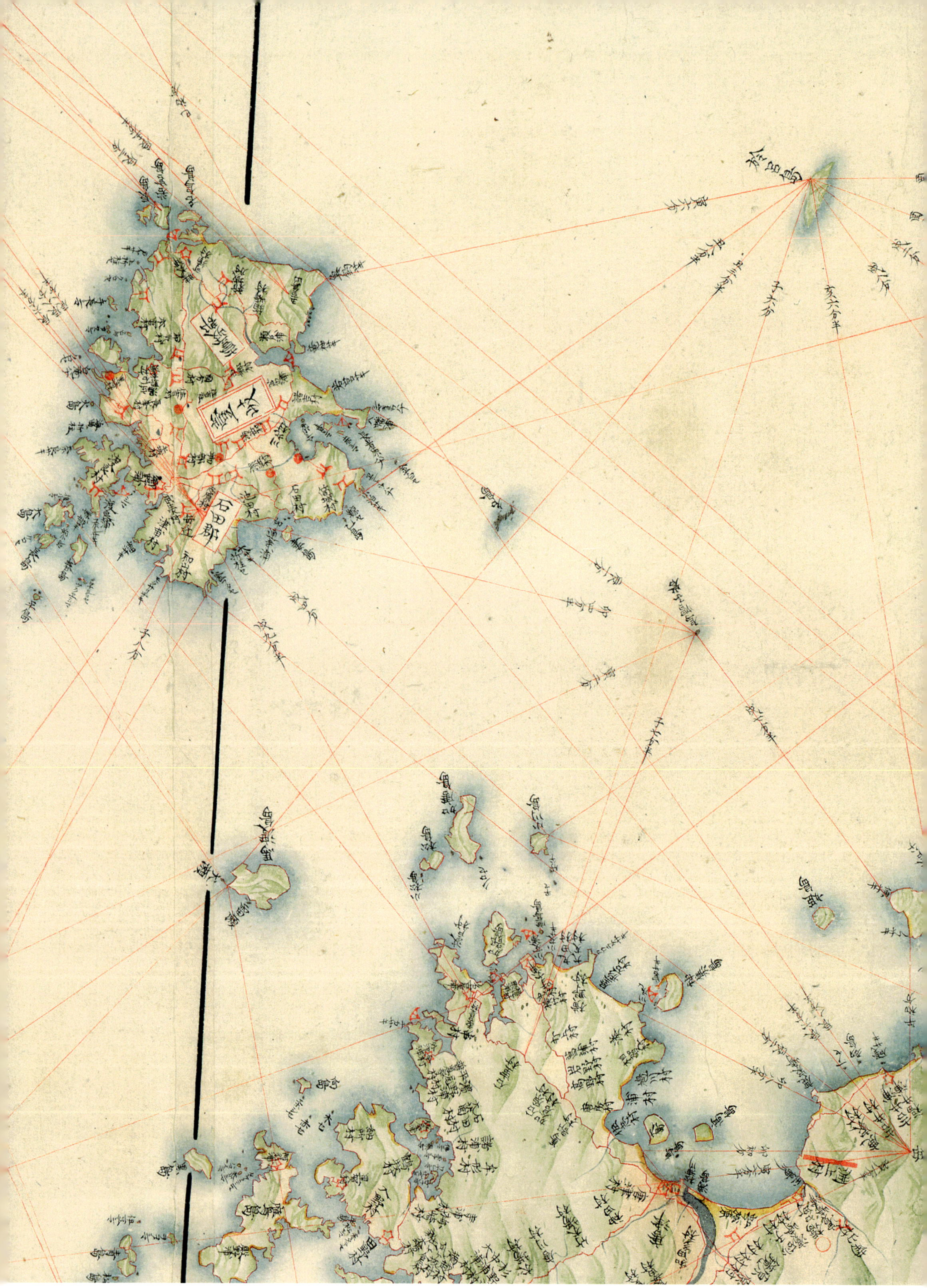

240
238　222
234

第7図　壱岐

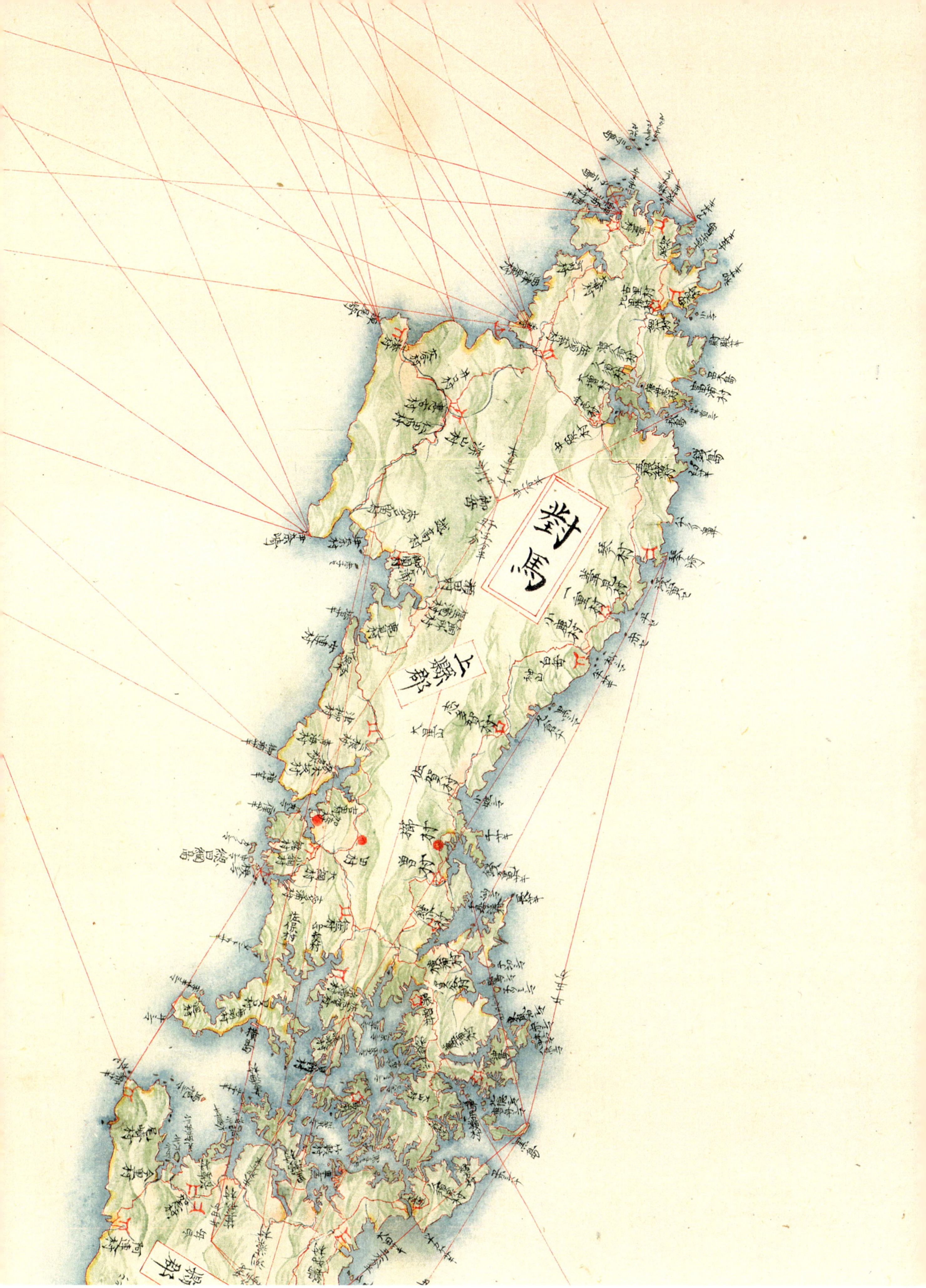

 第7図 対馬

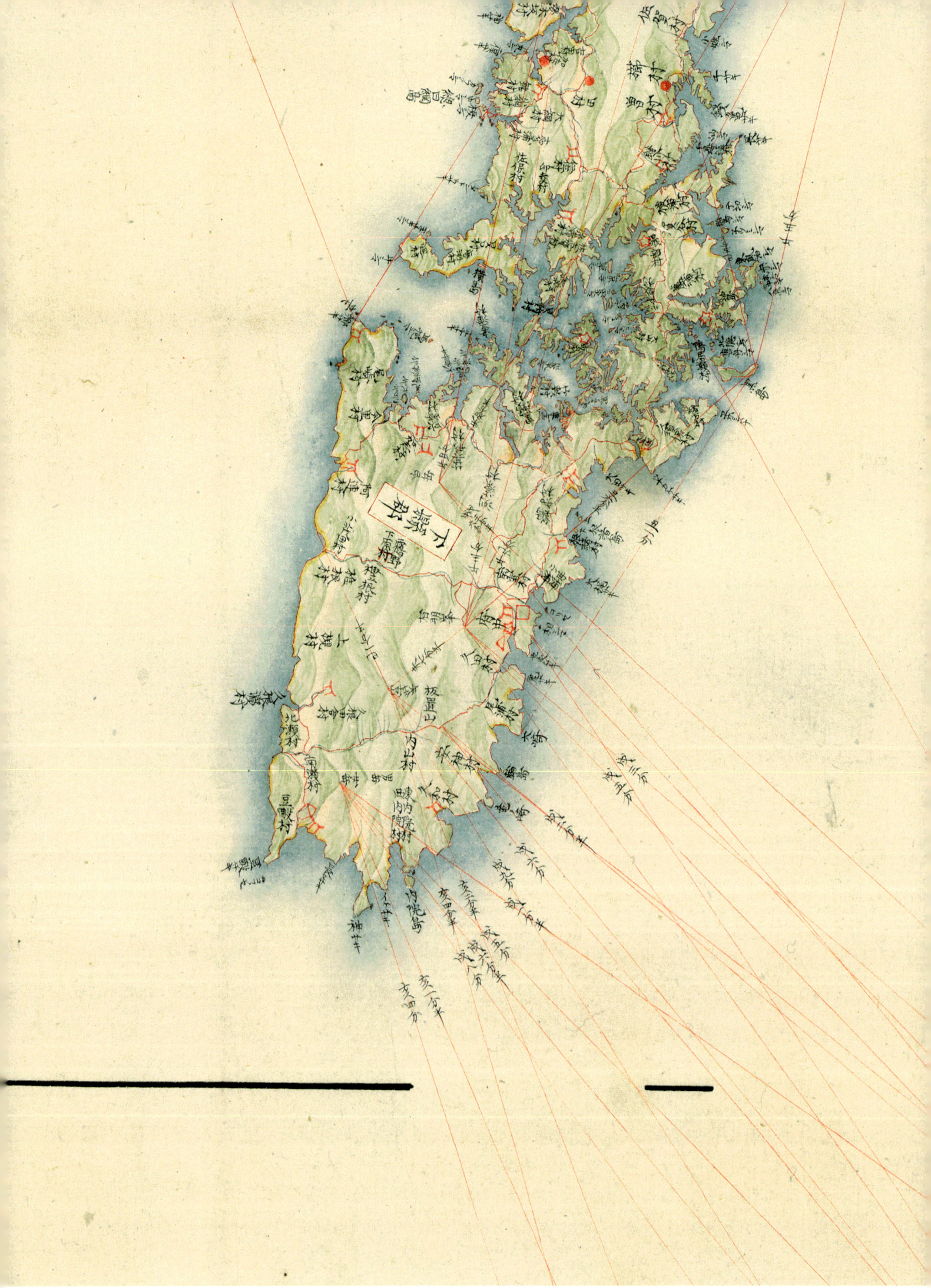
下縣郡

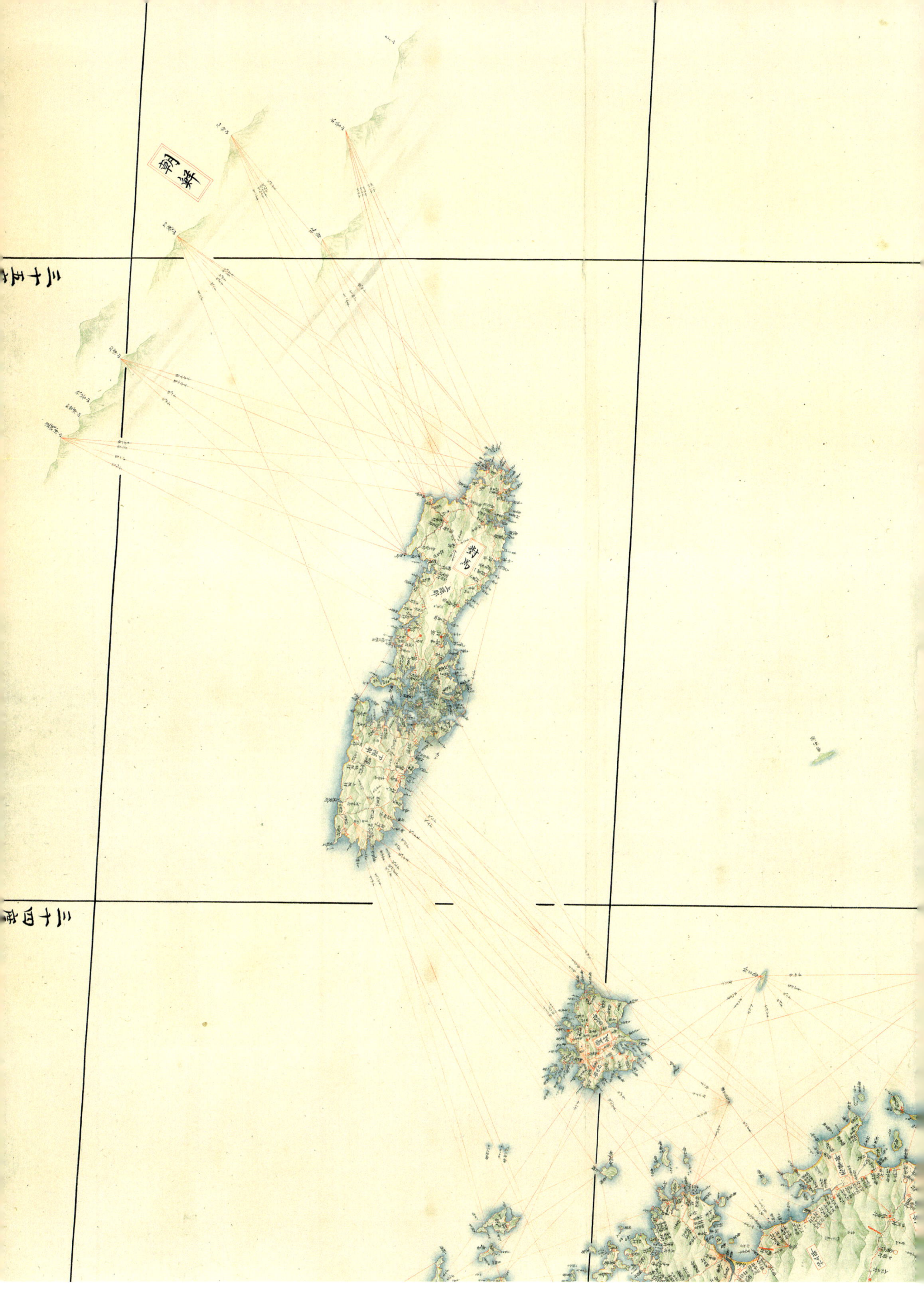

第7図　対馬海峡広域図

五島

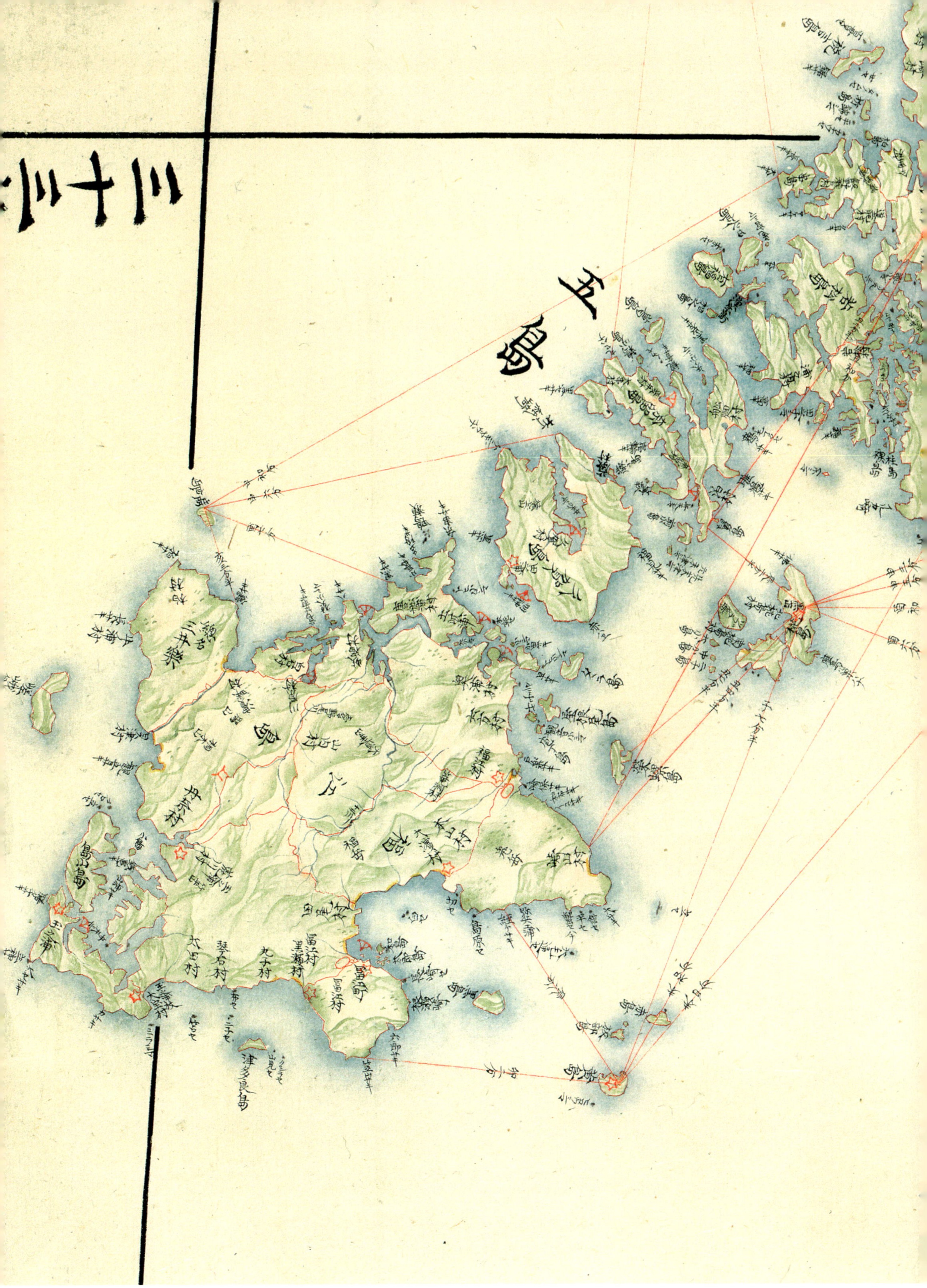

第7図　福江

原田村
杉水流村
坂元村
大明司村
大川平村
前目村
北方村
西方村
細野村
野町
水流迫村
岩瀬川
南方村
入野村
森永村
浦之名村
添野村
法花山
宮原山

第8図　日向

250 244
252 246
248

第8図　宮崎・桜島

252 246
254 248
256

第8図　鹿屋

236 232
250 244
252 246

第8図　人吉・天草

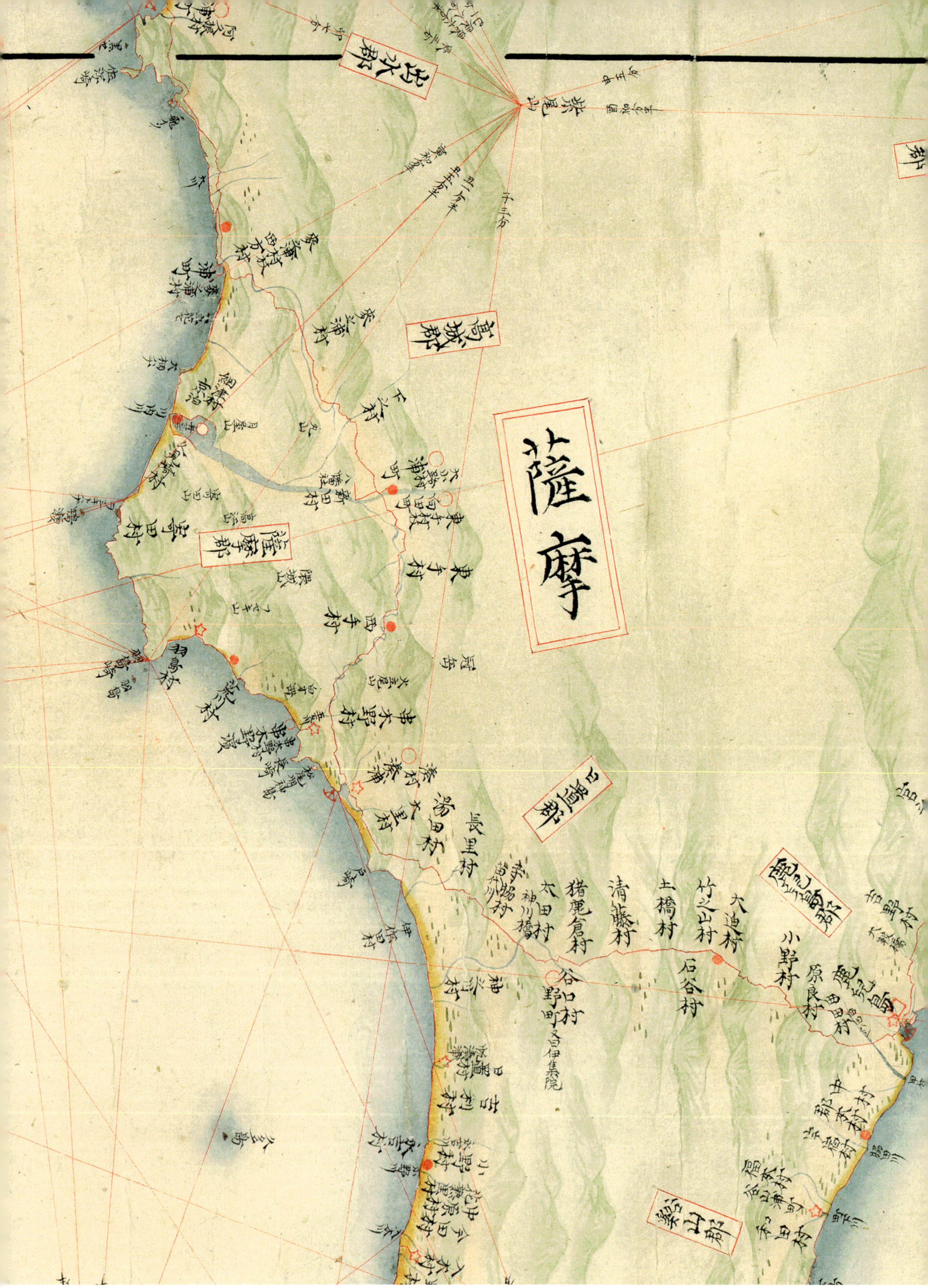

250 252 246 255 254 248

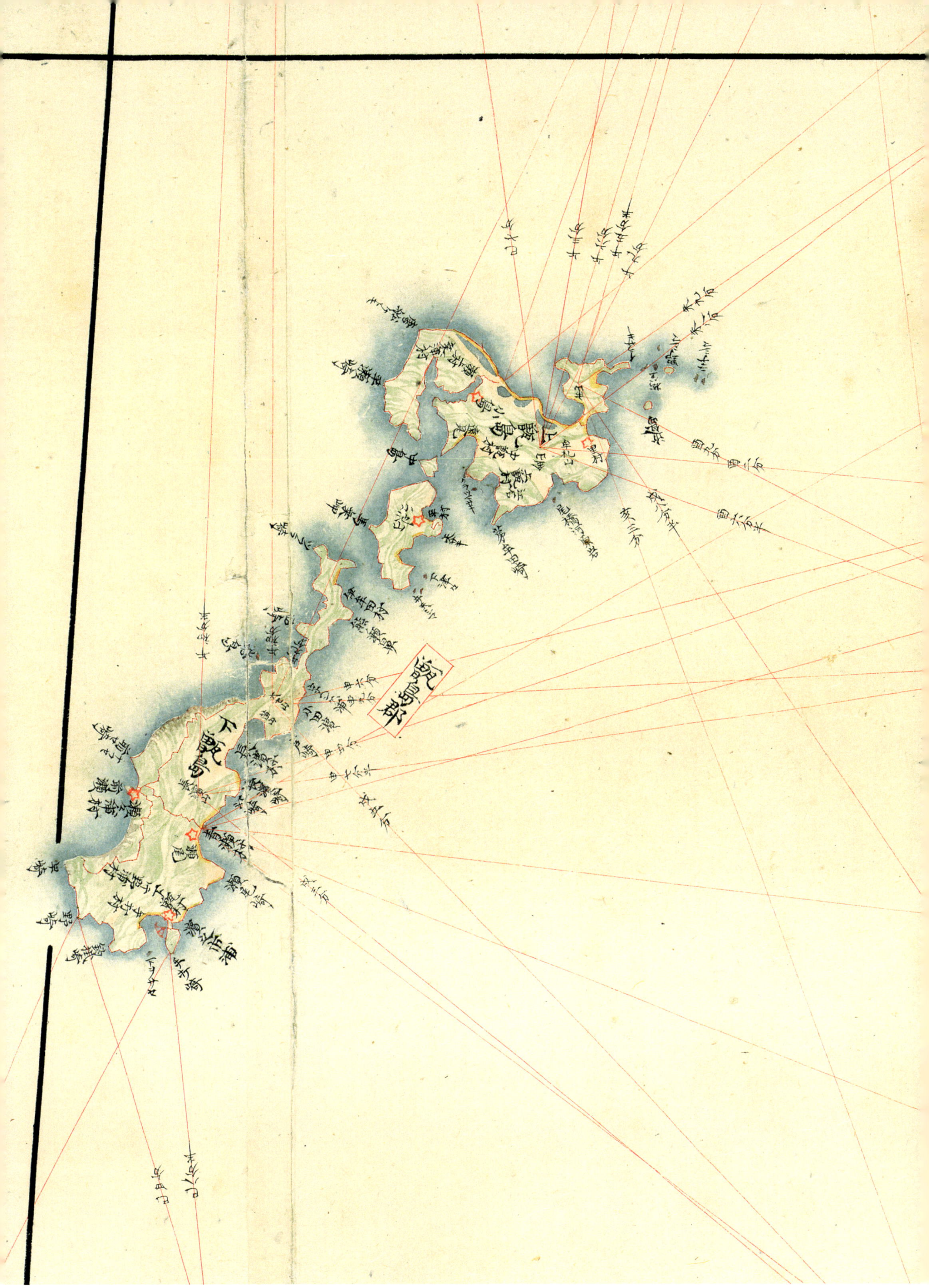

第8図　鹿児島・甑島

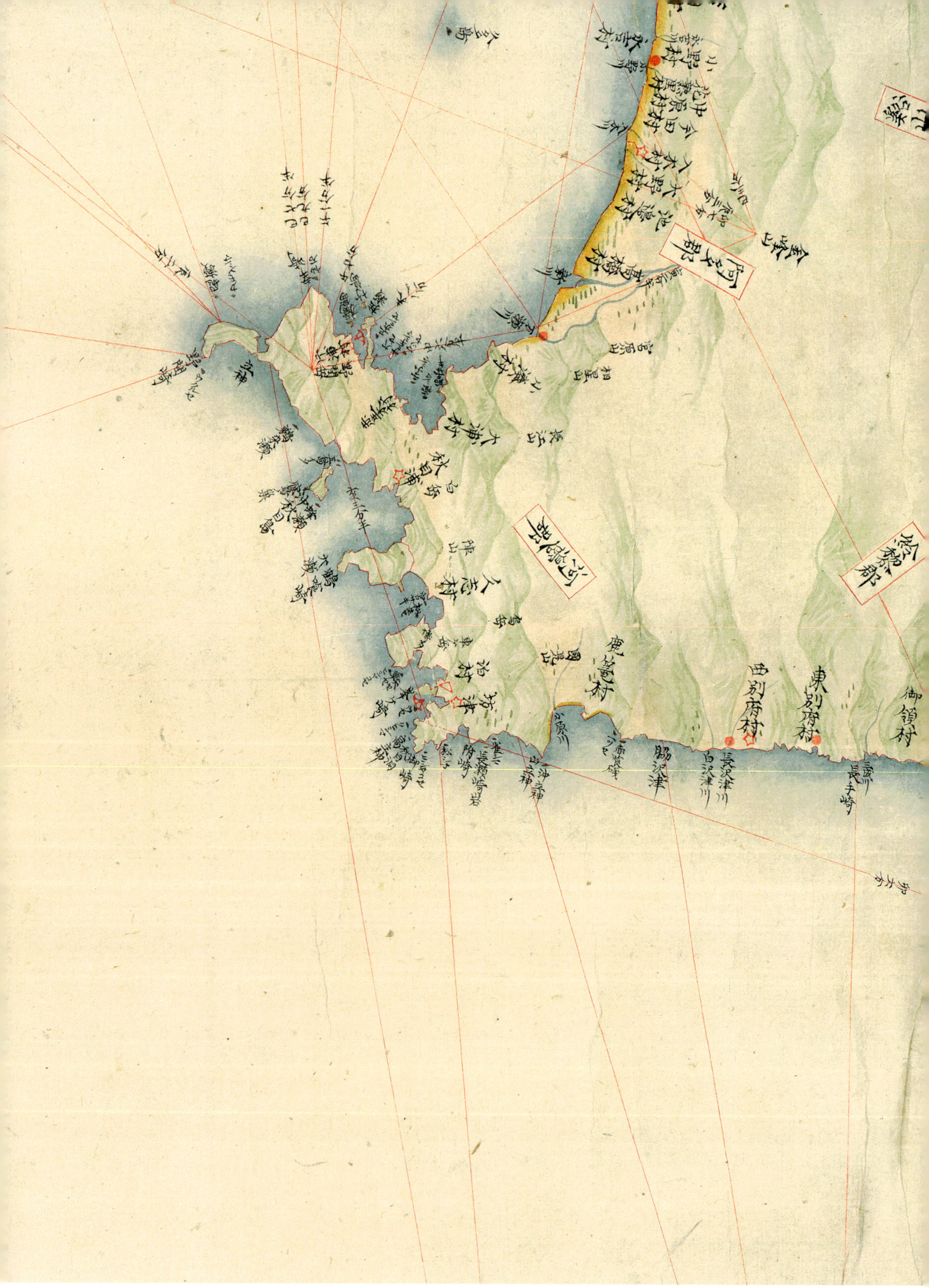

252
254 248
256

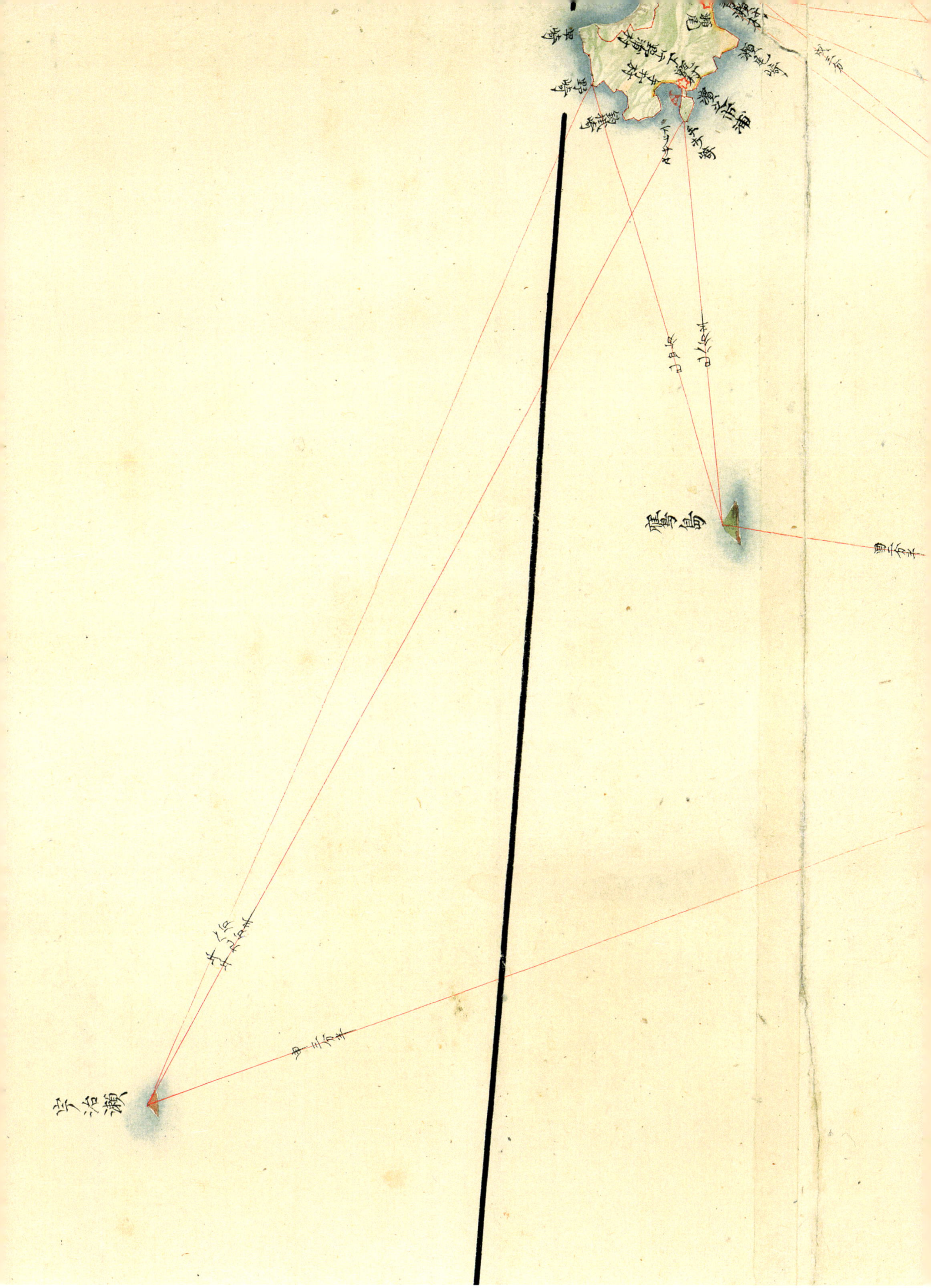

第8図　鷹島

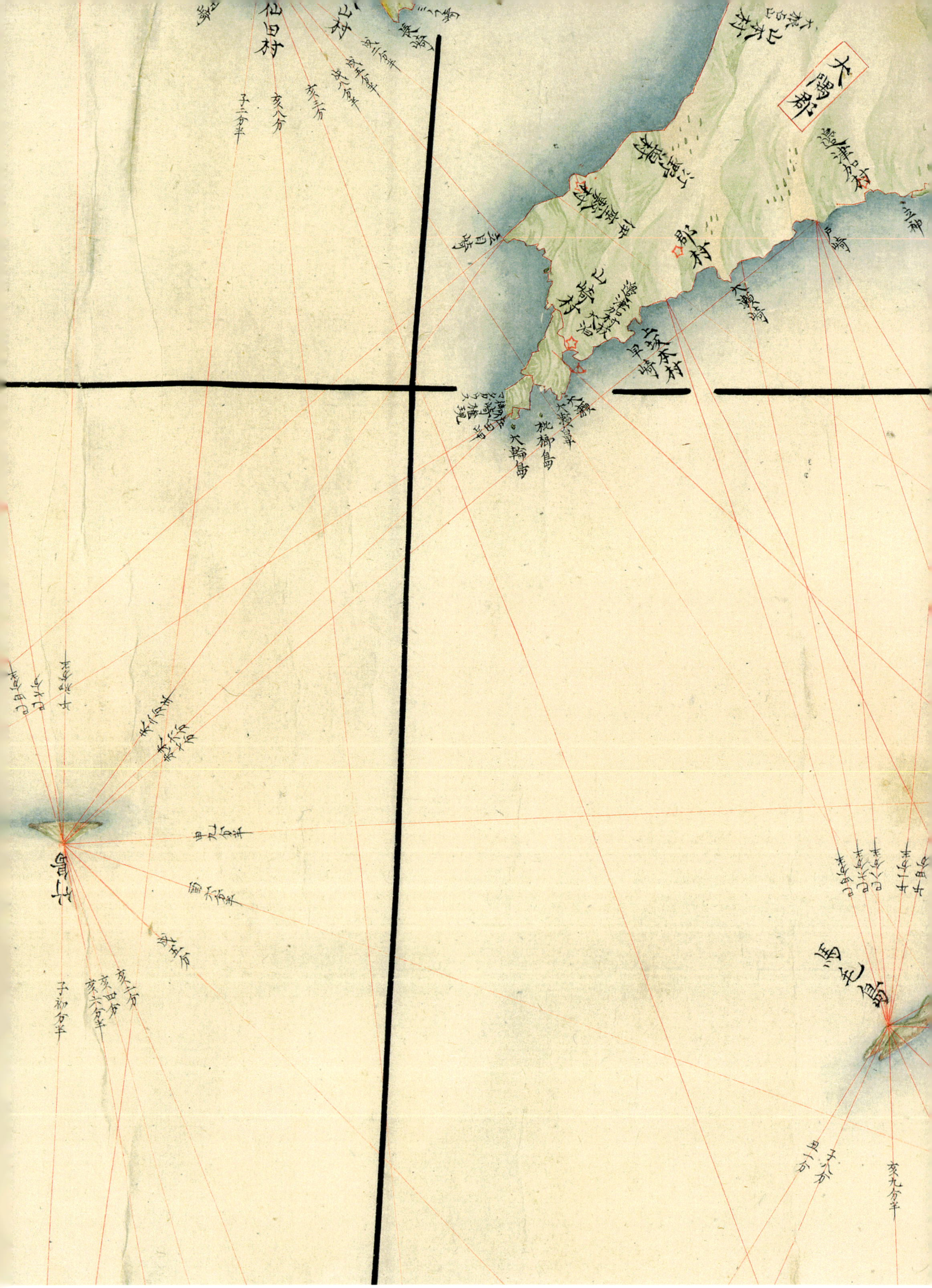

254 248
256
259 258

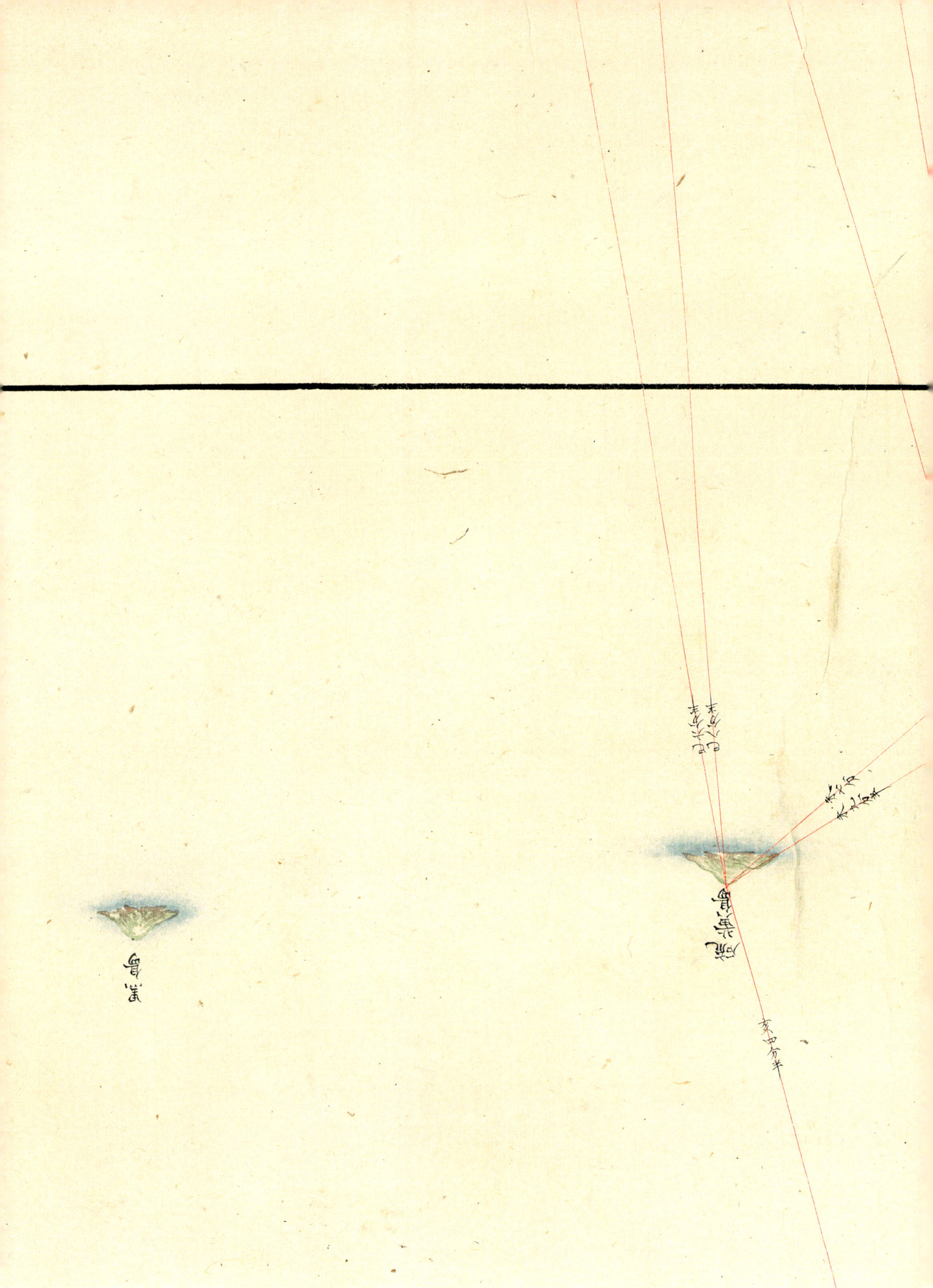

第8図　佐多岬・黒島・硫黄島

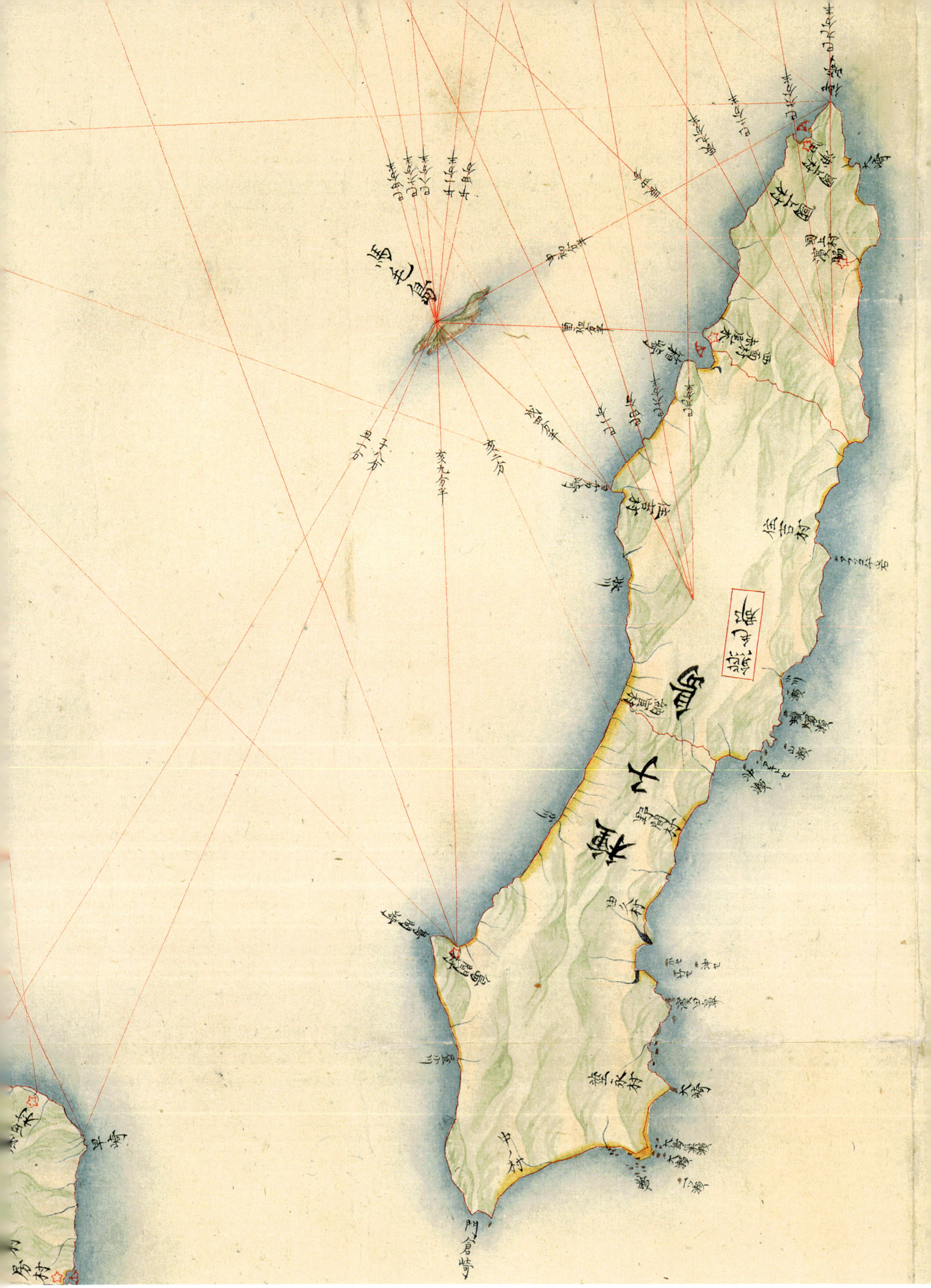

第8図　種子島

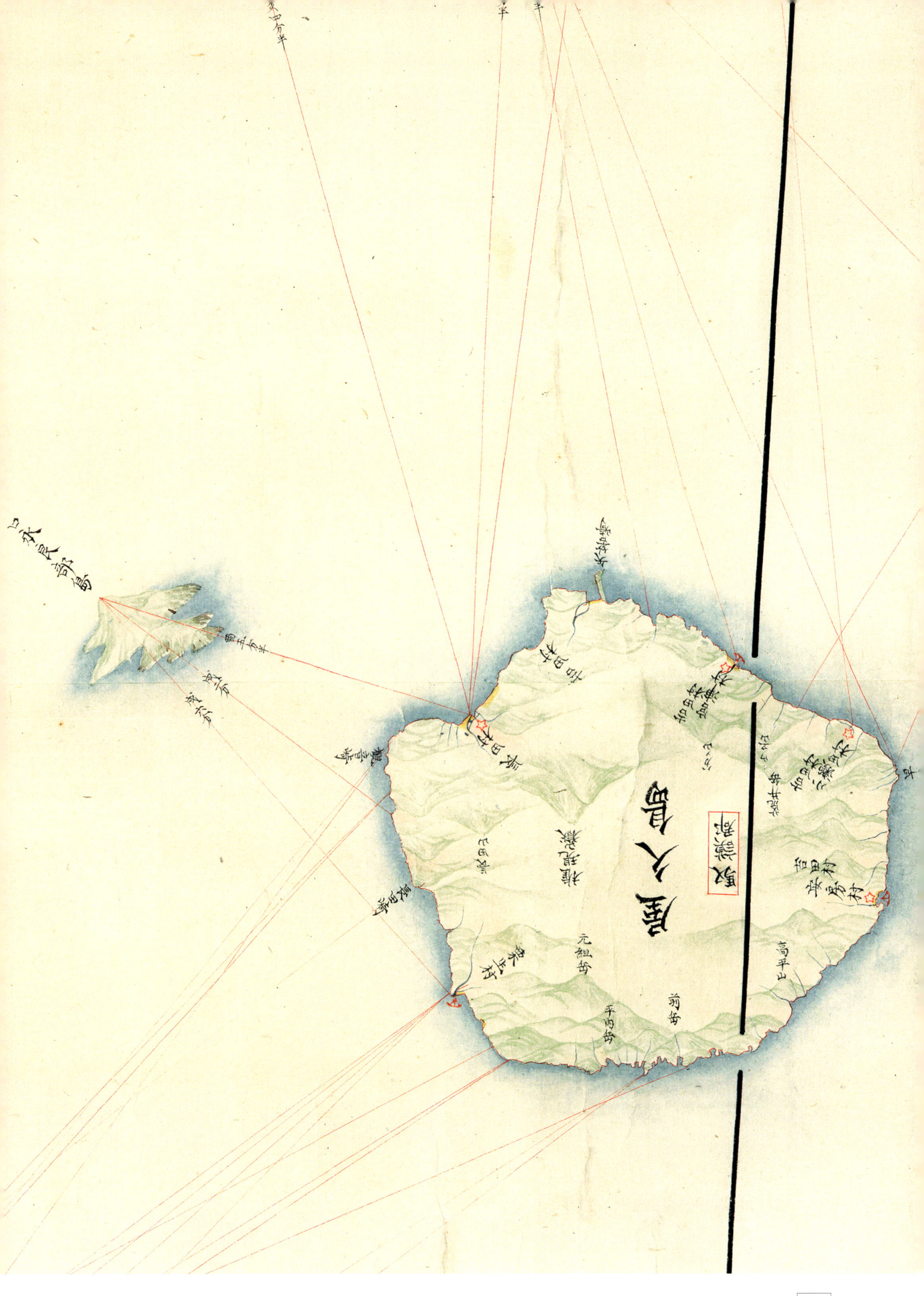

第8図　屋久島

256 258 259 260

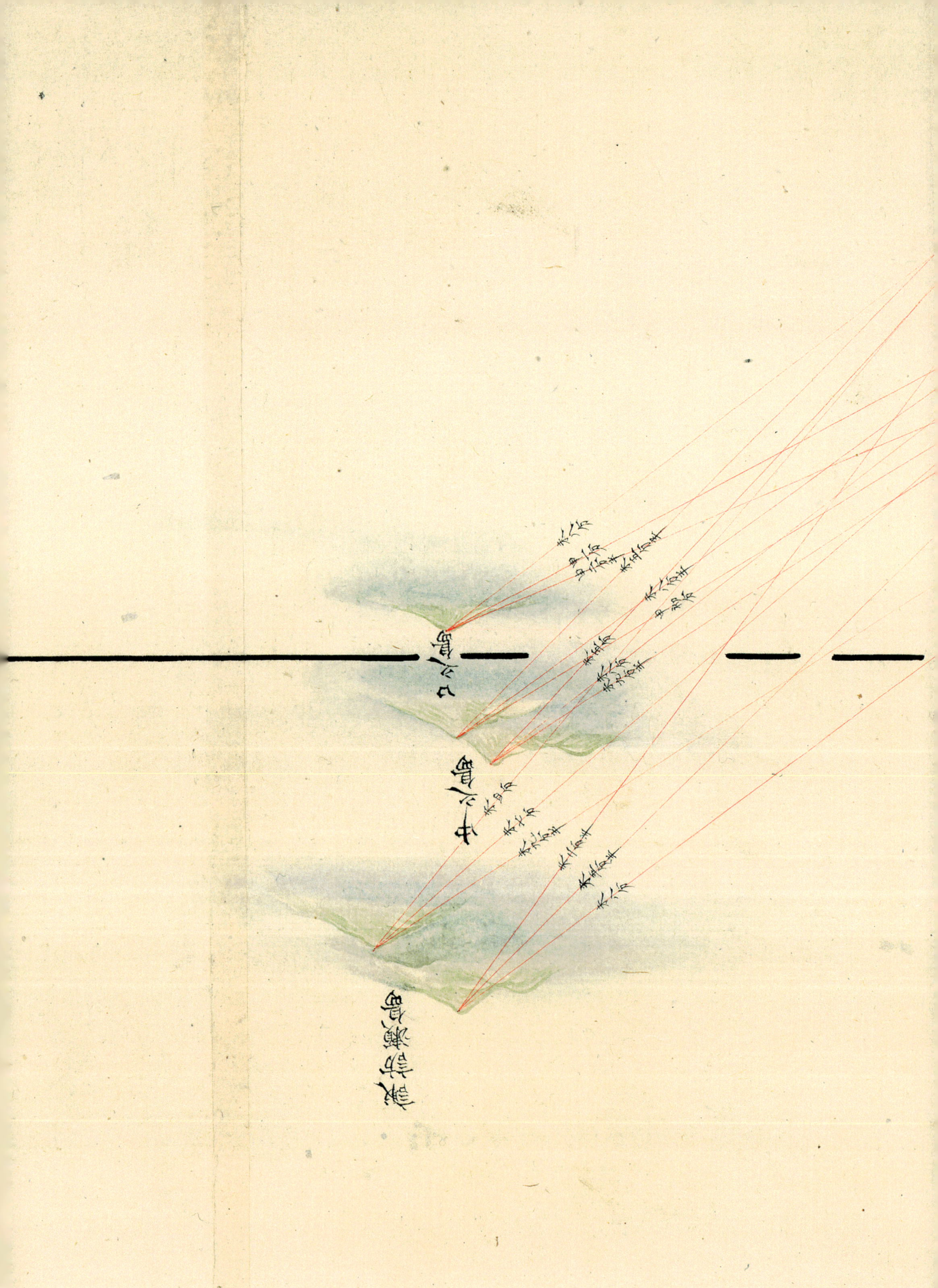
口ノ島
中ノ島
諏訪瀬島

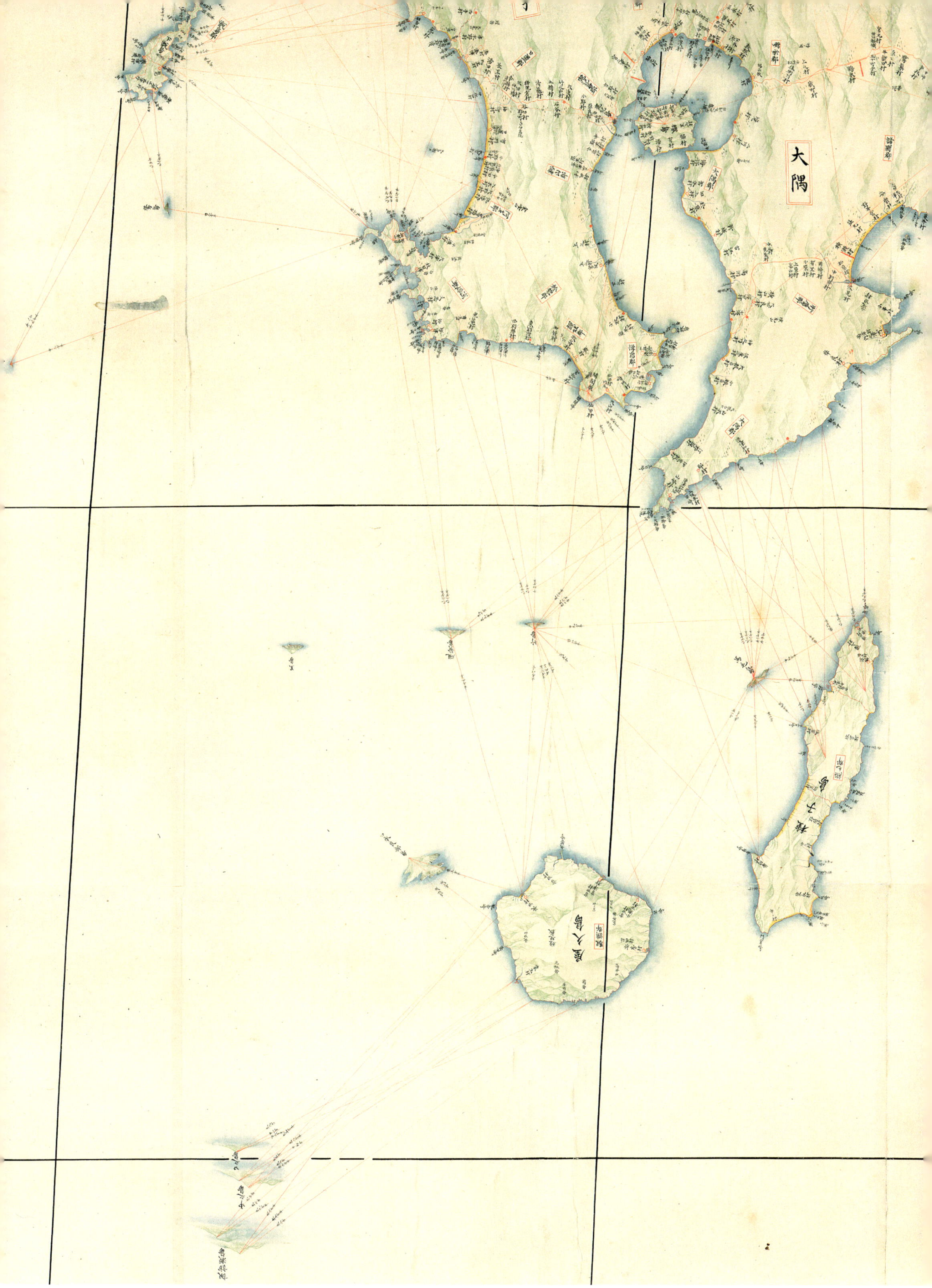

第8図　大隅諸島広域図

伊能小図

東日本 小図全図

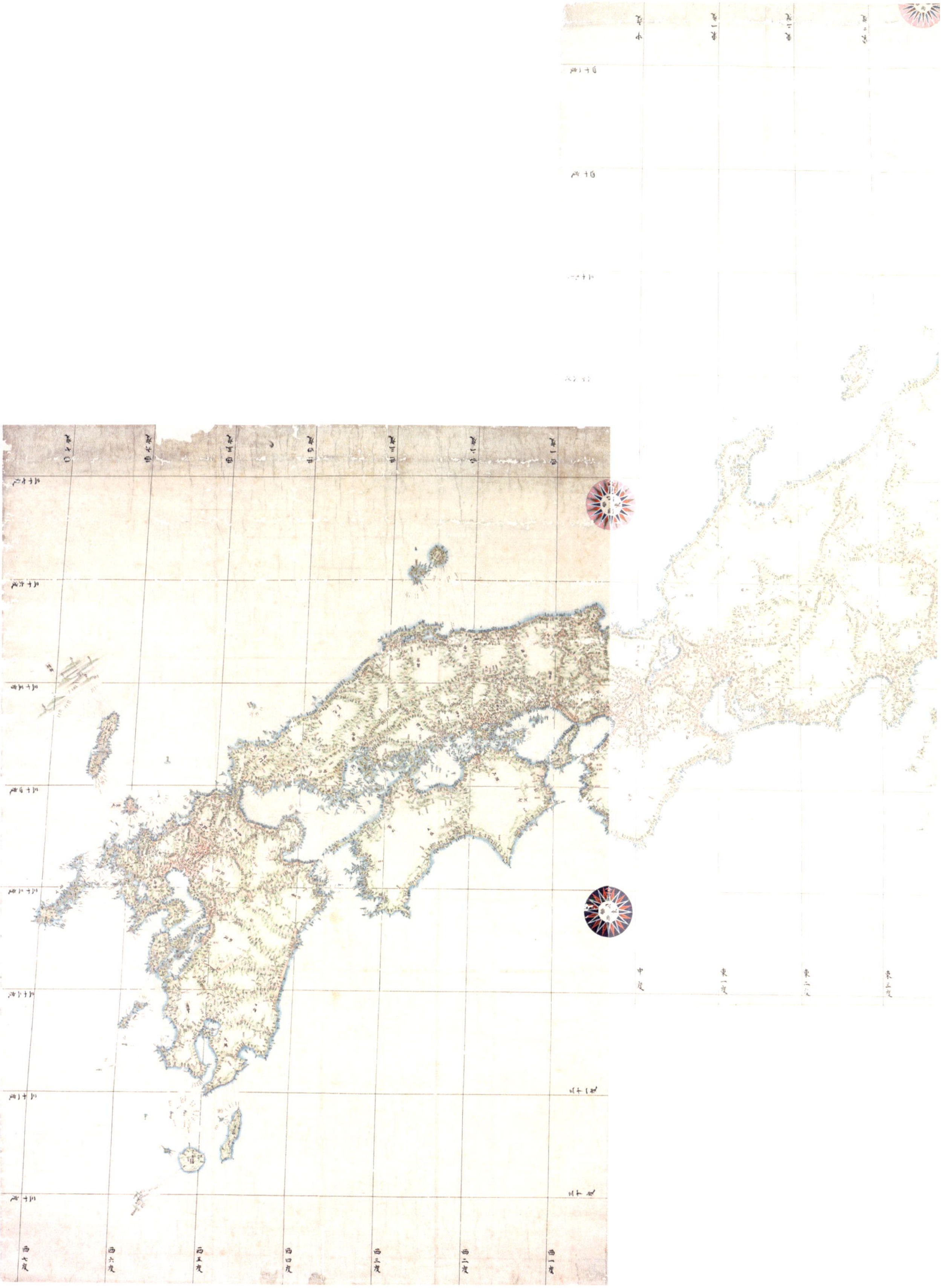

西日本 小図全図

第1図　北海道

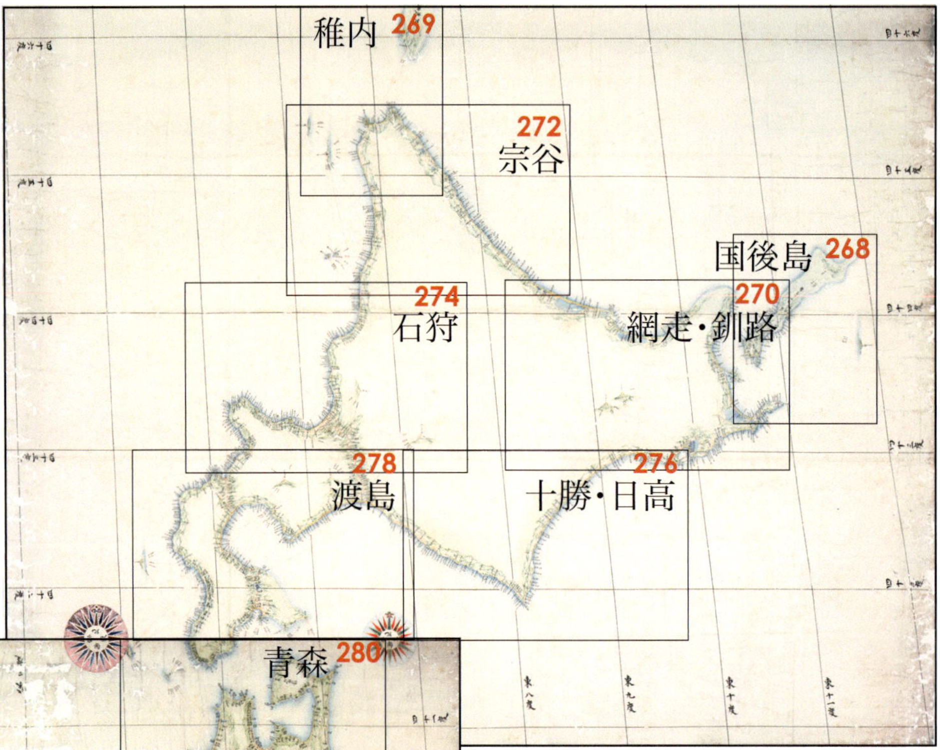

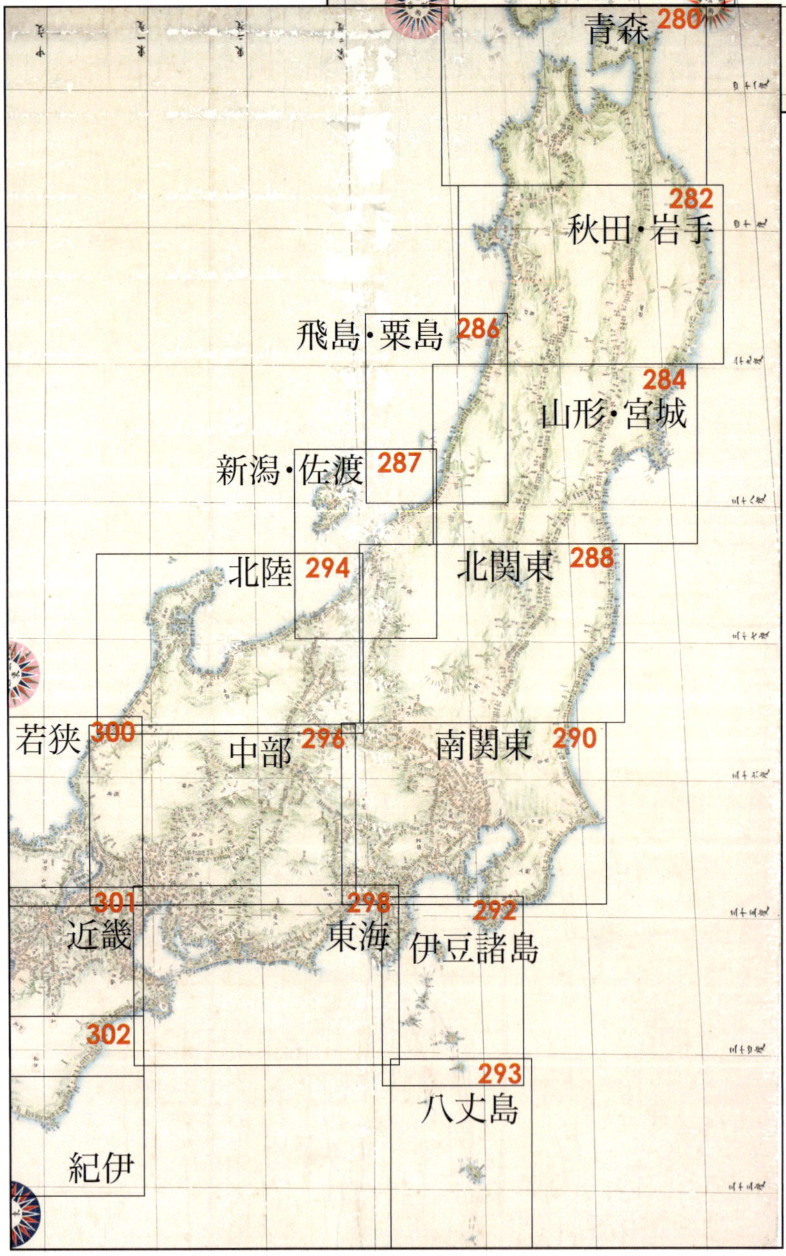

第2図　東日本

赤色の数字はページ数を表わす。

東日本 小図索引図

第2図　東日本

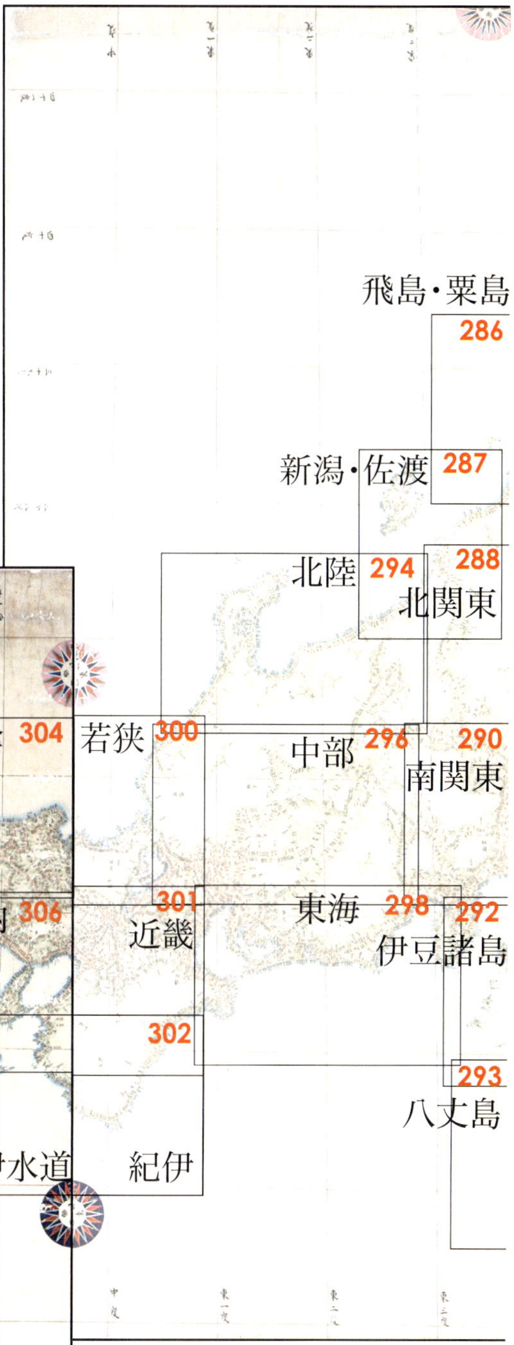

第3図　西日本

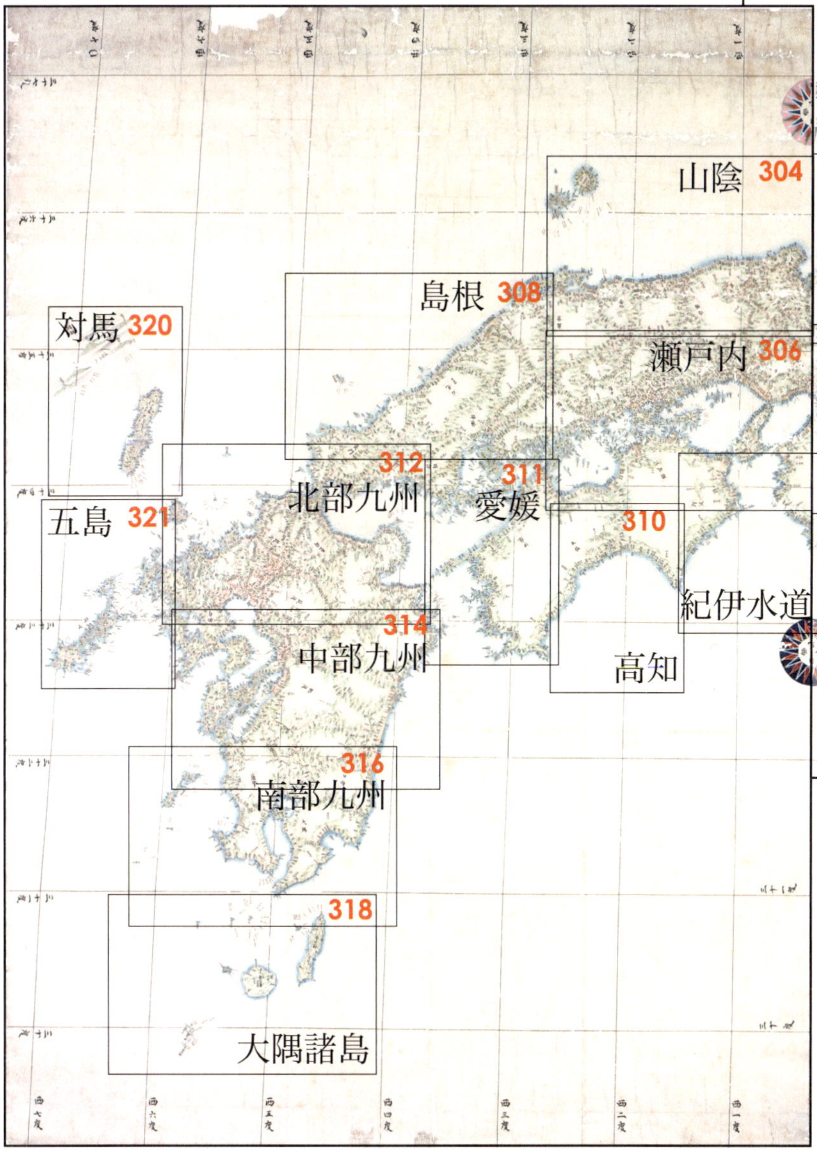

西日本 小図索引図

第1図　国後島

第1図　稚内

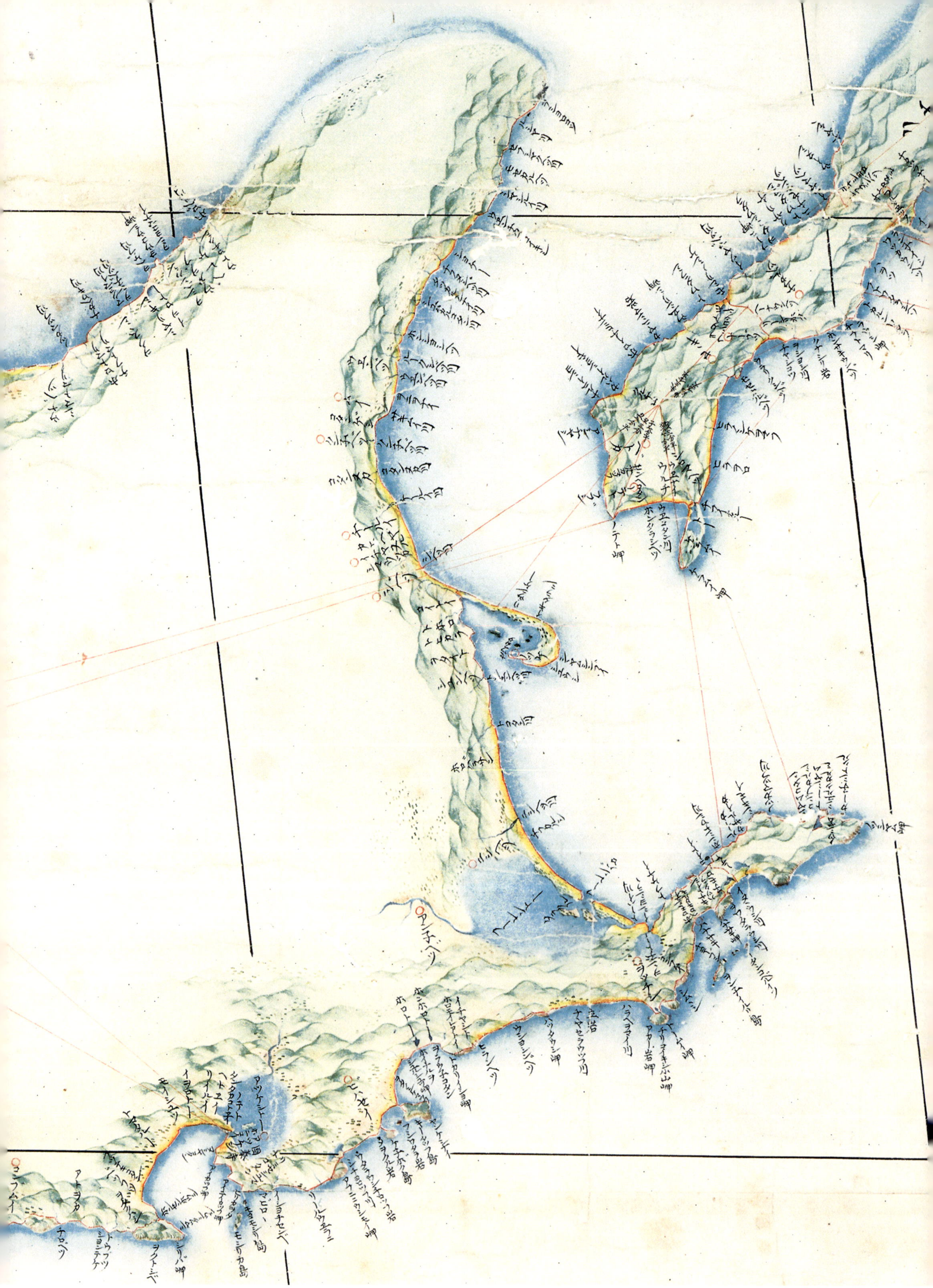

272
270 268
276

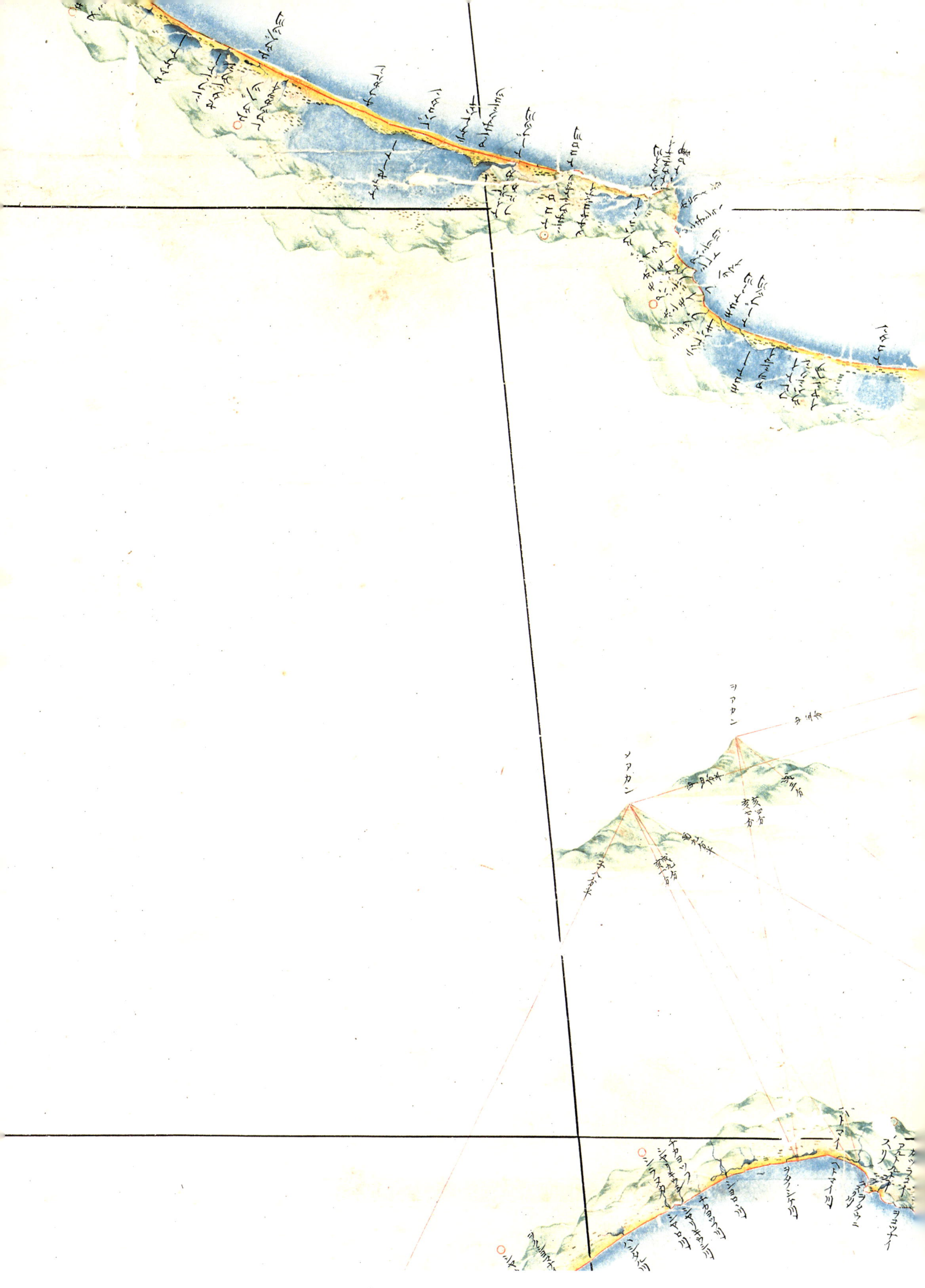

第1図　網走・釧路

269
272
274 270

第1図　宗谷

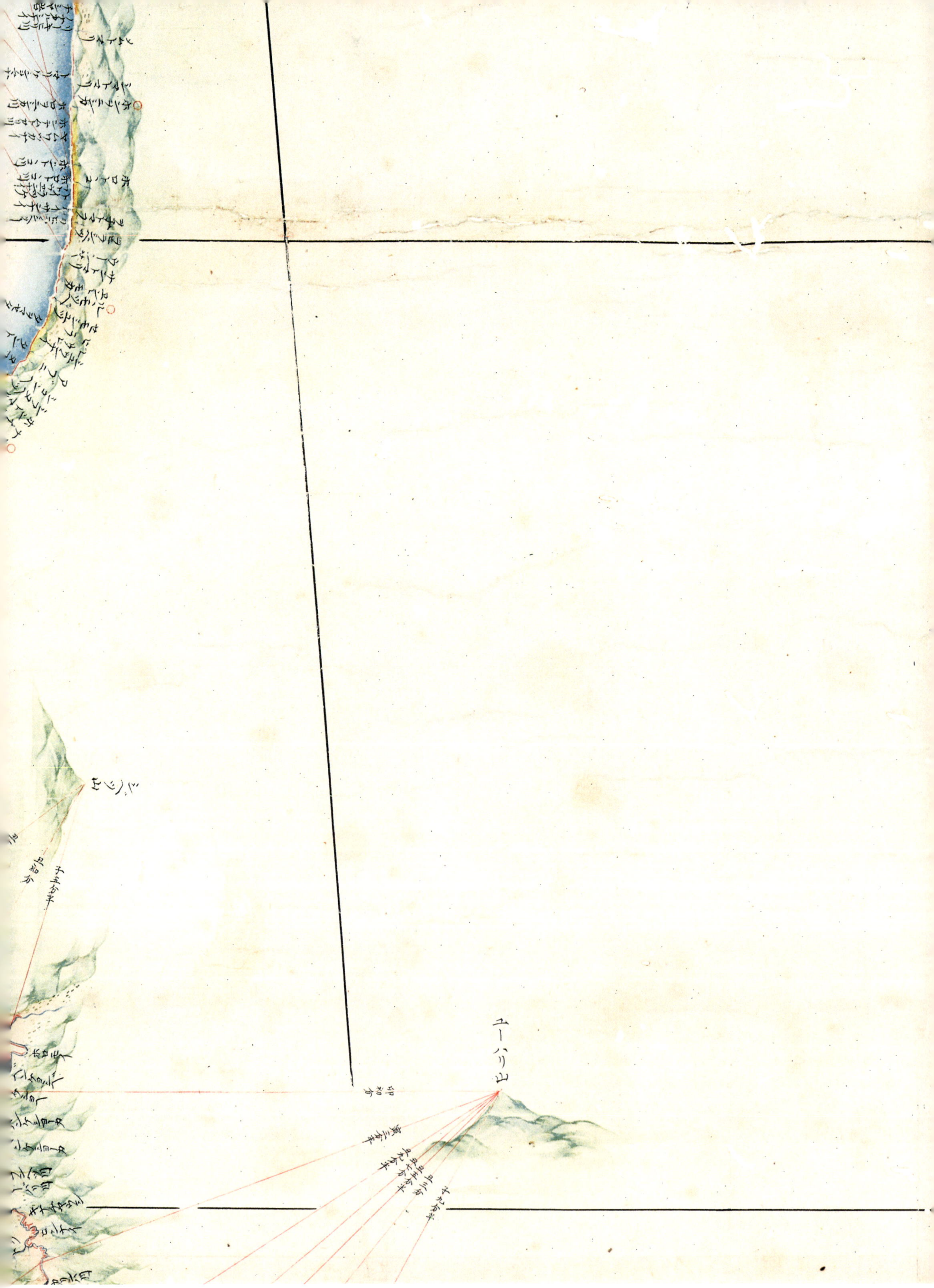

272
274
278 276

第1図　石狩

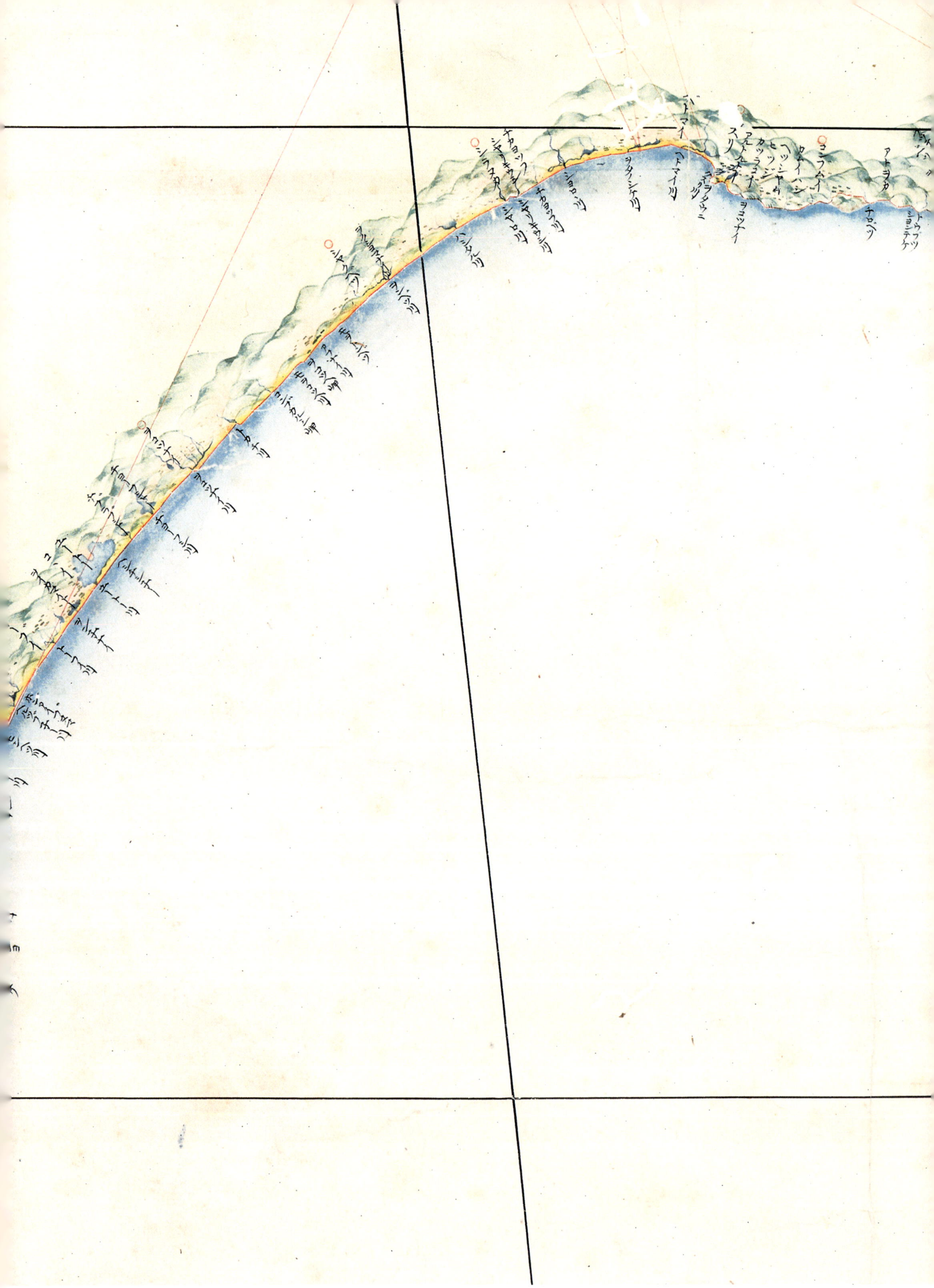

ハトマイ
ヘトマイ川
ヨコツナイ
スリ
カッラコナイ
ヘッシヤ
カムイハシ
コンフムイ
アトヲカ
チロベツ
トウブツ

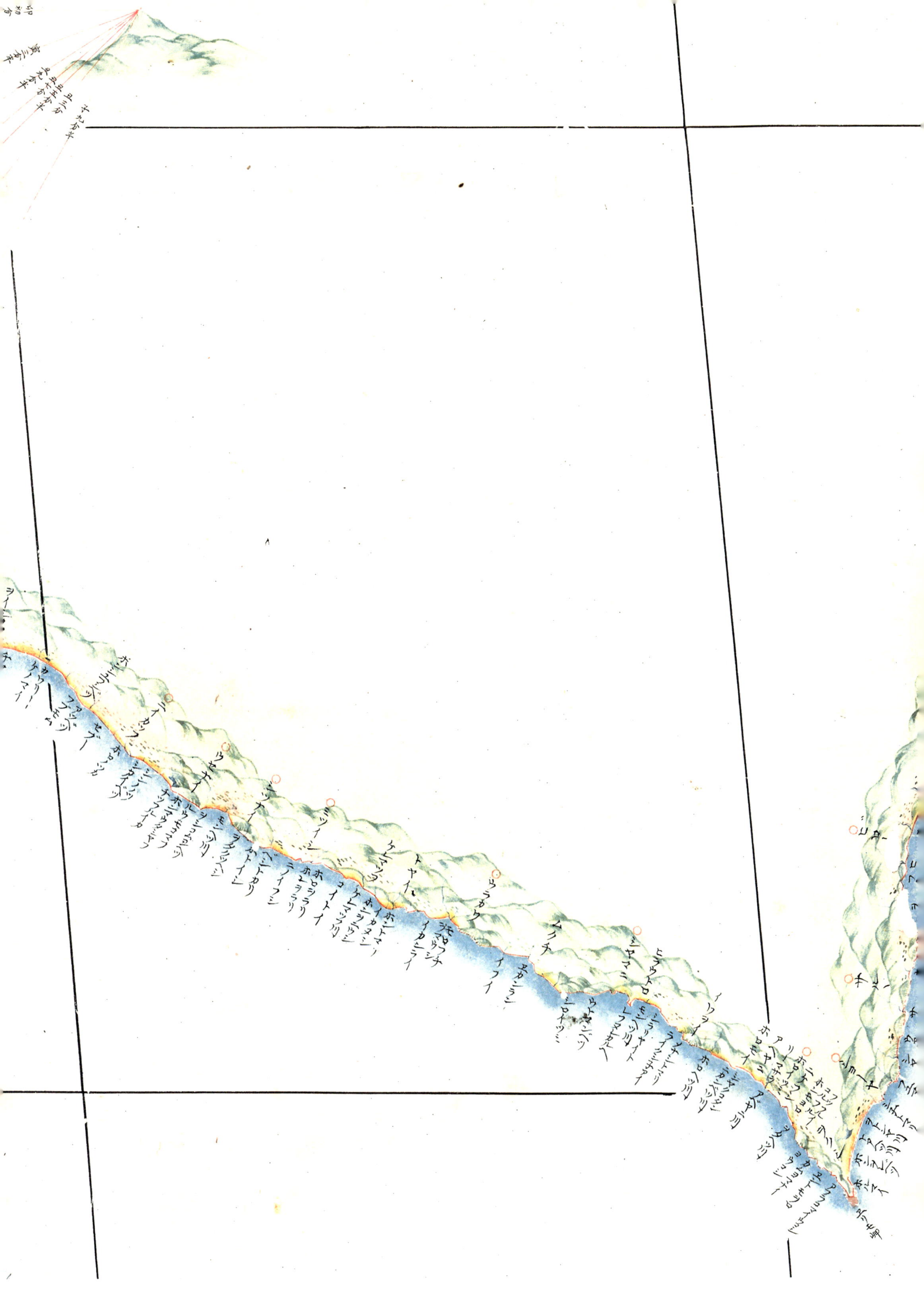

第1図　十勝・日高

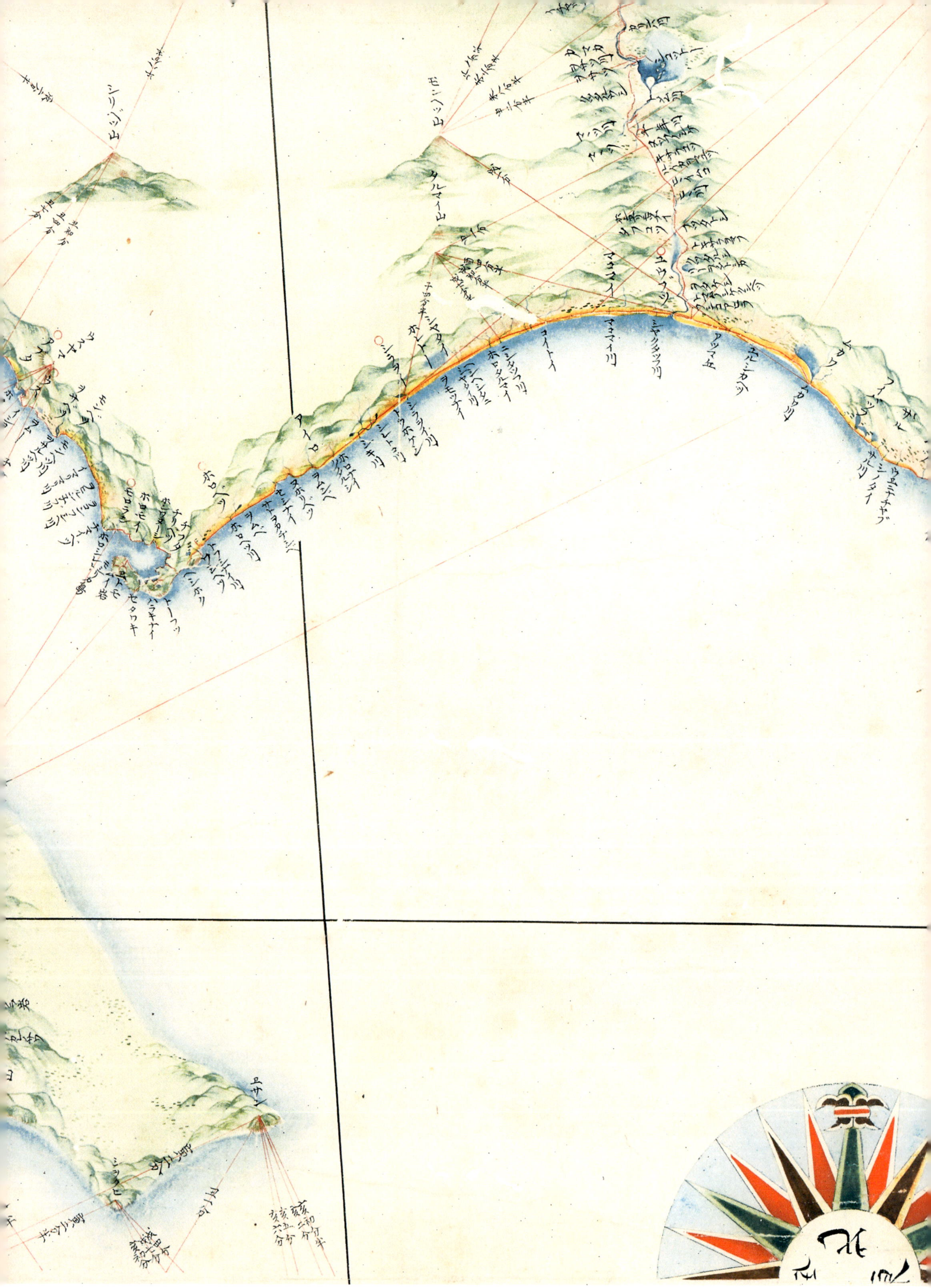

サルマイ山
ユウブツ
ヱサン

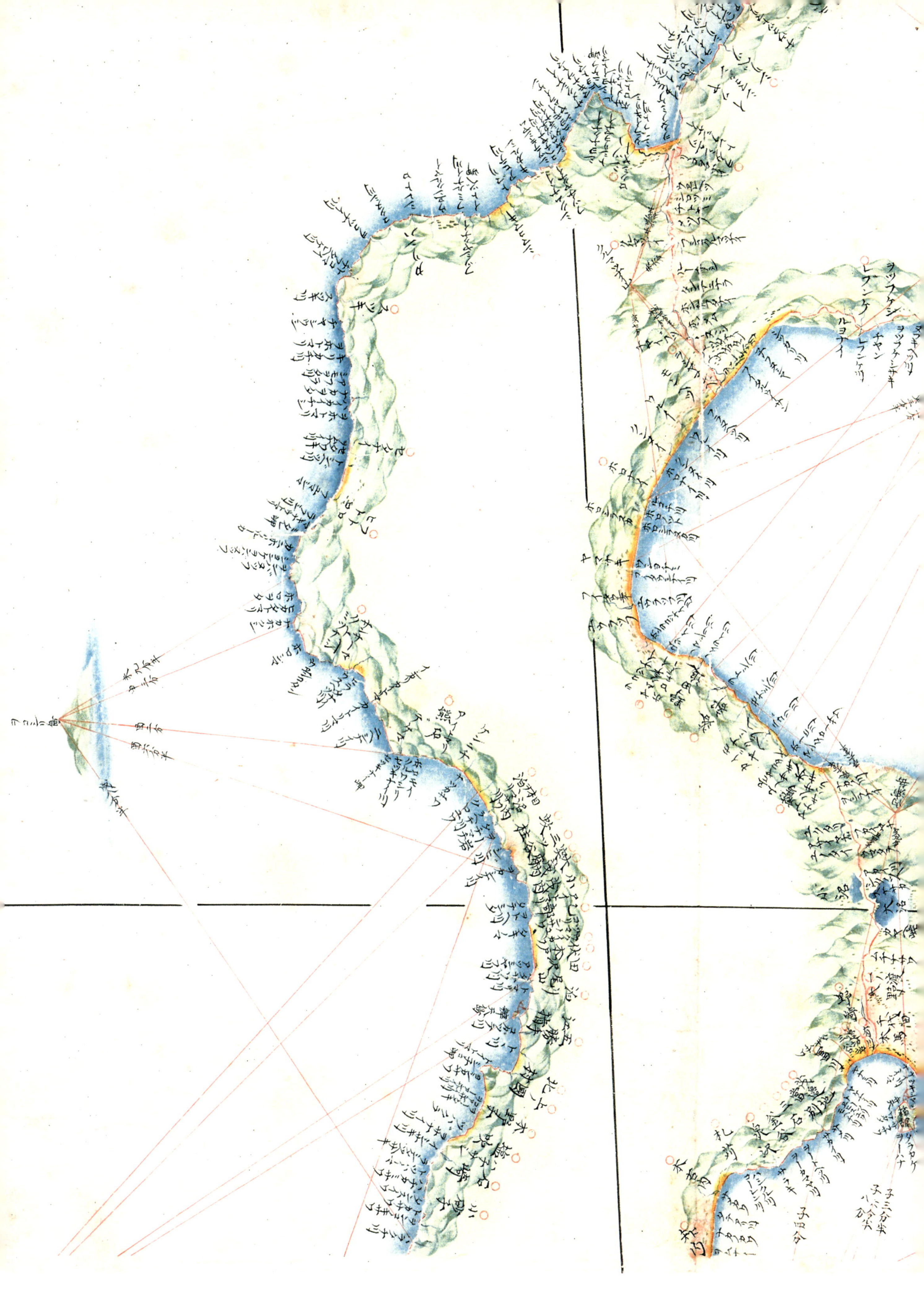

第1図　渡島

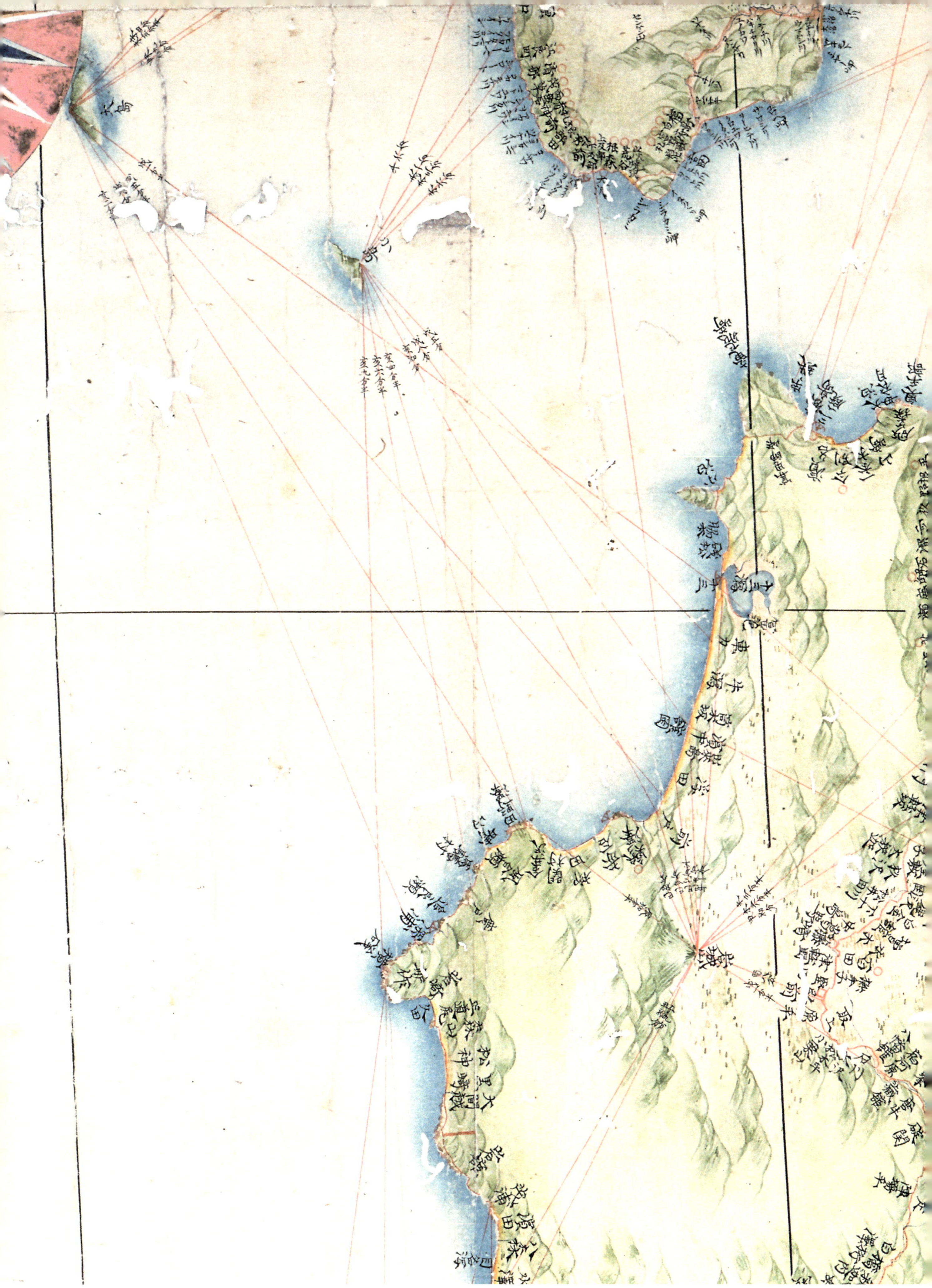

第2図　青森

陸奥
九戸郡
閉伊郡
岩手郡
紫波郡
稗貫郡
和賀郡
胆沢郡
気仙郡
早池峯山

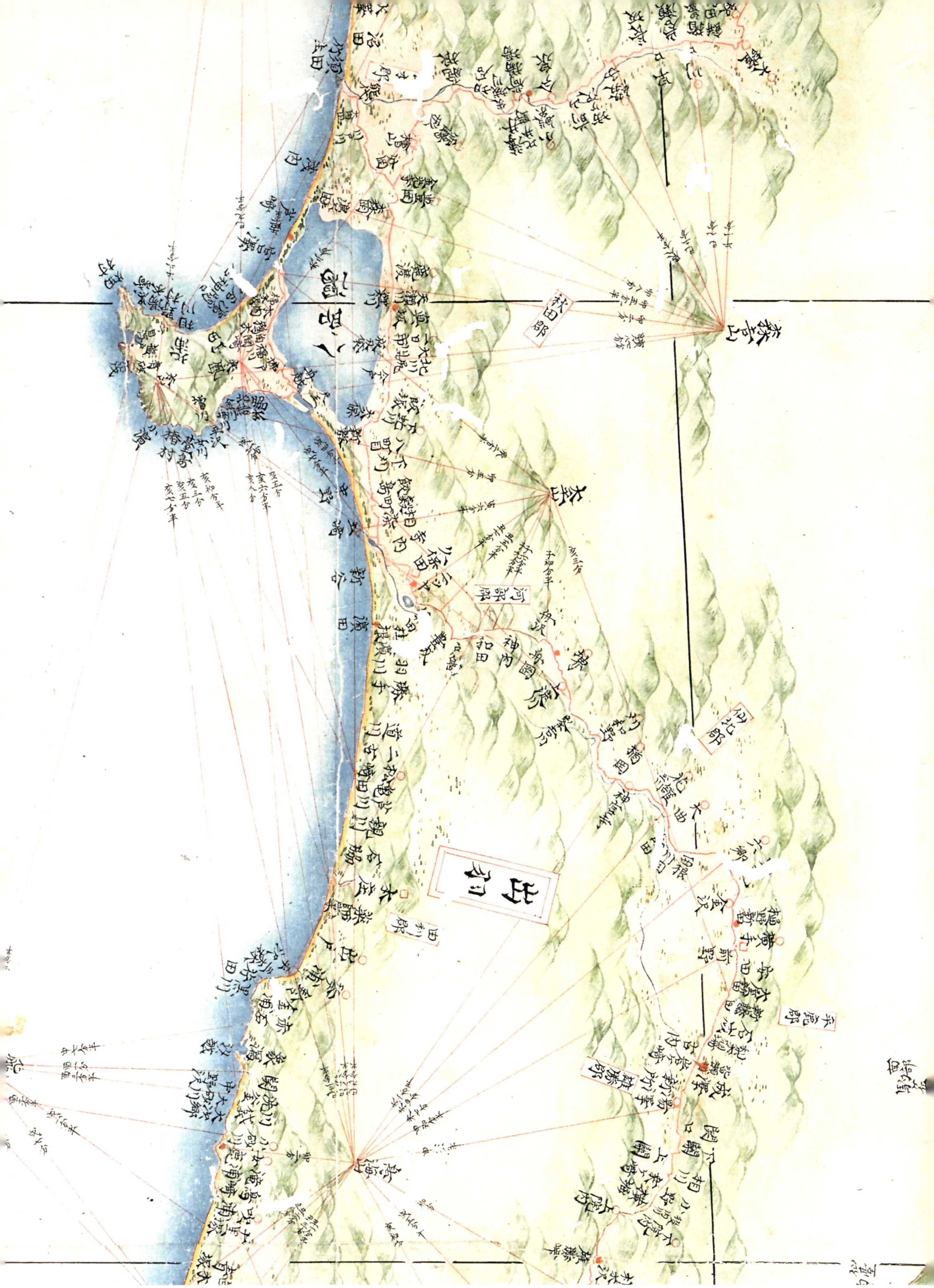

第2図　秋田・岩手

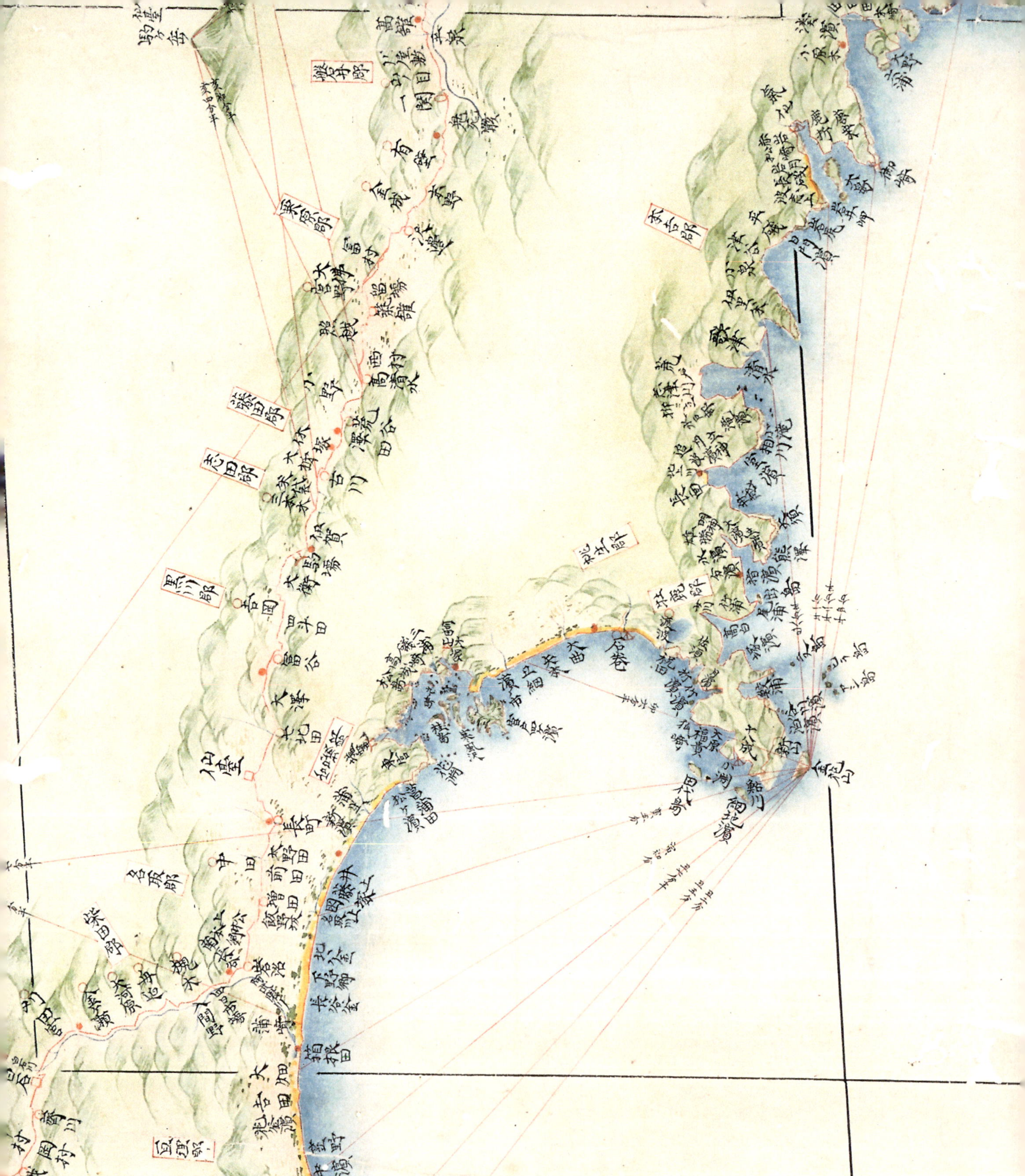

286
282
284
287
288

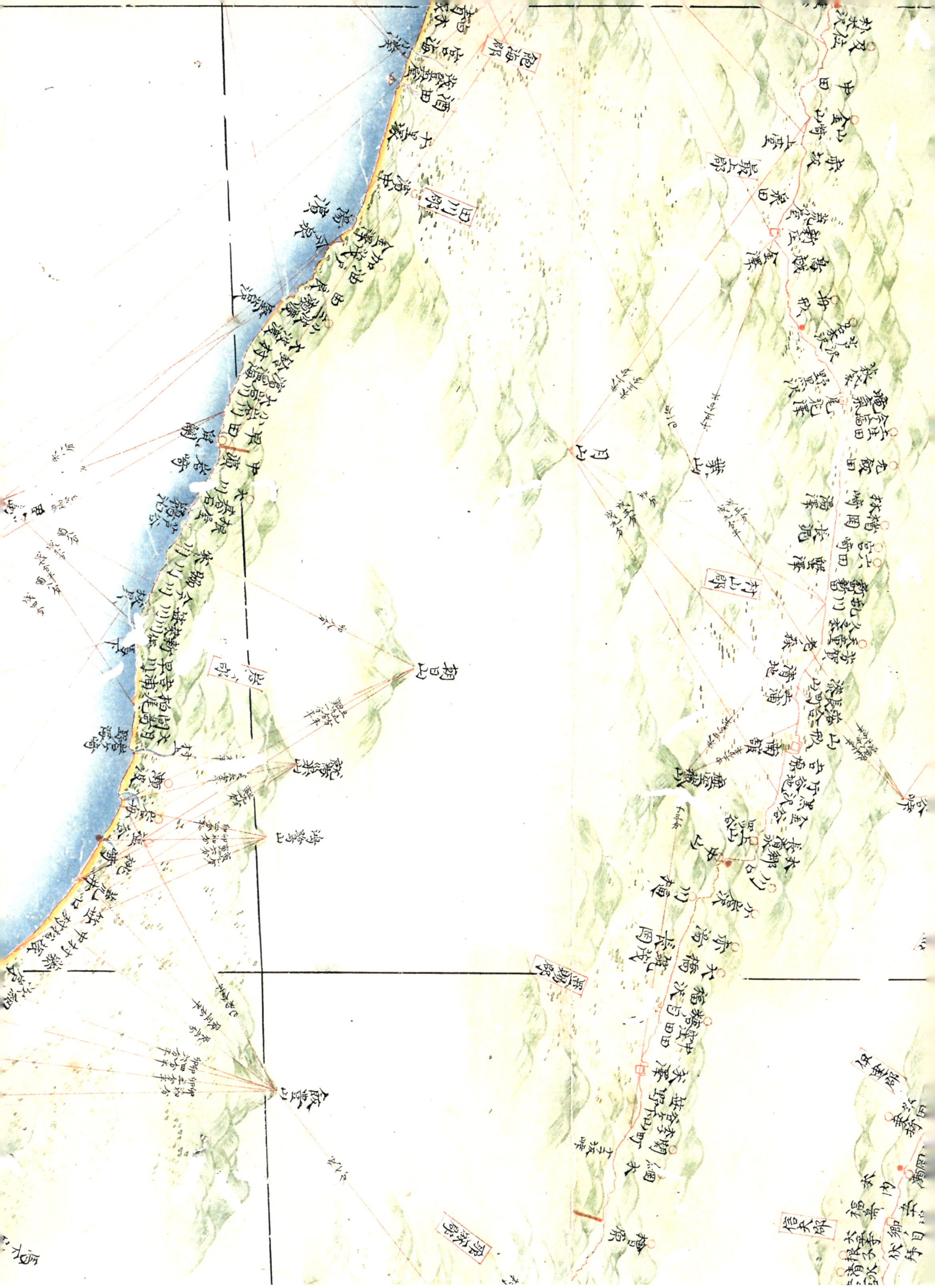

第2図　山形・宮城

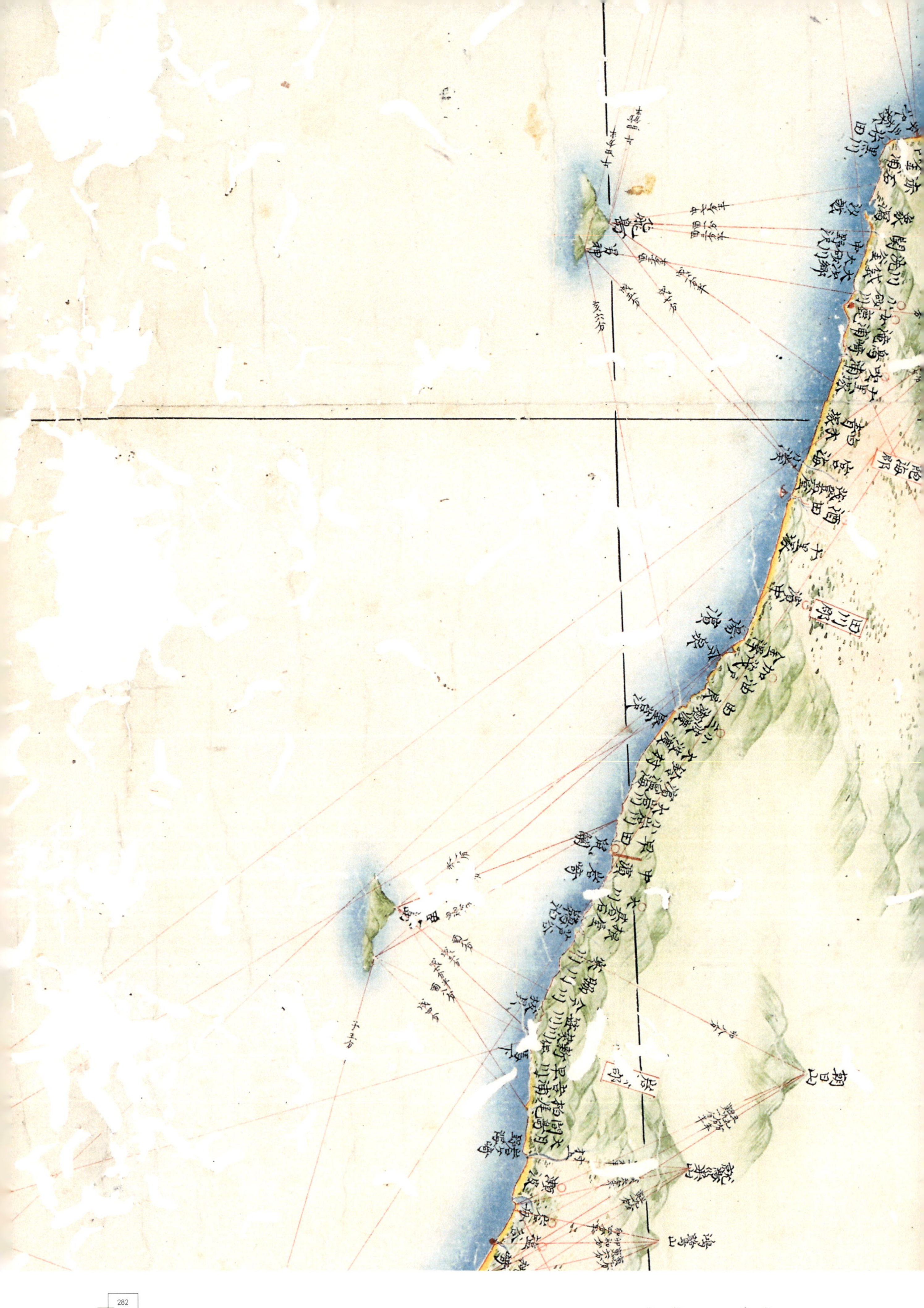

第2図　飛島・粟島

第2図　新潟・佐渡

286 284 287 294 288

284
207
294 288
296 290

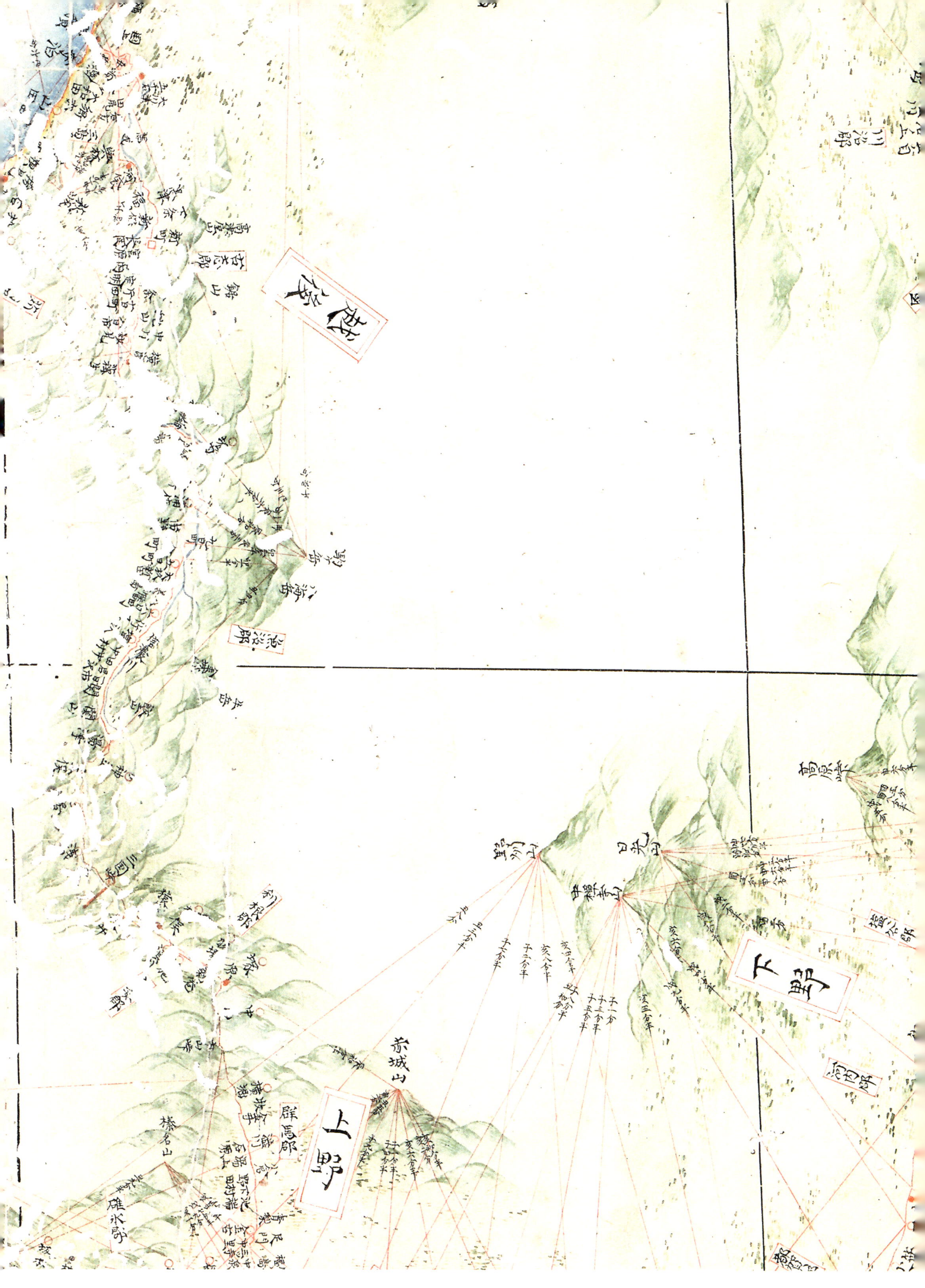

 第2図　北関東

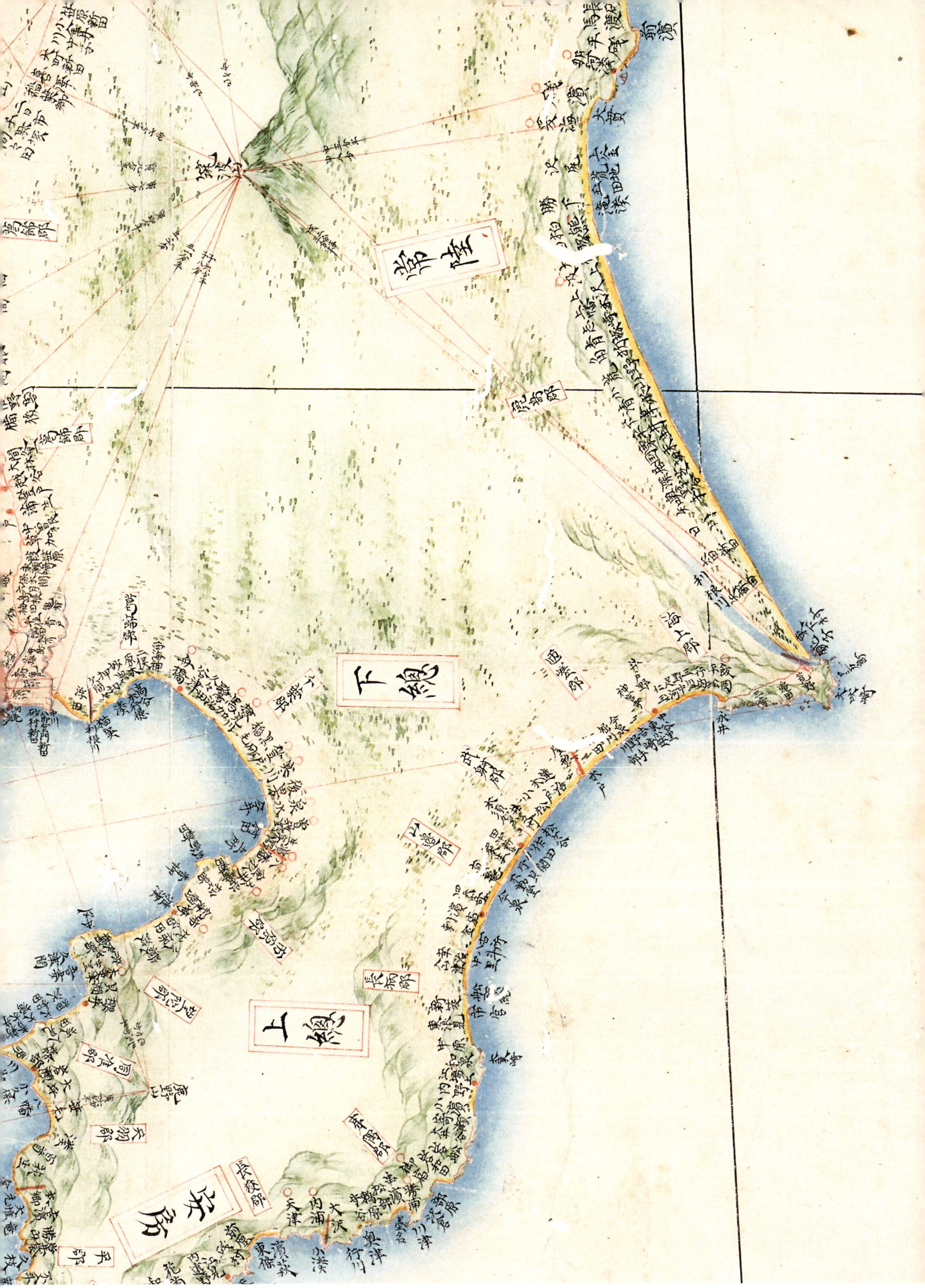

294 288
296 290
298 292

第2図　南関東

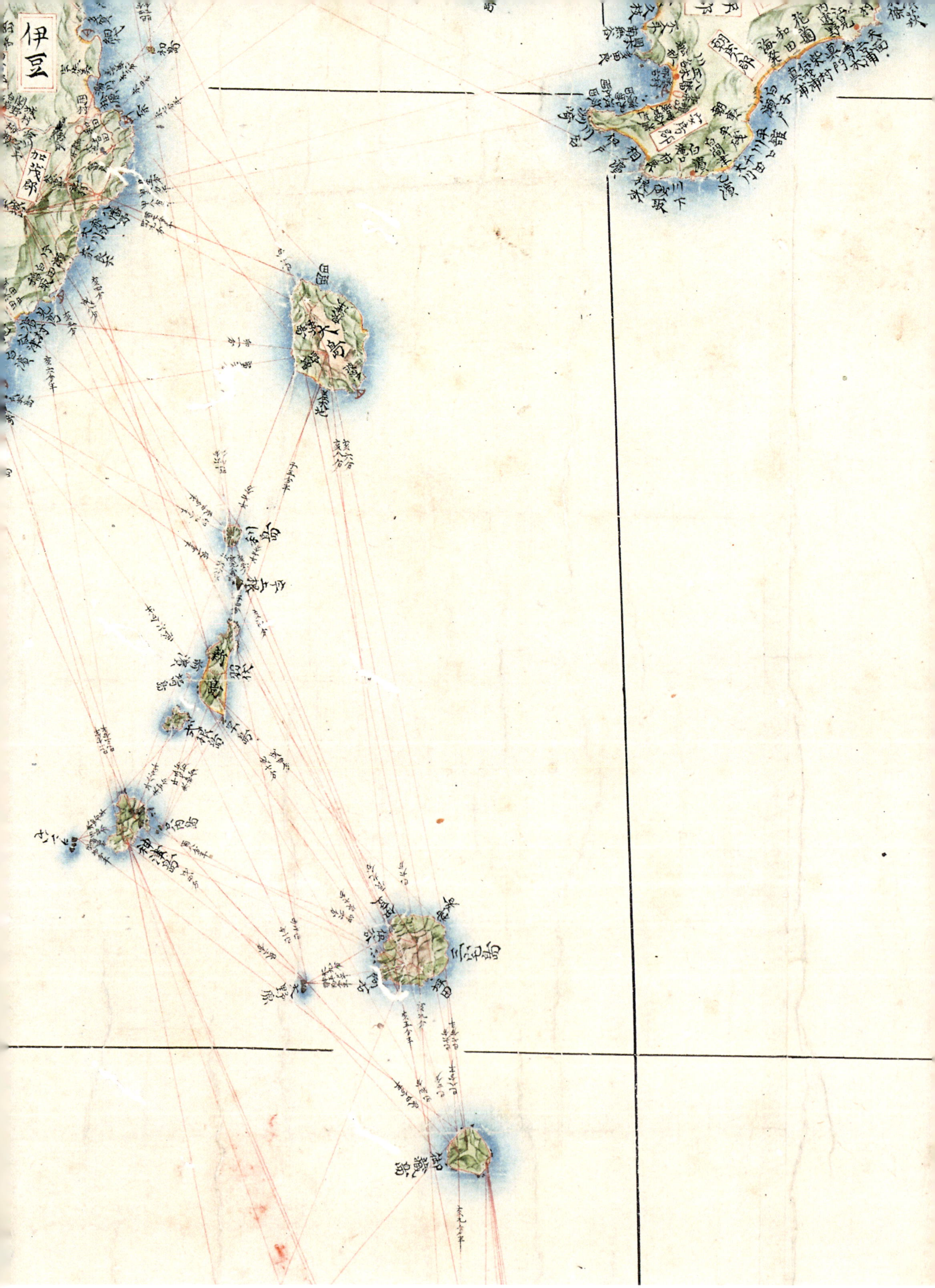

290
298 292
293

第2図　伊豆諸島

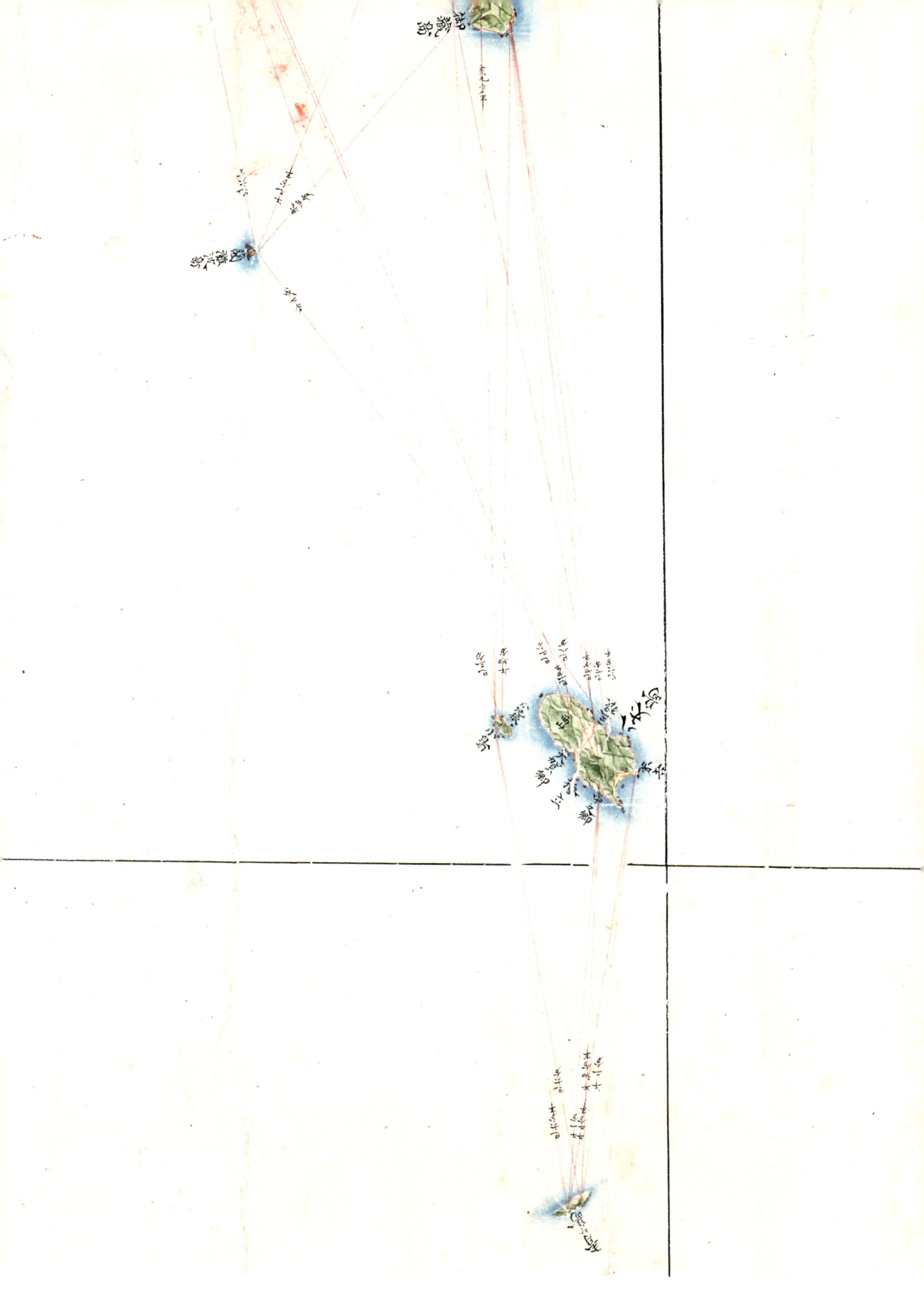

第2図　八丈島

287
294 288
300 296 290

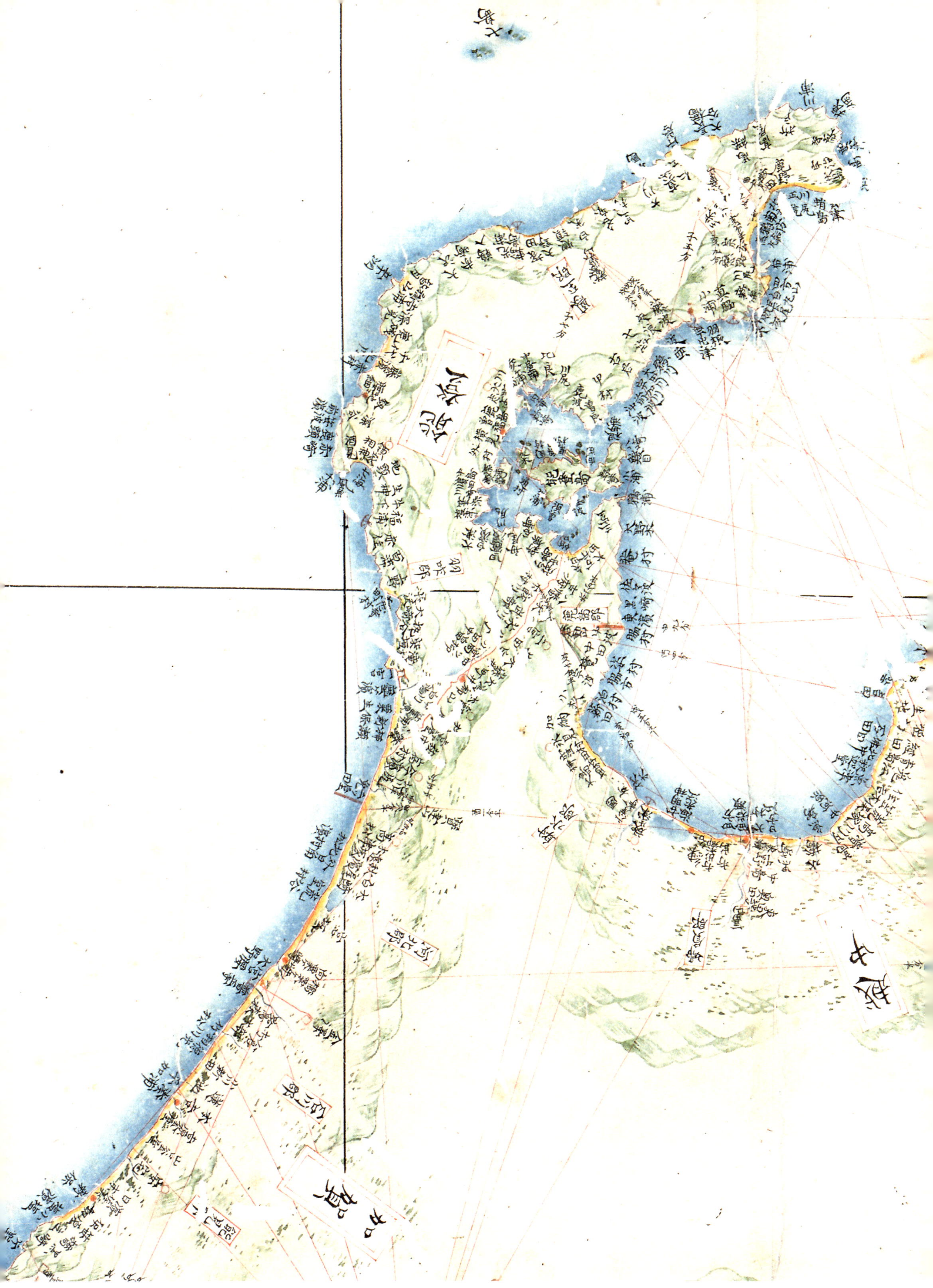

第2図　北陸

300
294
288
296
290
301
298

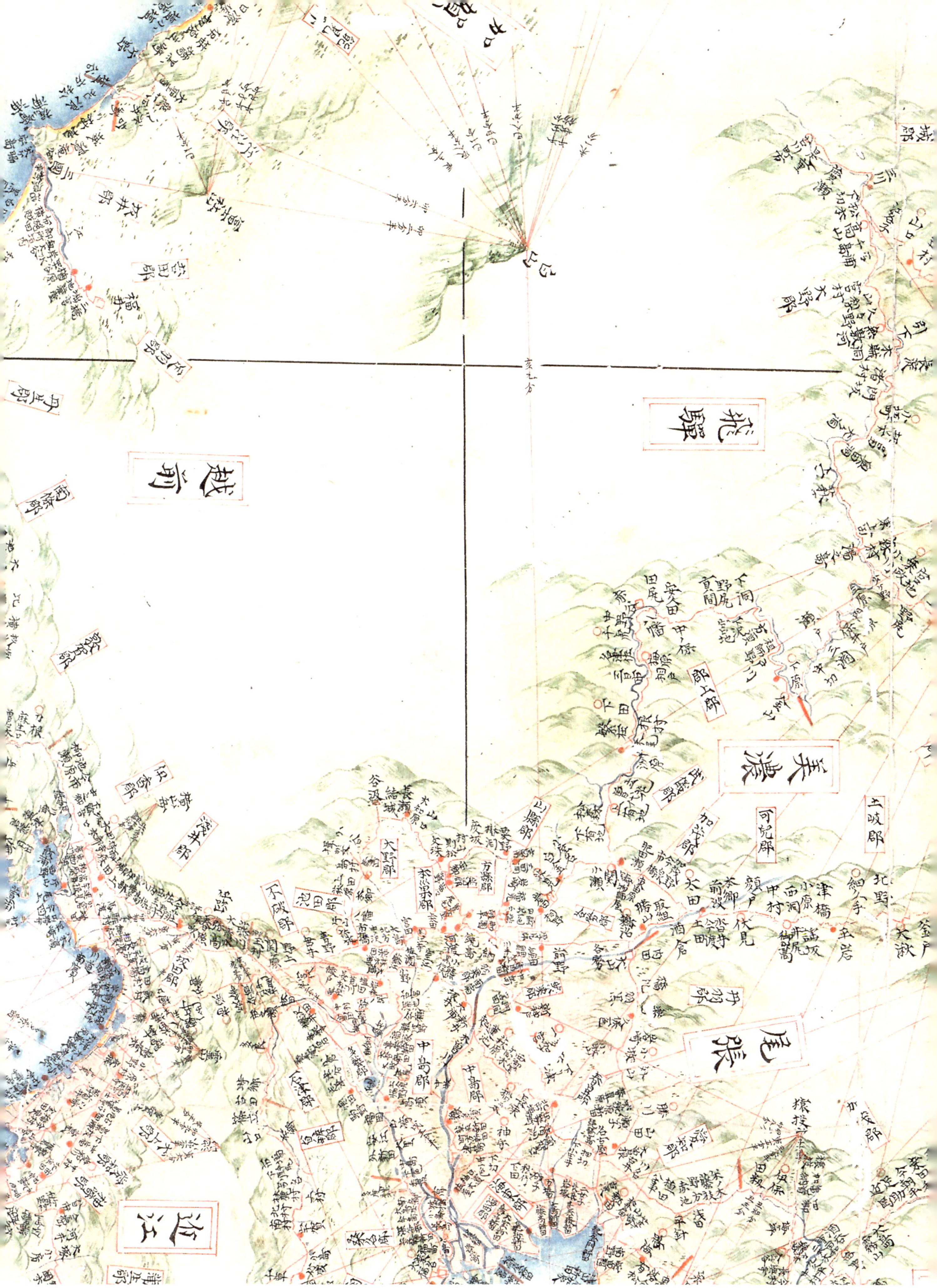

第2図　中部

300 296 290
301 298 292
302 293

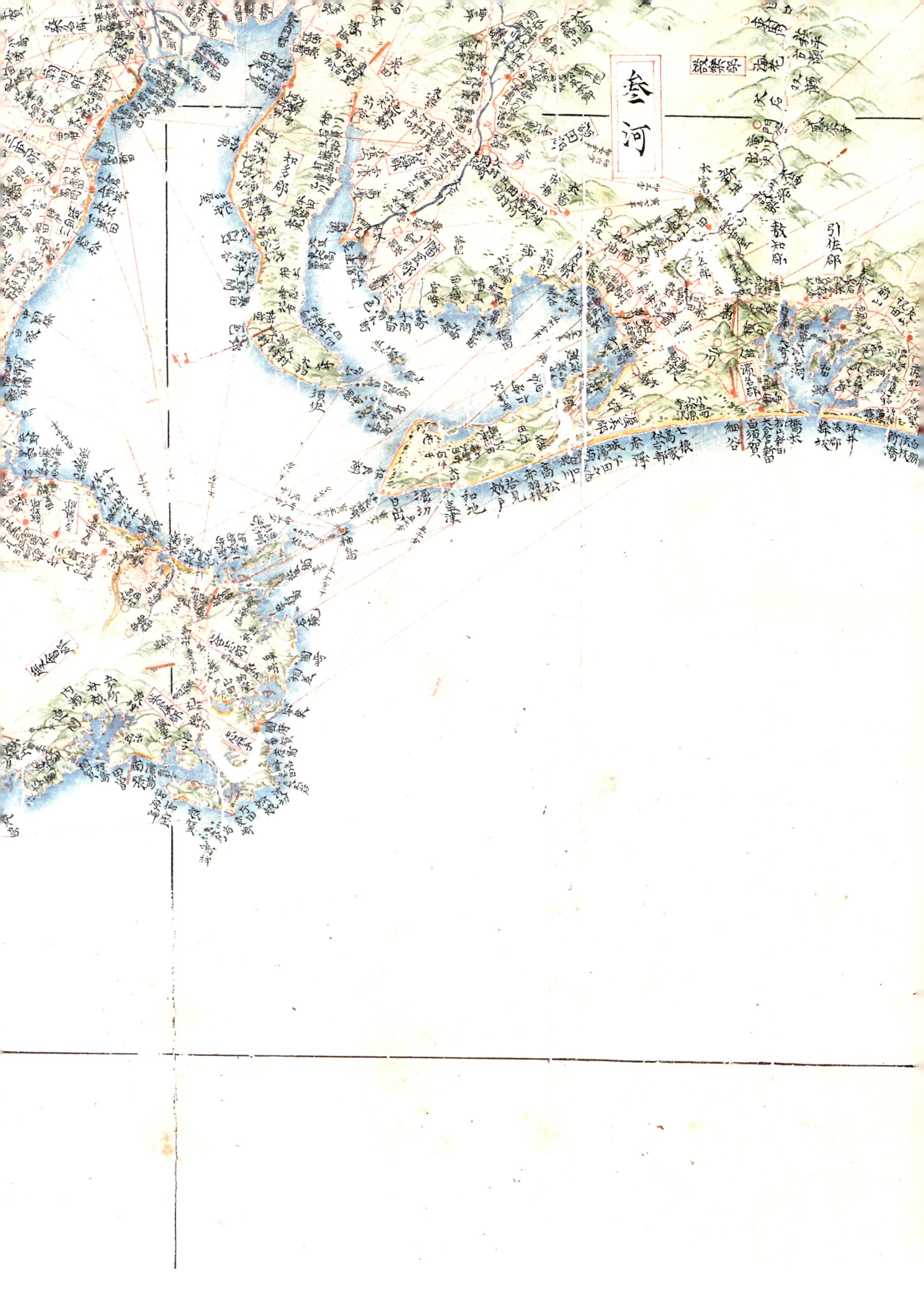

第2図　東海

越前
若狭
山城
近江

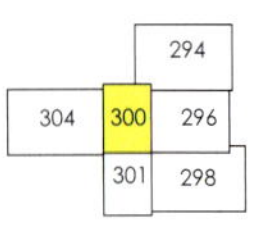
294
304
300
296
301
298

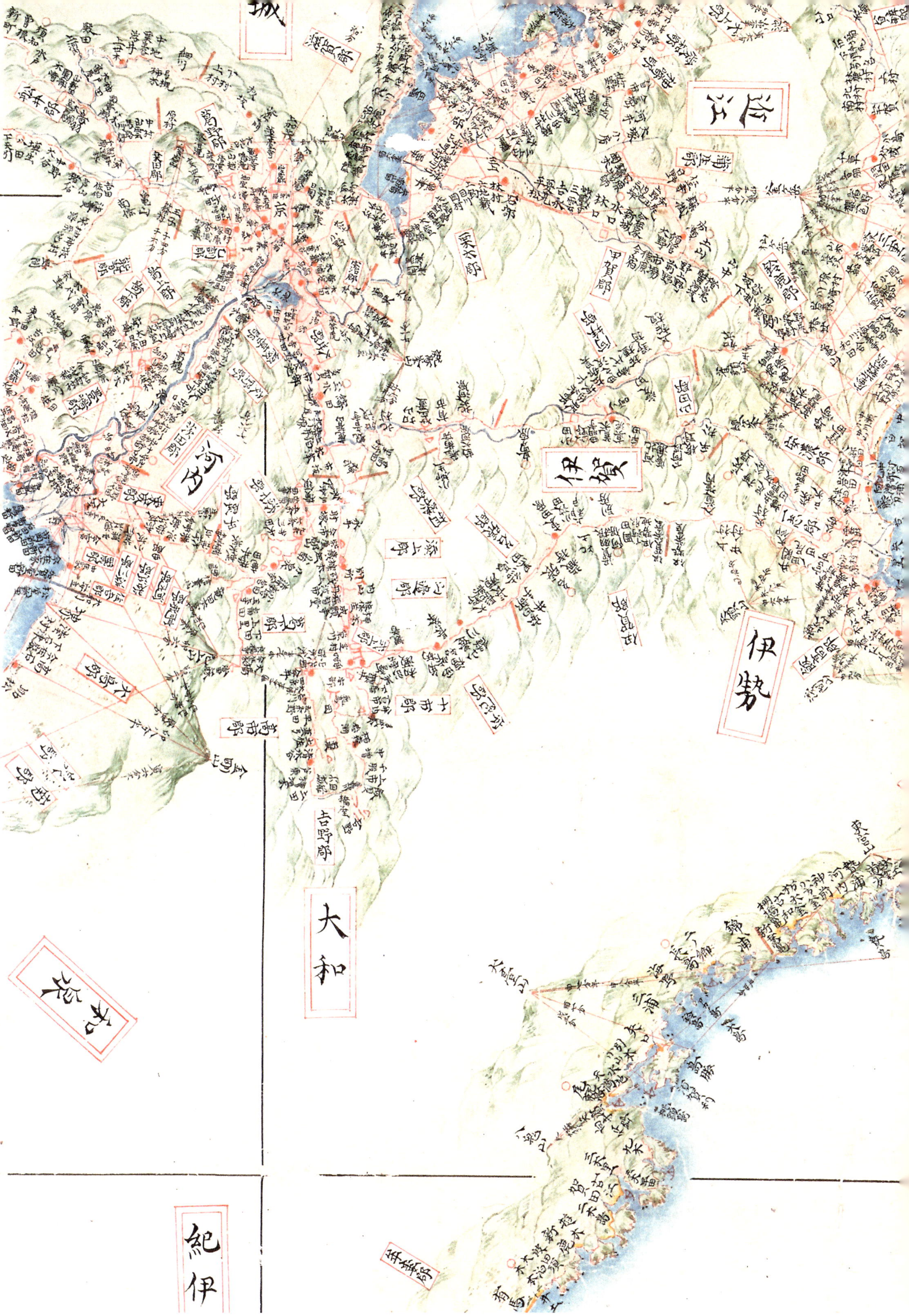

 第2図　近畿

304 300 296
306 301 298
302

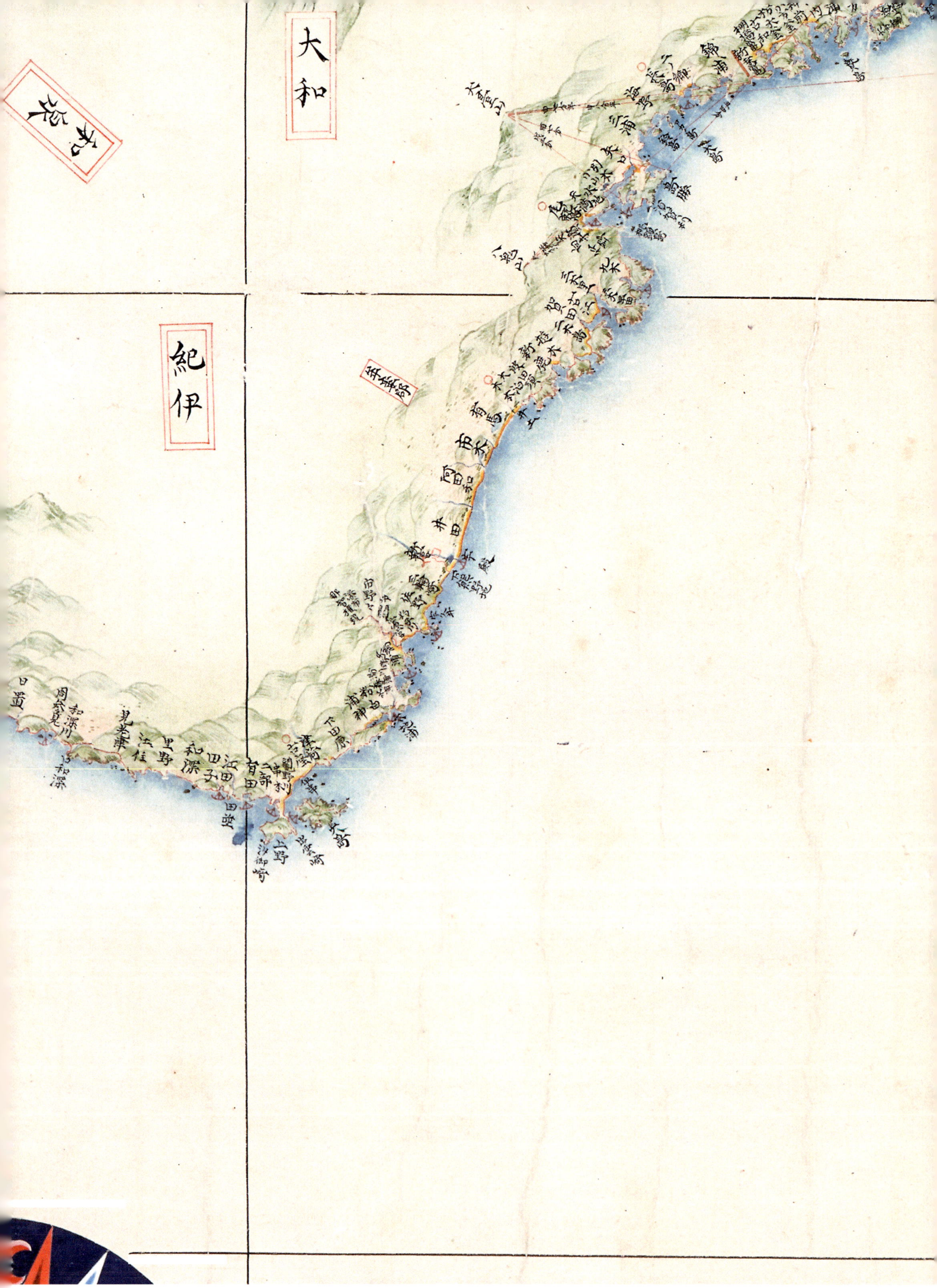

306 301 298
303 302

第2図　紀伊

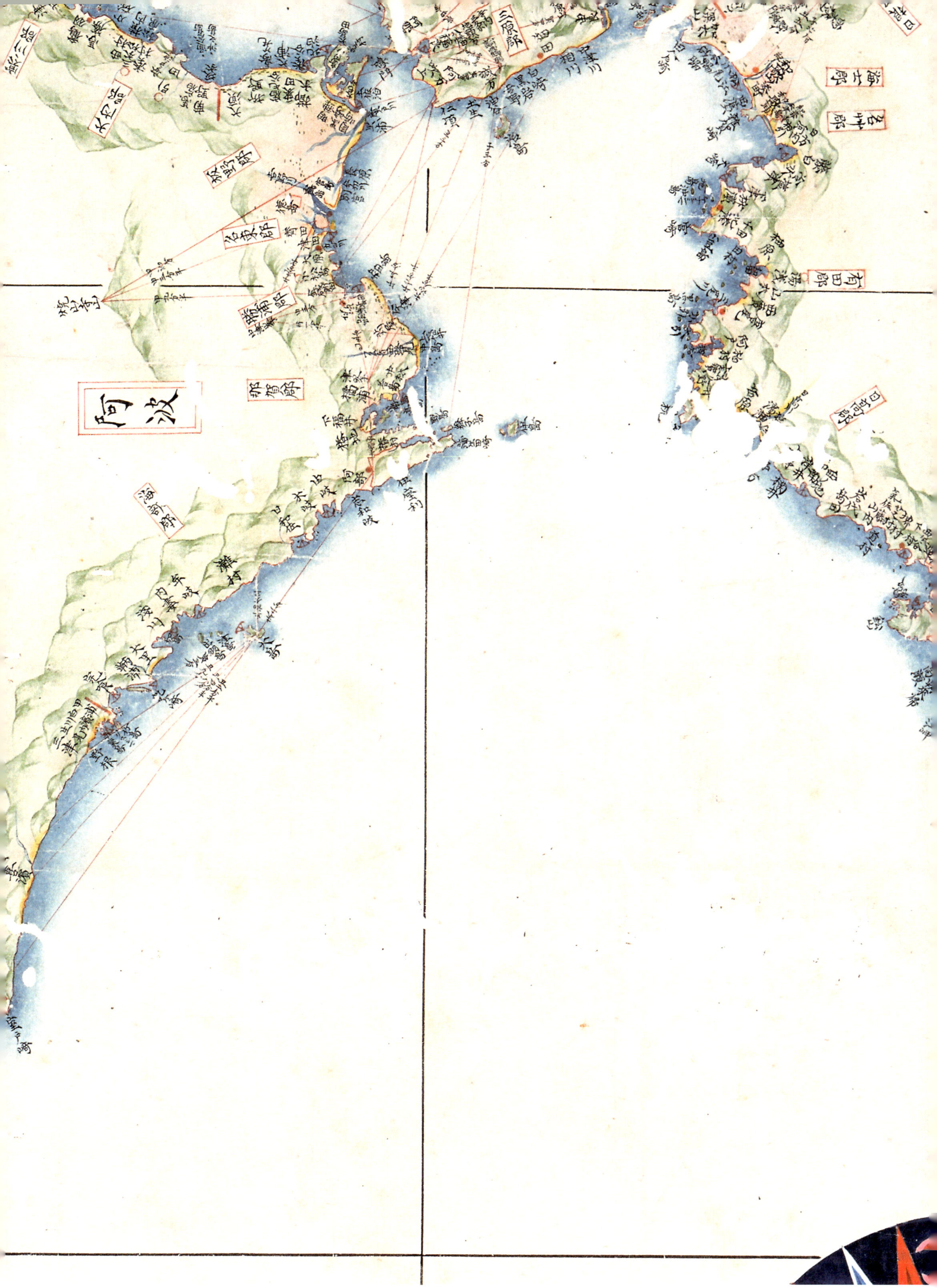

第3図　紀伊水道

306 301
310 303 302

302
304 301
308 306

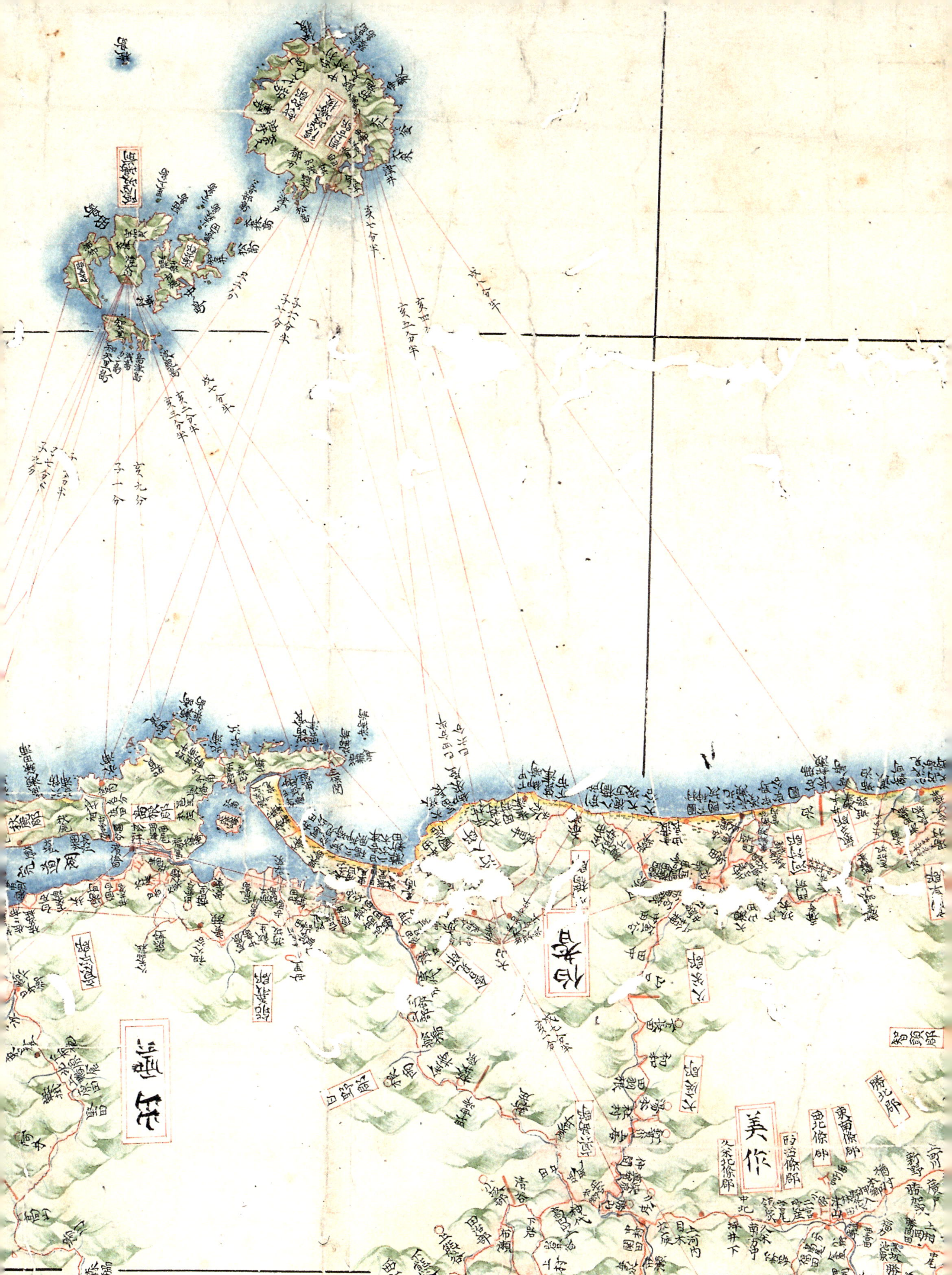

第3図　山陰

304 300
308 306 301
311 310 303 302

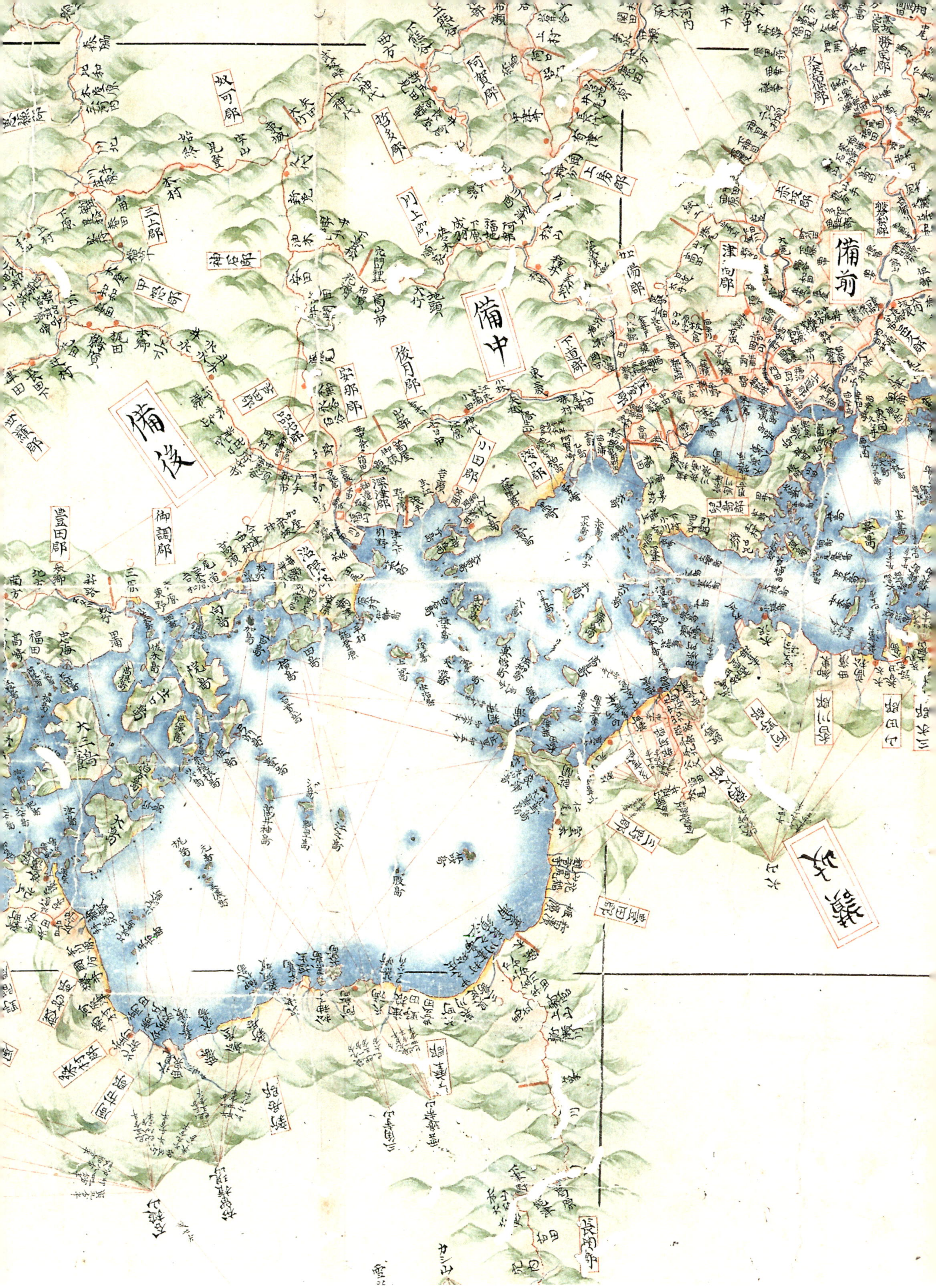

第3図　瀬戸内

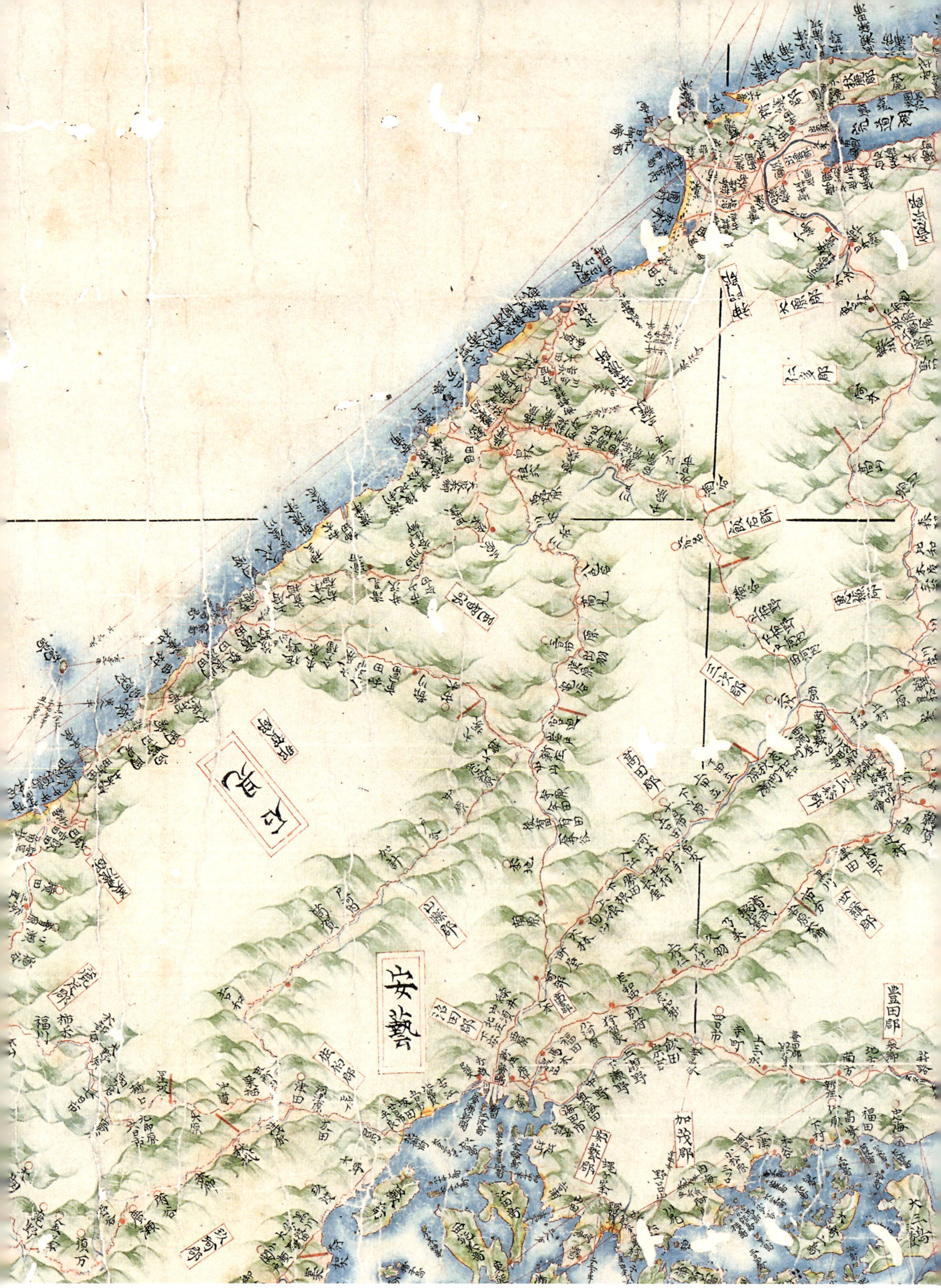

304
308 306
312 311

第3図　島根

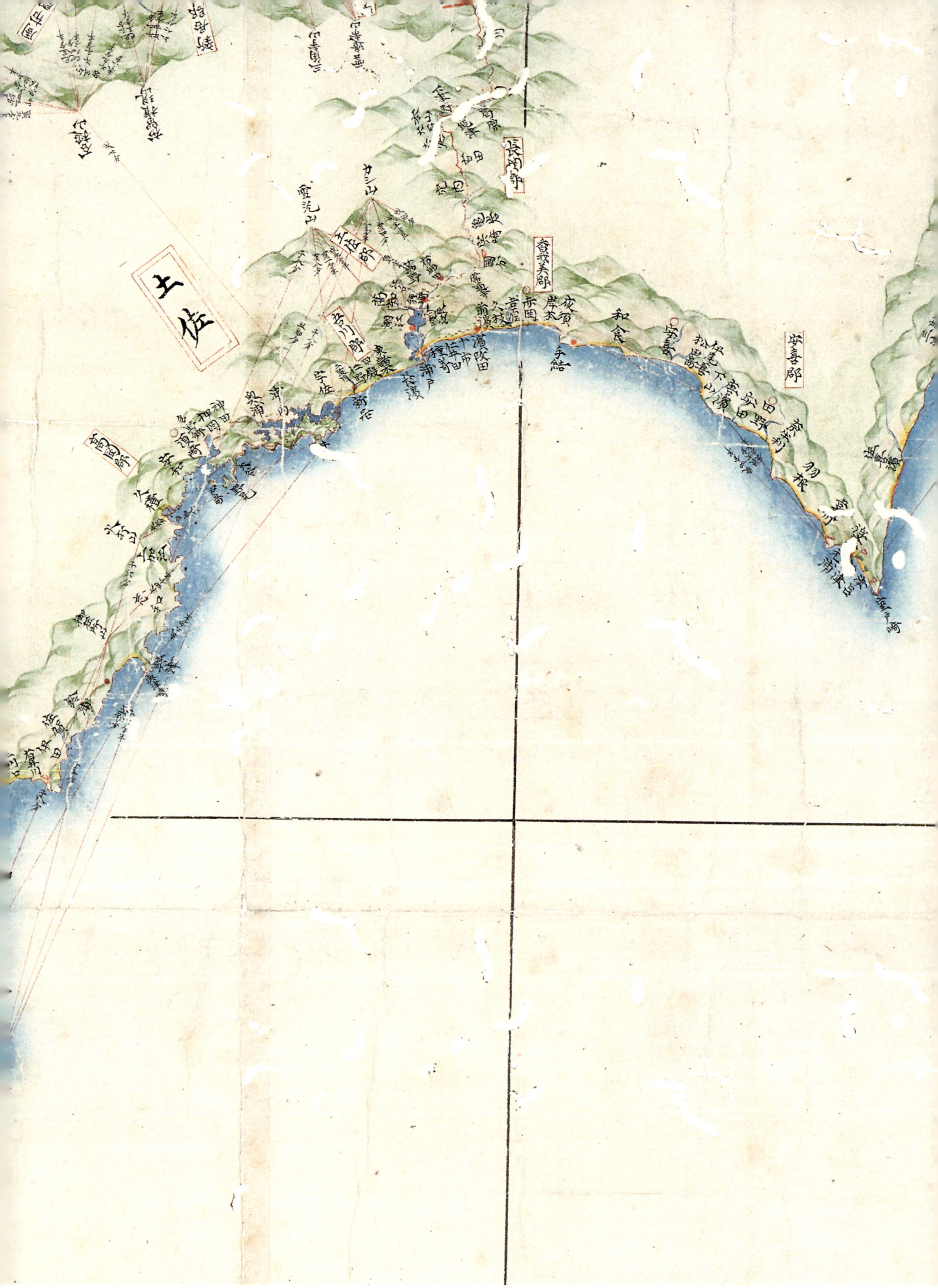

土佐
高岡郡
吾川郡
土佐郡
香我美郡
安喜郡
和食
手結
夜須
赤岡
安田

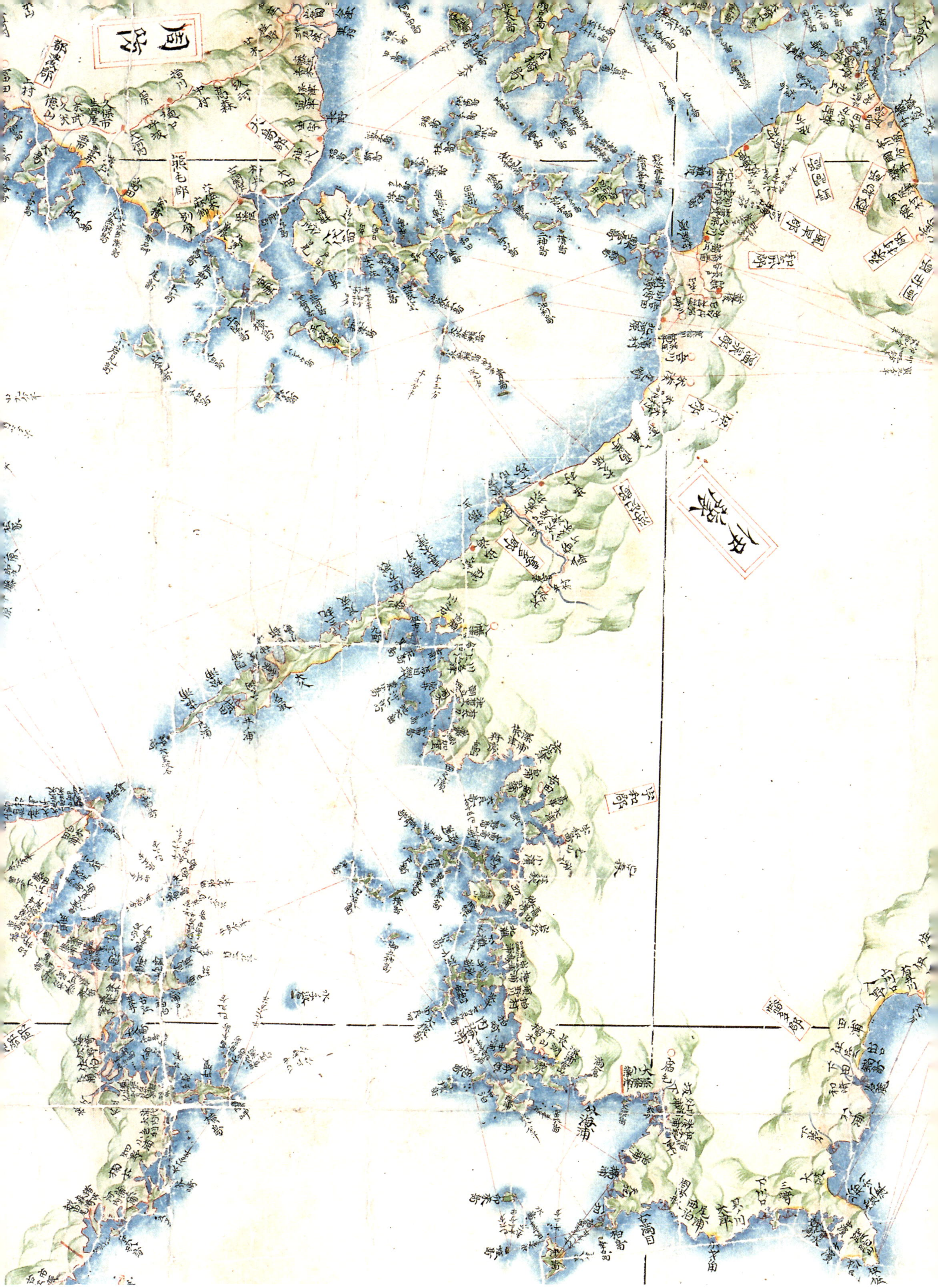

第3図　愛媛

308 306 312 311 310 314

佐波郡

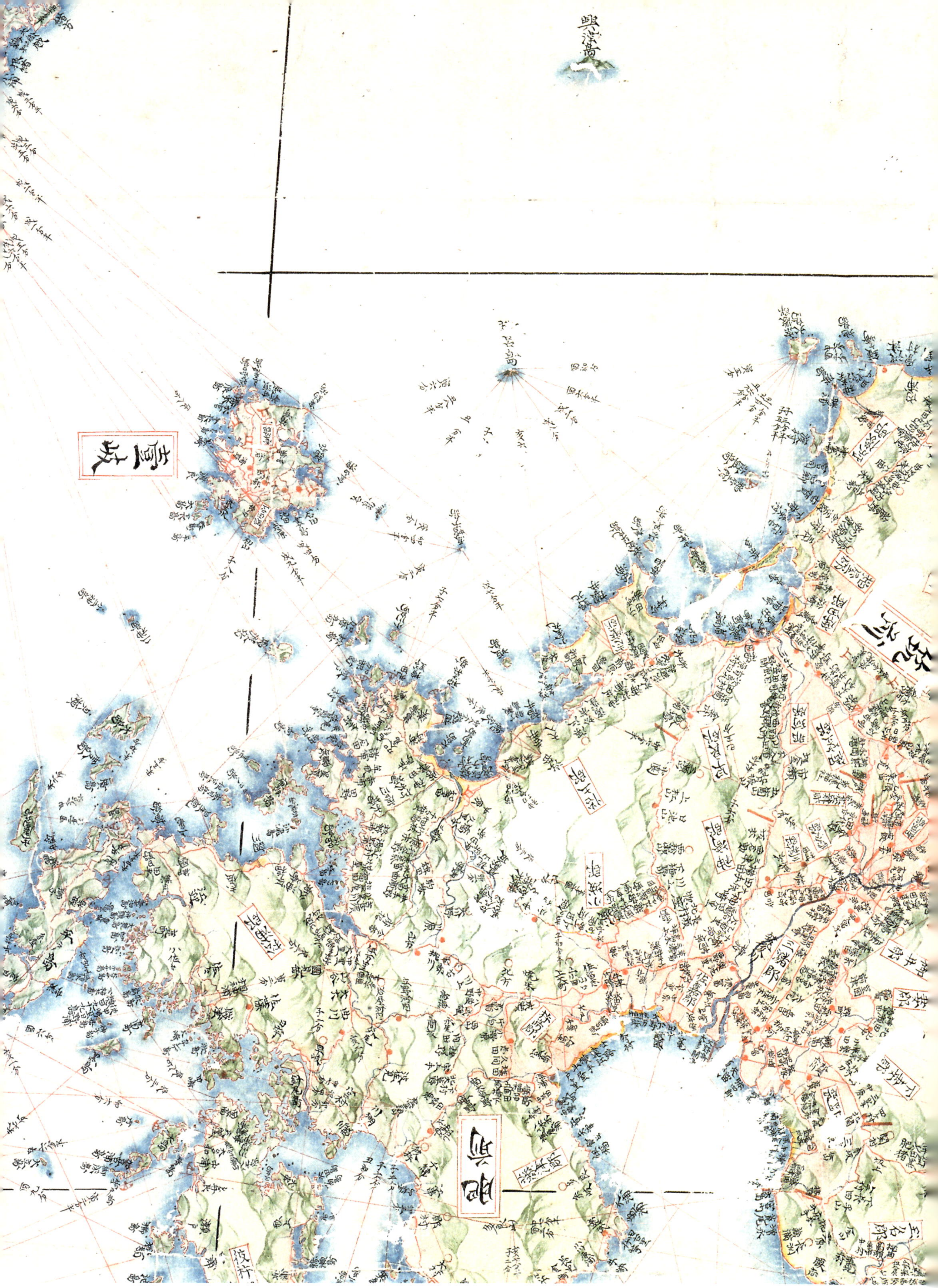

第3図　北部九州

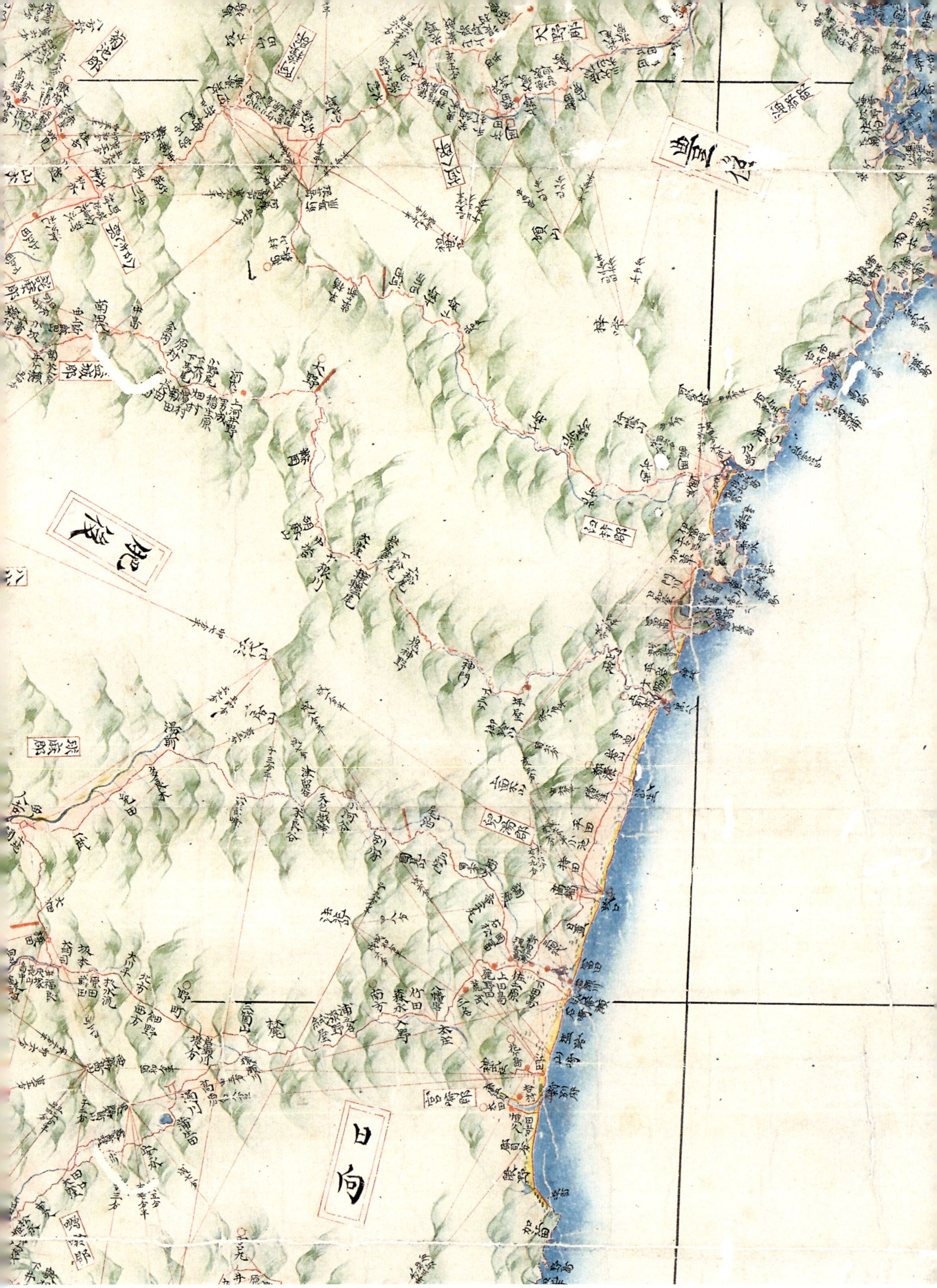
肥後
日向

第3図　中部九州

日向
大隅
宮崎郡
諸縣郡
那珂郡

第3図　南部九州

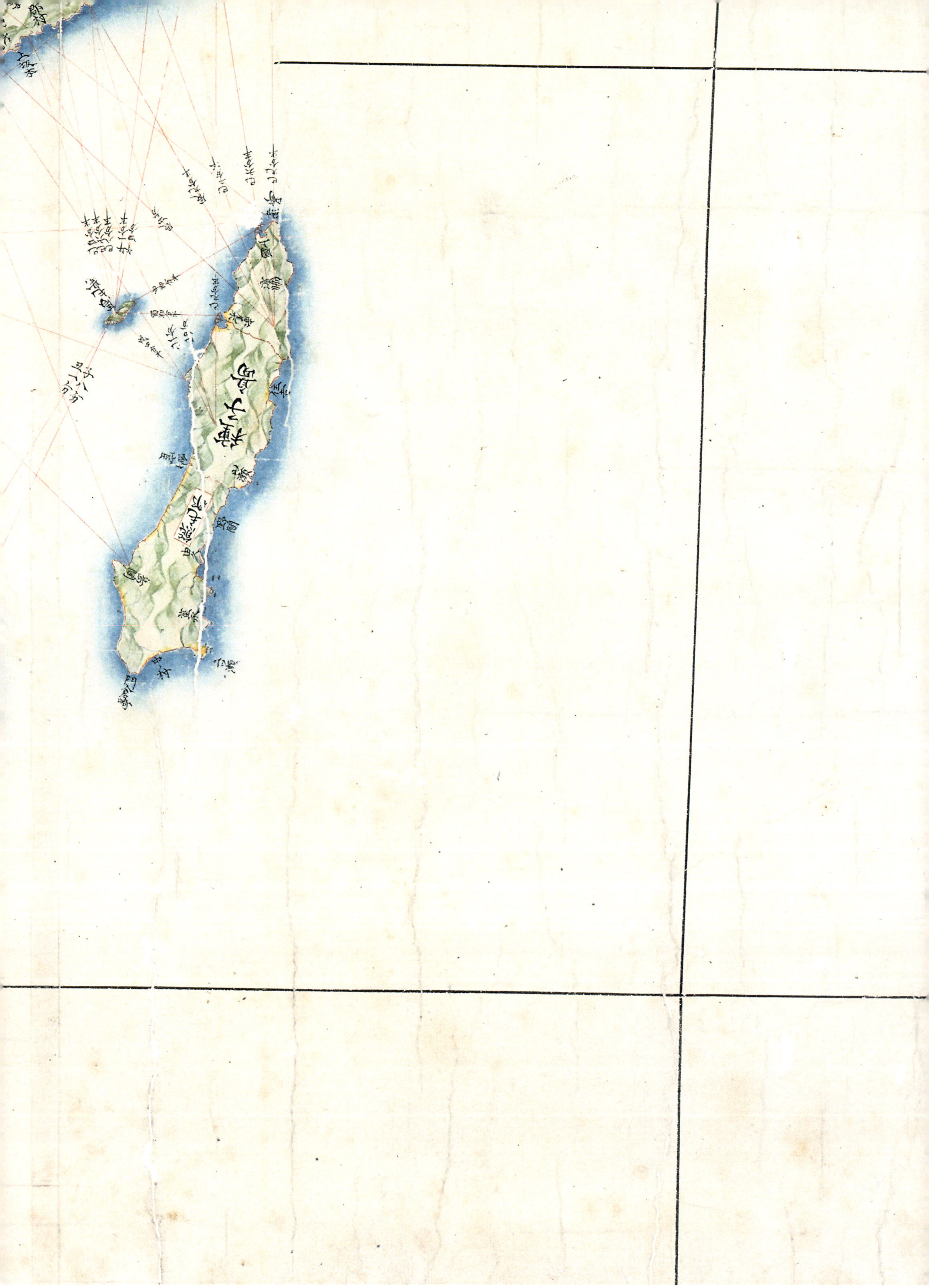

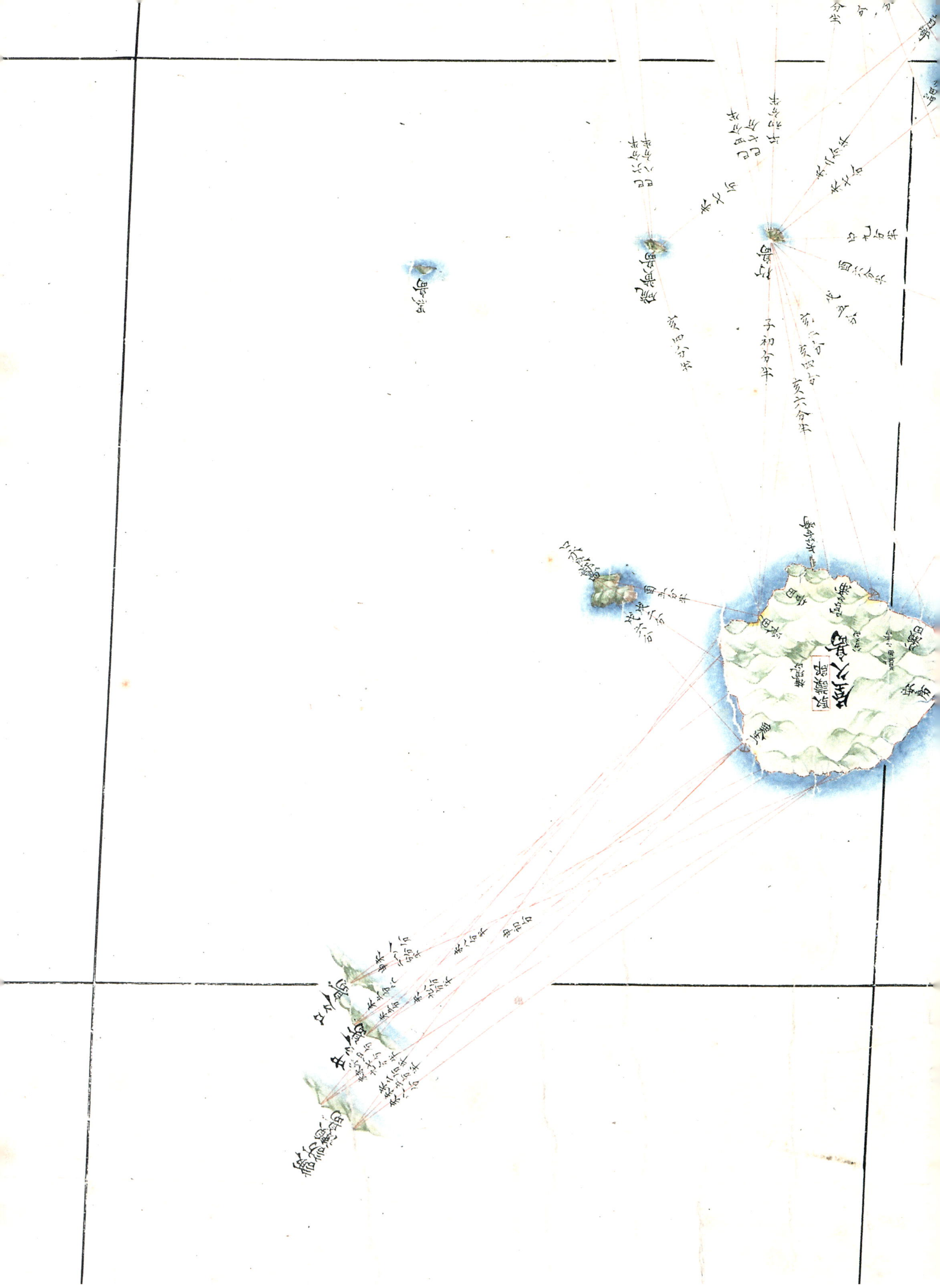

第3図　大隅諸島

第3図　対馬

320
321 312
314

第3図　五島

【監修】渡辺一郎（わたなべ・いちろう）
1929年、東京都生まれ。1949年、逓信省中央無線電信講習所（現・電気通信大学）卒。日本電信電話公社（現・NTT）計画局員、データ通信本部（現・NTTデータ）調査役などを経て、51歳で退職。コビシ電機㈱副社長を10年間務めた後、1994年頃から「伊能図と伊能忠敬の研究」に専念。1995年、フランスで発見された伊能中図を佐原市（現・香取市）へ里帰りさせた機会に「伊能忠敬研究会」を結成。伊能忠敬研究会代表理事を経て、現在は名誉代表。編著書に、『伊能測量隊まかり通る』（NTT出版）、『伊能忠敬が歩いた日本』（筑摩書房）、『最終上呈版 伊能図集成』（共著、柏書房）、『伊能忠敬測量隊』（小学館）、『図説 伊能忠敬の地図をよむ』（河出書房新社）、『伊能大図総覧』（監修、河出書房新社）などがある。

第5巻の伊能図所蔵先　日本写真印刷株式会社（p.14-261）／東京国立博物館（p.268-321）Image：TNM Image Archives
（詳細は第6巻参照）

伊能図大全《いのうずたいぜん》 第《だい》5巻《かん》 伊能中図《いのうちゆうず》・伊能小図《いのうしようず》〔巻別版《かんべつばん》〕

2013年12月10日　初版発行
2018年 5 月 20日　巻別版初版印刷
2018年 5 月 30日　巻別版初版発行

監修　渡辺一郎
編集協力　横溝高《よこみぞこういち》 ·／戸村茂昭《とむらしげあき》／竹村基《たけむらはじめ》
装幀・デザイン　渡辺和雄
発行者　小野寺優
発行所　株式会社 河出書房新社
〒151-0051 東京都渋谷区千駄ヶ谷2-32-2
電話（03）3404-1201［営業］（03）3404-8611［編集］
http://www.kawade.co.jp/
印刷・製本　NISSHA株式会社

Printed in Japan
ISBN978-4-309-81235-9